U0511056

中国法律史学文丛

中国监狱学史纲

（修订版）

郭 明 著

商务印书馆
创于1897 The Commercial Press

图书在版编目(CIP)数据

中国监狱学史纲/郭明著.—修订本.—北京:商务印书馆,2022
(中国法律史学文丛)
ISBN 978-7-100-20750-8

Ⅰ.①中… Ⅱ.①郭… Ⅲ.①监狱—历史—研究—中国—近现代 Ⅳ.①D929

中国版本图书馆 CIP 数据核字(2022)第 028148 号

权利保留,侵权必究。

中国法律史学文丛

中国监狱学史纲
(修订版)
郭 明 著

商 务 印 书 馆 出 版
(北京王府井大街 36 号 邮政编码 100710)
商 务 印 书 馆 发 行
北 京 冠 中 印 刷 厂 印 刷
ISBN 978-7-100-20750-8

2022 年 7 月第 1 版　　　　开本 880×1230 1/32
2022 年 7 月北京第 1 次印刷　　印张 14⅞ 插页 2
定价:118.00 元

监狱改良之父——沈家本

（1840—1913 年）

日本著名监狱学家
小河滋次郎（1861—1915年）

清末最早的监狱学中文译本
《日本监狱法》（佐藤信安著，
商务印书馆，1903年）

董康编译小河滋次郎讲演
《监狱访问录》（1906年）

区枢译小河滋次郎《监狱学》
（三卷本，1906—1907年）

清末民初著名监狱学家
王元增（1879—1963年）

王元增著《监狱学》（1924年）

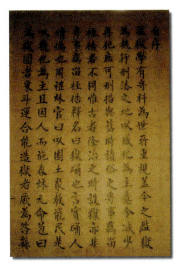

王元增著《监狱学》自序

民国著名监狱学家
孙雄（1895—1939 年）

孙雄著《狱务大全》（1920 年）

中国法律史学文丛

总　　序

随着中国的崛起，中华民族的伟大复兴也正由梦想变为现实。然而，源远者流长，根深者叶茂。奠定和确立民族复兴的牢固学术根基，乃当代中国学人之责。中国法律史学，追根溯源于数千年华夏法制文明，凝聚百余年来中外学人的智慧结晶，寻觅法治中国固有之经验，发掘传统中华法系之精髓，以弘扬近代中国优秀的法治文化，亦是当代中国探寻政治文明的必由之路。中国法律史学的深入拓展可为国家长治久安提供镜鉴，并为部门法学研究在方法论上提供养料。

自改革开放以来，中国法律史学在老一辈法学家的引领下，在诸多中青年学者的不懈努力下，在这片荒芜的土地上拓荒、垦殖，已历30年，不论在学科建设还是在新史料的挖掘整理上，通史、专题史等诸多方面均取得了引人瞩目的成果。但是，目前中国法律史研究距社会转型大潮应承载的学术使命并不相契，甚至落后于政治社会实践的发展，有待法律界共同努力开创中国法律研究的新天地。

创立已逾百年的商务印书馆，以传承中西优秀文化为己任，其影响达至几代中国知识分子及普通百姓。社会虽几度变迁，物是人非，然而，百年磨砺、大浪淘沙，前辈擎立的商务旗帜，遵循独立的出版品格，不媚俗、不盲从，严谨于文化的传承与普及，保持与学界顶尖团队的真诚合作，始终是他们追求的目标。追思当年，清末民国有张元济

（1867—1959）、王云五（1888—1979）等大师，他们周围云集一批仁人志士与知识分子，通过精诚合作，务实创新，把商务做成享誉世界的中国品牌。抗战烽烟使之几遭灭顶，商务人上下斡旋，辗转跋涉到湘、渝，艰难困苦中还不断推出各个学科的著述，中国近代出版的一面旗帜就此屹立不败。

近年来，商务印书馆在法律类图书的出版上，致力于"法学文库"丛书和法律文献史料的校勘整理。"法学文库"已纳入出版优秀原创著作十余部，涵盖法史、法理、民法、宪法等部门法学。2008年推出了十一卷本《新译日本法规大全》点校本，重现百年前近代中国在移植外国法方面的宏大气势与务实作为。2010年陆续推出《大清新法令》（1901—1911）点校本，全面梳理清末法律改革的立法成果，为当代中国法制发展断裂的学术脉络接续前弦，为现代中国的法制文明溯源探路，为21世纪中国法治国家理想呈献近代蓝本，并试图发扬光大。

现在呈现于读者面前的"中国法律史学文丛"，拟收入法律通史、各部门法专史、断代法史方面的精品图书，通过结集成套出版，推崇用历史、社会的方法研究中国法律，以期拓展法学规范研究的多元路径，提升中国法律学术的整体理论水准。在法学方法上致力于实证研究，避免宏大叙事与纯粹演绎的范式，以及简单拿来主义而不顾中国固有文化的作品，使中国法律学术回归本土法的精神。

何　勤　华

2010 年 6 月 22 日于上海

序　言

中国的现代监狱学自清末由日本移植而入，与西法东渐的过程相一致。作为中国近代法律制度革新运动重要组成部分的狱制改良，由于无法从古代中国的律学传统中直接鉴取有效的知识资源，用以满足改良监狱的需要，于是，继受和移植西方监狱学成为中国现代监狱学得以产生的合理途径。从清末以后百余年来中国学术所受外部影响而言，谓中国监狱学经历了"以日为师""以俄为师"和"以美为师"三个不同阶段或许大体不差。此一过程既反映了 20 世纪中国社会科学共同经历的知识命运，也积淀了各个不同的学术经验与教训。据我所知，迄至目前为止，我国法史学研究领域虽有若干"中国监狱制度史"的系统研究成果，但尚无以"中国监狱学术史"为整体研究对象的专门成果。

郭明博士多年来以监狱学研究为业，具备较深厚的专业素养。凭其学术自觉与积累，以《中国监狱学史纲》为题，对中国监狱学术发展的基本史况，进行了系统的整理和总结。我认为该课题具有填补法学史中监狱学史研究空白的意义。现在，这项专题研究已经完成并在稍作修订之后正式交付出版。作为他的导师，我很高兴看到这项成果面世。我相信它对于中国监狱学的学科建设和法学史研究，均有重要的参考价值。值此出版之际，欣然援笔为序，以示勉励。

张　晋　藩

2005 年 6 月

谨以此书

敬献致力于改良监狱事业的人们

目 录

导论：动机、方法和结论

一、研究动机

作为一门专业学科和汉语学术，中国监狱学的诞生迄今不过一百余年。[①] 在中国社会科学中，中国监狱学是一门性格独特，且非广为人知的学科。事实上，国内知识界的一般人士对于中国监狱学的知识理论内涵及其历史沿革等了解甚少。即便是业内学界人士，也只是知晓近四十年监狱学发展的大体状况。如果把时段回溯一百余年，则除了少数治监狱史人士外，几乎可说对其生成与演进的历史实况，人们只有零碎不整，甚或错谬迭出的印象。这种认知情形本无可见怪，因为迄今为止的中国监狱学虽有监狱制度史，但并无监狱学术史——一种研究和记述其学术传统的历史。[②] 诚然，如果考虑到监狱毕竟是一个以次文化和亚文

[①] 此以 1901 年 9 月刘坤一、张之洞联名上呈"江楚会奏"系列奏折，倡议以西学改良刑狱为据。

[②] 一百年来已出版或内部印行的各种监狱学专著和教科书，只有三本书明确列有"监狱学史"的章或节名。其一是赵琛的《监狱学》(会文堂新记书局 1933 年版)第三编第三章以"监狱学史"为题，简要介绍了近代外国监狱学兴起的原因、代表人物以及历届国际监狱会议，但其篇幅有限(除去国际监狱会议资料，不过 3000 余字)，亦未涉及本国学史；其二是许章润的《监狱学》(中国人民公安大学出版社 1991 年版)，其"导论"第三节以"监狱学的历史"为题，简略(1600 余字)地介绍了近代以来中外监狱学发生的概况；其三是杨显光主编的《劳动改造学》(西南政法学院公安教研室编印，1982 年 10 月)第二章"监狱史和监狱学史"在其第四节"历史上对监狱管理的研究"和第五节"马克思主义关于监狱问题的基本观点"，对中国古代的监狱管理思想和近代国外资产阶级监狱管理思想以及马克思主义关于监狱问题的观点，当

化为主要特征的独特人造社会，与之构成至为深切生存关系的知识制度现象——监狱学，作为监狱制度的构成部分，深深受制于"监狱"这一整体社会制度及其文化性格变迁的模塑与影响，比如，它具有相对封闭的研究领域、看似狭隘的研究对象、较为特殊的知识生产与供给关系、自足有限的教育投入与产出等；还有，似乎需要特别指出的是，在过去的一百年，它与整个中国社会科学一样经历了学术断裂、挫折和隔阂等，那么，由这些因素造成它今天之所以孤僻与失忆的现实也就不再令人难以理解！

　　1995年初夏，笔者在中国社会科学院法学所地下书库查找清末民初的监狱学资料，第一次接触小河滋次郎、王元增等人的监狱学著述。面对这些尘封已久的著述，笔者心里明白，它们属于1949年前的另一个传统，它们几乎已经被人遗忘了。如果说，遗忘作为历史记忆固有的筛选机制说明遗忘是必然的，这也许不无道理！但是，假如不曾有1949年前后的历史断裂与改写，那么，这些学术上的人事是否会被如此之快地遗忘了？历史固然不能假设，但假设对于历史认识却是必要的。面对遗忘，我们究竟应该采取什么态度？这样的提问本身又意味着什么？是历史接续的意识对于曾经遗忘的部分，重新产生了追寻与拾起的愿望？还是基于我们理解当下处境的迫切需要？至少，作为学史研究者，必须给自己的"知识考古行动"一个有意识的根据。

　　如业内人士所知，1949年以后的中国大陆监狱学，由于历史的断裂，其主流监狱学学者一直未将清末以来的监狱学著述视为必要的学术

作"学史"内容进行了简要的介绍（5000余字）。不过，上述三者或论述过于简略或选材不尽恰当，作用同于交待知识背景。此外，需要提到晚近王利荣所著《中国监狱史》（四川大学出版社1996年版）第十一章以"监狱学说的创立与发展评述"为题，虽未以"学史"自标，但对"古代监狱管理思想综述""近代监狱研究的肇始""民国监狱学的发展"等分三节，给予近万字述评，论及若干人物和作品较上述著作稍详。

资源加以承继和利用。只是最近三十余年，伴随"监狱现代化"这一学术政治话语的形成，原有意识形态对于历史的拒斥态度才逐步受到调整。无论是官方，还是民间，运用"现代化"的话语工具，诠释 20 世纪监狱制度变迁并使之构成一种为当下变革服务的新的历史叙事，渐渐取得了监狱历史叙事中的主导地位。这种基于"现代化"的宏大历史叙事模式，对于消解两种学术传统的隔阂，抚平不同价值立场的差异，确实具有极强的协调作用。可以说，正是"现代化"这一语境的确立，进一步理解 20 世纪前后两种学术传统关系的正当性已经不需再费力加以论证，[①] 这就为研究"中国监狱学史"这样的题域预设了有利的条件。然而，关于"中国监狱学史"的学术研究动机以及意义，并不能完全被"现代化"的历史叙事所赋予或囊括。学术的政治属性，或者说它的政治实践功能，这自然是学术生存关系中固有的现象。中国监狱学不可能摆脱其生存的条件特性而只在其知识理想型的自足含义上得到顺利发展。但恰是不仅认识到学术与政治的关联，同时也认识到学术毕竟只是学术，以其自足性而保有其地位和价值。因此，就个人的原初动机而言，《中国监狱学史纲》只是想借助业已具备的历史政治条件，在搜集各种学史文献资料的基础上，通过知识整理的基础研究，为近现代以来中国监狱学知识与理论的基本形态及其演变轨迹，提供一项具有学术内史意义的系统描述与分析，或曰提供一个相对连续和完整的中国监狱学术史叙事文本。这是一件在我认为是很实在的专门史研究工作。此外，以我当时所具备的学术意识，或许应当兼有一种自觉，使这一工作更具学术与思想批判的意义。除了进行纯粹的史实发现与整理，除了共享诸如"现代化"这样一类无法回避的处境与立场所提供的价值规范，还试图在科学与思

---

①　关于"现代化"问题固然形成了许多不同的言说。我在以上指出的"现代化"作用，却有不少学者持有相同意见。代表性的论述可参见学者邓正来的《中国社会科学的再思考》一文，载《南方论坛》2000 年第 2 期。

想史的场域中寻求个别研究的一般评鉴意义，并由此获得更多的启发或借以协调不同解释所得的结果。笔者关注的其实不仅是历史事实，还有历史真实——一种被解读和理解了的历史。然而，就笔者所了解的中国监狱学的知识状况和学科性质，这样做意味着很可能使学术史研究不仅是事实研究，同时还渗透了学术批判。随着研究意识的延伸和研究立场的调整，最初的研究动机已经变复杂了，既有事实研究的初衷，也有学术批判的诉求。后者不但令人疑虑，事实上，保持纯粹的学术批判也并非易事。因为这不仅牵涉动机的正当性，还牵涉相关方法论及其应用能力。有鉴于此，为了不致造成"违背历史研究原则"的误解，在这里对什么是本书所理解和认同的"历史真实"和"学术批判"稍加解释。

拙以为刑史学家蔡枢衡先生的如下意见颇值得重视。他在比较"批评"与"批判"两者关系时指出，"批评是把批评者任意构成的理想作标准，把一个孤立化了的对象来作分析或综合的研究，以判断对象之一部或全部的是非善恶"，因此，"把关联间的对象孤立化了来讲话，本质上是把假定的对象作对象，所有的话，都会和真的对象不相干"。而批判和批评相反，"批判过程是事物发展过程之摹写。批判的标准是事物内在的矛盾之一端，不是事物外在的东西。批判的结果或结论，便是矛盾一端之发展，对立的关系之变化，不是和事物本身绝无因缘的概念之捏造"。"总而言之，批判的对象是客观实在的对象，批判的结果便是现实的和可能的二者间的关联之暴露，也就是合法则的发展之预言。"① 在这里，蔡先生强调了世界观、认识论和逻辑学三者之间所应保持的互相一致。因此，以蔡先生所理解的学术批判显然不仅和事实研究可以统一，甚至对于旨在表达一种"主观见之于客观"的"历史真实"乃是必需的

---

① 以上引文详见蔡枢衡《中国法学及法学教育》一文，转引自许章润主编：《清华法学》第四辑，清华大学出版社 2004 年版。

史学研究方法和态度。

但必须承认，这是一个良好却又不乏困难的动机定位，尽管笔者确信它对于中国监狱学史的研究是适当而必要的：因为几乎失忆的中国监狱学史不仅需要通过文献实证研究，复原基本的事实情景，呈现其发展的主要轨迹，提供历史知识的原始记录；而且，基于它在20世纪与其他社会科学所共有却不尽相同的学术经验与教训，以之为"个案"，还可从分析其复杂性质与特殊经历中获得诸多的学术思想启示，用以增进对于自身学术创造活动之目的和本质的理解。然而，上述理性化了的研究动机及其实践的方法论，根本说来或对我而言，究竟想要表达和实现什么或者说怎样的历史情结呢？当笔者离开法学所的地下书库时，心里涌动的一个明确意向，那就是为偏居一隅的这一边缘学科补上一段不该失却的历史叙事，一段可供检视的学术传统！

如果以上的交待庶可看作对给出所谓有意识根据的一个合理的回答。那么，我应当有理由开启下面的研究了。尽管，它依然是一次走向知识地平线的匆忙旅程，只能不断接近却永远难以抵达……，然而，在学术的路途上从来如此：当一个人走远了，其实他并没有消失。人们或许看到了他站在地平线上的背影——这大概算是不少学人满怀憧憬，载欣载奔，追随一个个前人的背影并终而融入那历史背影的一点点信念的资源吧！①

---

① 关于学术史或者科学史研究动机的说明，常会因对象因视角或者说因人而异。学史上的人物、思想、事件和作品等引发了人们的不同兴趣。例如，科学史家霍尔在《科学史可以是历史吗？》一文中指出，英雄崇拜曾是科学史研究的重要动机（详见《科学思想史指南》第211页，四川教育出版社1994年版）然而，在我看来，对科学通史传说时代的告别，往往使基于兴趣的朴素动机增添了很多学理探究的成分，尤其是专业化的部门学史；有时，研究动机还与更实际的功利联系在一起。比如，监狱学史的研究，对于监狱学在当下的转型与重建显然具有重要的参考价值。不过，这似乎有些不幸的意味了，因为历史研究的迷人之处毕竟只在于既满足科学探求的兴趣，也提供人文理解的慰藉。

二、研究方法

中国监狱学史如同其他部门学史，其研究者在应用"研究方法"时，既会碰到一系列基本问题，如对象、材料、工具等如何认识与运用？结构、表述、风格如何安排与确定？也会面临某些个性问题，如研究意图和思想何以贯彻和体现？其特有的知识、理论或技术难题何以发现和解决？一般说来，前者尚可以提交给"导论"做一般性探讨，而后者也许在具体的论述中予以处理更加妥当。据此，以下拟就前者所及的若干基本问题，从研究方法应用的角度，做出一般的分析和说明。

（一）关于研究对象的特点

监狱学史的研究对象或者说它的叙述对象是什么？有什么特点？这是治监狱学史者不能不首先加以考量的问题。如果简而言之，固然可以说监狱学以"监狱"为研究对象，而监狱学史则以监狱学在一定时空中的发生与演变情况为研究对象。不过，由于"监狱"这一事物的复杂属性，监狱学的知识与理论其实具有相当复杂的构成。以中国监狱学为例，迄至目前，它所包含的基础与分支应用学科已有十余门，它们是监狱学基础理论（或曰"监狱学原理"）、监狱行刑学、监狱法学、中国监狱史、外国监狱史、比较监狱学、监狱社会学、狱政管理学、罪犯教育学、罪犯劳动学、罪犯心理学、狱内侦查学、监狱警察学等，这还不包括监狱统计工作、监狱安全防范、罪犯心理咨询、监狱司法文书写作等更具实务特征的专业技术课程。[①]这个学科及其课程体系主要形成于20世纪80年代。除了隶属于监狱学范围的这些主要科目，还有关系密切的一

---

①　目前为止，上述学科或课程的名称并未完全统一。其中，基础理论学科和主要分支应用学科的名称相对比较一致。

些学科，在学理逻辑上常被视为广义的监狱学科群，如犯罪学、刑罚学、刑事政策学、刑法学、刑事诉讼法学等。总之，从上述简要列举的门类，已能看出监狱学对于相关学科如法学、心理学、教育学、管理学、社会学、经济学、史学乃至哲学等各种哲学社会学科的广泛依赖。因此，它是一门既具有广泛交叉性又具有显著综合性的应用理论学科。

　　为什么监狱学会兼备交叉性和综合性的学科构成特征？归根结底就在于监狱并非是一个单纯的行刑工具。对于监狱的研究，从狭义说只须研究自由刑之执行问题即"行刑学"便可，而从广义看则可扩展成社会与人生问题研究的一个组成部分，各种社会科学与人文学科研究的方法与工具，皆可应用于其中。它们不仅可用于满足监狱学科内部分工的研究目的，而且，监狱题材还常被用作其他研究目的。比较著名的研究范例，前者如中国犯罪社会学学者严景耀的《中国监狱问题》，[①] 而后者如法国思想家米歇尔·福柯的《规训与惩罚：监狱的诞生》[②] 等。它们都是凭借"监狱"这一题材的丰富内涵，运用背景学科的理论与方法，通过编织个性化的叙事说理文本，实现其超越监狱论域的研究目的。这类研究虽然提供了关于监狱问题极具价值的理论慧眼和知识观点，而其成果往往被归于拥有理论基础和研究方法的那些背景学科本身。如上述两部著作一般分属社会学和广义思想理论。不过，即使如此，从知识交叉的观点看，仍不妨把它们纳入监狱学的知识范畴。总之，鉴于监狱学具有复杂的对象属性、模糊的理论接壤和广泛的知识友邻，如果把它放在一个较长的时域中，对其发生与演变的情况加以考察，并进而试图清晰地描述与分析其内在的知识与理论进路以及对于学术史的多重意义

---

　　① 严景耀的这一论文初载于《社会学界》第三卷，1929 年。后被收入《严景耀论文集》，民进中央宣传部编，开明出版社 1995 年版。

　　② 〔法〕米歇尔·福柯：《规训与惩罚：监狱的诞生》，刘北成、杨远婴译，生活·读书·新知三联书店 1999 年版。

等,则必须首先考虑诸如叙事结构的合理性和论述手段的多样性等方法问题。

(二)关于研究资料的状况

学术史作为历史学的一个重要分支,从所利用的材料而言,与一般历史研究是大体重合的,区别只在于它更借重具有学术史意义的文献资料。按照科学史家 A.萨克雷在其著名的长篇论文《科学史》"文献导论"部分所列举对于科学史研究具有意义的材料形式是:1. 档案;2. 文献目录;3. 词典和百科全书;4. 刊物;5. 博物馆;6. 原始文献;7. 入门教科书;8. 经典著作;9. 带有丰富原始材料的参考书。[①] 作为学术史之一种的中国监狱学史研究,以笔者搜集和利用材料的经验而言,上述各类材料形式皆包含有可资研究利用的不同价值。换言之,可资监狱学史研究利用的资料已有上述材料的各种表现形式。不过,每一类材料形式,一旦结合被设定的监狱学史具体研究目标和重点,同时考虑材料的实际分布情况,则其研究资料的重要性排序就会有所不同。例如,从利用资料的数量、频率来看,本研究最为依赖的资料形式是文献目录、专著、教材和专业期刊;对其他资料形式的利用虽然也很重要,但精确排序似既不可能也无必要。

以下拟对各种相关资料形式的状况做一概要说明:

1. 文献目录

对于初尝监狱学史研究工作来说,文献目录无疑具有极为重要的指南意义。现有文献目录中,具有重要参考价值的主要有《中华民国图书总目(法律卷)》,其中列举书名并摘要介绍的监狱图书资料共计 79 种,包括监狱学的专著、教材、实务用书、调查报告、国外监狱制度编译资

---

① 详见吴国盛编:《科学思想史指南》,四川教育出版社 1994 年版,第 79—83 页。

料等。美中不足的是，这些图书资料只涉及北京国家图书馆和上海图书馆两家馆藏。而且，据笔者查考，即便是上述两大图书馆，其所藏监狱图书资料亦未尽收其中。例如，由日本著名监狱学家小河滋次郎撰写的《监狱学》（上、中、下三卷中译本），系清末中国监狱学发生的一个重要来源，研究自日本移植监狱学的肇始情况，此文本为不可或缺，据查，上海图书馆藏有此书中译本，但其馆藏书目却未收列。又如日本监狱学学者谷野格的《监狱学》中译本和京江廷启的《监狱要书》，北京国家图书馆虽列入馆藏书目，但却遍查不获。由此推想，两大图书馆对于清末民初监狱学著作的典藏与整理或不免还有疏漏之处。而比之《中华民国图书总目（法律卷）》，罗列监狱资料更详尽的目录索引当推西南政法大学图书馆编辑的《中外法律图书目录》。该目录第868—887页"监狱学、监狱法"栏目下辑有清末民国监狱学图书资料，共计205种。若排除同一版本被不同图书馆收藏而重复计次36种，实际为169种。此书目的优点是注明了每一种图书的所藏馆所（13家），为进一步的查考提供了线索。但欠缺的是，它只列书名、著（编、译）者、出版部门或时间，而未给出简要的内容提示。此外，其他几所政法院校编制的本校"法律图书目录"所列若干监狱学资料，不仅与"西政书目"几近重复且数量远不如之。不过，还是可以用作版本或内容的印证查对。除了以上书目，其他有价值的文献书目或索引，如中国社科院法学所图书馆的馆藏"目录索引"列有监狱学文献资料39种；日本学者大木干一所辑藏的《中国法学古籍书目》"其五提牢"中收录了清末监狱文献5种；[1] 北京艺术博物馆图书资料室编的《北京艺术博物馆民国版书目》收录了民国监狱文献3种。[2] 其他书目还可采自某些作者在著作中提供的参考文献或注释。

---

[1]　详见田涛编译：《日本国大木干一所藏中国法学古籍书目》，法律出版社1991年版。
[2]　详见北京艺术博物馆图书资料室编：《北京艺术博物馆民国版书目》，北京燕山出版社1996年版。

不过，需要指出的是，清末民国期间出版的监狱学著作或教科书中，仅赵琛和孙雄各自所著《监狱学》一书列有若干参考书目，前者为31种，后者亦为31种。其他同期著述仅有少量注释夹于行文之间，表明注释在当时尚未成为惯例。而1949年至2004年，大陆在1980年代前，仅有内部资料17种，亦无注例。1980年以后的有关出版物，可直接从有关院校图书馆及其自编目录查考。而中国台湾地区1949年以降的监狱学图书资料以及对于外文资料的利用，则可由林茂荣、杨士隆和黄徵男等人各自所著《监狱学》所附"参考书目"大致获知。

2. 著作与教科书

对于研究中国监狱学史的核心历史发展，即其知识与理论的历史进程与实况而言，著作（含文集）、教材是最基础的文献。据统计，目前所知的中国监狱学著作（含译著、文集等）、教材等总数已近650余种（不含犯罪与刑事法诸学科）。除清末以前的少量几种以外，主要集中在百余年的三个历史发展时域：一是1901—1949年的近五十年，100余种；二是1949—2019年的大陆七十年，530余种；三是1949—2019年的中国台湾地区七十年，50余种。顺此说明的是，这些著作和教材资料统计反映的只是数量关系。在这个数字背后，还有一些需要加以注意的事实。例如，1949年以前的监狱学著作和教材虽有100余种，由于知识分科不足，专题性论著较少，新创性著作更缺。大部分著作采用了教材的写作体例和风格，教材则以概论体系为主，品种也不甚丰富。1949年以后，主要是1980年代以来，无论是大陆还是中国台湾地区，伴随学科分化，著作和教材的品种、类型、数量和规模有了不断扩展和增加。回顾百年中国监狱学主要著作、教材及其变化，可以看到各个不同时期已出现了一些具有学术"代表性"或"个性化"的成果，但标志学科成熟的经典作品仍是凤毛麟角。当然，所谓具有"学术代表性或个性化"的成果认定与评价，正是学史研究的重要课题之一，尤其对于刚始起步的中国监狱学史研究而言更是如此。有关中国监狱学各时期主要著作、教材的篇名，已大致收辑于本书附录3。

3. 刊物

刊物（包括专业期刊、连续出版物等）对于监狱学史研究的重要价值是不言而喻的。刊物质量的优劣也是评价学科成熟度的一个重要指标。刊物涉及的题材和体裁具有多样性，除了论文题材外，其所包括的人物研究、思想评论、域外译介等栏目，对学史研究均有助益。不过，就监狱学领域而言，清末民国时期凡所刊登的监狱学研究资料，均见之于法政类期刊。换言之，还没有标志学科独立性的核心权威期刊。也许，一方面，作为专业学科的监狱学，以已有的学科分类而言，本就属于政治法律的范畴；另一方面，这种关系的形成自然应源于其知识分工发育的薄弱，由此必然导致其所拥有学术资源尚不足以撑持专门的刊物。这种情形至20世纪80年代中期以后才始改观。

清末民国时期的期刊资料可查考由上海图书馆编辑、上海人民出版社1979年5月出版的《中国近代期刊篇目汇录》一书（全六册）。其中，如《法政杂志》^①其第一卷第3号，刊有经沈秉衡翻译的小河滋次郎《出狱人保护事业》一篇。《北洋法政学报》^②曾刊发了由小河滋次郎撰写、张一鹏翻译的《教育与犯罪之关系》，逄恩承记述的《日本监狱制度考略》，徐家驹翻译的《监狱学》，沈家本撰写的《交通行刑旧制议》《监狱访问录序》，涂景瑜等编撰的《统计学讲义》。《法政学交通杂志》^③刊发了孟森撰写的《监狱统计序》，夏曰琦撰写的《述欧洲狱制之沿革》，廖维勋等撰写的《广京罪犯习艺所与南番两县改良监羁议》。《法学会杂

---

① 1906年3月创刊，张一鹏编辑，法政杂志社事务所发行，东京出版。

② 1906年9月创刊，前《法政杂志》被合并其中。吴兴让主编，北洋官报总局主办，天津出版，旬刊，合计出刊156期。

③ 1907年1月创刊，法政学交通杂志社编辑发行，日本东京出版，月刊。

志》①刊有佚名氏编译的《监狱构造法要领》，金绍城等译述的《美国纽约省监狱记略》，刘英山撰写的《监狱协会报告》，宋樾园撰写的《累犯处分论》，张尽臣翻译的《幼年犯罪者之处遇与纪律之意义》等文。其他还有各省先后创办的法政类杂志，亦有一定的参考价值。

　　1949 年以后的前三十年，大陆只有若干政法机关或院校的内部教学参考资料，如《监狱问题》②《狱政工作参考资料》③《监所、劳动改造机关监督工作参考资料》④ 等。1980 年代中期以后，有关监狱问题的各种研究除刊发在若干法学类刊物外，专业的监狱期刊开始陆续创办，其中最具代表性的核心刊物为《中国监狱学刊》⑤《犯罪与改造研究》⑥。两刊及其历年所编"论文索引"，对于了解和掌握过去四十年中国监狱学的发展状况，具有基本文献参考价值。其他各省监狱机关内部工作研究刊物不下 20 余种，其中所设应用理论研究栏目，亦有一定的参考价值。近年逐步增多的各地警官学院学报，也应计列其中。

　　4. 词典和百科全书

　　词典尤其是具有百科全书编纂特点的监狱学辞书，在 20 世纪前 80 年并未出现。国内第一部监狱学词典是杨显光等人组织编写、由四川辞书出版社 1989 年 1 月出版的《劳改法学词典》。该词典收编词目 2216 条，共计 63 万字，对劳改学基础理论及各分支学科的术语、法规、学说、人物、著作、事件等做了简要介绍。继此中型词典问世，1990 年代初大陆又有两部大型监狱辞书出版。一是由邵名正等人组织编写的《中国劳改法学

　　① 　1911 年 6 月创刊，北京出版。
　　② 　北京政法学院教务处 1950 年 1 月编印，《司法业务参考资料》（第七辑），王怀安主讲。
　　③ 　中南军政委员会司法部编印，1950 年 12 月。
　　④ 　中国最高人民检察院办公厅编印，1955 年。
　　⑤ 　该刊前身为《劳改工作研究》，1986 年创刊，现为《中央司法警官学院学报》，法学中文核心期刊。
　　⑥ 　该刊创刊于 1986 年，由司法部预防犯罪研究所主办，法学中文核心期刊。

百科辞典》；① 一是中国劳改学会组织编写的《中国劳改学大辞典》。② 两书编写时间接近，编写规模相当。编写人员除主编群体之外，参编人员多有交叉。两书的收词范围较前均有扩展，除了监狱学本体范围资料，还把与监狱学相关或交叉学科的基本词条收列其中。上述三本词典均以"劳改学"为监狱学之特定称谓，主要反映了1949年以来广义劳改学的知识体系，有较大参考价值。其中涉及清末、民国的部分监狱资料，限于研究的隔阂或所涉未深，在数量、结构以及翔实性等方面仍多有欠缺。此外，中国台湾地区监狱学学者丁道源曾于1992年选编并由台湾地区"法务部"内部刊行小型《监狱学辞典》一部可资参考。③ 不过，该辞书也许受发行限制，在大陆业界仅闻其名而未见其书，流传与影响几近于无。

5. 原始文献和带有丰富原始材料的参考书

有几种汇编、选编的资料集和综述作品，对于监狱学史研究较有参考价值。例如，《民国监狱资料选编》④《中国监狱史料汇编》⑤《外国监狱资料选编》⑥《清末民初改良监狱专辑》⑦《中国劳改法学理论研究综述》⑧《中国劳改学研究》⑨《劳动改造法学研究综述》⑩《中国特色劳改学与监狱学》⑪等。此外，还有大量的由各级监狱学会编辑的论文集，亦有补充参考价值。

---

① 中国政法大学出版社1992年版。

② 社会科学文献出版社1993年版。

③ 引自王泰：《现代监狱制度》，法律出版社2003年版，第288页"参考文献"。

④ 河南省劳改局组织选编，上、下册，内部印行，1987年。

⑤ 司法部组织编辑，上、下册，群众出版社1988年版。

⑥ 同上。

⑦ 薛梅卿等编，中国监狱学会印行，1997年版。

⑧ 邵名正主编，中国政法大学出版社1992年版。

⑨ 劳改专业教材编辑部，《中国劳改学研究》编写组编写，社会科学文献出版社1992年版。

⑩ 力康泰主编，中国人民大学出版社1993年版。

⑪ 杜雨主编，中国人民公安大学出版社1997年版。

6. 档案和博物馆

目前，监狱学史研究对于档案资料的依赖，主要在学者生平查考和有关著作的比较档案学研究。至于博物馆资料一项，对于中国监狱学史而言，除了对古代文物史料的少量考证外，鉴于其特定的学史背景和综合博物馆的馆藏缺陷，目前对博物馆的利用极为有限。国内具有准博物馆性质的监狱博物馆，首推设于上海提篮桥监狱内的上海监狱陈列馆。该馆主要以收藏上海地方性文物资料为其主要特色，对国内学史人物及其著作的全面收藏尚属开始。其中，大部分资料被收编在《上海监狱志》①一书，可资参考。近年来，伴随各省监狱文化硬件建设投入加大，在有识之士呼吁下，陆续新建了若干大型监狱陈列馆，其中的佼佼者为建于乔司监狱地界的浙江监狱陈列馆，其所藏书刊与文物，对监狱史学研究有一定的参考价值。②

以上所述只是对中国监狱学史研究一般资料状况的一个索引式介绍和分析。笔者曾按梁启超先生在《中国历史研究法》所示史料的分类法，即以文字部分和文字以外部分者，并按年代顺序，将监狱学研究所据之史料分为十类，亦可补以上认识之不足。③

（三）关于研究方法的运用

从研究的方法论角度看，形成一项完整的研究，其广义方法至少包含以下五个问题或核心要素：1. 为什么研究（动机或目的）；2. 研究什么（对象或目标）；3. 何以研究（资料或工具）；4. 谁来研究（主体及其资格）；5. 如何研究（编史方案或理论策略）。如果说前面已就"动机""对象"

---

① 麦林华、徐家俊等编，上海社会科学院出版社 2003 年版。
② 参见马卫国所撰《中国监狱博物馆建设纲要研究》一文，载《犯罪与改造研究》2019年第 6 期。
③ 详拙文《浅说监狱史料》，载《犯罪与改造研究》2000 年第 1 期，并收入拙著《学术转型与话语重构——走向监狱学研究的新视域》，中国方正出版社 2003 年版。

和"资料"问题，给出了交待与说明，那么，接下来需要讨论的是后面两个问题。这两个问题将把研究方法的运用导入更加具体的探讨过程。

首先，关于"谁来研究"，换言之，研究者需要具备怎样的研究资质、背景和能力？

中国监狱学史虽是部门学史，但在历史研究中，它显然可归入学术史范畴。它和其他学术史研究一样，其困难首先在于，它要求研究者对于科学史、学术思想史以及知识哲学等具备相当的思想基础并由此形成必要的学术鉴别与批判能力。同时，鉴于中国监狱学史特定的研究对象和任务，也要求研究者具有中国法律史、中国监狱史以及近代以来中西文化与学术交流史等的必要学养。此外，更为重要的是，研究者对"监狱学"这一对象学科无疑应当具备比较深入的专业认知基础。这些要求虽然只涉及了比较基本和核心的方面，但即便以这样的要求相对照，人们仍可能认为合适的人选不易觅得。确实，离开了科学研究传统的熏陶和培养，靠自发成才使具备上述资质、背景和能力，也许只有等待天赐其成。事实是 20 世纪的中国学术，无论自然科学还是社会科学的人才养成，由于经历了屡续屡断的过程，其现代学术人才基础迄今仍极为薄弱。虽然，自 20 世纪 80 年代之后幸而逐步恢复了学科教育，但不仅历时尚短，已有的学术人才培养，无论是研究课程设置，还是学术训练模式都还难尽如人意。不过，这只是问题的一个方面。另一方面的问题是，学史研究在史学大家族中，本身还是一个年轻的分支。正如库恩在其名篇《科学史》一文中指出的那样："作为一个独立的专业学科，科学史依然是一个正从漫长而多变的史前期浮现出来的新领域。只是从 1950 年起，而且起初也还是在美国，该领域里大多数最年轻的专业人员才被培养成或被指定为从事专门的学术职业。""直到最近，大多数撰写科学史的都是专门的科学家，而且常常是杰出的科学家。"①库恩的话给

---

① 引自吴国盛主编：《科学思想史指南》，第 3 页。

人的启发是，即使现代学术中像"自然科学"这样一种坚实的学术，其学史研究还是如此年轻且难以专业化，那么，像监狱学这样一种"社会科学"，又如何期待得到学史的专业训练以获得学史研究的资质、背景和能力呢？因此，以笔者初涉此门的经验，尽管这样的经验也无以借重某种权威背景，但还是斗胆认为，对中国近代以来监狱学史的研究者而言，至少自身必须意识到应当具备两项必要条件：其一，具有监狱学的专业功底，了解其中的基本事实与问题；其二，具有知识哲学的问题意识，对于弄清监狱学知识与理论的性质、原理、历史以及与中外学术与思想史之关系等抱有浓厚兴趣。

其次，关于"如何研究"，主要涉及编史方案或理论策略的一些问题。

以下拟结合本书的研究过程，从研究目标与重点，叙述体例与方式以及若干历史现象与问题的编史理论策略等三个方面，分别加以说明。

1. 研究目标与重点

中国监狱学史，固然以其学史为研究对象，但"学史"的内涵本身并不单纯。学史之"学"，至少可以指学问、学术、学科，三者既紧密联系又相对独立。如果把学问理解为通过学术而获得的知识成果，学科看作学术生产与传播的基本制度，那么学术则主要是为获取知识成果而进行的知识生产活动。对学问、学科和学术三者关系的上述理解，当然不能绝对化，但就其实质却也符合近代以来大学科学与教育制度运作的一般事实与经验。据此，所谓学史，既可以有兼顾学问史、学科史、学术史的综合叙述，也可以侧重某一部而兼及其他两者。

如果说在学问、学科、学术三者之中，学问是结果，学科是条件，则学术是手段，那么在我看来，一部学史，最核心者乃为学问史。《中国监狱学史纲》的研究目标主要设定在：描述和分析中国监狱学问发生与演变的基本轨迹。其中，"学问"一词在本研究目标中被主要解释为"知识与理论"。由此而言，近百年中国监狱学知识与理论的发生与演变情况，乃是本研究更为关注的目标。当然，为了实现这一目标，必然会述及学科和学术的相关情形，但以论述的必要为限度。

至于研究重点，根据已设定的目标，本研究将重点定位于：①以古代中国监狱知识传统的历史概括为前提，着重研究近百年监狱学史；②在近百年监狱学史中，重点筛选作为"知识与理论"载体的各时期代表作品样本，进行细致解读与比较分析，并以解读与分析为基础，做出各部分概述、小结和总体通论；③为落实上述重点，解读与分析固然极需投入时间与精力，但基础工作还在于用心搜集各时期的监狱学代表作品及相关资料，而搜集的重点又在稀缺的清末和民国部分。

2. 叙述体例与方式

根据前述目标与重点，将本课题除"导论"和"附录"外，分为三大部分六个章节。"导论"部分，主要对研究动机、方法和结论，进行总体论述；正文第一、二、三部分，则分别对"清末监狱学""民国监狱学""新中国监狱学"三个先后相接或交叉的历史时域展开具体研究。每一部分由两个章节组成。每一章节的一般结构为概述、正论和小结。其中，概述一节交待所辖段落的背景、内容及其特点等。正论各节对选定的代表性著作、人物或事件及其联系等，进行描述与分析。小结对该章研究的主要知识问题及其处理思路或策略等，进行概括说明。需要指出，除导论外，自第一章至第六章的各章虽然一般结构相似，但受具体研究时段的性质和对象的特点所决定，其表述任务及其特点并不完全一致。例如，第一章因居于清末中国之剧变时代，故着重通过对古代中国监狱知识传统的梳理和现代监狱学的发生分析，以此描述百年之初中国监狱学术类型逆转之历史实况；而第六章则鉴于百年之末中国社会变迁的"现在进行时态"，为减少"同时观察与评判"之失误，拟"远人论事"，以知识与理论的事实特点及其变化轨迹之归纳论述为旨趣，不做人物功过之价值评说。总之，叙述体例与方式的确定与协调，当以力求吻合特定历史情境及其特征并接受其引导和规范为原则。

3. 关于若干历史现象与问题的编史理论策略

中国监狱学史研究固以学史现象与事实为依据，但鉴于学史现象与事实具有认识的复杂性，由其引出的问题需要在文献考证与比较的基础上运用适宜的理论思辨与解释。以笔者的研究认为，以下若干现象均是研究中国监狱学史时无法回避并牵涉理论认识的问题，需要应用编史理论策略，具有方法论意义。

(1)中国古代监狱学的独特性

如何认识中国古代监狱学的独特性？在回答这一问题时，首先需要澄清一个前置性的问题是中国古代监狱学之有无。依照沈家本先生的看法，清末前的中国并无"监狱学"这个事物，他的原话是："欧洲各国监狱为专门之学，设立万国协会，穷年研究，精益求精，方进未已。……中国从未有人讲求此学。"[①] 他的观点无疑是说，中国没有西方所谓的"监狱学"，作为一个事实判断，这一观点已成定论。相似的看法，也曾被其他学者提出。例如日本著名的法史学家滋贺秀三在其《中国法文化的考察》一文中指出："欧洲法的历史有一半可说就是法学的历史，而与此相对，言之有据地讨论中国法学史却近乎于不可能。"[②] 他的话同样适用于监狱学。不过，无论是近代的沈家本，还是现代的滋贺秀三，两者虽以西方监狱学或法学为常模而对照得出其看法，但并不能据此认为，他们否定古代中国存在着关于监狱或法的知识传统。事实上，沈家本深谙律学，并且以《狱考》一文表明，他是力图从古代中国的文献中寻找监狱知识线索的第一人；而滋贺秀三则进一步追问："中国从远古以来就重视学术，千年以前已经发展起根据学问的书面考试来选拔官僚精英的科举

---

① 引自沈家本：《与戴尚书论监狱书》，见《寄簃文存》。又见本书第二章第二节论述。

② 引自滋贺秀三等著，王亚新、梁治平编：《明清时期的民事审判与民间契约》，法律出版社1998年版。

制度，为什么在其学术体系中法学却没有重要的位置而不能发达呢？"①
显然，滋贺秀三的用意并不在否定，而是想追寻其背后的不发达原因，
而他在比较了中西诉讼形态的不同之后于文章最后一部分指出了"文化
差异"这一实质。确实，中西法文化包括监狱文化存在重大差异。这种
差异反映了两种不同的文明类型。在其各自类型中，知识的观念、形态
有着不可直接而简单地混对比拟的传统。它们满足了各自文化自存及其
延续的功能需要。从这一着眼于"差异"的角度所产生的问题意识，不
再循沿从"中学"中找出与"西学"的同质性，而是关注其异质性，要探
讨的是在中国文化及其学术传统中，关于监狱具有怎样的观念和知识形
态，其地位和作用如何？亦即它相对于其他文化及其学术传统而言，有
着怎样的独特性表现？在这里，转换问题意识和提问方式变得至关重要。

（2）中国监狱学的现代性

如果说清末以前的中国古代监狱学具有无法以西方科学标准衡量
的独特知识传统，那么，这种传统到了清末便走到了尽头。1901年以后，
随着变法新政，古老帝国开始向近代国家转型。一种凭借科学力量改写
历史的现代性，已经自西而东演变成为建立新型民族国家的思想与实践
理性的主要成分。百年中国监狱学可以说肇始于这种理性的影响并一
直受到其变迁的操控。

现代性，如果仅就其主要特质的科学性而言，在西方文明中获得了
最完善的发展，尤其近代以后，成为影响和改变其历史形态的决定性因
素。马克斯·韦伯在《新教伦理与资本主义精神》一书的导论中指出：
"唯有在西方，科学才处于这样一个发展阶段：人们今日一致公认它是
合法有效的。"②韦伯在导论中还提到中国的若干情形。例如，他指出：

---

① 引自滋贺秀三等著，王亚新、梁治平编：《明清时期的民事审判与民间契约》。

② 关于这一事实的进一步比较说明，详见〔德〕马克斯·韦伯：《新教伦理与资本主义
精神》，于晓、陈维纲等译，生活·读书·新知三联书店1987年版，第4页。

"在中国，有高度发达的史学，却不曾有过修昔底德的方法。""一切可能类型的高等教育机构在中国和伊斯兰世界一直都有，其中某些机构甚至在表面上与我们的大学（或至少学院）颇为相似。但是，一种理性的、系统的、专门化的科学职业，以及训练有素的专业人员，却只有在西方才存在，而且只有在西方才达到了它今日在我们的文化中所占据的主导地位。"[①] 但是，科学作为一种知识制度在 19 世纪随着西方资本主义文明的扩张，逐渐影响中国，并且以其强力和实用性提供着自身价值的证明。它似乎已经成为改变弱势状态可以借助的主要资源。中国监狱学的现代性表现在它是作为某种"社会科学的知识体系"由西方移植而入，以之为改良监狱之术，并进而参与了清末以降百年现代化的历史运动。从这一视角来看，中国监狱学无论是知识来源、内容构造，还是体例结构、形态特征或学术思维、研究方法等，都已经与古代中国的监狱知识传统大相区别，这一区别也就是其具备了所谓"现代性"。

但是，还须指出的是，中国监狱学的现代性并不是一成不变的，和当时自西方植入的其他社会科学一样，一百年来经历了各种力量对它的修正过程。除了中国传统文化结构对它的同化及其逆反作用之外，实际现代化运动的路径和价值取向的不断转换，也使其现代性的内涵变得十分复杂。以 1949 年为界。清末至 1949 年，中国监狱学承继并经历了德日至英美的不同现代性及其变迁的模塑。1949 年迄今，则承继并经历了由苏俄向英美的现代性及其变迁的播弄。总之，中国监狱学受现代性之支配且其传统先后继受有别，并且还经历了本土化磨难。直至今日，中国监狱学的现代性，因现代化的曲折发展，就其科学性而言，仍远未臻充分与完备之程度。不过，作为一种具有支配意义的因素，"现代

---

① 关于这一事实的进一步比较说明，详见〔德〕马克斯·韦伯：《新教伦理与资本主义精神》，第 4—7 页。

性"乃是理解百年中国监狱学变化的连续性与现实性所不可或缺的理论工具。

(3)中国监狱学发展的阶段性

认识中国现代监狱学发展的阶段性，主要取决于该事物在其发展过程中自然呈现的变化特征以及对于这些变化特征的比较研究观点。在这里，从学史外部观察和内部观察的结果是不尽相同的。如果从外部观察，方便之门是监狱与政治之关系。由两者的关系而形成的阶段观察，则有清末监狱学、民国监狱学和新中国监狱学之分。但是，如果从内部观察，即从知识与理论发展的内在逻辑着眼，则可发现，清末和民国北京政府的监狱学并不能够分为两个阶段，而民国南京政府时期的监狱学和台湾地区1987年"解严"以前的监狱学尚属同一衣钵。但1987年以后，台湾地区的监狱学发展却有不同于以前的质变轨迹及结果。而中国大陆监狱学则另起炉灶，已非阶段性可以概括。不过，1994年以后，由劳改学向监狱学的转型，却可以看成对原有阶段的超越。

另外，如果不只是满足于对百年中国监狱学做内部流变分析，而是将之置于中国社会科学史的内史进程加以考察的话，那么，所谓百年中国监狱学的阶段性，也许不算是一个真问题。因为，从百年中国监狱学所达到的成就而言，并以所谓科学类型及其品质相对照，则得出百年中国监狱学尚处于"科学史前阶段"这一笼统的判断，亦未尝不可。

总之，中国监狱学发展的阶段分析，因立场和视角不同而有不同结果。但重要的不是结果的不同，而是不同视野的不同结果具有不同的认识功能。在作者看来，政治社会变迁的划分，具有明显的外部指示作用，很难弃之不用；但考察其内部知识进路以及借助科学史的评鉴作用也许是更为重要的。

(4)中国监狱学的差异性

中国监狱学与西方监狱学相比较因文化差异而具有独特性，但必须看到中国监狱学作为一个知识整体，其系统性迄今仍很成问题。换言之，中国监狱学内部存在严重的差异性。这种差异不是学术派别意义上的，而是不同时期国家意识形态的鸿沟造成中国监狱学的知识与理论缺乏内在统一性。如果说，1901年前后的中国监狱学表现了传统和现代的知识形态断裂，那么，1949年前后的中国监狱学，则表现为在现代化语境中，两种不同现代性的思维与话语隔阂。无论是1949年前后的不同历史时期，还是1949年以后的大陆和台湾地区，中国监狱学实际存在着两种不同知识和话语特征的文本系统。尽管，台湾地区因地域狭小，其监狱学作为独立学科的演化尚不如20世纪80年代中期以后的大陆，即使是大陆监狱学，也存在着1979年前后和1994年前后的现代转向差异，而台湾地区，则有1987年前后的差异等。总之，正是这些差异成为刻画中国监狱学内外部特征并进行互证与比较的重要手段。

(5)中国监狱学的自主性

中国监狱学的自主性问题，源于一个更大的设问背景，即中国社会科学自主性问题在最近二十年中的被反复提出。[①] 作为一门依赖于刑事权力体制而生存的学术，监狱学的自主性问题，意味着它提出的是：在此种知识的生产与供给关系中是否具有独立性，并基于独立性是否具有自主发展其学术的现实性。这是一个棘手的问题，而回答多半是否定的，即中国监狱学尚无自足之自主性可言。这方面的事实例证俯拾皆是。例如，迄至目前，中国监狱学的学术组织中国监狱协会及其各省监狱协会以及下属分会等，就其人员配备、研究导向、评价机制和经费保障等，均源于行业并受制于行业的约束和管理。就此而言，它与大部分由纳税人出资并隶属于某一国家事业部门的国家社会科学并无二致。不仅如此，它与行业的关系比其他国家社会学科更加紧密。也因此

---

① 参见邓正来：《关于中国社会科学自主性的思考》，载《中国社会科学季刊》1996年冬季号。

我们看到，它的重大研究任务几乎都由行业指令下达并纳入行业成本核算。例如，在过去的三十余年中，有关"创办特殊学校""创建现代化文明监狱""依法治监""监企体制改革""监狱的法制化、科学化和社会化""循证矫正""治本安全观""五大改造"等被行业视为政策性研究的重大主题，无不由全国司法行政行业主管部门提出，然后与之一体化的学界则参与承担。准确说来，行业和学界难分彼此，乃为同一事业。由此可见，学术自主性问题，实际涉及对于中国监狱学生存地位与状态的认识。在中国监狱学自主性严重不足的情况下，除了某些研究者个体基于纯粹学术立场的独立自主研究之外，严格说来，讨论其自主性问题迄今还难以使之具备评判效度。

以上提供了如何认识和把握中国监狱学的独特性、现代性、阶段性、差异性和自主性等主要编史理论策略问题。不过，随着研究的深入，还会发现如同其他中国社会科学，中国监狱学的形成和演变深受特定政治、经济、科学、教育、文化等一般历史力量的交互作用，也受到人才、经费、技术、组织、地域等具体条件因素的显性制约。其中，政治的作用是支配性的，经济的作用是基础性的，科学的作用是引导性的，教育的作用是推动性的，文化的作用是决定性的，而人才、经费、技术、组织和地域的因素，则更体现了具体的选择性和制约性。当然，这样一种为特定历史与现实所规定的相互关系，也是其他中国社会科学的共同处境。确实，这就是所谓历史的使然性。因此，只有当它们一旦被放回到学术史的叙事之中，才有可能消解其实然和应然的隔阂或冲突，并最终得以成为历史话语本体的组成部分。

三、研究结论

对中国监狱学史这一领域的初步研究，形成了一系列对其重要问题的基本看法。不过，这些看法在本研究中与其说是结论性的，毋宁说是启发性的。从这一点说，所谓"研究小结"不如说"研究启示"或许更为恰当。并且，这些问题与看法，也只是被意识到的一部分。尽管在加以选择时，仍然尽可能考虑了它们的重要性和一般性。至于其他为数不少的结论或启发，限于集中讨论的困难，大都分散在各部分的相关论述之中了。

（一）关于发展脉络

关于中国百年监狱学发展脉络的认识，涉及对学术传统发生与演变的贯通性比较研究，通常还需要借助"代际划分"的理论工具加以整理和表述。

笔者认为具有启发意义的"代际划分"，不仅依赖于外史性的刻画，也更需要内史性的描述。[①] 以下是从外部和内部两方面对中国监狱学进行"代际划分"研究的初步结论。

首先是进行外史刻画。根据中国监狱学百年来的学术经历，尤其是与政治变迁的密切关系，粗率地认为中国监狱学史首先应以 1901 年为界，[②] 分为古代监狱学史和近代以降现代监狱学史两大时段。[③] 近代以降的现代监狱学，则又以 1949 年为界可分为前后两期。前期（1901—

---

① 内史描述的方法及其重要性由科学史家库恩在其《科学史》一文中首次给予了阐述。对史家来说，内史描述意味着他的注意力主要在于学史中的学者及其活动产品以及内生变量的连续或断裂等描述因素的运用。详见吴国盛编：《科学思想史指南》，第 8—10 页。

② 把中国监狱学史的现代开端定于 1901 年，其所据的理由主要是这一年有倡议改革刑狱的系列重要文件，即由刘坤一和张之洞联名上呈的为世所称的"江楚会奏"。这些奏文以外国成例为立论依据，阐述了包括改革清末狱制的九点意见，由此拉开了清末刑事革新暨监狱改良的序幕。这一史实之重要在于，它使 1901 年作为叙述一种古老学术传统的断裂及其嬗替具备了历史刻画意义。

③ 由于古代监狱学的分期研究，受古代监狱学固有形态特征和史料特点等因素的决定，其认识的方法论思维也许应做适当调整。例如，是否应放弃严格分期的经典史学方法？关于此题的研究方法，亦可参考中国古代律学等的相关研究意见。详见张晋藩：《清代律学及其转型》一文，载《求索集》，南京大学出版社 1996 年版，第 561 页。

1949 年）大致分为三个先后相接的阶段：即 1901—1912 年的移植阶段，1912—1927 年的推展阶段，1928—1949 年的转化阶段。后期（1949—2019 年）分为两条线索。其中，中国大陆监狱学经历了草创（1949—1967 年）、蹉跎（1967—1979 年）、更生（1979—1995 年）和过渡（1995—2005 年）、后过渡（2005—2019 年）五个阶段；而中国台湾地区的监狱学则经历了渐变（1949—1987 年）和快变（1987 年以后）两个阶段。

其次是进行内史描述。正如已经指出的那样，以上的代际划分虽看似精确至年，毕竟只是提供了对于学术史发展路径具有一般识别意义的抽象结构。而真正具有识别力或指认力的路标，是隐含在这种大框架之下，各时期能够突显学术史变化特点的重要学术事件、人物、作品、活动等的历史联系，它们是进行内部把握的依据，构成了内在发展脉络的认识。

依此方法，百年来中国监狱学发展脉络之代际表现，似可作如下抽绎与描述：

清末以降，沈家本等人开始策导中国的监狱改良运动。这场新式的改良运动产生了一种由本国传统的监狱观念、知识和技术无法提供其满足的需要。而恰逢其时，监狱改良先行的日本，已有监狱学家小河滋次郎等人借鉴、移植并转化了德国苦罗尼氏等人的监狱学。于是，清末继受西方监狱学有了最便捷的路径。1905 年后，中国派遣日本的法科访问或留学人士开始和小河氏接触，不仅大受其影响，随之还热忱地向国人翻译引进了小河氏的监狱学作品。以沈家本为代表的监狱改良派，在组织翻译的基础上更将小河氏聘为顾问与导师，使日本监狱学对于清末监狱学的初诞具有了奠基的作用。虽然，清末中国的监狱学还受到国际监狱会议及其他英美法知识传统的影响，但远不如由日本转道输入的大陆法监狱知识传统来得直接而深刻。由此可知，在 1912 年以前初诞的清末中国监狱学时期，可以称为"沈家本-小河氏时代"。

　　继此时代之后的民初监狱学发展，王元增乃为代表人物。王元增作为小河氏的学生，亲炙其学，承继了先师的大陆法系学术传统，又有欧洲考察监狱的经历，其视野兼及英美法系传统。王元增对于民初中国监狱学的自立转化与发展具有开创性贡献。他积其所学，毕生致力于监狱改良实践和对监狱改良的调查与立法研究。可以说推进了中国监狱学的本土化进程。因此，1930年代以前的监狱学，用"王元增时代"加以命名亦不为过。

　　1930年代以后，经过前二十多年的积累，赵琛、孙雄、芮佳瑞、严景耀、李剑华等监狱学者开始以学术新貌崭露头角，一系列自著或自编的教材性论著陆续出版。这个"赵-孙-芮-严-李时代"到了1940年代以后因时局衰变所迫而趋于沉寂。而1949年的大转折则使得大陆、台湾两地分途而治，学术亦分道扬镳。

　　1949年至1967年，中国大陆监狱转而继受苏联劳动改造学传统的影响。《中华人民共和国劳动改造法讲义》等作品的出现，标志着中国监狱学的特定形态——劳改学形成了嫁接成果。1967年至1979年则是学术完全失序与废弛及语录体的填充应用。直到1979年，时局由乱治平，随着劳改教学与培训的恢复，劳改学随之再生。再生后的劳改学，从体系构成和话语特点来看，主要受自苏联劳改学教材作品翻译系列的影响。虽然，80年代中期以后，英美矫正主义作品的移译日益增多，但监狱学的知识主干却是由苏式劳改意识形态演绎形成的罪犯改造理论体系。其中，各种以"改造"为母题的教材、著作和论文应运而生，其知识生产初具规模。总的说来，可以把1950年代初至1980年代末的中国大陆监狱学时期，称作"劳改学时代"。

　　1994年迄今，伴随冷战秩序的结束，中外文化关系的转向，英美矫正教育主义日渐兴盛，开始和平挤对劳动改造主义。自1995年"劳改学"因《中华人民共和国监狱法》的颁行而更名为"监狱学"之后，一个告别劳改学、走向监狱学的转型与重构的学术过渡时代拉开序幕。发展至今的这一历史时期的监狱学，不妨称为"过渡监狱学时代"。

　　与1949年迄今中国大陆监狱学发展时期相并行的台湾地区监狱学，可以分为两段，即1949年至1987年"解严"以前的三十余年，以林纪东、李甲孚等为代表的台湾监狱学学者，通过对民国监狱学的继承以及对于英美法系刑事矫正主义的吸收和利用，其成果表现了对于民国时期监狱学研究水平的超越。因此，择其主要代表人物，姑且称为"林纪东-李甲孚-丁道源时代"。

　　1987年迄今的台湾监狱学，已是英美矫正主义全面转化并形成其理论与实践话语主导的时期，年轻一代学者逐渐成长与崛起，"矫正"成为该时期监狱学的核心行刑理念，关于"矫正"的各种学术著述开始盛行。如果择其主要代表人物，姑且称之为"林茂荣-杨士隆-黄徵男时代"。

　　最后，伴随两岸关系的解冻，1990年代以后的大陆和台湾地区由于开启了监狱学学术交流的互动通道，出版物传输开放、学会或学者间的非正式互访，尤其是基于互联网平台的数字信息资源分享，极大促进了监狱学学术资讯与成果的交流效率。从两岸关系改进与融通角度看，其监狱学学术演变的显著特点之一是彼此不同特质的原有监狱行刑理论与实践，皆在以"全球化"为驱动力的"现代化"发展背景下，循沿着"西学东渐"的逻辑及其路径依赖，因而受到现代和后现代英美矫正主义思想与话语的更深濡染与塑造。虽然，仍有少数监狱学学者怀抱"返本开新"的立场，致力于自主性的学术本土化探索，但从整体趋势而言，不管认同与否，迄今为止的中国监狱学正在自觉或不自觉地卷入一个"现代"和"后现代"相复合的"后过渡监狱学时代"。

　　经过以上内外史相结合、以外史为标志和内史为本质的简要刻画与描述，一部百年中国监狱学史的发展脉络，似乎已经被粗线条地勾勒出来了。它也许可以告诉人们，一百年来，那些相互断续或割裂的学术传统是怎么叠加在一起的，而疏通历史的隔阂与淤塞是否已经变得必须，而正在经历的学术转型与重建，可以从历史中借鉴的经验与教训又是什么呢？

（二）关于科学形态

中国监狱学的科学形态指的是以科学史为参照，考察它在使自己成为一门科学的过程中业已具备的实际科学知识状态。

为了使中国监狱学是否具备科学形态这样一个棘手的问题，可以作为一个真实问题加以讨论，笔者以为，这里首先需要对科学研究中所包含的意识形态问题，提供一些前置看法。任何科学（无论是自然科学还是社会科学），都有其不可丧失的意识形态（或者叫作研究哲学或思想基础），只不过自然科学的意识形态在不同国家和人群间具有极大的公约性或公认性，并且其意识形态通常深深隐藏在其科学形态背后，但科学哲学史的范式变迁研究表明，它的支配作用却是潜在而深刻的。[①] 社会科学如果要以自然科学为榜样，意味着它必须消除意识形态的差异并且同样不应在符号与文本层面表达其意识形态。但是，从社会科学的实际历史来看，社会科学无法使自身与自然科学形成同构同质状态。尽管，某些社会科学，比如数理经济学多少被认为已经具备了准经典科学的形式逻辑体系，只是其包括的知识与理论在验证的信效度方面，仍存在难以克服的困难，使之无法成为精确科学。不少社会科学不仅将意识形态公然地表达在其知识体系之中，而且，其科学形态也因研究对象的特殊性，与自然科学所本有的科学形态有着重大差别。这种差别，有的学者称之为硬科学与软科学的不同。指出上述事实，目的是为了有助于从纯

---

① 参见〔美〕托马斯·库恩：《科学革命的结构》第一章关于"研究范式"的论述。金吾伦、胡新和译，北京大学出版社 2012 年版。

粹科学的视角，检讨和评价中国监狱学的科学性质及其科学实现程度。

　　中国监狱学无疑属于社会科学的范畴。它和其他社会科学，尤其是那些通常被划入"国家社会科学"或"公共学科"的社会学科一样，其知识形态也包括了意识形态和科学形态两部分。因此，需要考察的问题至少有两个：一是在这门学科中，意识形态和科学形态的关系如何；二是其科学形态与经典科学形态的关系如何。

　　首先回答第一个问题。回顾历史，可以看到在一百多年的中国监狱学发展中，其意识形态和科学形态的关系演变大致经历了二次转换。以1949年为界，在1949年之前，占主导地位的意识形态是一种由西方移植而入的所谓近代资本主义的感化哲学；而1949年以后，在大陆重新确立而占据主导地位的则是所谓近代社会主义的改造哲学。这种社会主义的改造哲学，自1980年代中期以后，由于大陆的改革开放，又被一种现代资本主义的矫正哲学挤对，并开始和矫正哲学进入混合并行时期。与此同时，在台湾地区，如果说，1987年以前是感化哲学为主，矫正哲学为辅，则1987年以后已经发展为矫正哲学占据主导地位。

　　在上述意识形态的演变过程中，科学形态与之形成的比例关系，在不同时期的具体情形不尽相同。一般说来，意识形态并不必定拒斥科学形态，特别是欧洲中世纪以后科学已从宗教意识形态的束缚中解放出来，科学世界观得到了极大的普及。尽管各种具体的社会科学并没有演变成近代自然科学那样，最多只是具备了比较近似的模拟形态，但在科学特质的维度，特别是将社会、人文乃至精神现象客体化的方面，却也有了相当的发展。由于清末中国监狱学从意识形态到科学形态一开始便由日本全盘移植。因此，从移植的文本来看，其中国家主义和感化主义的意识形态和科学形态似乎浑然一体，并且，一种貌似符合"社会科学理论"形式规范的自我演绎循环论证，已然成为其文本建构的主要方法。但主要问题是由于支持其学科进化和提升科学品质的必要条件，如人才、教育、出版、学术机构、学术会议、学术批评制度等比较欠缺或十分薄弱，在百余年监狱学的发展中，如果问中国监狱学的意识形态和科学形态是否存在严重失衡，甚至科学形态经常被意识形态取代，从而使其科学特质隐微不彰？那么，1949 年至 1979 年的中国大陆监狱学提供了颇具说服力的例证。严格说来，1949 年至 1966 年，可以称之为意识形态与科学形态关系严重失衡的中国监狱学发展时期。这种失衡可从解读 1959 年由北京政法学院刑法教研室组织编写的《中华人民共和国劳动改造法讲义》得到清晰的印象。① 而 1967 年至 1976 年，则可以谓之意识形态对科学形态的完全取代。在这一期间，只有意识形态及其演绎体系，而没有科学形态的要件构成，尤其是支持科学发展的制度条件已是荡然无存。直至 1979 年以后，伴随中国社会进入新的历史时期，中国监狱学开始再生，其主要标志是在该学科的建设过程中，国家意识形态不仅被转化成了"劳改理论"的话语论述体系。而且，由于开放导致各种国外社会科学思想的悄然进入，仿效一般社会科学形态的监狱学学科建设不断增强。其中与科学形态建设密不可分的必要条件，比如教学与学术机构的建立、专业期刊的出现和学术活动的开展等，使该学科真正步入了常规发展的轨道。当然，迄今为止，中国监狱学的国家意识形态依然占据主导地位，并没有让位于研究思想或方法论的完全自由竞争，尤其在统编教材体系的编写之中。尽管如前三十年之非常时期那样，对于科学形态的漠视、挤对甚至取代的现象已不再抬头。然而，不仅在统编教材，而且在学者的个人论著之中，科学哲学思想的贫困仍是一个严重的问题：一方面是对这种严重性的不知不觉，证明了其严重；另一方面则是对"改造意识形态"的不满所力争拓展的知识空间，很快被盲目拿来的"矫正意识形态"加以填补。不过，指出中国监狱学的这

---

① 参见本书第五章第五节对此讲义的文本分析。

种意识形态与科学形态的混合和过渡状况与同时指出在过去四十年间其科学形态的不断有所成长是并不矛盾的。显然，过去四十年的中国监狱学的"科学形态"发展并非承继自前半期的劳改学传统，而是随着整个社会科学的复苏与发展，大量来自异域的价值观念、哲科知识和监狱制度知识被及时译介、吸收、整合，使其原有知识面貌大有改观。不过，其中科学形态的演进状况应给予何种评价，则牵涉到了下面对于第二个问题的讨论。

在科学史上，对某种科学的进展状况进行评价，基本方法之一是以经典科学为参照范例，采取内外史相结合的方法。[①] 其一是内史评价，其主要对象是该学科知识与理论的实质进展。因此，需要考察其知识与理论的成熟度，最主要的指标：1. 是否拥有经典著作、经典教科书和权威核心期刊；2. 是否具备其知识与理论的传承性、规范性、自洽性、系统性、完备性和创造性等。

如果按以上主要指标对中国监狱学史进行对照分析，不难发现其中关键义项都发育不够充分。比如，虽有代表性著作和教科书，但缺乏经典性；虽已有少量核心期刊，但缺乏公认的学术权威性。此外，由于学术传统的断裂或隔阂，其知识的传承性、规范性、系统性等严重不足，而理论的自洽性、完备性和创造性等仍比较欠缺。

其二是外史评价，其主要对象是学科的相关制度条件。最主要的指标是学术机构、学科层次、学术的独立性、自主性以及专业化程度等。如果从外史评价的主要指标进行对照分析，同样会发现，虽然各项指标要素已经并不缺乏，但因形成时间短至不足 40 年，实际欠缺一种可以称作"传统"的学科制度与文化。例如，从学术机构看，目前虽有中国监狱学会、部级研究所、各省级监狱学会或监狱分会或研究所，经费、人员、

---

① 　参见托马斯·库恩《科学史》一文，载吴国盛编：《科学思想史指南》，第 8—10 页。

资料等虽有基本保障，但其学术生产与管理尚处于低水平运作状态。从学科层次看，监狱学学科虽在中央司法警官学院和少量地方院校拥有了本科或研究生教育层次设置，但在大部分地方警官院校仍处于大专教育层次，而在国家学科体系设置中被划为法学三级学科，在综合性大学的法学院或政法院校中一般设为刑事法学科的选修课目，仅有部分政法大学设为刑法学专业的一个研究方向。至于学术的独立性、自主性，则由于学术体制隶属部门行政体制，经费、人员、项目完全依赖国家教育行政或司法行政部门的配给与保障，因此，学术的独立性、自主性，远不如其依附性和服从性明显。

综上所述，如果从意识形态与科学形态之关系，以及从科学形态的内外史主要指标对照和评价今日中国监狱学的学科建制状况及其进程，则可以认为，目前中国监狱学尚处在前科学发展时期。

（三）关于学术传统

如果说，古代中国的监狱学自成传统，不可与西学同比对待，那么，自清末以降的中国监狱学则是在固有学术传统夭折之下另觅学术传统的一个结果。在这里，把学术传统理解为一种学术传承关系，它主要表明了某种学术特质的来源或者说其知识与理论的各种历史来源。从学术传统的这一理解出发，清末以来中国监狱学的发展揭示了该学科受到多种外来传统的影响，而且，其影响的特点也颇值得注意：如果把某一学术的发展比作江河干流的延伸，把各种学术传统资源的注入看作各种支流的汇入，那么，百余年来中国监狱学的发展，本应汇流成河，一以贯之且日趋浩大。但实际上，该学科的发展和上述理所当然的描述极不一致。如果对其所受各种学术传统影响的真实情形及其结果加以考察，则大致可以给出以下定性描述：

1.在 1901 年以后的十年内，通过派遣留学生和翻译国外著作，继受了以日本为接入口的大陆法系传统，并经整合形成新的发端。在随后的发展中，除了继续坚持大陆法系的知识命脉，由于（主要是 1930 年代以后）中华民国南京政府的亲美政策日益明确，故英美法系传统的影响不断增强。在两种学术传统的先后作用及其本土化的过程中，中国监狱学出现了显著的发展。1949 年以后，这一复合发展的主流传统迁移至台湾地区。由于地域的狭窄，虽然干流的流脉不断，但规模大受制约，不但学科独立无从谈起，其外部学术借鉴主要以英美矫正主义为主，虽其内在刑事思想根底，仍由大陆和英美两种法系知识传统混合而成。1980年代以后，随着矫正事业的日渐发达，台湾地区监狱行业及其教育与学术机构中，新生代学者、专家逐渐成长。新生一代大都具有欧美留学经历，对于借鉴欧美国家的各种监狱矫正理论与制度更加自觉和彻底，不仅几乎把台湾地区的传统监狱学改写成了欧美矫正主义的台湾版，而且显示了其学术传统的革新既受矫正一体化，也受行刑多元化的影响。

2. 1949 年以后，中国大陆开启了一种与民国时期"日式监狱学"迥然有别的苏式"劳改学"。从学术传承而言，它和此前的"日式监狱学"已完全切断了学缘关系。这不仅表明自清末为改良监狱而取法日本的新式中国监狱学传统至此已被彻底否弃。而且，这同时也意味着一种单一的学术"内在相沿性和一致性"的历史特质在中国大陆监狱学史的戛然中断。20 世纪 50 年代以后的中国大陆监狱学自觉不自觉地接受了苏联国际社会主义宏大历史叙事的影响，它的意识形态源自苏式马克思列宁主义的阶级斗争及其无产阶级专政学说，而其知识形态则传习了苏联劳动改造理论及其实践模式。从 1950 年代初，苏联劳改法专家贝可夫、普根高夫、法捷扬诺夫等人应邀传道授业，到 80 年代中期司法部劳改专业教材编委会组织翻译苏联劳动改造专业系列教材和著作，足以说明了中国大陆监狱学的特定形态"劳改学"有着怎样的学术传统来源。至少在 1980 年代中期以前，中国大陆监狱学主要是在苏俄劳动改造制度与理论的影响之下，为适应本国无产阶级专政和社会主义革命需要而形成的独特知识形态。但是，自 1980 年代中期以后，随着中外文化关系的根本转变，学术比较视野亦不断扩大。其中，尤其是翻译介绍国外各种监狱的资料，比如 1988 年 4 月群众出版社出版的《外国监狱资料选编》（上、下册）以及此后陆续翻译出版的一系列欧美学者的监狱学著作中译本在业界广为流布，由此可知欧美监狱学理论对于中国大陆劳改学的知识与话语革新，产生了何种微妙而深刻的作用，也预示了劳改学传统必将受到颠覆性的影响。事实上，在 1990 年代以后发表或出版的大量论著中，引证和注释国外监狱学的文献资料，绝大部分来自欧美诸国。的确，随着现代化路径的转向，迄今已经发生了从"改造"向"矫正"的转变，进入了一个"改造与矫正"并立与竞存的过渡时期。从文献统计来看，自 2005 年以后，"矫正"的使用频率已经比肩"改造"。其间，还包括了大陆学者对台湾地区监狱与矫正研究资料的引用和借鉴。

从以上的简要梳理，已能看到近代以来中国监狱学学术传统变迁的基本脉络。从中可知，近现代中国监狱学的发展与变化主要为外来学术传统与资源的影响所左右。迄今为止，一种源自中国思想文化自觉意识的监狱学术自立思潮及其流派虽在萌发之中，但尚未在"返本开新"中欣然生长。

（四）关于知识体系

中国监狱学的知识体系，在一百年间的不同发展阶段，伴随学术传统的变迁，其内容、结构和形态等亦屡有变更。根据不同时期的代表作品和学科课程设置情况，兹将其知识体系及其沿革的主要特点概述如下：

1. 在清末和民初，监狱学自日本引进，从区枢等人译介小河滋次郎的《监狱学》和董康编译的《监狱访问录》及其他若干译本可知，其知识体系一般由"总论"和"各论"（或曰"总论""分论"）两部分构成。"总论"主要介绍狱理知识，除了监狱沿革、行刑制度、监狱构造方法、监狱管理方法、监狱监督权，还包括犯罪、刑罚以及犯罪之预防等内容；"各论"主要介绍狱务性知识，主要包括收押、戒护、值勤、惩戒、奖赏、通信及接见、监舍查访、释放、作业、生活、卫生、会计、教诲、教育、统计等。在当时的知识发展水平上，上述内容通常由一本概论性的教材或著作承担，尚未进一步出现分支学科的专著。虽然在教材的实际编写和使用中，基于不同目的或需要而对其知识内容进行加减处理，从而使知识构成有所不同，由此产生了面貌各异的若干版本。但需要指出的是，自清末而民初，监狱学逐步中国化的显著特点是，一般将总论和各论合并，具有代表性的例证是王元增的《监狱学》。王氏虽师承小河氏，但凭借在模范监狱的改良实验所得，并经过审慎剪裁和整理，其所著《监狱学》已由小河氏的二十五章，转化为十三章。这十三章的内容将以往总论和各论的部分重新整合，构成了第一个中国版"简明监狱学"。由于王元增的监狱学研究及其实践在民初监狱界的广泛影响，可以说经其精心整编的《监狱学》知识体系在当时业界具有很高的认可度。比如，曾被朝阳大学法学院、东北大学设置的监狱学课程采为教材，也被许多省监狱同行作为案头必备的业务参考书。

2. 到了三四十年代的民国监狱学时期，监狱学的知识体系开始有了一定分化发展。例如，芮佳瑞采用注释研究法，根据"监狱规则"的章节体例和基本内容，撰成《监狱法论》。赵琛的《监狱学》专以"总论"为研究对象，原理性论述较前深入许多。孙雄的《狱务大全》主要以介绍"分论"所辖狱务为职司，拓展和细化了监狱实务的知识范围与内容。严景耀的《中国监狱问题研究》和李剑华的《监狱学》运用社会学的知识背景和方法，提供有关监狱社会学研究的独立成果样本。还有，更具专著性研究意义的成果，如芮佳瑞《监狱制度论》的出版，表明了监狱学知识体系，已突破原有的德日教科书模式。此外，有关犯罪与刑罚的内容，也已交还给了犯罪学、刑罚学的知识体系。

3. 1949年以后数十年的中国台湾地区监狱学，除了仍以"监狱学"命名的概论性著作，从林纪东的《监狱学》到林茂荣、杨士隆和黄徵男等人所著《监狱学》，最大的特点是其监狱学知识体系从目的、功能和知识话语特征，已然脱胎换骨。在后者那里，完全告别了民国时期日式监狱学知识体系的内容与架构束缚，一种以欧美矫正主义为主导的美式矫正学理论和技术话语成为重构日式监狱学知识体系的基本方法。此外，出现了若干分支学科的代表性作品，如监狱史学方面有李甲孚的《中国监狱法制史》，比较研究方面有丁道源的《中外狱制比较研究》，监狱建筑研究方面有吴宪璋、贾孝远的《监狱建筑概论》，监狱法研究方面有王硕元的《监狱行刑法》等。此外，必须加以注意，从宏观刑事政策视角来看，由于台湾地区刑事发展政策深受美式大矫正主义体系的影响，台湾地区的美式监狱矫正知识体系在其学科分化发展的过程中，虽然并未丧失其相对独立的学科地位，但实际已被纳入泛刑事化的大矫正制度之中，并成为刑事与准刑事一体化的大矫正学科体系的组成部分。

4. 1949年以后的中国大陆监狱学，前三十年只有以解释《中华人民共和国劳动改造条例》为任务的若干讲义和宣传语录文本。[①] 从1980年代以后，在苏联劳动改造法学系列教科书的影响之下，逐步形成了劳改（法）学的知识体系。除了劳动改造法学概论以外，包括劳动改造学、狱政管理学、教育改造学、罪犯改造心理学、狱内侦查学等分支科目陆续形成。随后，关于"劳改法学"和"劳改学"的学名之争，导致了知识体系的分科发展，一方面是以劳改法律为研究对象的劳改法学，其体系结构以"劳改条例"或"管教细则"的章节顺序为依据；另一方面随着中国劳改学会告别中国法学会的下属学会地位而成为独立的一级学会组织

————————

① 参见本书第五章第五节有关内容。

之后，劳改法学成为法学与劳改学的交叉与分支学科。无论内涵抑或外延，以"劳改学"命名的知识体系，不再被"劳改法"以及其后的"监狱法"体系束缚。作为基础理论课程的"劳改学基础理论"或其后的"监狱学基础理论"，试图区别以往的"劳改法学或监狱学概论"体系，虽然其内容未有重大调整，而且，整个知识体系亦未摆脱"概论"的体系架构。[①]但是，经过1979年迄今四十年的学科发展，尤其在中国司法高等职业教育和刑事执行学科与专业建设的推动下，中国大陆监狱学已经基本形成了自清末诞生以来从未有过的以其"基础理论"或"概论"为基础与核心，以功能性的分支应用理论和专业技术科目相匹配的完整学科知识体系。尽管，由于这一学科群落的知识体系与话语类型的实质转型与重构远未完成，因此，目前仍处在从劳改学到监狱学的过渡建设时期。总之，经过百余年的曲折发展，中国现代监狱学知识体系已经初步发育成形。但就监狱学知识体系的实质构成，被学界认为存在的主要问题，归纳有二：一是基础理论的"基础性"和"理论性"不足，其"基础理论品质"有待提升；专业知识的"专业性"和"应用性"不足，其"专业应用能力"有待加强。二是其内在知识分工关系不尽合理，内容安排存在交叉和重复。[②]

（五）关于研究方法

研究方法是科学研究不可或缺的重要构成因素。从研究方法角度审视科学演化史，同时从科学演化史考察和总结研究方法，是科学史家，尤其是科学哲学史家们惯用的做法，借此观察中国监狱学史的发展，也是一个必不可少的内在视角。

那么，在以往中国监狱学史上，研究方法的运用有着怎样的一些特

---

① 　参见附录3。

② 　参见郭明主编：《"中国监狱学科建设暨监狱制度创新学术论坛"文集》，司法部预防犯罪研究所、浙江警官职业学院编印，2004年10月，第114页及以下诸页。

点呢？在清末监狱学诞生的初期，主要是通过译介实现对以日本为主的西方监狱学的移植。在译介的过程中，运用了全译，如区枢译本等；编译，如董康的《监狱访问录》译本，柳大谧编《独逸监狱法》，田荆华编《近世各国监狱制度》等；节译，如刘藩、贺国昌、熊元涵等人的笔记整理译本等。在同一时期，虽有涂景瑜在其独立作品《中国监狱史》中的历史研究尝试，但因篇幅短小且文献运用并不充分，只能算是历史研究的一个初步尝试。此外，沈家本的《狱考》则主要运用了中国传统的考据注释之法。到了民初的王元增时代，监狱学研究方法的进展主要表现在：利用小河氏《监狱学》的译介成果，将之作为蓝本，结合本土实践，进而从文本上加以优化。主要是在继承小河氏监狱学知识体系的基础上，总结办理模范监狱的改良实践经验，对有关问题进行整理，并根据应用和教学的需要，从而产生了日式监狱学的本土化摹本。这是该时期研究方法运用的主要特点之一。与此同时，必须关注这一时期"改良监狱调查报告"这种可归于经验研究的方法得到了普遍的运用。借助图表、数据、事例等手段，民国司法行政部监狱司行文要求各地将改良新式监狱的原始材料，以"汇编"和"录要"的形式加以整理和上报。这些调查报告的编印问世，提供了了解民国时期广泛推行监狱应用调查研究方法的宝贵史料。

到了20世纪30年代以后，经过积累和发展，一些监狱学的后起之秀开始根据研究对象的不同，探索和尝试了与之相应的研究方法。芮佳瑞的《监狱制度论》是对于外国狱制的第一个体系性的比较研究成果；而赵琛的《监狱学》对国际监狱改良及其会议材料的重点介绍，说明了监狱研究国际视野的拓展。与此同时，芮佳瑞的《监狱法论》可谓开启了监狱法律注释研究的先例。孙雄的《狱务大全》则是对实务性经验进行规范整理研究的开端。此外，严景耀和李剑华把社会学的问题意识和实地调查研究方法，应用于监狱学研究，给监狱学带来了刑事社会政策研究的视野。

　　1949年以后的台湾地区监狱学研究，最主要的变化是研究领域的专门化。林纪东具备良好的法学研究素养，其《监狱学》比以往任何时期的监狱学基础理论都有更好的归纳和论述。李甲孚作为一名法史学者，在中国监狱法制史研究方面，从史料掌握、叙述安排到注释引证等，把史学研究规范带到监狱学领域。丁道源以外国狱制研究为特长，相较前人在搜集和整理各国监狱研究资料上更加全面和系统，擅长比较狱制研究。后起的新生代监狱学学者如林茂荣、杨士隆、黄徵男等人的监狱学体系及应用理论研究，一定程度上体现了借鉴欧美矫正理论与知识，结合台湾地区的地方本地行刑实践经验进行了体系转换和创新。至于同一时期，大陆监狱学在研究方法上明显经历了两个不同阶段。在1979年以前，监狱学研究被高度意识形态化，所有的研究除了直接借鉴苏联经验，还通过引用和注释领袖著作或言论，对论题进行演绎与扩张论述，形成其"学术文本"。在1979年以后，一大批致力于创建劳改学体系的人士，开始根据党的劳改工作方针、政策和劳动改造的实践经验以及既有劳改立法内容，为构建劳改学教学体系，较多地采取集体编写的方法，编写过程主要运用了说明若干概念的定义，对方针、政策的说理演绎，对立法条文的语义释读和归纳劳改实践经验等方法，在苏联劳动改造学教科书体例与风格的影响之下，虽然体系特征日趋完备，但意识形态的话语逻辑仍然占据主导地位，与科学形态的表达混为一体。与此同时，伴随劳改学体系的日渐成形，受相关社会科学发展的交叉影响和欧美行刑思潮的渗透与刺激，研究视野有所扩大。至1990年代以后，缘于学科内部的分科发展、研究题材与命题的多样化、跨学科交流的增加，以及学术立项制度的建立等条件促发因素，各种相关社会科学研究的方法，已有不同程度和范围的借鉴与运用：个案调查、统计分析、文献比较、历史考证、规范注释、逻辑演绎、系统整理、合作编纂等，不一而足。但需要指出，这些方法的运用主要取决于少数个体的学术自觉与能力，其整体运用还比较散漫且处于低水平状态。问题的根源在于，相当一部分研究人员尚缺乏必要的理论研究修养，也未受到研究方法的基本学术训练，尤其是对科学研究范式与规范的认识还处于初级阶段。

（六）关于学术理论、思潮和流派等

中国监狱学的理论、思潮和流派是三个互相关联又各自独立的现象。思潮作为理论的激素，是推动和变革理论的基本原因之一，而流派则是理论竞争和繁荣的重要标志。三者皆是评价学术成熟度的质性指标，本应分别给以充分的专题讨论。但由于迄今为止，上述三者在中国监狱学术的发育与绽放不尽如人意，更毋论已臻充分的程度。换言之，还处在比较薄弱或欠缺的状态。因此，此拟概要述评如下：

1. 理论

如所已述，清末前古代监狱学并无"理论"一说，而百余年来由于学术传统的数度更替以及学术思潮的不同影响，中国监狱学因缺乏知识积累的连续性和原创性，迄今并未形成本土化的核心基础理论。其理论发展史主要表现为舶来性及阶段性。比如，清末监狱学时期主要是以监狱改良思潮作为思想基础，其基础理论则是舶来的日式刑事教育与教诲理论，以此充任关于行刑目的、功能和方法的基本理论。在民国监狱学时期，除了继承前述的日式监狱思想与理论，英式改良主义与人道主义思想及一般社会科学思想对于构建其行刑多元论发挥了重要的催化作用。至于1949年以后的中国台湾地区监狱学，主要是进一步引进了以美式矫正主义为主导，并整合法学、心理学、管理学等混合理论。而同一时期的中国大陆监狱学，主要以马克思主义的经济基础决定论、共产主义理论，列宁的无产阶级国家统治与阶级斗争学说，毛泽东的无产阶级革命与劳动改造思想作为监狱性质、职能、制度和方法等的理论基础。

1990 年以后, 欧美心理矫正主义、科学管理主义、风险防控主义等现代化监狱理论影响不断加剧。与此同时, 刑事法治理论, 尤其是罪犯人权思想也逐渐普及。因此, 除了继续坚持"改造论", 有关监狱性质、职能、制度和方法的理论根据, 已经形成了"改造论"和"矫正论"的复合理论拼盘。虽然, 在一般的官方教科书中集中表达的理论基础仍是"马列主义与毛泽东思想"监狱世界观及其政治意识形态, 但对于过渡监狱学的诸多理论与实践问题研究, 已经广泛借助法学、犯罪学、心理学、经济学、教育学、社会学等各种相关社会科学的理论工具, 呈现了监狱理论发展的转型与重构张力。不过, 迄今为止, 由于监狱理论研究大多以追踪重大主题或热点为主, 有关监狱现象的原理层次研究仍然处在比较贫困的状态。尽管不乏个别学者基于监狱理论与知识史的系统梳理与批判, 提出诸如"新兴古典监狱学理论""犯因构成论""大矫正一体论"等完整理论构想, 但从"权威教科书"的标准来看, 被公认具有基础理论完备性和经典性的监狱原理体系尚未出现。

2. 思潮

监狱理论的演进取决于多种因素, 其中和学术思潮的作用密不可分。学术思潮是一定时期整个社会思想文化价值变革在相关领域及其学术研究中的反映。百年监狱学的发展所经历的重大而典型的学术思想潮流, 概言之, 就是"监狱现代化"。其中, 前半个世纪经历了名为"监狱改良"的运动;而后半个世纪后自 1979 年迄今的四十年出现了名为"监狱改革"的运动。这前后相接并影响其理论与实践的百余年学术思潮, 准确说来不妨称作"学术政治思潮"。它们在中西文化交通与碰撞的过程中, 皆为清末以来民族国家追求强盛的一般动力逻辑所驱使, 而就专业思想文化背景而言, 则是近代人文启蒙和社会科学发达给各国刑事改革以及监狱改良注入了所需资源的应激反应。研究国外近两百余年刑事改革带动监狱制度改良的监狱现代化历程可以发现, 西方监狱学自约翰·霍华德时代以来，现代化的学术思潮大致经过了两大阶段。1940
年代以前，主要广泛传布了行刑人道化、法治化和功利化的近现代思潮，
而在 1940 年代以后，则迭代了行刑个别化、专业化和社会化的后现代
思潮。[①] 如果说，前者带给百余年来前半期中国监狱改良运动兴起和监
狱理论建构的初诞主题，那么，后者则赋予了后半期中国监狱改革运动
和监狱理论重构的迭代主题。

3. 流派

无论在研究题材、研究方法或研究风格方面，百余年来中国监狱学
领域似乎并未出现过严格意义的纯粹学术流派。但是，这并不意味着中
国监狱学具有高度统一的学术面貌。事实上，百余年来监狱学不断经历
的学术对立性强于其统一性。首先是 20 世纪前后两期选择继受了两种
不同的学术传统，因而呈现了学术特点的明显差别。然后是 20 世纪后
半期，由于大陆和台湾地区分属不同的学术传统与研究群体，因此，学
术特点的师承及其分野亦是昭然可辨。鉴于学术立场和方法等方面所
存在时域与地域的显著差别，至少可以认为中国监狱学内部存在有不同
的学术观点派别，比如劳改学派或矫正学派等，但这样的学术观点派别
和科学史上纯粹的学术流派，即作为学术竞争生态中的学术共同体及其
学术实践派别现象，其性质大不相同。因此，若仅根据主流学术观点的
本质差别及主导地位变迁的历史关系来看，在百余年中国监狱学史上，
可以说 1949 年以前居于主流地位的是日式"道德教诲刑学派"。1949
年以后至 1990 年代中期学术转型前，在中国大陆拥有主导话语权的是
苏式"劳动改造学派"；台湾地区 1980 年代中期以来处于上风的不妨谓

---

① 关于学术思潮的概括在学界既不尽一致，事实上目前还极少尝试。一些较早论述行
刑趋势的学者，如许章润等曾经提出过类似上述的表述，但却并不视之为学术思潮。参见《外
国监狱资料选编》（下册），群众出版社 1988 年版，第 281 页。关于上述思潮的主要内涵，亦
可参见郭明：《学术转型与话语重构——走向监狱学研究的新视域》，中国方正出版社 2003 年
版，第 185 页。

之美式"人格矫正学派"。而当下中国大陆监狱学由于进入"过渡监狱学"的转型与重构时期，占据主导地位的是复合并存的两大"山寨"式学派，即苏式"劳动改造学派"和美式"人格矫正学派"。总之，这类学术派别与依赖于学术竞争而生存与发展的学术派别主要不同之处，在其具有特定的历史政治特点和鲜明的意识形态属性。准确说来，应称之为"学术政治派别"。这是观察中国监狱学之独特学术派别现象及其特征须加以注意的。至于在上述不同学术政治派别的内部生态环境中，虽然也有因学术观点分歧而引发的激烈争鸣，但并非源自研究观念、立场和方法的根本冲突。因此，与学术流派的自由竞争现象不可相提并论。相反，这类学术生产与交换的大一统现象，恰恰足以构成对于中国监狱学内部缺乏学术竞争活力及多样性状态的学史批判例证。

第一章　清末监狱学（1901 年以前）

第一节　概述

严格说来，"清末"是一个含混的时间概念。不过，对于涉足这一时期历史研究的人士而言，这种含混似乎很难克服，甚至可能还是必要的。尽管，人们有时仍不免试图对这种含混做出自己的剪裁。如果把中国监狱学史的现代开端策略地定于 1901 年，那么其所据的理由，主要是因为这一年刘坤一和张之洞联名上呈了具有重要历史标志意义的若干文件，即为世所称的"江楚会奏"。这组奏文以外国成例为立论依据，集中阐述了改革清末刑狱的九点意见，由此拉开了清末刑事革新暨监狱改良的序幕。这一史实之重要在于，它使 1901 年因一种古老刑事学术传统的断裂及其嬗替而具备了历史叙事的分期标志意义。

1901 年在监狱学历史上的分期标志意义可以概括为，由于这一将中国监狱学划分为中式和西式两种不同特质的历史交替，从而表明监狱学已被视为一种政治力量，纳入一个民族国家自觉建构其现代历史的需要。在 1901 年以前，支配古代中国监狱治理的观念与知识一直绵延不绝并保持了基本的刑事执行与管理效能。即使 1840 年以降，尽管有出洋游学、经商或考察政治的人士往访西方监狱所作的记述已不断传入，但西方监狱学仍不似矿学、化学、电学、植物学、公法学等洋务五学，被视为应予仿效的科学。尽管英、法、德、俄、日诸国在其殖民辖区，先后开办监狱并推行其本国监狱制度,但也应视为在当时中国境内形成了两个并立的传统。这两个传统在知识上没有实质互通关系。翻阅由清刑部提牢赵舒翘编著、刊刻于1885年的《提牢备考》一书,可知清末监狱管理的宗旨仍在巩固和加强旧有"优良"成法。然而,1901年以后,以收回"领事裁判权"为借口,监狱改良意味着以西方监狱制度为摹本,通过全面学习和仿效"西制"以实现对本国监狱根本改造的开始。由此可知,中国监狱学自其诞生之初,便处在服务于"改良监狱"这一学术政治目标及其语境的约束之中。

然而,从学术内史加以考察,上述历史分期的刻画意义却并不完全等于其实质意义。按照科学史家库恩在其《科学革命的结构》一书中关于范式转换的概念,科学革命是知识增长到一定阶段的产物。在那样一个阶段,决定知识内在架构、内涵和状况的旧有范式更新,将导致整个知识体系的根本变革。从而,一种不同以往的知识类型作为科学革命的成果得以降生。显然,这是一种关于知识生长与蜕变的理论,是一种内史质性变迁的观察方法。但是,这一方法对于清末现代监狱学诞生原因的描述和分析似乎缺乏足够的解释力。因为导致传统中国监狱知识体系根本革新的原因,并非内部知识增长及其研究范式的转换,而是文化生存过程中不同知识制度作为文化因素相互博弈的结果。在这里,如果要排除政治或军事等国家意志力量对于知识制度生存的决定性意义,则作为一个知识进程的观察者,对于中国学术或知识叙事本身的逻辑在特定历史(例如清末)的表现,无疑应保持足够的审慎态度,以便通过反省或批判,克服文化政治论的"有限"且是"异质"的立场。[①] 故此,1901年的学术实质分期意义,它一方面可以看作不同文化间学术交流与共享

---

① 关于学术中的"异质"性,可参邓正来:《关于中国社会科学自主性的思考》一文,载《中国社会科学季刊》1996年冬季号。

的特征，为一种特殊条件下的嫁接模式提供历史个案。另一方面在承认类型差别的基础上，是否应当注意，一种文明类型向另一种文明类型输出知识制度时，究竟是凭借国家强力优势，还是因其知识与文化自身的进阶优势？

上述问题的提出，拟由本章下述内容的探讨或多或少加以回答。本章的任务归纳起来，约为两项：一是对古代中国监狱观念与知识形态进行系统梳理。由于作为一个已经逝去的传统，从知识学角度的研究评价，至今仍十分缺乏，而它无论对于解释其衰落的原因或是试图重新发现其知识的借鉴意义，甚至为了缅怀的情绪，都不是毫无价值。至少，可以为叙述百年中国监狱史，做一个必要的铺垫。二是对清末中国监狱学诞生的历史原因做出多角度的挖掘与分析，以说明一种取而代之的传统，为什么能够不期而至并以卯代榫。

第二节　传统的监狱观念与知识

依照沈家本先生的看法，清末以前的中国，并无"监狱学"这个事物。他在《与戴尚书论监狱书》中云："欧洲各国监狱为专门之学，设立万国协会，穷年研究，精益求精，方进未已。……中国从未有人讲求此学。"① 可见，这里所谓的监狱之"学"，在沈氏的头脑里是一个"西学"的概念。然而，我们知道，围绕"西学"和"中学"的学性及关系之辩，不仅是知识论中的事件，更且是文化之辩。从中西文化差异来看，中西之学的差异乃是文化特质的不同。沈氏正确地指出了中国传统监狱学之所无。这"所无"，亦即在西方学者眼里早就了然的：作为科学之学必有分工的

---

① 详见司法部编：《中国监狱史料汇编》（上册），群众出版社1988年版，第409—410页。

学科体制和持续的专业化学术活动等。例如，根据 T.S. 库恩、A. 萨克雷等人以西方知识传统和经验为基础的《科学史》研究，我国学者吴国盛归纳认为，作为一门学科需要内外两方面条件，外在条件是指它有自己独立的学术刊物、学术团体、有独立的研究机构和研究人员、经常召开专业学术会议、在大学里设学位招生等。而内在条件则是有比较明确的研究课题、特定的研究方法及学术自主性等。[1] 可见，按此标准而言，清末前的中国确无所谓"监狱学"。不过，沈氏似乎故意忽略不谈中国传统监狱之"学"的固有学性学式学态。以沈氏所积之学养，断不会将中学视之鄙薄。的确，监狱之学在中学的传统里亦毫无位置，与西学又无可比附。以现时的话语来说，这是一个未经学理逻辑整顿的经验知识传统，它的经验知识形态完全不同于理性知识形态，故而也就不可能呈现其科学知识特征。因此，只有以文化多元主义的心态和知识考古学的立场，深入一种文化的自适应机制中去（或如库恩所谓"内史"）加以研究的话，那么，关于清末前之中国有无监狱之"学"，才会有另一种解释。

比较监狱史的研究表明，在西方的知识传统中，监狱学亦是一个晚近才出现的部门。即以约翰·霍华德的《监狱事情——英格兰威尔士的监狱状况》[2] 为诞生标志，迄今也只有二百二十余年的时间，而那时还不能以"学科"概念来衡量。按照米歇尔·福柯的研究，在监狱领域运用知识的力量发挥刑罚的作用是近代以后的事情，是其学科体制化和扩张化的产物。[3] 但是，在同一时期的中国，监狱领域外并不存在"科学"尤其是所谓"社会科学"的环境或运动。中国有自己的人文学科传统，科

---

① 参见吴国盛编译：《科学思想史指南》，第 5 页。

② 此书出版于 1777 年。详见《牛津法律大辞典》第 424 页 "约翰·霍华德" 条，光明日报出版社 1988 年版。

③ 见〔法〕米歇尔·福柯：《规训与惩罚：监狱的诞生》，刘北成、杨远婴译，生活·读书·新知三联书店 1999 年版。

举取士是这种传统具有规范力和效率的证明。中国作为世界上监狱历史最为久远且绵延不断的国家，在漫长的帝制国家时期，监狱在维护统治秩序中所发挥的不可或缺的独特功能，向来为历代统治者所重视。事实上，监狱作为刑罚工具系统之核心构件，经过长时期的累积效应，在古代中国已经形成一整套实用律例与技术。此律例与技术虽遭朝代更替之洗牌，仍不绝其经验之传承。但是，奇异之处在于，此经验之传承与积累居然未曾自发或自觉地产生一种理性化的科学知识形态。这一方面固然是以"律例"与"技术"为标志的刑罚经验知识已足资其用，另一方面则受到诸如中国人"社会生活之经验类型""民族精神之素朴形态""知识传统之论理方式"和"文明之长期盘旋不进"等因素的掣肘和束缚。① 总之，在西方民族自近代获得科学发展的巨大增益之时，中国虽有一种呼吸困难的感觉，却依旧循沿古老的思维方式和文化习惯生活，而在此生活中到头来终究不能产生以"语义逻辑"和"数理逻辑"为"理性化工具"的监狱学。② 此等有别于西方文明传统的特殊性质和情形，已渐为比较知识界所明察。

那么，在并不依赖概念定义和逻辑推理所建构的理性知识形态以及教育和科研体制支持的情况下，传承数千年的监狱观念与知识，究竟有着怎样的独特话语形态，即它有着怎样的中国学呢？

其实，对于以上问题，沈家本先生在他的《狱考》中，已从文献的角度做了很有价值的考证和梳理。清末以来的不少学者亦根据历代文献中的有关章句作了某些解释。③ 但是，总观沈先生的考证，可以看到他虽注重在其视野里依序给出全部所涉及的材料，却并未给以深入的学理

---

① 引自《梁漱溟集》，群言出版社 1993 年版，第 314 页。
② 梁漱溟认为，如果中国的状态不被打破，则将长此终老。同上书，第 314 页。
③ 详见徐景瑜：《中国监狱史》，天津官书局，1908 年印行。

分析与归纳，并据此系统总结和阐述其研究所得。[①] 虽然，在适当的体裁里（如通信或书序），他也发表了不少个人的主观意见。比如他曾经为董康编译的《监狱访问录》作序时说过："监狱者，感化人而非苦人辱人者也！"尽管，此言即使针对"泰西监狱"亦非完全合乎事实，更多只是表达了沈先生的改良愿望罢了。不过，沈先生虽然认识到了中学和西学的不同路子，但他本人对西学于比较中虽有敏锐洞察，毕竟并无实学经历，[②] 因此，也就不习惯（或无意于）运用西方的概念和方法去分析中国历代监狱的材料。比如，他在《狱考》中所用的方法属于典型的"中学"方法之一"述而不作"，即只求考据和注释的纯粹知识辨析，而并不妄自给以理论阐述。[③] 事实上，沈先生似乎早已觉悟到"大凡事理必有当然之极，苟用其极，则古今中西初无二致，特患无人推究之耳"。[④] 由此可知，从思想态度看，沈先生倒是跳出了中西文化互相对立的陷阱——这也就不难明白他后来不避时嫌，诚聘日本监狱学家小河滋次郎为狱务顾问，不仅是迫于时势，也反映了对知识与文化之原初构造精神的普遍性的自觉。

　　上面以沈先生为例的议论，不过是为了给以下对于传统监狱观念与知识的分析所应持有的立场做一个铺垫。分析传统的监狱观念与知识，

---

　　① 这当然不是沈先生的不足，而是他未有"我们的目的、问题和手段"。后来的学者则正好与沈先生所做的相反，他们为了自己的目的和问题，在进行学理分析与归纳时，采取有利论证的原则，却丢掉了沈先生的"材料本位"。笔者指出这点，并不是说，在自己的论述中试图加以改变或可以做得更好。而是想说明，寓于本书中的目的和问题，要求尽可能将材料与分析加以结合。

　　② 实际上，沈氏一代人多无游学泰西之经历，亦不以受其某一科学之学位为荣。

　　③ 这是沈先生那一代学人的思想和工作方法。我们在今天恐怕做不到那样的"中学"的极致。我们身处在一个与沈先生大不相同的时代。这种不同表现在今天学者的身上——可以说这些年来我们的头脑中不觉地充满了来自西方的未臻化境的治学思想及其方法，反而不具备用中学的知识传统处理历史和现实问题的方法根底。这样说，并非受了中国现代文化悲观论调的蛊惑，而是不得不对自身的研究立场和方法予以反思。

　　④ 详见《监狱访问录序》，转引自司法部编：《中国监狱史料汇编》（上册）。

在材料方面我们如果能够比沈先生稍进一步的话，主要不在古代文献资料的掌握，[①]而在沈先生以后已有若干新的研究眼界，尤其是历史学发展所提供的视野。在分析方面如果能与沈先生略有不同的话，主要不在对材料的取舍，而在就我们的目的、问题以及所身处的时代而言，肯定会在与沈先生有所不同的思想与知识背景中运用若干不同的概念分析工具。于是，根本说来，我们只是凭借了和沈先生不同的学术人文环境及其话语系统，所形成的自然是不同于沈先生当时的知识话语。这种不同也不一定意味着知识上的进展。在此指出"不同"，只是为了表明对于"知识进展"的含义的理解。的确，我们所得到的和丢掉的似乎一样多。这也许是人类知识进展的基本境况（熊瞎子掰苞米的故事并未过时）。强调知识进展的历史与现实意义，只在于它对活着的我们是合理而有效的，而对于过往的人们则未必如此。

以下所根据的传说、文字、习俗、典章、文献等不同文本符号的知识话语形态材料，恰是蕴含了各种监狱观念与知识并借以传习和教化的基本载体。这些载体在功能上各有不同，如果说传说、文字和习俗主要反映了监狱观念态的知识状况，那么，典章和文献则有助于了解其条理态的知识事实。但这种分类是极其相对的，因为，一方面"观念"虽不像"条理"那样具备了清晰可辨的语言形式，但"条理"背后必有观念的存在。另一方面，无论是观念形态的材料，还是条理形态的材料，在今人的解读之下，皆从其"事实形态"变成"认知形态"的了。

一、传说

传说是保存文化记忆的重要载体。尽管它所记忆和保存的观念与知识，在反映传说客体方面的确切性和可靠性上可能会大有问题，但它

---

① 沈先生或蔡先生的功底令人有望尘莫及之感。事实上，本书所涉及的古代资料部分，首先得自沈氏《狱考》的提示。

用作考察传说主体的认知状态却不乏价值。有关监狱的传说在传说遗产中所占地位，从数量上看是微不足道的。其中最有认识价值的有关于监狱起源的"皋陶造狱"说，有象征监狱功能的"狴犴"说，还有隐射监狱状况的"地狱"说等。

（一）解释监狱起源的"皋陶造狱"说

"皋陶造狱"是一个古老的传说，虽然其书面记载迟至西汉以后。有学者认为，直接的文字证据是西汉元帝时人史游《急就章》所曰"皋陶造狱法律存"和隋陆法言《广韵·三烛》云"狱，皋陶所造"。[1] 不过，需要指出的是，距皋陶生卒任事年代两千余年的汉人所记未必确切。例如关于皋陶的身份便有二说，一说为尧臣，一说为舜臣。虽然，这并不影响本案的实质。不过，关于"狱"的字义运用的歧义，却说明在汉代（或者汉以前）人们对于"狱"的观念仍是模糊的。有的学者认为，中国古代自汉至宋元，监狱名称一直沿用"狱"。[2] 如果这种看法是可靠的话，就是说在汉代，将狱的本义"争讼"转谓"牢狱"已习以为常。但问题是，"狱"的字义见之于文献，在汉代学者中仍依其本义写作。如东汉王充《论衡·是应篇》记载"皋陶治狱，其罪疑者，令羊触之"。在王充的论文里，"狱"仍为今"诉讼"之义。实际上，今人将史游《急就章》中"皋陶造狱法律存"中"造狱"理解为"建造监狱"或"掌理监狱"，这种理解与古代汉语的用语习惯似不相符，是值得商榷的。以笔者之见，史游句中"狱"仍为诉讼之义，否则便无法理解"法律存"的现象。汉代学者或许不知，在皋陶的时代（上古五刑时期）监狱非刑罚的工具，乃执行刑罚之必备条件。至于自汉至隋，又历六七百年，陆法言在《广韵·三烛》中所谓"狱，皋陶所造"，不过是以讹传讹所致。虽然，这所传之讹，亦

---

① 转引自薛梅卿主编：《中国监狱史》，群众出版社 1986 年版，第 2 页。

② 同上书，第 134 页。

并非完全错误。因为秦汉以前虽未见典籍中有皋陶造狱传说记载，但皋陶作士和造律的记载却有所见，[①] 而秦汉之后，监狱的应用日趋重要，以至于习惯将监狱称为"狱"，即后人将"审理与执行"的活动融为一体，亦自成其理。故有学者认为，"古代的人们有可能就是根据这样的推论误会编造了皋陶造狱的故事"。[②]

从以上的介绍和讨论，产生了一些可供商榷的看法。首先，秦汉以降，尤其是汉以降至隋唐，正是远古五刑向中古五刑的转变期，监狱在这种转变中地位日趋上升。在汉代，监狱已经具备了独立的行刑职能。在那一时期，人们有了不自觉地追寻监狱起源的意识。这种追寻意识的根本动机也许是为了表明国家权力来源的合法性。东汉应邵《风俗通》曰："三王始有狱"，此"狱"并非指"监狱"，而是指国家产生了刑事诉讼活动，但这种活动是神明意志力的体现。皋陶依靠"獬豸"定罪，便是君权神授的活现。依照当时的知识水平，似乎无法对"监狱起源"这样的问题从事实或理论上加以回答。因此，利用传说的资源加上合理猜思，"皋陶造狱"也就成了解释监狱起源的最自然不过的答案。其次，不管"皋陶造狱"的真实含义经历了怎样的历史变化，自西汉至明清，皋陶事实上已被奉为狱神，如在监狱设置狱神庙，这说明了监狱观念虽已从古代刑罚一统观念中开始分化出来，而神判天罚的信念仍占据主导地位，从皋陶的人格由半神半人构成亦可得证明。

（二）象征监狱性格特征的"狴犴"说

狴犴为传说中的一种兽名。关于此兽，明代杨慎《升庵外集》卷九五云："俗传龙生九子，不成龙，各有所好……，四曰狴犴，形似虎，有威力，故立于狱门。"更早的记载见隋朝陆法言《广韵·三烛》："狴犴，

---

① 载《尚书·舜典》。
② 参见薛梅卿主编：《中国监狱史》，第 2 页。

兽也,又狴,本作狟,牢也。"可见,有关狴犴的民间传说在隋唐以前已经流传。将狴犴与监狱联系起来,在狱门镌刻狴犴头像,竟至于称"监狱"为"狴犴",表面上看来是因为狴犴"形似虎,有威力",实际上恰是喻指监狱所固有的性格特征,说明了监狱在当时社会凭借其刑罚所产生的威慑作用,给人们留下了至为深刻的感受。同时,也是人们选择"狴犴"表达并强化"监狱恐怖"这一特有印象。从统治者一方而言,为了渲染监狱的恐怖感,在筑造监狱时于狱门上镌画狴犴,表明已经形成了借助文化象征手段以增强威慑犯罪效应的监狱功能观念。

(三)隐喻监狱境况的"地狱"说

有关"地狱"的各种传说在佛教传入中国之前,就在民间以各种不同的"版本"广为流传。[①]传统地狱思想的一个重要特点是描绘罪与罚的轮回景象,渲染惩恶扬善的观念。正是在这一点上,地狱和监狱在文化上存在着深刻的关联性。民间把监狱称为"人间地狱"或"活地狱"便是佐证。地狱的虚拟世界放大了监狱的实有世界,将监狱的局部刑罚图景以来世报应的方式,扩展为绝大多数人生的末日归途。于是,监狱这一囚禁躯体的所在和地狱这一惩治灵魂的去处便成为人生万劫不复的征象。监狱不过是地狱的隐喻。这种隐喻的观念,起于何时虽无从考证,但从经验方面看,这种观念深深积淀了残酷文化对于人类精神的持久侵蚀作用,同时,也说明古人已经深谙"监狱"对于身心控制以及教化的投射机理。

二、文字

文字不仅是记录监狱观念的重要符号,而且,某些文字的符号本身就是表示监狱观念的第一手材料。这样说的理由是基于中国古代甲骨

---

① 参见罗基编著:《地狱众生相》,学苑出版社 1998 年版,序言。

文字对于监狱这一事物独特的象形描写能力。作为一种图画文字，在甲骨文及其他古代象形文字中有关监狱的代表性符号，如"囚、囹、圄"，又如"圈、圉、囹"等，这些不同模拟形态的文字符号，反映了殷商时期监狱的实况以及人们对监狱的认知结构与水平。首先，它们告诉了当时监狱的物质形式。在"囚、囹、圄"中，"凵"约如"地牢"，"廿"似同"槛栏"，"囗"则为"斗室"一类。其次，它们呈现了当时监狱的拘押方式。例如"圈"表现了被囚者梏手坐于其中的情形，甲骨文专家释为"圈"，而"圉"则被释为"圉"，即指女囚梏手坐于其中。上述文字，不仅说明男女囚犯在狱中加梏受刑的事实，而且提示了当时由于狱舍简陋，防止囚犯逃跑乃是一大要务，也印证了监狱初期的主要职能并非执行自由刑，而是待决或临时羁押的观点。[①] 此外，男女别狱虽非固定制度，但已是某种习惯。又如"囹"，此字释为"圄"，据考，"个"为手持器械打击之状。[②] 这一点提示监狱看守的主要职能是惩戒不规，而且，监狱看守职业可能已有固定和专门的设置，虽谈不上是一种专门职业，却可看成职业化的最初萌芽。

三、习俗

习俗不像法律那样，有明确的书面强制形式，也不像宗教那样依靠个体坚定的信仰。它是一种柔软的规范，包含了深厚的社会心理基础。观念与知识在习俗中往往通过某种仪式（或图腾）形成其传播效应。监狱现象作为一种文化现象，其中所包含习俗的因素虽然不占主导地位，但也并非毫无影响。当然，要分析习俗中的观念形态的知识不会是一件

---

① 涂景瑜：《中国监狱史》，天津官书局，1908 年印行。
② 参见蔡枢衡：《中国刑法史》，广西人民出版社 1983 年版，第 56、70 页。又见沈国峰《商朝的监狱》《古狱制述略》、李文彬《中国古代的桎梏制度》等文，载《中国监狱史料汇编》（上册），群众出版社 1988 年版。

容易的事情。毕竟，习俗在监狱社会制度中只是一种次文化，当它作为监狱亚文化存在时，通常缺乏足够的存续条件，因而经常只能自生自灭，而当它作为主流文化的次生文化出现时，由于被意识形态同化或受意识形态操控，所形成的主要是某种半官方半民间的独特习俗形态。例如，自秦汉以来，古代中国监狱中所出现的"狱神祭拜"现象以及狱门上的"狴犴"图腾，都可用上述习俗观点去加以分析。因为，对于囚犯而言，他们对于"狱神"及"狴犴"所抱的敬畏心情是在官方仪式中，由囚犯集体相互传习影响而形成的。他们祈祷"狱神"主持公道并保佑狱中生活太平，他们也乞灵于"狴犴"，以免受其伤害，并许诺改恶从善。在狱神庙参与供奉的他们通常是自愿而虔诚的。事实上，"狱神"和"狴犴"具有一种世俗与神圣相混合的控制力量，它们在古代中国监狱中所以能够长期存在，是因为它所含有的神意惩罚观念有助于强化世俗惩罚的正义性。因此，可以说，人们已经认识到，在中国传统的监狱观念里，监狱不仅象征世俗暴力，而且深深包含了一种神授品质。而这一点，在习俗中体现得尤为鲜明，且在古代监狱治理中发挥着重要的作用。①

四、典章

典章作为一种强制颁行的法律形态，集中保存了历代统治者治理

---

①　关于"狱神庙"及"狱神祭拜"这等监狱习俗，现在很多人将其遗忘或根本不知。这一习俗在清末改良旧式监狱时已被废除。但是它究竟起于何时？根据现有的资料推测当起于汉初。在汉以前是否已存在？因未见记载故不得而知。不过，狱神祭拜作为与监狱正统意识形态相伴生的精神虚拟活动一直在狱中延续两千余年，其对于研究中国传统罪罚文化的绵延性还是有意味的事情。如若究其起源，则可为夏三代至秦至汉这一中国社会极重要的转变期，以皋陶为祭拜对象的罪罚文化观是如何生成，并在监狱中取得精神统治地位等问题提供某种解释。关于这一习俗及其衍生形态，可参考赵舒翘《提牢备考》中第四部分"杂事考"的记述："狱中神祇，有总司、分司，都尊称为狱神，得享祭祀。其余得列祀典的，如关帝、龙神、门神；佛典中的大士、阎罗、社公；道教中的太乙、药王、瘟部、火部等神明。另置一殿祭祀明朝椒山杨忠愍公。此外，刑部尚书王世贞、郎中史朝宾、司狱刘时守也附祀其中。"另参张建智《狱神庙闻录》一文，载《读书》1998 年第 7 期。

国家的各种基本规范。中国古代法律遗产并未因朝代的更替而遭摒弃。事实上，监狱制度知识通过相沿成袭的法律典章，得到了有效的继承和发展，通过它们而获得对于中国古代监狱观念与知识状况的了解，无疑是极重要的途径。

从典章性作品看，中国古代很早就已产生了关于监狱制度的立法意识及其实践。例如《周礼》对于"圜土之制"的记载："司圜掌收教罢民，凡害人者，弗使冠饰而加明刑焉，任之以事而收教之。能改者，上罪三年而舍，中罪二年而舍，下罪一年而舍。其不能改而出圜土者，杀。虽出，三年不齿。"上述介绍的就是有关如何适用"圜土制"这种古老"监禁刑"的行刑规范的基本知识。监狱制度方面最早的成文法，如李悝《法经》中的《囚法》，也是对犯罪者如何拘禁的规范。从《法经·囚法》开始，通览《法律答问》《唐律疏议》《宋刑统》《元典章》《大明律》和《大清律例根源》等法律或法律性的文件，可以看到对于狱制的规定亦占了不少篇章。例如，《元典章》通过议事援理的方式，就刑名、狱具、察狱、系狱、鞫狱、断狱、提牢等的内容与要求，做了细密的规定与解释。总之，有关监狱的条例规章是中国古代法律的重要组成部分，其知识特征与一般刑事典章律学一脉相承并包含其中。它们具有如下显著特点：

第一，从监狱法律的规范构成看，中国古代监狱制度表现了知识的完备性。与同时期西方各国相比，中国历代典章有关系囚制、悯囚制、录囚制、居作制度或狱具制度等，其所含知识的完备程度远在其上。[1]

第二，从监狱法律的表达方法看，中国古代监狱法律和其他刑事法律一样，其知识表达具有文字简洁、形式严整的特点，以"律、令、格、式"为骨骼，加之"疏、议、注、释、问、答"等血肉，形成了立法规定与司法解释高度合一的文本形态，具有综合性知识的特点。

---

[1]　参见沈国锋：《古狱制述略》，载司法部编：《中国监狱史料汇编》（上册），第439页。

第三，从监狱法律的知识传承看，中国古代监狱法律知识的传承显然不是借助类似西方的学科教育制度等工具，而是借助了一种中国独有的史官文化及其律学传统。[①] 既然中国历史文化是以史官文化为基础和核心，它的法律遗产又有少数律学精英加以研传，则它必然将监狱法文化这种官方刑史文化包含其中。中国古代的各级刑官都是通儒，诵读经史为其日常修养，研习律例是其基本功课，依靠他们传承（学习和实践）监狱制度知识应是顺理成章的事情。

五、文献

文献是直接记述监狱观念与知识的载体。我国历代文献中涉及与监狱有关的记载，沈家本先生在《狱考》一文中已做了细致的整理。这些记述监狱知识的众多文献，其实可以分为两类：一类是普通相关文献，范围极其广泛，涉及经、史、子、集四部，取材受制于研究者的知识阅历。例如，沈氏在《狱考》一文中，提到上百部（篇）历代文献，其中被引用的有关章句约计 320 处之多；另一类便是专门文献，如《古今图书集成》的"牢狱部汇考""囚系部汇考"，《刑案汇览》及《刑部事宜》，沈家本的《狱考》，赵舒翘的《提牢备考》，濮公的《提牢琐记》，周馥的《恤囚篇》等。[②]

在各种相关文献中，对于研究中国古代监狱学，更具参考价值者为沈氏的《狱考》和赵氏的《提牢备考》。前者有助了解历代文献中所含社会普遍流行的监狱观念与知识；而后者是研究古代中国社会末期监狱制

[①]　参见张晋藩《清代律学及其转型》一文，载《求索集》，南京大学出版社 1996 年版。王健：《中国近代的法律教育》第一章"中华法系下的古典法律教育"，中国政法大学出版社 2001 年版。

[②]　参见国务院法制局法制史研究室编：《中国法制史参考书目简介》，法律出版社 1957 年版。

度运作实况，尤其是监狱治理者头脑中有关监狱治理的"道"与"术"的知识状况不可替代的个案参考文本。兹将上述文献反映或记录的历代有关监狱制度与现象的主要观念与知识，扼要归纳如下：

（一）关于监狱的起源

古人关于监狱起源的明确意见，较早见之东汉应邵《风俗通》"三五始有狱"和隋人陆法言《广韵·三烛》"狱，皋陶所造"。前者依据《周礼》，后者依据传说。两说所叙起源时间大体相合。今人言及监狱起源问题，均依凭上说。中国古代除了涉及监狱起源的一般认识，还有对不同监狱称谓的各种意识。如蔡邕《独断》"夏曰均台，周曰囹圄，汉曰狱"，或如《初学记》狱第十一："《博物志》云，夏曰念室，殷曰动止，周曰稽留，三代之异名也。"这些名辩之词，尽管相互矛盾，抵触之处甚多。例如，关于"圜土"与"囹圄"的关系，在记述上大有出入。沈家本在《狱考》中按"圜土之制，周仿于夏"，根据是《竹书纪年》"帝芬三十六年作圜土"。他针对《郑志》以周有圜土，遂疑囹圄非周狱名而为秦狱名之说，认为囹圄为周时普通监狱，其理由是《周礼》云"圜土收教罢民"，是专为"罢民"设置的。这等于认为两周并存有两种监狱制度。蔡枢衡曾认为："圜土之制，成为周礼定制，实际意味着自由刑制度的萌芽。"[①] 而囹圄则为秦狱之定制，此为今人采信，但却说明传统的监狱观念中包含了对监狱来源及其名实关系的考辨意识，此种意识一直延续到《狱考》。《狱考》可视为这种考辨式知识精神的集中体现。

（二）关于监狱的性能

由于中国古代很早就流行"天罚"思想，视监狱为代天行罚的一个场所是理所当然的。但是，天罚观显然不是唯一的刑罚观念。一般认为，到了周代，中国的人文思想已相当发达，以至于影响到刑罚制度的

---

① 参见蔡枢衡：《中国刑法史》，第84页。

安排。例如，被蔡枢衡先生称为周礼定制的"圜土之制""嘉石之制"，其主要的功能是"分等治罪""任之以事""幽闭思愆""明刑耻之"等，这暗示了古人已不自觉地认为，人的公正与良知、自责与内疚等道德情感，其实是使刑罚有效的个体心理基础。这使得监狱不仅是刑罚的场所，而且具有教育功能。这种有关监狱性能的认识可以说和近现代改良刑罚思想很类似，而在古代世界各国又较为少见。难怪乎沈家本先生在《狱考》中道："以感化为宗旨，尤与近世新学说相合，……今人之所矜为创获者，古人早已言之。"当然，纯从观念萌芽而非科学新知的角度看，沈氏的论断是可以接受的。

（三）关于监狱的制度

有很多证据可用以说明中国古代很早就有监狱制度意识。例如"甲骨卜辞"中即有"贞，羊亡，其囚一月"，这说明在殷商时期已有刑期意识的制度表现。又如《周礼·秋官·司圜》等篇对"圜土之制"的具体内容有明确的记述："司圜掌收教罢民，凡害人者，弗使冠饰而加明刑焉，任之以事而收教之。能改者，上罪三年而舍，中罪二年而舍，下罪一年而舍。其不能改而出圜土者，杀。虽出，三年不齿。"可见，"圜土之制"对收押的对象、行刑的内容、处遇及后果等已形成定制。为什么形成此定制？这种学理性的问题也曾被古代学者所探究。例如，郑玄注曰："圜土者，狱城也。狱必圜者，规主仁，以仁心求其情，古之治狱，闵于出之。"[①] 郑玄此注虽然反映了古人对于"圜土"所含制度理念的主观看法，但也说明了制度意识是中国传统监狱观念中一项主要成分。自秦汉以降，中国的监狱制度意识虽非直线以进，但总的来说，制度意识日趋具体成熟，尤其自隋唐以后，监狱制度的知识形态在历代法律文献中，通过"断狱"[②]"察

---

① 《周礼·地官·比长》。

② 参见《唐律疏议》卷第三十、《宋刑统》等。

狱，系狱，鞫狱，断狱，提牢"①"宽恕""矜老弱""囚系"②等加以规定，表明已获得了比较系统的立法规范表达。

（四）关于监狱的方法

关于监狱行刑及其管理的方法，虽然主要体现于各种监狱的条例章程之中，但其知识性的总结和阐释，更多地由那些既有刑事文化修养背景又有实务经历的提牢主事们提供。如王阳明的《提牢厅壁题名记》《重修提牢厅司狱司记》③，李玉泉的《纪事诗》，濮公的《提牢琐记》，赵舒翘的《提牢备考》，白曾焯的《庚辛提牢笔记》等④，皆既关狱务又涉狱理。其中赵舒翘的《提牢备考》可谓是这方面的集成之作。赵舒翘1879年被提升为提牢主事代理一职，其《提牢备考》一书作成于1880年。该书除"自叙"和"跋"，分为四卷，即卷一：囚粮考，卷二：条例考，卷三：章程考，卷四：杂事考。该书就收押、值守、执行、治安、办案、生活、卫生、组织、人事等监狱管理的各个方面，引经据典、援事说理地进行方法介绍和分析。其中对囚犯的生活卫生问题和看守的狱政纪律问题等如何解决，讨论尤为详细。不仅如此，《提牢备考》一书虽然主要论述治狱之"术"，但也发表了不少治狱之"道"。从这个角度看，作为一个代表性的监狱学著述，该书对于研究清末以前关于中国监狱制度及其学问的知识特征，无疑具有重要的样本价值。

通过以上从传说、文字、习俗、典章和文献等若干主要监狱知识形态的介绍与分析，可以就古代中国的"监狱之学"提出以下若干整体性的意见：

---

① 参见《元典章》等。

② 参见《明会要》等。

③ 系王阳明任提牢时于1500年（明孝宗弘治庚申年）题写。

④ 以上诸公皆任提牢之职，详《提牢备考》。需要说明，白曾焯的《庚辛提牢笔记》所记主要为"庚辛动乱"初平之时，受八国钳制而被迫处理外事性羁押狱务之困苦情状。与前述诸狱务文牍尚不可同日而语。

第一，古代中国的监狱知识传统提供给数千年监狱以持续的知识资源，无论是传说、文字、习俗，还是典章、文献等，无不既是监狱知识的载体，从而深深影响了监狱的文化运作，同时，也是完全不同于西式理论文本的特有符号形态。

第二，古代中国的监狱知识传统依赖其知识大传统，就其基础和核心方面讲，直接受制于中国的史官文化结构和律学家底。从这方面讲，它的知识传统通过具备刑史素养的刑事官僚借助特定的法律规章，已足以发挥应有的效能。

第三，古代中国的监狱知识传统，并无西学的学理结构，也无相对独立的学科专业人才培养模式，它的知识与思想因缺乏以概念或范畴为基础的逻辑推理形式而未能上升为理论体系，但它凝结在传说、文字和习俗中的观念性知识与融化在典章和文献中的经验性知识，数千年来满足了监狱社会运行的基本需要。这样说，意味着对中国的监狱知识传统与西学做比较时，应当放弃做好坏优劣的价值与工具的简单对比。

最后，还有必要说明，古代中国的监狱知识传统到了清末，已显得不敷其用。造成此种现状的原因是十分复杂的，且不说整个中国社会到了清末已进入一种剧烈的动迁之中，所谓"覆巢之下，安有完卵？"仅就中国的知识大传统所面临的危机而言，包含其中的监狱知识小传统又岂能幸免？

第三节　清末文化危机与学术转向

清末中国社会发生了有史以来最严重的文化危机。此前的各种危机，无论是政权危机、财政危机、道德危机等，都无法与之相提并论。因为，根本说来，清末以前约几千年内所发生的各种危机，只是文化"内部史"中生长变异的事实，尽管不免有大传统之下各种小传统之间的不断冲突，然而，毕竟是同质大于异质。但是，清末危机却显示了中国固有文化在遭遇外部异质文化的强力侵袭与渗透之下，所经历"脱胎换骨"的剧变。梁漱溟先生在其著《中国文化要义》中曾说："中国历史上一治一乱，固然是盘旋，凡其一切不进者，若经济若学术亦都是在盘旋。……假使没有外力进门，环境不变，他会要长此终古！"梁先生此言虽不免武断之嫌，但却表达了一个明确无误的观点：是西方文明的挑战改变了中国文化的命运。

对于一切优秀的近世文化人而言，体会中国文化命运改变的后果，具有一种灭顶的痛苦。陈宝箴、梁济、王国维等人的自绝人世，揭示了中国文化所经历的是一种拔根式的改变。这种拔根式的改变，表明几千年来"盘旋不进"的中国传统文化已经失去了"同化"或"固守"的能力，以致几乎无力抵抗西方文明的挑战。于是，作为后人，我们所看到近代史的一个重要历史变化特征即是"被迫西方化"或曰"被动现代化"。而这一变化特征对于传统中国文化的改变却是根本性的，因为它使构成传统文化基础的一些最坚硬的要素属性发生了变化。

首先，从物质要素看，传统中国文化的物质材料以木、石、陶、瓷、棉、帛、铜、铁为主，其工艺细精至极，唐宋以后留给后人创造的余地日益递减。随着近代人口的增加，此种材料和工艺的文化对于满足增长了的人口需要，已显得有效供给严重不足。换言之，在人口和文化之间已出现供求紧张关系。而西方文化的输入，其优势首先在于新材料和新工艺，且不说"船坚炮利"使人难以抵抗，更重要的是，在紧随其后由自由贸易而开拓的口岸市场，带来了水泥、钢铁、玻璃等材料及其机械化程度极高的制造工艺等，这些快速再生的材料加上先进制造工艺，一旦进入中国的官用和民用领域，立刻显示了功能上难以匹比的优越性。

其次，从物质和精神间质性的制度要素看，伴随西方材料和工艺文明的输入，新的生产方式开始生根开花。它对传统的依赖土地资本的生产方式形成了冲击，其结果是在中国的沿海城市日渐形成规模生产的工商业资本。这势必吸引乡村往城市的劳动力人口的流动，由此使得原有社会管理的制度结构发生相应的变化，尤其是城市不再只是乡村物产的交易场所，而是获得了独有的生产资本性格。这表明中国社会的基本经济制度，在其构成上发生了质的变化。由这种变化所引起的制度反应是连锁的，当然，最集中地表现在政治制度方面，"有人敏锐地意识到需要实行改革，改革问题也一再拿出来考察，使之在整个官僚界展开辩论"。[①]

再次，从精神要素看，作为时代精神表现形式之一的学术，受到了挑战。在 19 世纪以前，中国的学术传统主要是经验主义研究学派，其中尤以汉学学派为正统，但是到了 19 世纪初年，以考据、训诂、注疏以及不乏玄学特征的"经院汉学"开始衰败下来。"这时的制度问题和社会问题为创造一个有学术生气的新时期提供了推动力。"[②] 随后，除了宋明理学的短暂复兴之外，代表近世学术根本转向的"经世致用"之学日渐占据上风。

由此可知，中国社会行进至清末所遭受的文化危机确是前所未有的。从某种意义上说是中国传统文化从农牧文明到工商文明的"转型升级"之机运。这种文化的转型升级过程，直至今日仍在继续。而其间学术的转向，即由"中学"向"西学"的转向，体现了解决文化危机的精神努力及其相应的后果。梁漱溟先生在讲到中国传统学术思想与社会经济相隔绝之势时指出："例如西汉经学，魏晋清谈，宋明理学，以及后来之考据、词章，哪一样不如此？"他同时指出："农工商诸业得不到学术研究以推动之，亦不能有进步。""我们虽然也会打铁、炼钢、做火药、

---

① 引自费正清等编：《剑桥中国晚清史》（上），中国社会科学出版社 1985 年版，第 154 页。

② 同上书，第 157 页。

做木活、做石活、建筑房屋、桥梁以及种种的制作工程，但是，我们的制作工程都专靠那工匠心心传授的手艺。西方却一切要根据科学——用一种方法把许多零碎的经验、不多的知识，经营成学问。……西方人走上了科学的道，便事事都成了科学的，起首只是自然界的东西，其后种种的人事，上自国家大政，下至社会上琐碎问题，都有许多许多专门的学问，为事先的研究。"① 梁先生的看法很能够代表清末以来多数文化学人对于中西学术不同性质的认识。只是，这种学术上的根本不同，说到底是由文化特质或曰文明类型的不同所规定的。中国传统学术相对于中国社会的世袭君主政治和分散经营的小农经济，原是一直够用的。只要那世袭君主政治和分散经营的小农经济形态不变，则中国传统学术在其生存框架中便只需"唯上"和"唯古"便是，因为它实在缺乏变革的动机和必要。这就是为什么即使刑事镇压对于专制统治而言是一桩大事，也并没有产生像"监狱学"这一类可归入"经世致用"之列的实用科学了。

　　然而，清末文化危机的到来，由于从根本上改变了中国文化的特质构成，相应地，中国传统学术也因为文化特质的改变发生相应的改变。这种改变即所谓学术转向，从抽象的方面刻画，可简言之从"玄学"转向"科学"，从具体的方面描述，则是从"研经论道"，转向"经世致用"。确实，19 世纪的学术转向是决定 20 世纪学术发展基本性格的首要前提。在 19 世纪，以魏源、龚自珍、刘逢禄等人为代表的思想家，一反传统学者的路数，其思想旨趣和知识关怀均在如何强国富民。从魏源编辑《皇朝经世文编》到撰写《海国图志》《圣武记》和一系列关于制度改革建议，可以看出当时中国知识分子已经致力于一种新学术。在经学道德无力维系国家面临的困难秩序时，这种新的学术及吏治（选拔人才等）、军

---

① 引自梁漱溟：《东西文化及其哲学》，载黄克剑等编：《梁漱溟集》，群言出版社 1993年版，第 366—367 页。

事（战略地理等）、经济（海运、漕运、盐务、水土治理、财政等）、教育（兴办新式学堂）等便应时而起。"虽然新的学术从 19 世纪初年到中叶，仍是有识的地方高级官员领衔主唱，但自 19 世纪中叶以降，风气既开，向海外寻求新思想、新知识已成为极重要的社会现象，既有自官方行为，更有自民间行为。一方面是西方世界的'声光化电'等大量新事物的涌入，另一方面则是国人向海外的游学考察日益增多。"① 在此中西文化碰撞的背景下，不管学术转向的过程是何等曲折，但其大趋势已难逆转。法学及监狱学应运而生，不妨看成清末学术转向之必然产物。虽然，在沈家本之前，对于"监狱学"之作为"专门之学"的学科意识几无自觉，但是，已有足够的资料可以证明，自 19 世纪下叶开始，有关西方监狱文化的各种游观记述已不乏鲜见。可以说，由清末文化危机所导致的学术思潮转向，至少已经在官方和民众的观念认知层面，为西方监狱学的最终引进，奠定了赖以接纳的舆论和资讯基础。

第四节　西方监狱印象的输入

从 18 世纪下半叶至 20 世纪初年，西方的刑事改革及监狱改良已经基本实现了肇始之初的预期目标。在西方监狱行刑领域，到了 20 世纪初年，继报应刑之后的预防刑思想及其实践模式已经占据了主导地位。中西监狱行刑制度不同，在感官上所形成的印象差异自然是十分明显。凡往观西狱的人士无不深受刺激，以致频频发出慨叹："法至善也，恩莫大也！""外国监狱，迥异中华"② "今所见……监狱种种，皆可为吾国模

---

① 参见费正清等编：《剑桥中国晚清史》（上），前言及第 159—166 页。
② 李圭语。引自《环游地球新录》，载钟叔河：《走向世界——近代知识分子考察西方的历史》，中华书局 1985 年版，第 243—249 页。

范，何幸如也！"①

　　自 19 世纪 40 年代开始，由于被迫签订了一系列不平等条约，中国的司法主权受到严重损害，其结果是在中国本土陆续出现了由殖民国家司法机关所设置的西式监狱。据记载，1841 年，英国率先在香港设置"域多利监狱"，稍后又建立了九龙"荔枝角女监"。1856 年之后，英国又在上海设立了外籍短刑犯监狱（1856 年）、上海英国监狱（1870 年）和提篮桥西牢（1903 年）。与此同时，俄国及日本在东北各地陆续设立监狱，其中著名的如哈尔滨监狱、日俄旅顺监狱等。这些在中国的土地上所设的西方各国监狱"殖民版"，虽承袭和推行了近代狱制改良之后的监狱制度，但并未在中国产生学习和模仿的直接效应。显然，这其中的"隔"不难察觉，一方面中国人对于领事裁判权的失落并非麻木不知，对设在本国的外国监狱所实行的各项监狱制度，于情于理不能接受，故此鲜有赞誉之词和仿效之行；另一方面，在中国本土的这些西式殖民监狱也并不能代表西方国家狱制之原创精神者。确切说来，殖民地监狱虽给中国人留下了深刻的印象，但除了耻辱而痛苦的文化心理记忆，它们还无以在当时成为改良监狱可资利用的制度或学术资源。而与此同时，中国官方派员考察或民间人士往访西方各国著名改良监狱，则不仅印象颇佳，给予充分赞誉，而且自觉引以为学习和借鉴的榜样。例如，近代最早出洋游历的大名士王韬，在 1870 年春应邀往伦敦参观贝德福德新建监狱，写下百字左右的观察日记，其中写道："屋舍既洁净，食物亦精美。狱囚获往此中，真福地哉。"在王韬之后，工商界人士李圭于 1876 年 8 月作环游地球考察，在美国参观了费城宾州监狱和纽约爱尔米拉教养院之后，他对所见所闻作了四千余字详记，内容涉及设施、处遇、劳作、教诲

① 戴鸿慈语。引自《出使九国日记》，载钟叔河主编：《走向世界丛书》，岳麓书社 1985 年版，第 334 页。

等诸项，谓西狱"第一务取洁净；第二饮食调匀；第三作息有序；第四可习技艺；第五则其总管、司事、一切体贴人情，处若父兄之于子弟。故凡游览其中者，非特不觉其为监狱，即犯人监禁日久，亦忘其身在监狱也"。[①] 诚然，在没有专业知识背景支撑的情况下，人们前往监狱考察所记，虽则多半停留在印象叙述层面，但必须看到，其重要的意义是为日后东西监狱学术的进一步交流奠定了基础。例如，此后出使欧洲三年的郭嵩焘曾参观新式西制监狱七所，不仅留下近万字记述，所记约翰·霍华德狱制改革和万国监狱会议为汉语监狱文献中最早出现的材料。而且，经由郭氏的奏请和策划，促成清廷于 1890 年首次派员出席在俄国首都彼得堡召开的"第四届万国监狱会议"。又如 1887 年，清廷兵部郎中傅云龙等 12 人被派赴日本、美国、秘鲁、巴西等国考察。首站日本往观长崎监狱，对日本监狱的分类制度和囚犯劳作制度所作介绍颇具专业参考价值。1893 年，黄庆澄受地方资助出洋考察商务与文化。在日本游历期间，他特意造访司法省"问刑律"，对日本国的监狱行刑制度，如惩役、禁狱以及禁锢的制度细节与特点等，给以了比较细致而深入的记述。[②] 总之，上述考察与记述给清末的朝廷及其社会传达了有关西方监狱制度更加真实、可靠的知识，为日后的派出官方派员考察提供了专业向导和重点路径。例如，1906 年清廷刑部官员董康自日本考察归国，即着手整理了听课笔记《监狱访问录》《狱事谈摘》，并撰写了《调查日本裁判监狱报告书》等。同时在日本留学的涂景瑜撰写了《中国监狱史》一文，虽仅六千余字，却有独立而自觉的文化意识。而 1908 年，金绍城、王树荣等人被清廷派往参加在美国华盛顿举办的"第八届万国监狱

---

① 引自"环游地球新录"。并参考许章润《清末对西方狱制的接触与研究》一文，载许章润：《说法、活法、立法》，中国法制出版社 2000 年版。

② 同上。

大会"，会后对欧美 15 国的司法裁判与监狱机构进行顺道考察，由此带回的会议资料和考察日记等资料，属于不可多得的比较监狱研究文献。[①]总之，这些事实说明，清末对于西方监狱文明的继受，初从一般考察中输入其印象，但不免一厢溢美之论，然后则过渡到更加深入的了解以至于产生专业的译文和著述。这种比较监狱知识的进展，为推助沈家本倡导清末监狱新政，策划监狱改良事业，提供了必不可少的知识准备。

当然，对于清末监狱改良运动而言，知识准备固为必要条件，但有关法律以及监狱改革思想的形成，除了有赖知识的支持，还取决于各方人士依仗其政治、经济和文化等诸种力量的相互博弈。

从历史事实看，19 世纪以前的清末西方监狱印象输入，是中国对西方文化被动继受的一个组成部分。当其时，往访考察西方各国的各种人士无一为刑部中人，更非提牢主事之辈。但是，由此传达的各种有关西方监狱文明的信息却有不可忽视的影响。一方面它们影响了民众的知识视野和接受心态，另一方面也为 1900 年以后推出以西方为楷模的监狱改良决策以及选择适当的专业考察与留学线路提供了必要的指南。

第五节　监狱改良动机的形成

如果说，清末社会文化危机及其学术转向是监狱学产生的一般历史条件，那么，西方监狱印象的输入和监狱改良动机的形成则为之准备了具体历史条件。尽管，西方监狱印象的输入对于监狱改良动机的形成本身具有一定的关联性，但作为一种本土性的精神和行动反应，它的形成还有其他相关的因素。

---

① 详见金绍城：《十八国游历日记、十五国审判监狱调查记》(谭苦盦整理)，凤凰出版社 2015 年版。

　　比较起来，外国殖民治权的刺激和监狱变法思想的驱动也许是更为主要的。

　　如所已知，1843 年《中英五口通商章程》首开了在华领事享有领事裁判权的恶例，使中国独立的司法主权受到严重侵害。对西方各国来说，拥有领事裁判权似乎具有极其"正当"的理由："中国法律，不仅是极为专断和极为腐败地实施的，并且，它的体系在许多方面与欧洲人公平或正义的观念不相容。"[1] 他们认为这些法律在一些重要的方面是残酷的不合理的，不愿受中国法律管辖，对其执法的公平正直是毫不信任的。[2] 在西人对中国法律的指责方面，最受批评的"亦每在刑罚、审判、监狱之不良"，[3] 基于以上原因，清朝的变法人士甚至已认识到"东西各国以囹圄之良窳觇政治之隆污。日本能撤去领事裁判权，首以改良监狱为根本……一切规模宜考酌东西洋办法，以示文明于诸国，为后日撤去领事裁判权及抵制租界监狱地步"。[4] 显然，治外司法主权的失落赋予了监狱改良动机的形成以直接的刺激与推力。

　　不过，应当注意到，尽管对于监狱改良的必要性，清末有识人士很少予以否定，但关于如何改良监狱，即使变法维新的人士，亦远未达成共识。其中，激进者如康有为、严复等认为，西方治狱不用刑讯是有法制、教化的表现，而中国治狱用刑讯等是残酷而无人道的，若不变法，仅改其末而舍其本，则富强之效日远矣。[5] 与之相对一派所谓保守者如张之洞等人，则认为"夫不可变者，伦纪也，非法制也；圣道也，非器械

---

　　① 引自高道蕴等编：《美国学者论中国法律传统》，中国政法大学出版社 1994 年版，第 450 页。

　　② 引自威罗贝：《外人在华特权和利益》，王绍坊译，生活・读书・新知三联书店 1957 年版，第 368 页。

　　③ 引自《法部奏派赴美万国监狱改良会徐谦等回国报告》，载薛梅卿等编：《清末民初改良监狱专辑》，中国监狱学会编，1997 年印行。

　　④ 引自《法部奏议复实行改良监狱折》，载薛梅卿等编：《清末民初改良监狱专辑》。

　　⑤ 引自康有为《请改定法律折》，载《戊戌奏稿》；严复《孟德斯鸠法意・按语》。

也；心术也，非工艺也"。① 在张之洞眼中，改良监狱固然可行，只是因为此项改良仅涉及法制、器械、工艺等功用层面。因此，他在著名的"江楚会奏"中，曾大力提出"修监羁；教工艺；派专官"等不乏西制色彩的三条革新内容。但是，无论是严复还是张之洞，他们在"体用"关系上却难以调和异己。这意味着，虽都主张必须"改良"，但改良"动机"并不相同。这就预示了一旦推行改良，决策者必须排除异议和动机的犹豫性。可以说，对于监狱改良思想的发轫及其官方决策意志的形成，作为法律修订大臣的沈家本在其中发挥了重要作用。沈家本基于自身对中西文化与法律的比较认识，在继承和借鉴两者内涵及关系的把握上，已经超越了一般的"中体西用"之争。沈氏曾说："夫吾国旧学，自成法系，精微之处，仁至义尽。"② 他一方面反对纲常伦理不可变革论，同时又主张借鉴新学西法，要"仍不戾乎我国历世相沿之礼教、民情"。③ 这种"旧不俱废，新亦当参"的改良思想显然是中国知识中坚分子"极高明而道中庸"智慧的具体体现。

　　监狱改良动机在清末的形成，就其性质及其发展而言，首先经历的是一场政治思想运动。它所具有的强烈政治思想属性，不仅表现在将改良监狱视为保全国家主权并实现民族国家独立的切入口，同时反映了清末朝野各界有关社会构造、国家地位、文化立场、法律功用等的全盘反思与探索。其后则迅即过渡为一种变革实践的具体活动。这种从思想到实践的过渡转变自然是十分的重要，因为，监狱改良动机一旦形诸行动，则紧接着便可发现，在变革监狱制度的实践过程中，监狱改良不能仅仅停留于思想意识形态的明确以及只依靠思想意识形态作为推进剂。它同时需要借助一种具有"制度与技术"效用的知识体系来实现其目的。

---

① 引自张之洞《劝学篇》，载《张文襄公全集》。
② 引自《寄簃文存·法系名著序》。
③ 引自沈家本《奏进呈刑律分则草案折》《大清光绪新法令》。

于是，随之而来，对于新兴监狱学的呼唤变得日益迫切，而这可说就是产生"监狱学"的直接原因了。

本章小结

本章主要研究了认识一种现代学术的监狱学在清末的诞生所必须面对的两个问题：一是如何认识古代中国的监狱知识传统，比如它的观念、载体、形态等的状况和特点是什么。通过此一研究，不仅形成了对于古代中国监狱知识面貌的总体认知和基本结论，加深了对其学术精神及其特质的理解，也为与一种在类型和特质上迥然不同的现代监狱学术进行对比研究，提供了必要的基础。二是如何认识清末监狱学诞生的历史原因。对于历史原因的解释研究，涉及清末中西文化关系背景下诸变动因素的脉络梳理和全面把握。对此，主要选取宏观（文化危机及学术转向）、中观（西方监狱印象与知识的输入）和微观（监狱改良动机的形成）三个不同层面的因素，进行了深入浅出的介绍和分析。总之，由对于上述两个问题的描述与阐释，俾使清末监狱学术衰替由来的历史处境，得一必要的交待。

第二章　清末监狱学（1901—1911）

第一节　概述

　　1901—1911 年是中国现代监狱学的初生期。回顾其初诞过程，沈家本的影响至关重要。无论是上奏朝廷以促成改良监狱之决心，还是派遣学生赴日留学或官员考察；无论是亲研传统中国监狱文献，撰成《狱考》等著名篇章以资改良之参鉴，还是特设监狱学专科，诚聘日本监狱学学者前来传教，审订监狱立法，策建新式监狱等，沈家本无愧为监狱改良之父。除了沈家本，日人小河滋次郎的作用亦无可替代。如果说，沈家本是中国现代监狱学这一知识制度的策划与倡导者，那么，小河滋次郎则在传播现代监狱知识体系，培养造就监狱管理人才，主持清末中国的新式监狱立法等方面，无愧为导师与建筑师之职，是一个名副其实的传薪者。除此之外，区枢组译小河氏《监狱学》，董康编译《监狱访问录》，涂景瑜撰《中国监狱史》，王元增自费竭诚考察西洋狱制等，为介绍和引进西方监狱学各尽其能，可谓功不可没。清末的诸多学社，如监狱研究社、明志学舍、法政杂志社、安徽法学社以及留日学生会馆等，为日式监狱学译介与传播发挥了重要的媒介作用。另外，根据现有史料可知，清末监狱学的引进和移植，并不只是官方行为，民间力量也多有参与。这对于像"监狱学"这样一种于民间人士并无直接收益的公共事业而言，多少使人费解。但是，联想到传统中华帝国在转型为近代民族国家的过程中，士大夫多所抱有的家国天下情结，也就不难理解在他们心中，改良监狱与收回治外法权和强国富民，乃至跻身文明国度之间有着何等深切的关联。因此，官方与民间知识人士的"共谋"现象亦在情理之中。[①]

1901 年至 1911 年作为中国现代监狱学的初生期，其重要的学史意义就在于，由于它选择了以日本作为主渠道对于西方监狱学全面移植的便捷路径，因此，它决定了最初所继受和嫁接的乃是经日本化的日式监狱学知识体系。而这，对于 1912 年以后的民国监狱学直至 1949 年之后台湾地区监狱学的价值取向、研究方法、知识体系和话语特点等，均构成了奠基性的深远影响。

第二节　清末监狱学的初生

随着监狱改良动机的逐步形成，以刘坤一、张之洞《江楚会奏》九项建议被清廷采纳为开端，改良监狱的议程正式启动。光绪二十八年二月(1902 年 3 月)清廷决定成立编纂法律的专门组织机构，即修订法律馆。[②] 经过两年的筹备，至光绪三十年四月该馆开始运作。随后，在修订新律的同时，为造就法律人才，又于光绪三十一年七月于京师筹设法律学堂并于次年九月开学。值其时，沈家本已经认识到要改良中国传统法律和旧式监狱，非借助"新学"不可。他在《与戴尚书论监狱书》中谈到"何君《监狱说》，细读一过，区画周备，煞费苦心，甚善甚善。然谓如此即可令远人心服，则未敢以为然"，沈家本在此所指何君之《监狱说》虽为才智之士的一篇博得沈先生赞赏的上乘之作，但此等作品仍不过是

---

① 参见区枢译小河滋次郎《监狱学》序言等。
② 参见《大清光绪实录》，第 495 页。

单枪匹马，凭个人才学所作的传统文人的"策论"。而这时的沈先生，已经看清了中西学术之分别，西方之分工专业化思想已使他领悟了西学的力量和特质所在。"欧洲各国监狱为专门之学，设立万国协会，穷年研究，精益求精，方进未已。即日本之监狱，虽极意经营，尚不完善，彼都人士方以为憾。中国从未有人讲求此学，则际此更张之始，自应周谘博考，择其善者而从之。"① 由此可知，沈先生在着手其改良大计时，已经具备了明确的学术建设意识。他所以有此监狱新学意识，不仅是看到中国传统监狱学问的难以为继，也看到了西方监狱学的真实效用。例如，他为董康编译的《监狱访问录》作序道："泰西监狱，初亦未得感化之宗旨，而惟以苦人、辱人为事。迨后有仁慈者出，目睹大惨毒之方，残刻之状，同为人类，何独受此？于是，倡为感化之说，播于欧洲，更有学人辈出，相与研究，定厥宗旨。举凡建筑之法，待遇之法，监督之法，莫不酌理准情，区画周与至，……"即此可以看出，在沈先生的眼里，西方监狱的进步是与监狱学的发蒙与效力分不开的。中国倘要实行监狱改良，并使监狱改良获得成功，必当以西方经验为鉴，形成专门之学。为此，沈家本、伍廷芳奏请《变通现行律例内重法数端折》中，明确提出了如何参酌西法，从引进人才、组织翻译等项着手实施。折中云："臣等酌拟大概办法，并遴选谙习中西律例司员，分任纂辑，延聘东西各国精通法例之博士律师，以备顾问，复调取留学外国卒业生，从事翻译，请拨专款，以资办公。"② 早在刘坤一、张之洞的联名奏折中，已就如何继受西学的方法、途径等手段作过明确的陈述："为破积年之旧弊，育才兴学为第一，当励设立学校，奖励国外游学，日本之学制为仿效及摄取西欧诸国者，因此，学习日本的学制最称便捷，游学亦以留学日本最具效果。其次，立国之大要为治、富、强三道，为此，延聘外国之著名法律家，任编纂法科之责，

---

① 引自司法部编：《中国监狱史料汇编》（上册），第409—410页。
② 《大清光绪新法令》第25册。

并设学校，招生学之。效西洋诸国之法律，以日本为规范，于翻译西法之际，同时重译日本译文，可节约时间"。① 对此，日本学者岛田正朗在所著《清末之狱制改革及大清监狱则例之编纂》一文自开首便以肯定无疑的口吻说："自清末受西洋之影响，直接承袭日本之制度，始有现今之监狱。"岛田正朗的看法虽反映了日本法学界的正统观点，以史实来看，亦是大体不差的。虽然，中国从西方了解监狱改良及其监狱学成果者，并非限于日本一途。如前所述，自1870年以来，中国人最早接触西方狱制并非取道日本，而是径从欧美各国获得直观印象，只是最初的这些西方监狱印象的传播者，一般不以考察监狱为专职。在他们的眼里，考察监狱在其洋务考察活动中仅为极小方面。所以，其记述往往满足不了专业应用之需要。直到沈家本、伍廷芳等人锐意法律改革，尤其从监狱改良寻找突破口之时，基于经济便捷和文化相通的种种优势，日本才成为中国人培养新式监狱学预备人才的摇篮。日本作为沟通中西监狱文化的枢纽，其作用是十分重要的。客观看来，由于"中日两国、政教同、文字同、风俗习尚同，借鉴而观，正可无庸疑虑也"。② 因此，取道日本而继受西方先进狱制，符合文化传播的便捷性与经济性。大约到1905年4月底，修订法律馆已将德国、俄国、法国、英国、美国等国的刑法或刑事诉讼法以及日本的《日本监狱法》、意大利的《监狱法》，比利时的《监狱规则》（未译完）译为中文；而且在此基础上，沈家本、伍廷芳在光绪三十一年（1905）九月上书云："各国之刑律既已译成，可知其大凡，但在执行刑政时，必须十分把握实情。日本于改革之初，屡屡遣人至法、英、德，使调查各国之实情，采取西欧法界之精理，遂达成法典之编成。我国与日本相距咫尺，便于派遣专员至日调查。刑部候补郎中董康，刑部候补主事王守恂同麦秩严三人，资质优异，通外国法政之书，可派至

---

① 《大清光绪新法令》第25册。
② 同上书，第452页。

日调查。"由于此奏为清廷采纳，于是董康、王守恂、麦秩严三人一行于1906 年前往日本调查民、刑等项的立法。三人抵日受到日本司法当局的认真接待。在调查监狱事务的过程中，不仅得以访问日本多所改良监狱，其间还受到日本司法省监狱事务官小河滋次郎热情照应，安排董康等人参加日本监狱协会主办的演讲会等。由于小河最为诚恳，以所学倾腹相告，使董康在完成《裁判访问录》的同时，将其《监狱访问录》的听课笔记顺利整理成书。从沈家本为董康《监狱访问录》作序一事来看，沈氏十分看重《监狱访问录》一书。此次赴日调查的后效是深远的：它不仅架起了中日两国监狱界交往的桥梁，也为日后延聘小河氏赴中国主讲监狱学、设计新式监狱和起草大清监狱律草案等学术合作与援助事宜预备了前提。

　　从 1901 年到 1911 年止，除了官方组织从日本转译西方各国法典之外，在民间的协力之下，若干监狱理论与实务著作亦陆续得以翻译，如日人佐藤信安的《日本监狱法》(1903)，京江廷的《监狱要书》(1906)，谷野格的《监狱学》(1906)，小河滋次郎的《监狱学》(1906—1907)[①]、《监狱学讲义》(1906)、《狱事谈摘》(1906)、《狱务揽要》(1906)[②]，印南于菟吉的《近世各国监狱制度》(1908)[③]、《独逸监狱法》(1911)[④]；与此同时，还有国人编著的一系列作品，如董康译编的《监狱访问录》(1906)[⑤]，以及廖维勋的《监狱学》(1905)，涂景瑜的《中国监狱史》(1908)，王元增的《日本监狱实务》(1908)，王树荣译编的《第八次万国

[①]　除区枢的全译三卷本，还有贺国昌(1905)，刘藩(1905)，廖维勋(1905)，瞿世九、刘懋昕(1906)，周庆恩(年月待考)，清国留学生会(年月待考)，监狱研究社(1908)，熊元翰(1911)等个人或学社译编的以"监狱学"为书名的不同节译本。参见本书附录 3。

[②]　由文尊辉等译。

[③]　由田荆华编译，监狱研究社印行。

[④]　由柳大谧编译，法政讲义，丙午社印行。

[⑤]　该书系董康亲聆小河滋次郎讲演的笔录整理而成。

监狱报告提要》(1911)等。

可以说,由于监狱改良的需要,西方监狱学的主要理论和实务知识经由日本及欧美的学习路径而被迅速引进至国内。到了1907年9月,清廷学部通令各省法政学堂增设"监狱学专科"。1908年5月,沈家本更是特聘日本监狱学家小河滋次郎担任修订法律馆直属之法律学堂监狱学专科的主讲。由此,监狱学作为一专门之学,被纳入了清末中国的法律教育制度并受其运演推动,清末中国监狱学终于在本土嫁接成活了。

第三节　沈家本的监狱学思想与成就

沈家本是中国监狱学的倡导和奠基者,已是不刊之论。根据他的学术实践及其贡献,认他为"中国监狱改良之父",并非过誉之词。事实上,沈家本的学术地位不仅限于监狱学史,作为一个法学家,"中国法系全在他手里承先启后,并且又是媒介东西方几大法系成为眷属的一个冰人",① 不唯如此,从纯粹的学术性格而言,沈先生属于那"文化的自觉承担者"之列。他的学术抱负其实是一种文化抱负。在这个意义上,学术既是他的精神自我实现方式,也是实现文化抱负的手段。他曾多次表达过自己由学术而致力于文化改良的思想:"有志之士当讨究治道之源,旁考各国制度,观其会通,庶几采撷精华,稍有补于当世。"② 但是,应当看到,监狱及监狱学是他一生中极其重要的文化和学术实践领域,从中凝聚了他借改良监狱而改良中国清末社会的夙志。

沈家本,字子惇,别号寄簃,清时浙江湖州府归安县(今浙江省湖州市)人。1840年8月19日(道光二十年)生于湖州城北朱洪村(今环

---

① 引自杨鸿烈:《中国法律发达史》(下),商务印书馆1930年版。
② 引自《寄簃文存》卷六,《政法类典序》。

诸乡）。其父沈丙莹，进士出身，在清末刑部任职。沈从小受教于父，24 岁开始研习法律，此为其日后法律职业生涯奠定了良好的基础。沈于 1883 年（光绪九年）中进士后，历任清廷多种官职，以在刑部、法部供职历时最久。此间，他对中国传统法律进行了深入的考证和研究，并取得可观的研究成果。1900 年八国联军入侵时，他被诬不幸入狱 4 个月，由此使日后变法图存之心更切。而 1902 年和 1907 年二度被命为修订法律大臣，为其刑事学术及其法律改革构筑了基业：从组织广译各国法典，到筹设法律学堂，从选聘域外人才，到亲自起草新法，从谋划法律改革和监狱改良，到倡导并促成了法学和监狱学的诞生。沈家本经历了晚清社会的风云际会，在思想和人格上可谓是一个超越旧时代局限的人。1913 年 6 月 9 日，他在北京逝世，受到司法界人士的隆重追悼。根据其遗愿，由子女将其遗体安葬于家乡湖州市妙西渡善桥。①

沈家本的现存著作有《沈寄簃先生遗书》甲编 22 种，86 卷，包括《历代刑法考》和《寄簃文存》两部分；乙编 13 种，104 卷。此外，未刻书目有 16 种，132 卷，包括《秋谳须知》《律例偶笺》《律例杂说》《读律校勘记》等。在上述著作中，对研究其监狱学思想及其学术成就具有直接引证价值的篇章资料主要有：《狱考》《丁年考》《释虑囚》《与戴尚书论监狱书》《监狱访问录序》《法学盛衰说》《奏请实行改良监狱宜注意四事折》等。

一、沈家本的监狱改良思想

整体而言，沈家本监狱学思想中最重要也最基本的主题就是如何改良中国旧式监狱。在这一主题中，他对于改良的对象、手段、方式和目标以及意义等有着明确的看法。

---

① 关于沈家本生平业绩的详细资料，读者可进一步参考李贵连：《沈家本评传》，南京大学出版社 2005 年版。

(一)关于感化、教诲的行刑宗旨

"感化与教诲"思想既反映了沈家本的监狱行刑目的论,也反映了他的监狱功能观。在《监狱访问录序》中,沈家本自述读完董康编录的《监狱访问录》,展卷再四,因得一言以蔽之曰:"监狱者,感化人而非苦人、辱人者也。"从沈家本的措辞态度看,他是将"感化"视为西方监狱行刑目的和功能的主要特征了。在他看来,这样的行刑目的却并非为西方所特有,其实中国远古时代即有此物。为了证明自己的观点,他竟以东汉应邵《风俗通》有关三代监狱"幽闭思愆,改恶从善"的记载为例,得出"寻绎此说,可以见古人设狱之宗旨,非以苦人,辱人,将以感化人也。"从论证的严谨性而言,沈家本的这一论说有让古人为今人撑腰之嫌。但从中似可看出沈氏倡"感化"说的心理曲折与故意。可以说是沈氏自己的主观价值通过行刑目的概括而投射于监狱的认知效应。事实上,沈家本非常清楚中国旧时代监狱行刑之真相,因此,他紧接着便列举了古代治狱宗旨泯灭之后,监狱由于行刑之"惨毒"和"残刻",使"感化之地"变而为苦辱之场。可以说,感化教诲之说是沈家本刑事人道精神之集中表达,无论是他借鉴西洋,还是求证古人,都是为了加强他本人的行刑目的说。真实的思想逻辑是他确实看到历代本朝监狱行刑的野蛮落后之状,同时也看到了经过近代改良的西方监狱文明与本国狱治实际所形成的反差。沈氏在使用"感化""教化"或"教诲"等词语时,其含义在用以影响犯人的心智情感方面是同义词。这些词语在表达其行刑目的时,与其说是知识态度,毋宁说是道德态度。但是,仔细研究沈家本为改良监狱而上奏四条改良建议的内容又可知,在沈家本那里,"感化、教化或教诲"并非仅是一种道德态度。因为,沈家本的论述及其实践表明,为要改良监狱,使之成"感化之地",需要从物质、技术、知识、制度等项上落实之。因此,感化教诲说也体现了沈家本的监狱功能观。他在《奏请实行改良监狱宜注意四事折》中说明:"盖犯罪之人歉于教化者为多，严刑厉法可惩肃于既往，唯望渐被于将来，故借监狱之地，施教诲之方，亦即明刑弼教之本义也。"这可以看出，沈家本是在懂得监狱"明刑"与"弼教"这两大基本功能的基础上，更且强调"教诲"功能的。

（二）关于监狱学"为专门之学"的思想

在沈家本的学术视野里，中国传统无法学，当然亦无监狱学。他在《法学盛衰说》中直陈道："自来势要寡识之人，大抵不知法学为何事，欲其守法，或反破坏之。此法之所以难行，而学之所以衰也。"但是，沈家本并不认为中国自来无法律的学问，只是世人对法律知之甚少，且法律之学亦未形成专科。他本其所学认为中国其实有深厚的法知识传统。例如，他在《法学名著序》中曾说："夫吾国旧学，自成法系，精微之处，仁至义尽，新学要旨，已在包涵之内，乌可弁髦等视，不复研求。新学往往从旧学推演而出，事变愈多，法理愈密，然大要总不外情理二字。"沈家本在原理的层次，主张会通中西法律之基本精神且执意不肯放弃"中律之本源"，而实际上，他比同时代的一般士子更了解"西学"为何物。站在西学的立场上，即以西学标准衡量中学的话，沈氏知道中国传统无此相类之学。故而，他在《与戴尚书论监狱书》中明确指出："欧洲各国监狱为专门之学，——中国从未有人讲求此学。"并且认为应以"周谘博考，择其善者而从之"的态度对待西学，否则"若仍墨守己见，不思改图，恐无以关人之口，遑论远人哉。"沈家本认识到"改良需要管理之才，管理之才需要教育和培训，教育和培训需要师资和专书，师资和专书需要引进和翻译"这样一种环环相扣、缺一不可的变革文化之道。因此，他在1907年5月《奏请实行改良监狱宜注意四事折》中论及养成监狱官吏时指出："各国登用监狱官吏，必须熟悉特别技能者，俱用特别任用令，先入监狱学校习刑法、刑事诉讼法及关于监狱诸规则并会计大要。试验及格充看守，奉职年限内获有精勤证书，依级历升，……今议改良监狱，亟应预储管理之材，宜于各省法律学堂，或已成之新监狱内，附设监狱学堂，采用特别任用法，以资造就……"同年 8 月，学部通令各省法政学堂增设"监狱学专科"，次年（1908 年 5 月 13 日），沈家本延聘"日本监狱家之巨擘"小河滋次郎，携眷抵北京，除任狱务顾问，并任附设京师法律学堂的监狱学专科之讲席，为学生讲授其所著《监狱学》。遂使监狱学作为"专门之学"开始植入中土，并在法学界和司法界生根成长。

（三）关于"依法治狱"的思想

作为法律学家，沈家本深知"法律"的意义。他曾说："纲纪一国必以法律组织，监狱亦然，上而官吏有服从之职务，下而囚徒有遵守之事项，大而惩罚赏誉，小而日用饮食，其间条理至为繁密……宜先由法部博采各国最新规则，编定监狱章程，颁行各省……"[1] 对沈家本的依法治狱思想略作整理，大约包括以下三个方面：

1. 监狱法理思想

沈家本重视探究法理，他认为："法之修也不可不审，不可不明。而欲法之审，法之明，不可不穷其理。"[2] 沈家本所欲穷之法理，从其言论看，最主要的特点是，他将法理提高到事理、物理或曰自然之理的高度。他曾说："法者，天下之程式，万事之仪表也。"[3] 可见，沈家本的法理观从层次看，已达一种法哲学境界。在这一点上，他的法理思想试图会通中西法律文化。例如，他在《监狱访问录序》中便曾将西方监狱制度和中国古代监狱制度的文化精神作一打通阐释："试举泰西之制而证之于古：囚人运动场，即古人游观之意也。衣食洁而居处安，即古人闾里之意也。有教诲室，以渐启其悔悟，更设假出狱之律，许其自新，又古人幽闭思愆，改善得原之意也。"尽管，我们感到这种比较多少有些牵强，但是，沈家

---

① 参见《奏请实行改良监狱折》，载中国监狱学会编：《清末民初改良监狱专辑》，1997年。

② 引自《寄簃文存》卷六，《法学通论讲义序》。

③ 引自《寄簃文存》卷六，《新译法规大全序》。

本却于此引申强调道:"大凡事理必有当然之极,苟用其极,则古今中西初无二致,特患无人推究之耳。"了解了沈家本上述东西文化一元论的法理学思想,我们便能认识,为什么沈家本将监狱的行刑目的(或曰宗旨)锁定为"感化教诲"一说,因为在他的论证中(不如说信以为)此说古已有之,并非单方面的输入。也只有这样,所谓在监狱改良中持"中体西用"的文化立场才是可能的。由此,我们似可进一步说,沈家本在监狱改良及其学术中主张以感化与教诲为信理,不仅有其法理学的根据,也包含了法文化调和论的立场。

2. 监狱立法思想

中国古代监狱法律合于"诸法一体"之中,始终没有出现独立的监狱法典及其相应的监狱法律体系。这一方面反映了法律内部分工的欠发达,另一方面也反映了监狱法律对于刑事法律的依附性。沈家本改良监狱时,已经认识到监狱独立法律地位的重要意义。他曾指出:"纵有完备之法典与明允之法官,无适当之监狱以执行刑罚,则迁善感化,犹托空言。"[①] 他的这种观点,最后被写进《大清监狱律草案》,便有这样的条文:"监狱为独立机关,自有独立作用,非有适法文书,不受审判厅之指挥。"沈家本的这种立法见解,对改变传统的监狱行刑地位有其十分重要的现实意义。但是,我们亦当注意,沈先生真正重要的立法思想并不只是强调监狱的独立性。事实上,从既有的立法成果看,他的立法思想中最值得述及的要点约在两个方面:一是主张善取国外先进行刑思想、制度和方法,尤其是教育刑论。他强调学习借鉴西方刑狱思想要"折衷各国大同之良规,兼采近世最新之学说",[②] 而在立法过程中,要"参照

---

① 《奏请实行改良监狱宜注意四事折》,载薛梅卿等编:《清末民初改良监狱专辑》,中国监狱学会 1997 年版。

② 《寄簃文存》卷六。

各国法律、悉心考订，妥为拟议，务其中外通行，自裨治理"。二是强调刑事立法各构成要素的有机关系论。其最著名的言论即是"监狱法与刑法相表里"说。此说既是对几千年刑制与狱制关系的精辟概括，也体现了强调刑事各部门立法之均衡分工的立法意图。沈家本从"各法之中，尤刑法为切要"出发，以制定大清刑律作为修律起点，同时强调狱制改革当为刑制改革之落实。也就是说，在沈家本的刑事立法思想中，监狱立法绝非孤独之步骤，乃为刑事立法乃至整个清末变法修律之重要组成部分。

3. 监狱司法思想

沈家本有关监狱司法思想中最突出之点是致力于改良监狱司法。可以说，改良监狱的实质和精义就在改良监狱司法实践状况，变旧式监狱行刑司法的腐败和落后为文明和进步。在《奏请实行改良监狱宜注意四事折》中，沈家本援引西说写道："觇其监狱之实况，可测其国程度之文野。"监狱司法状况不仅关涉处刑对象的处遇，更是检验一个国家文明和进步程度的标尺。为了实现改良监狱司法的目的，沈家本提出了许多工具性意见。这些意见中所包含的不仅是充分运用法律的手段、方法，例如逐渐通过立法制章，引进自由刑的各种配套制度，还涉及建筑布局，管理体制，人才培养和统计应用等方面。可以说，沈家本的改良监狱司法思想中，已经不自觉地吸收了当时流行于世的行刑新思潮，包括许多超司法因素介入行刑的近代思潮。这一点恐怕是沈家本本人也未必有所察觉的。他在《奏请实行改良监狱宜注意四事折》中所议除了"颁布监狱规制"一事外，其他三事已经超出了一个法学家的专业范围，无论是改进新式监狱，养成监狱官吏，还是编辑监狱统计等，均属于一个行政管理学家应予考虑和解决的问题。因此，沈氏的改良监狱司法思想严格说来是一种协同改良监狱司法与行政，并以改良监狱行政以促使和保障改良监狱司法的司法与行政复合改良论。

（四）关于"数字管理"的思想

在沈家本的改良监狱管理思想中，难能可贵地体现了一种数字管理意识。梁漱溟在评价中国传统文化时，曾经指出数字意识的缺乏是其特点之一。在西方由于其自然科学传统和贸易活动的影响，政府和国民的数字意识远较中国人发达。沈先生必定是看到了此一问题对于改良监狱管理的重要性。因此，他在《奏请实行改良监狱宜注意四事折》中特将"编辑监狱统计"列为其中一事。既强调了此事的意义，也提供了实施此事的思路和办法，还以西方各统计先进国家为例，加强此事的说服效果。可以说，沈先生的意见虽言简意赅，奉献的却是一种经过深思熟虑的思想。兹将沈先生在"奏折"中的原文略作摘引以为佐证：

> 国力之盈虚消长，非恃统计不能明，故近来各国以统计列为专门科学之一。监狱统计与刑事关系尤切，第刑事统计密，监狱统计略耳。其法分人员统计、行政统计二种。人员统计如犯罪原因、国籍、住址、年龄、身分、职业、教育，是借以知其人入监前之经历也。行政统计如监狱之面积、官吏之程度、囚人之比较，以及惩罚、作业、会计、疾病之类，是借以知监狱内事务之详简也。各国以统计著者，为英、法、意、比、澳、荷兰、瑞典、挪威等国，次为德、俄、瑞士、西班牙、葡萄牙等国。今典狱既设专司，此制亟宜仿行，应由法部编定各式，颁发各省督抚，饬所属按式分年报告，仍由法部汇订成册……

当然，沈家本的上述数字管理思想，从实现的手段和方法与今日所处计算机普及的时代，自不可同日而语。但是，其唯原理之正确，在今天有数字工具而并未完全实现数字管理的现实面前却仍不乏相当之深意。

二、沈家本的监狱学成就

沈家本不仅具有比较系统的监狱改良思想，证明他已经形成了较为完整的监狱改良观。同时，他还通过自己的监狱学术实践和学术组织活动，留下了丰富的学术遗产。

（一）监狱史学成就

沈家本在整理中国历代刑法制度及其源流关系等方面所取得的成就，早已为法史学界公认。其中，监狱史学是其刑法史研究的重要组成部分。代表沈家本监狱史学成就的主要成果有《历代刑法考》中的"狱考""刑法分考十一""刑法分考十二""刑法分考十三""刑法分考十七""刑具考"和《寄簃文存》中的"释虑囚"等篇章。兹要述如下：

1.《狱考》

该篇计 22700 余字，系沈家本监狱史学研究最重要的作品。从内容性质和治学特点看，可以说，它是迄今用传统方法系统研究中国监狱名实及源流之学的唯一著作。百年来由后人著（编）的若干监狱史著作，从史料之翔实可靠而论，尚无出其右者。

《狱考》的主要特点有如下二项：

第一，从方法看，作者采用传统考据法，以"引、注、按"的形式，依照朝代更替的顺序，对涉及研究对象的各种文献给予了引证、注录和解释。"引"，主要是列举观点及其出处的文献。"注"，主要是对所引"文句"进行注疏，以论证其真实或可靠之程度。"按"，主要是提出作者自己的学术见解。其典型的论述体例如《狱考》开篇为：

《急就章》："皋陶造狱法律存。"

颜师古注："狱之言也；取其坚牢也。字从二犬，所以守备也。"

《广韵》三烛："狱，皋陶所造。"

按：据二书所言，狱为皋陶所造，故首承之。

《狱考》引注文献之多，计有 320 余处，所加按语达 70 条。

第二，从内容看，作者在文中就监狱的起源及流变、名称及其沿革、监狱的事情及其制度等，依靠资料的辑集和梳理，做了详尽的介绍和分析。上古侧重起源，中古侧重沿革，近古侧重制度。可以说提供了一部简明扼要的中国监狱史料研究索引。

2.《刑法分考十一、十二、十三、十七》《刑具考》《释虑囚》等

沈家本在这些篇章中，运用与《狱考》相同方法，对监狱的行刑制度、行刑方法和行刑工具等的含义一一做了详尽的考证说明。所涉古代行刑制度包括"城旦""舂""鬼薪""白粲""隶臣妾""司寇""髡""完耐""罚作""复作""禁锢""监禁""考囚"等；所涉行刑方法包括"执""囚""枷号""罚金""囚系"；所涉行刑工具包括"桔""挛""桎""杻""械""盗械""校""枷""徽纆""缧绁""锁""钳钛""鞭""笞杖""拶指""夹棍""脑箍""槛车"等。

（二）比较监狱学成就

清末社会既是西学大量输入的时期，同时也是中国的有识之士以前所未有的热情主动了解西方的时期。可以说，在西方监狱印象断续传入，中国派员参加万国监牢会议以及日本学者的著作译介等多重因素的影响下，沈家本一代热心监狱改良人士对西方监狱改良的做法和成效，已经有了相当的了解。审读沈家本有关监狱改良问题的著名篇章，不难看到其论述方法始终贯彻了"中西会通"的比较研究立场。无论是《奏请实行改良监狱宜注意四事折》《与戴尚书论监狱书》，还是《监狱访问录序》等，文中举凡叙事说理，无不援引外国监狱改革的相关优良成例，充分阐述其通过中西狱制比较思考所领悟的本国监狱改良思想与策略。上述诸篇，皆是富含比较监狱学思想的学术佳作。

（三）监狱立法成就

中国古代从未有独立的监狱法典，自沈家本任修订法律大臣之后，古代"诸法合体"的成文法律编纂传统发生变革。在沈家本眼里，不仅法律各部门要参酌西法，逐一起草制颁，而且在诸刑事法律部门中，监

狱立法亦占有重要地位。"监狱尤为内政外交最要之举。"① 他认识到西方发达诸国莫不重视改良监狱及监狱立法，"乃视为国际之竞争事业"。② 为了早日出台中国的新式监狱部门法，沈家本不惜出资邀请日本学者小河滋次郎代为起草《大清监狱律草案》。与此同时，在沈家本的亲自主持下，不仅陆续组织翻译了日本、比利时、意大利等国法律，也先后草拟一系列监狱法律，如《处置配犯新章》《各省通罪犯习艺所章程》《监狱改良试办章程》《监狱官制》《监狱处务规则》等。在所有出台的监狱法律法规中，《大清监狱律草案》具有特别重要的意义。这部《草案》借自"日本监狱家之巨擘"(沈家本语)小河氏之手。在体例结构和条文内容上，最大限度地采纳了西方各国其时先进的行刑思想和制度，是一部同步于当时行刑先进国家行列的法律。它尽管因故没有正式颁行，但其立法遗产却为后来者，无论是1913年《中华民国监狱规则》，还是1946年《监狱行刑法》所直接效仿或间接继承。

(四)组织学术事业成就

沈家本对监狱学术的贡献，还表现在他对学术事业的组织领导之中。作为整个法学学术事业组成部分的监狱学术是在沈家本的一手策划、组织之下，伴随倡导改良监狱的过程而逐步形成的。他在这方面的成就细分起来，主要有以下几项：

一是组织译介国外监狱法和监狱学著作。其中较有影响的作品除日本、比利时、意大利等国监狱法的译本之外，主要有日本学者的监狱学著作，如京江廷的《监狱要书》，谷野格的《监狱学》，小河氏的《监狱学讲义》《狱事谈摘》《狱务揽要》《独逸监狱法》等。

二是兴办监狱学专科，延聘外籍学者讲学，传授监狱学新知。沈家

---

① 引自《奏请实行改良监狱宜注意四事折》，《寄簃文存》卷六。

② 同上。

本深知中国无监狱专门之学，为实行改良监狱，必要借助西学西人之力。他延聘小河氏来中国法律学堂所设监狱专科讲授新式监狱学，足可证明他推进学术的策略与智慧。事实说明，在西方狱制移植中国的过程中，沈氏所指导和实施的监狱专科人才培养制度，对于监狱改良事业的推展发挥了基础性的支撑作用。

三是举荐监狱学作品。沈氏对于监狱学著译的热情推举，源于他对监狱学术事业的深刻理解，也体现了高尚的学术人格。这方面的主要表现是为监狱学著译作序。如为董康所编《监狱访问录》《裁判访问录》作序，为小河氏《监狱学讲义》作序等。[①]

第四节　小河滋次郎与中国监狱学

小河滋次郎的名字与清末中国监狱改良和监狱学的诞生紧密相联。作为一名监狱学家，他成功地将日本化了的西方监狱学传播至中国，是中西监狱学联姻之学术媒人。不仅如此，作为沈家本聘请的狱务顾问，他还亲自参与了监狱改良种种事宜的出谋划策以及具体规划，给中国监狱制度近代化留下了不可磨灭的影响。[②]

小河滋次郎（1861—1915）系日本长野县小县郡人。据岛田正郎《清末之狱制改革及大清监狱则例之编纂》一文，小河氏应为东京专门学校毕业，但以穗积陈重为小河氏《监狱学》序中所言，小河氏当为东京大

---

① 沈氏的序文远远超出了监狱学范围，如为《法学通论讲义》序，为《法学名著》序，为《法学会杂志》序，为《新译法规大全》序，为《刑案汇览》序，为《重刻唐律疏仪》序，等等。说明了他推广学术、奖掖新人的热忱。

② 关于小河滋次郎的生平事迹材料，主要参考了小河滋次郎《监狱学》的所有序文和日本学者岛田正郎所撰《清末之狱制改革及大清监狱则例之编纂》一文，同时可参见本章第五节。

学法学部学生，① 并由穗积陈重于 1886 年推荐给时任内务省警保局长的清浦奎吾。清浦奎吾"闻而大悦，引之内务省，使专掌监狱之事"。② 后历任各地监狱之典狱，最后升任司法省监狱事务官，监狱局狱务科长等职。在日本，小河氏为"日本监狱学草创者之一，又以提倡废除死刑而闻名"。③ 明治三十一年（1898）起，他被东京帝国大学法科聘为监狱学讲座教授，明治四十年（1907）主持了日本监狱法之起草。其中，明治二十八年（1895）他代表日本国出任万国监狱会议委员，并连任至第八届。因此，被沈家本称为"日本监狱家之巨擘"。④

小河氏和中国清末监狱改良及监狱学之所以结成至密关系，既因时势又因机缘。光绪三十一年九月（1905 年 10 月），沈家本和伍廷芳上书清廷云："各国之刑律既已译成，可知其大凡，但在执行刑政时，必须十分把握实情。日本于改革之初，屡屡遣人至法、英、德，使调查各国之实情，采取西欧法界之精理，遂达成法典之编成。我国与日本相距咫尺，便于派遣专员至日调查。刑部候补郎中董康、刑部候补主事王守恂，同麦秩严三人，资质优异，通国外法政之书，可派至日调查。"清廷核准了奏请，于是，董康三人得赴日本调查。在所定之调查事宜中，除了"凡该国修订之沿革，颁布之次第，以及民事刑事之所以分判，并他项规则之关于刑政为译名书内所未赅载者，俱可得其要领。"还特意提道："此外，监狱制度，日本向分为六，其中建筑精审，劝惩得宜，久为泰西所颂称。"由此可知，赴日调查监狱实情，亦是其调查任务之一。这就注定了中国访问学者与日本监狱界人士的接触在所难免。据岛田正郎记述，董康一

---

① 　笔者以为岛田氏未曾得见小河氏《监狱学》，正如同其未曾见及《监狱访问录》，两误均由之未见其书所致。

② 　参见穗积陈重序。

③ 　岛田正郎语。

④ 　参见沈家本：《监狱访问录序》，载司法部编：《中国监狱史料汇编》（上册），群众出版社 1988 年版。

行抵日之初，日方迎待者中，除了司法省参事齐藤十一郎等，还有监狱局事务官小河滋次郎，"其中以小河最为恳切，以所学倾腹相告，细诉监狱改良之方策"。[①] 在日期间，董康三人除视察日本各地的法院裁判、监狱，还参加日本司法省和监狱协会所主办的演讲会等活动。董康考察日本裁判、监狱之行所带回的主要监狱学成果是名为《监狱访问录》的听课笔记译本。在清末改良监狱时，由于沈家本作序推荐印行，故此书在业界流行较广，声名不小。虽然无意间也留下一丝讹误，即外人以为《监狱访问录》为董康所撰，而实为小河氏讲课的听课笔记整理稿。这一点连岛田正郎亦习焉不察，他在文中写道："随即撰述了四章有关法院的论文、二章有关监狱的论文，以供御览。以后，将上述论文分别题以《裁判访问录》及《监狱访问录》出单行本。"由此可见，岛田正郎以为《监狱访问录》乃是董康所撰述的论文。而且，发生此种讹误的原因，从岛田的文中便已不自觉地作了说明，他云："笔者未见上述两书，但沈家本将两书之序收入《寄簃文存·卷六》中，阅此序，当可窥豹之一斑。"岛田氏未见到《监狱访问录》的文本，而沈氏序文中称董康君编了《监狱访问录》，且序文除了指出该书内容主要特色为"感化"外，对其内容大概及来源并未做扼要说明。事实上，细心的读者从沈序最后一段中也能看出该书与小河氏深有关系。沈氏序中有言："小河滋次郎为日本监狱家之巨擘，本其生平所学，为我国忠告……"只不过未予明说《监狱访问录》即为小河氏的监狱学讲课笔记。以岛田正郎做论文的态度和功夫来看，估计未曾亲见《监狱访问录》中译本。也许小河氏故乡长野县上田市立图书馆所设《小河文库》也未曾收入，否则，岛田正郎寻访至此当能得之一阅。[②] 该书单行本印行于光绪丁未年（1907）七月。封面除了书名，

---

① 参见沈家本：《监狱访问录》。

② 笔者为作本专题研究，从中国社科院法学所图书馆地下书库觅得此书而复印之，始知此书实为小河氏所作，董康记录。

未见编(著)者姓氏款项,页内首先是沈家本序言,其后为全书目录。正文页端赫然印有"监狱访问录法学博士小河滋次郎讲演"字样。这足以证明,小河氏与中国监狱学的关系从官方知识传媒上讲,实际由此书开始。[①] 正是通过此书以及其他的小河氏监狱学译本,沈家本得以概观西方监狱学的本相与面貌,形成更为完整的比较监狱制度知识,并为日后延聘小河氏为狱务顾问和专科讲席埋下伏笔。

诚然,小河氏与中国监狱学发生至密关系,不仅取决于彼此业已建立的学术译介纽带,也受制于当时造就监狱改良人才的实际需要。1907年9月20日,清廷学部已开始通令各省法政学堂增设"监狱学专科",选拔法政高等学生,使专门研究半年,毕业后,为改良监狱之官吏。修订法律馆直属之法律学堂也已附设监狱学专科。沈家本曾奏请将法律馆存款全数发充法律学堂所设监狱学专科经费,以备延聘师资,设置课程等项之需。据此基础,并有清廷1906年延聘日本法律学者冈田朝太郎、志田钾太郎和松冈义正的先例,1908年5月13日,应沈家本之邀,小河氏携眷抵达北京。最初担任狱务顾问,自次月起,即兼任法律学堂监狱学专科之讲席。沈家本对小河氏极为倚重,可以说,从对清末监狱改良的参与程度和发挥的作用而论,沈氏视小河氏为中国改良监狱之同道,小河氏本人也将在中国的监狱事业视为自己的事业。

梳理小河氏对于中国监狱学的学术业绩,主要有以下四个方面:

一、向中国介绍了日本化的西方监狱学体系

自19世纪中叶以后,西方监狱印象虽通过各种方式,陆续输入中国,但比较全面且流传甚广的监狱学文本主要是由赴日留学或访问的廖

---

① 在董康编录《监狱访问录》前后已有小河氏《监狱学》的不同版本,其中最重要者为区枢等译的《监狱学》,参见本章第五节。

维勋、刘藩、贺国昌、董康、区枢等人分别编译的小河氏《监狱学》。其中，区枢所译为全译本，其功甚巨，其他均为节译本。编译本中，以董康编译的《监狱访问录》影响最大。这些文本的编译者在赴日留学或访问时均受过小河氏的热情接待，并与之结成亲密之师友关系。在教授的过程中，小河氏不仅系统介绍其监狱学知识体系，还安排赴有关监狱实地考察。因此，不妨说小河氏培养了向中国传播其监狱学术的首批使者。由他们编译引进的日式监狱学构成了清末监狱学最初文献中的主要组成部分。从小河氏《监狱学》各种版本的目录内容编排可知，小河氏的监狱学是完成了日本化的西方大陆法系监狱学。它以"总论—狱理"和"各论—实务"的方式构造监狱学体系，虽在总论上承袭了德式教科书的著述惯例，但其各论论述以日本监狱改良的本地经验为依据，俾可资中国同行参照学习。① 因此，小河氏监狱学体系在清末一经输入，便决定了中国学者和学生研究与应用监狱学的知识基础与话语特征。

二、培养监狱学人才

小河氏不仅在日本东京帝国大学法学部、东京警监学校授徒讲学，培养监狱人才，他应邀抵京的第二个月即兼任了法律学堂的监狱专科讲席。在履行此讲席职务中，小河氏为中国培养了首批的监狱学骨干人才。由于学生本身就有相当的文化基础，且培养目的明确，学习虽具速成性质，但其后效仍获佳评。首批学生人数即达 120 余人。由于系官方招收，毕业之后，大都充京师和地方的适当任用。从这一点说，小河氏监狱学不仅通过"文本形式"传播至中国，而且通过"教学形式"，即通过生产人力资源的形式，提供新式监狱管理预备人才，直接影响了当时的监狱改良观念和实践活动。事实证明，其中不乏如董康、王元增、刘

---

① 上述文献的译述情况及具体内容特点，在本章第五节以区枢译本为例作专节介绍。

藩、贺国昌、廖维勋、朱紫垣、熊元瀚等一大批学成之后对监狱改良理论与实践及其本土化做出较大贡献的佼佼者。[1]

三、设计模范监狱图式

沈家本为实行改良监狱，所奏请四事之一是主张改进新式监狱。1909 年 12 月法部上奏择地建造模范监狱获准。奏云所拟建筑模范监狱"是为全国之模范，学东西各国之监狱"。其建筑图式则请由小河氏设计[2]，小河氏自己的备忘录《清国之狱制》上册中记述："于北京建筑监狱，称之为模范监狱，由余设计，依余图建筑，约二年可望落成。"[3]此新式监狱于民国元年竣工，民国二年启用。以首任典狱长王元增在此监推行新监狱制度的实绩而言，新式监狱在狱理和狱务的落实上堪称全国模范。它表明一种新的西式监狱制度从"文本"到"器皿"，在中国尘埃落定。而其中，小河氏的轮辐式设计理念及各种变通建筑法则，对民国以降的监狱建筑产生了深刻影响。

四、起草中国第一部监狱法典《大清监狱律（草案）》

由于监狱改良必依借监狱立法，随着变法修律对中国传统立法结构的否定，作为单行基本法律的监狱法律，在《大清刑律》颁行之后被提到了立法议事日程。然而，当时中国的监狱立法专才尚付阙如。此前，

---

[1]　据日本学者实藤惠秀《中国人留学日本史》一书记述，并参考高艳《清末对日本监狱学的留学学习》一文，清末先后派遣日本东京法政大学、警监学校专门学习新式监狱管理的留学生，总计有五六百人之多。参见实藤惠秀：《中国人留学日本史》，谭汝谦、林启彦译，生活・读书・新知三联书店 1983 年版，第 50 页。参见高艳：《清末对日本监狱学的留学学习》，载《犯罪与改造研究》2008 年第 3 期。

[2]　参见王元增：《北京监狱纪实》。

[3]　参见日本《刑事法评林》第 2 卷第 9 期，第 56 页。载《清末民初改良监狱专辑》，第 461 页。

法部曾费时将刑部原奏定之提牢章程略加修改，以应时需。随后，为合新式法律的规制，法部拟请小河氏制作监狱则草案。小河氏在备忘中提到："予之任务为……清国起草监狱制度，及设计改筑监狱。余所起草之监狱制度，递交法律馆审查，在通过之前，于本年（1910）上奏，审查结果，与原案可能多少会有少许变更，但是相信大原则及大部分内容不会更改。"日本学者岛田正郎指出："小河氏于抵中国履任之前，于明治四十年（1907）曾参加日本监狱法起草，及他法之起草。（日本）监狱法于明治四一年（1908）三月二八日以法律二八号公布，不难想象，小河氏替清廷起草监狱则，即仿照法律二八号。"除了起草《大清监狱律草案》，小河氏还起草了《监狱官制》《监狱处务规则》等若干监狱法规。[①] 小河氏参与清末监狱立法，受托起草主要监狱法律，虽因故未能颁行，却为民国监狱立法提供了宝贵的立法遗产，在中国监狱立法史上留下了里程碑式的印记。

小河滋次郎作为日本国杰出的监狱学家，其学术与人品均跨越了狭隘民族主义的界限。他在中国的监狱学术事业是其人生业绩的重要组成部分。事实上，他也是这样看待自己和中国的关系的。据岛田正郎记述，小河氏 1910 年返日后即解甲归乡，回到日本关西一带，从事社会事业，1915 年逝世时将所藏之书遗赠上田市立图书馆。上田图书馆为纪念之故，专列《小河文库》，其中未整理的行李件中所保存的内容目录列有专项"中国留学生及中国法制关系"。其中有关文件虽已佚失，但也可见其当年对于中国法制事业的含饴之忧。

---

① 后为民国立法所采纳。见岛田文，载薛梅卿等编：《清末民初改良监狱专辑》，第 460 页。

第五节　区枢等人对小河滋次郎《监狱学》的译介

小河滋次郎著述颇丰，译为汉语的有《监狱访问录》《监狱学》《狱务揽要》《狱事谈摘》《监狱法讲义》《监狱学提要》等作品。其中，如前所述，由董康据其听课笔记编译的《监狱访问录》，因有沈家本为之作序而声名最赫。由于《监狱访问录》系录自小河氏的讲演稿，12万余字，与小河氏所著30余万字《监狱学》相比，其内容和规模都大为压缩，故不妨看作小河氏监狱学的一个编译本。类似的编译本，其实还有刘藩于1905年夏和贺国昌于1905年冬译行的《监狱学》，以及清国留学生会馆组译的《监狱学》等多种。然而，若论各种译本的完整性、系统性和代表性，拙以为首推区枢组织译成的小河氏《监狱学》全译本。该汉语全译本以精装三卷本陆续面世（1906—1907）。其间，必须一提的是，主事者区枢为早日成其译事，备极辛劳，竟不幸殒命于日本，令人唏嘘不已！①

区枢者，字天相，别号纪南，广东南海人（？—1907）。于光绪三十二年（1906）夏由法律大臣派赴日本调查裁判监狱事宜。据该书参与译事之眷属朱之英，在第三册所作"后叙"称："区枢于1906年赴日前，本已被派任四川綦江知县，未及上任，旋承法律大臣命，赴日本考查刑法。"综合考虑其时官方派呈遣日本考察日本法务与刑务之具体情形，拙以为区枢此行可能为法部派遣董康、王守恂、麦秩严赴日调查之随员。区枢在日期间，"与小河博士交相善，朝夕过从，讨论监狱学者垂半年。

---

① 详第二册小河氏悼文及朱氏"后叙"所记，区枢于第一册译行之后数月，便因积劳成疾而撒手人寰。为此，小河氏于第二册译本出版之时痛书悼文，以志哀思！

博士复偕往参观东京及北海道各监狱，为之解释证明。大令守此，盖已略有心得矣"。① 于是，区枢遂命其在东京留学的亲子区汉槎，于日本东京组织"明志学舍"，约请若干留日学生共同担当译事，时间为 1906 年至 1907 年 10 月间。小河氏原著全两册，中译本征得小河氏同意，别为三册。第一册于光绪三十二年八月初一印刷，九月十三日发行；第二卷于光绪三十二年九月三十日印刷，次年四月十五日发行；第三卷于光绪三十二年九月三十日印刷，次年九月一日发行。该书译本刊有小河氏西服半身照，内有日本国穗积陈重、清浦奎吾、小野田元熙、都筑馨六、中野健明等小河氏师长学友为之序。同时，还有区枢的译序和小河自撰的例言（内容同于自序）。以上诸文字包含了小河氏的生平志业、学术传承以及成书经过等问题，颇具史料价值。②

《监狱学》一书为小河滋次郎监狱学理论与实务研究的大成之作，代表了日本当时监狱学研究的前沿水平，也是日本当年吸收转化西方大陆法系监狱学理论的最初样本。如其所知，明治维新以后的日本进入了快速的全面改革社会时期，其政治、经济、法律、教育等诸多领域，大量吸收引进西方近代以来的制度与技术文明。在继受制度与技术文明的过程中，思想与学术的输入亦随之跟进。当此情状，其实也考验了日本社会的学习和适应能力。不过，若以今日之眼光回顾当年之情形，不得不承认日本社会在转化西学为其所用一途上成效颇为显著，即以小河滋次郎的监狱学研究及其实践为例，亦极富说服力。

小河滋次郎是日本著名法学家穗积陈重的高足。穗积陈重博士于 1886 年把小河氏推荐给时任内务省警保局长的清浦奎吾。清浦奎吾"闻

---

① 　参见朱氏"后叙"。

② 　可惜区枢中译本未提示原著出版年月，作者至今亦无缘得见日文原著，故不知其具体出版日期，但从书中所引止于 1899 年的统计资料来看，至少当于 1900 年前后作成，并随后即获出版。

而大悦，引之内务省，使专掌监狱之事"。^①由于小河滋次郎在校期间，受穗积陈重点拨，已立志研究监狱学。关于这一点，穗积陈重在序中说得十分明白："余一日谓君（指小河氏）曰'监狱之事，社会风教淑慝，所关国币岁费增减，所系为国家要务，当路者所宜用心也。故如欧洲诸邦讲之者，严别为一科专门之学，以讨寻其利害关系，而在吾国，未闻为学理之研究者，可谓缺典。君岂无意于是乎？'君以余言为言，由是而后留心斯学，沈潜研磨，屹屹不倦，大有所得。"小河氏既学有所得，则一旦职司监狱事务便愈加用心钻研。当其时，日本内务大臣山县伯锐意改良狱政，特聘德国监狱学家遮伯氏为狱务顾问，小河从其了解德国监狱制度甚多。自 1886 年至 1897 年 10 余年，小河氏从监狱科长，到神奈川县狱典狱长辗转任职期间，不仅注重实际调查，而且不断总结经验，陆续写成《狱务揽要》《狱事谈摘》和《日本监狱法讲义》等书出版。1895年以后，小河氏因"痛此学之不讲，窃有志发明"^②，决意撰写监狱学之系统著作。不过，一旦着手此项工作，他还是感到了困难重重。如其"例言"所道，每研究而益感其深奥，欲着手而愈觉其艰难，惘然而投笔者，前后不知几度。在其困顿犹豫之时，清浦奎吾自德国访问归国，带回新刊德国监狱学数部，送给小河氏。其中，德国监狱学家苦罗尼的《监狱论》使其受益良多。据清浦奎吾介绍，苦罗尼系德国亚卑德监狱监狱长，因监狱学研究而闻名欧洲司法界，获柏林大学名誉博士学位。根据小河氏在"例言"中说明，他的《监狱学》"其叙次体裁，殆全基于苦罗尼氏所著监狱教科书；笔法亦模仿之。惟本书立论基础，在本邦现行及将来监狱制度"。由此可知，小河氏对于借德国之"体"而行日本之"用"是有其自觉的。至于这种学术装置之转化，究竟到了什么程度，其差异如

---

① 引自穗积陈重序文。
② 引自穗积陈重序。

何？笔者因为无法读到苦罗尼氏的原著，难以进行深入的比较分析。但通读小河氏《监狱学》，笔者可得之初步看法是，其犯罪与刑罚的理论从苦罗尼氏继承颇多，而行刑制度的基本知识也多据其介绍，但从"总论"到"各论"，总的呈现了对监狱制度之日本化的持续努力，其"各论"的实务部分主要是对日本监狱法的扩张解释和大量补充说明。尽管如此，如果联系当时整个日本法律文化与制度深受大陆法系的影响，那么，从概念到话语——这里指的是大陆法系的"价值-工具"结构已经成为日本学者处理其本国事实与问题的手段。在小河氏的心目中，其"立论基础"自然指的是日本监狱的事实与问题。在这个意义上，不妨说，小河氏《监狱学》完成了西方监狱学的东方化（主要指日本化）的建构。这个日本化了的《监狱学》，一旦被译成汉语，转而输入中国，可能连小河氏本人也无法估量它进一步所产生的嫁接与催化效应，尤其是它居然被用来作了清末中国改良监狱的主要知识来源！

为了使小河氏《监狱学》成为一个可借以比较的文本，极有必要将这一文本的结构、内容及其特点做一概要的介绍分析。

小河氏《监狱学》分为二编二十五章及附录一项，总字数 32.8 万余。第一编总论，共计七章；第二编各论共计十八章；附录为日本当时通行的监狱法规十一则。"总论"主要就监狱的现象及其制度化运作的一般原理与知识，以七个章次加以论述。它们是第一章监狱之沿革，第二章犯罪及刑罚，第三章行刑法，第四章犯罪之预防，第五章监狱构造法，第六章监狱管理法，第七章监督权之所在。"各论"主要就监狱行刑之诸项实务的概念、应用程序等有关法定事项做出讨论说明。它们是：第一章收监；第二章在监人检束法；第三章戒护官吏勤务法；第四章遇囚法；第五章惩罚；第六章赏舆；第七章书信及接见；第八章监房访问；第九章释放；第十章作业；第十一章给舆；第十二章卫生；第十三章会计；第十四章教诲；第十五章教育；第十六章书籍；第十七章监狱统计；第十八章补遗。上述目录章次如同"导游图"，其实已经托出了一个显在的结构，它把监狱学的问题分成"狱理"与"狱务"两个基本层次，通过"总论"与"各论"的标定，解决相应知识内容的性质与层次归纳。这种把复杂事物之划分为一般和具体的属性而加以分别讨论，乃是大陆法典编纂主义"总则"和"分则"之分层法在教科书编著体例中的典型表现。可以说，小河氏《监狱学》因袭了苦罗尼氏《监狱论》的这种结构特点。这一结构特点的因袭性在继受大陆法学影响的日本诸部门法学中具有普遍性，不妨视为对西方大陆法学传统移植吸收而在文本上留下的明显证据之一。不过，必须指出的是，这种"体例-结构"上的相似性，并不足以说明两者内容处理亦会至于雷同。事实上，细读小河氏《监狱学》，给人印象深刻的一点是，小河氏根据其多年对于日本监狱管理的经验及其思考，试图在苦罗尼氏的文本规范框架中，尽可能形成自己的"立论基础"，以便掌握其"话语逻辑"。这种努力是否妥帖到位，小河氏本人自有警觉。他说："燃眉之改正，故往往失脱融化之妙，支牾于格，所谓以竹接木，体裁不良，是则望读者所容谅，而自有取舍于其际也。"[①] 这说明，在借鉴和转化西方学术文本使为己所用的过程中，形式和内容能否协调是作者所关心的问题。以笔者研究认为，小河氏《监狱学》文本转化的结果还是值得称道的。最主要的理由有两点：一是其阐述狱理已经形成自己的言路表达。表现在作者一方面尊重苦罗尼氏《监狱论》的章次逻辑，例如在"总论"的七章内容安排中，各章的内容具有某种内在的叙事关系。前两章作为前提交待了监狱的历史来源和现实根据；第三章至第七章，探讨监狱制度与方法构成之主要方面，即以行刑制度为基础并以保证行刑实现为目标的建筑、管理、监督等项制度安排的理论问题；另一方面，也是小河氏赖以表明自身并非一个简单的知识搬运工，是他

---

① 见其"例言"。

将自己对监狱事实与问题的悟解，借上述之叙事关系而在具体的行文中进行自成言路的说理与分析。这些说理与分析的融通自如是在其《监狱学》被译介成汉语版本输出后，在民初的中国监狱学人加以再利用的过程中，多少被减损和削弱的。只需比较民国初期的不少监狱学版本，便可得此印象。二是其介绍狱务已经形成了自己的实践总结。表现在"各论"的十八章从"收监"到"补遗"，其内容体现了小河氏参与当时日本监狱制度运作及其改革的实际经验，依据通行的监狱法规对监狱日常事务所作的广泛整理与归纳。

诚然，除了上述区枢全译本，似乎有必要将董康编译的《监狱访问录》作为编译本的代表作，也稍作对比说明。

如前所述，董康编译的《监狱访问录》源自作者对小河氏监狱学所作讲演的听课笔记。全书约 12 万字，比小河氏所著《监狱学》减少了 20 万字。虽然篇幅大为减少，但体例和结构基本照旧，全书仍分为二编。第一编为总论，下设七章，主要内容为：第一章狱制之历史；第二章监狱之构造；第三章刑罚之目的、种类及自由刑之种类；第四章监狱之定义；第五章监狱官吏与监狱之监督权；第六章拘禁制度；第七章犯罪者之分类。第二编为各论，下设十五章，主要内容为：第一章入监之方法；第二章检束；第三章待遇囚徒之法；第四章惩罚；第五章赏誉；第六章通信；第七章出监；第八章作业；第九章工钱；第十章卫生；第十一章监狱统计；第十二章拘置监；第十三章未成年监；第十四章惩治场；第十五章结论。从以上目录内容可知，相对于区枢的小河氏《监狱学》译本，《监狱访问录》"总论"部分虽章次未减，其顺序和内容却略有更动，特别是把各章内容做了一定的调整组合，新增第四章"监狱之定义"。"各论"部分则由十八章节缩为十五章，论述篇幅亦大为节省。

总之，小河氏《监狱学》在清末受到中国官学两界人士的青睐，各种不同形式的译本陆续输入并得到广泛传播。它对于中国监狱学的重要意义，不仅在于直接借此为清末改良监狱提供了知识资源，而且，作为20世纪初东西监狱文化沟通的产物和日本近代监狱学的开山之作，在它被转译成汉语之后，实际上又成了清末民初中国监狱学的主要外来知识之一，一个赖以效仿的母本，因此对清末中国监狱学的诞生具有借鉴性和示范性的影响。翻开民国初年王元增等多人的监狱学著述，可以明显感到其中包含了小河氏《监狱学》译本的知识基础。细察其或深或浅的学术奠基痕迹，区枢、董康等人所译小河氏《监狱学》译本，无疑发挥了极为重要的媒介作用。

第六节　涂景瑜的监狱学研究

如前所述，自20世纪初年，清末中国人从西方继受监狱学的途径主要是取道日本。除了特派董康等刑部官僚人士赴日调查，聘请小河氏等学者来中国顾问或讲学等，还派遣大量青年士子前往日本留学。据日本法政大学史料委员会编辑的《法政大学史料集》第十一集"法政大学清国留学生法政速成科特集"（东京，1989）记载，中国派遣大量留学生在此速成学习，他们曾往访日本监狱，见习日本的司法制度等。除了日本法政大学，东京帝国大学法科也接纳了不少中国留学生。留学生大都系清朝考中科举的士子，有着良好的中学修养和官方背景。这些学生从日本毕业后回国，在移植西方法律为我所用的不同层面发挥了积极作用。[1] 其中，部分学生留心日本监狱制度，通过知识媒介或学术著述，对清末监狱学的诞生做出了不同程度的贡献。其中，涂景瑜的《中国监狱史》虽篇制短小，却因为在继受西方监狱学的过程中表现了"由西返中"

---

[1]　详见〔日〕实藤惠秀：《中国人留学日本史》，谭汝谦、林启彦译，香港中文大学出版社1982年版。

的研究意识而值得给以关注。

涂景瑜（生卒年不详）系清朝派遣日本东京帝国大学法科留学生。其留学原因，依其自序乃为"欧西列国组织万国监狱协会，先期邀我列席，惟时秉轴巨公再三访求，苦无是科专门人才，卒无以应，且知庶政改良监狱必不容缓爰，亟遴派多士游学东瀛，瑜亦幸获选"。留学期间，涂氏与日本监狱学家小河滋次郎、山上由田等人"一堂讲习"（涂氏语），结成师生之缘，亲受其学，所获良多。其《中国监狱史》写成于戊申春三月（1908 年 4 月）东京，旋由北洋官报局印刷，天津官书局发行。此时，距小河氏应邀于 1908 年 5 月赴中国不足一月余。估计涂氏未将此著呈小河氏批阅，否则，涂当于序言中提及。

《中国监狱史》序言和正文合计不过 6200 余字。就其篇幅而言，似乎不堪称为"专著"，但顾其文之内容结构及以单行本由官方书局印行成专书，足见"郑重其事"。持中而论，以中国态度借西洋方法写中国监狱史者，涂氏尚为第一人。尽管以史家编史的眼光看，该书不过一篇史论或暂拟的写作提要。但是，拙见以"中国监狱史"之始创者来称待涂氏，所据理由有三：1. 涂氏之前中国未有以"中国监狱史"命名之专书；2. 涂氏所著之书虽未臻详备程度，却扼要勾勒了中国监狱发展的基本脉络，提供了一份中国古代监狱发展的主要梗概；3. 涂氏是第一个借助现代刑罚学和监狱学的观念，论述中国监狱史中若干基本问题的学者。这一点对于了解东西法文化碰撞背景下，本国监狱学诞生的知识状况具有样本意义。

涂氏在该书序言中谈到写作此书的目的，约有二者：一为"略述吾国监狱之历史，以免数典忘祖之讥"，二为"供留心监狱学者之考证"。从序言行文语气看，涂氏虽抱怨在东京资料不足，"苦无祖国典籍参考"，但对所著书的意义甚为看重。以涂氏在日本所积之学，本拟先行著成"监狱施行刑罚方法以及各省建设监狱暨管理诸法"，且对此亦有信心,自称"瑜尚有所见,当再另陈兹"。但涂氏毕竟将之置于本书写作之后,由此可见,涂氏在中西文化体用观上有自己的主张和用心。

以下试就该书内容及行文特点做一简要分析。

一、主要内容

(一)关于监狱的性质

中国古代监狱的性质,是涂氏在文中多处申明看法的一个问题。涂氏认为,中国古代监狱并非一个刑罚的手段。他在序言中即指出,古代监狱"不过为违背道德者暂时拘留之所,非如后世不学无术之官吏对于无罪名之人无刑罚可加而妄处以永远监禁也"。在文中,他对古代监狱的性质,从东西各国称谓的原始含义比较,到中国上古时期相应的记载引证以及古代刑罚的内容辨识,进一步说明,"古之监狱为一种之犯人留置所",涂氏从关押对象及其功能考察,认为古代监狱在唐以前最多只能看作实现刑罚的必要手段。一般而言,他的这种看法放在上古五刑时期的背景下加以看待,无疑是正确的。事实上,中国古代的刑罚意识确实未将监狱视为独立的行刑手段,尽管监狱在客观上造成了被关押者的苦痛,即使到了中古五刑时期,徒刑被大量使用,但依照蔡枢衡先生对"徒刑"本义的考证,仍可认为徒刑只不过对死刑适用的部分替代,犹如死刑之执行要依赖监狱之拘留人身的功能,而徒刑(劳役加体罚)的执行同样要依赖监狱之拘留人身的功能。当然,这种对于监狱地位和作用的认识,倘若盲目地推到了极端,也会产生事实误解。涂氏说明自己对于古代监狱性质的看法,其实隐含了一个前认识的过程,这就是基于他对现代自由刑的看法。以他的留学经历,应当能认识到,从古至今,刑罚经历了一个从重刑到轻刑的过程。而在古代将人身留置在监狱中一般不被看作刑罚。它们最多是刑罚实现的必要条件,而且更确切地说,涂氏认为它是一种道德教化实现的条件。至于在现代,将对人身的拘押监禁本身当作刑罚手段，确立为刑制中的一个刑种事实，对照中古以前确实是未有的现象。也就是说，纯粹自由刑在古代是不存在的。因此，涂氏对于监狱性质的看法不仅源于史实，也是受了西方自由刑思想的影响所致。

（二）关于中西监狱之进步关系

比较中西监狱制度文明之孰先孰后并明确表达中国古代监狱文明优越性的主张，涂氏执此可以被认为到了"偏执"的程度。涂氏曾云："盖东西各国今日之集治监、拘置监、惩治场，皆采取吾国古代监狱制度之精神而标以新名词也。"从今天的比较监狱学知识来看，古代中西监狱绝无交通，涂氏用"采取"一词显然是用词不当。其实，涂氏深知中国近代监狱落后于西方。但是，他对此的辩解是颇耐人寻味的。他在文中写道："吾国监狱仿自三代，卒有今日之苦状，何也？非制度之不美善也，乃狱官日久玩生也，非学问不如彼之深深也，乃无人研究而阐明其理也。且非特日久玩生及未阐明其理也，甚至有残刻狱官贪鄙吏卒又从而变本加厉也！职是之故，东西各国监狱渐进文明，吾国监狱相形之下，几为他人所不齿。"从这一段话，不难看出涂氏在中西监狱文明优劣论上的曲折心意。这也可以说是反映了清末留学知识分子对中西文化（文明）比较所持有的矛盾心理及其基本立场。涂氏对于近代中国监狱文明落后的原因认识，就笔者事后诸葛式看来，无疑认为是相当肤浅的。但是抱了同情的理解，倘若当时涂氏不那么去看，岂不要对中国的古代监狱文明采取一种彻底否定或全盘改造的态度，到头来则恐怕会走到绝望或奴颜婢膝的地步。若此，他们那一代学人又从何处寻求精神上的安身立命呢？

（三）关于中国古代若干"狱制"之含义

涂氏的《中国监狱史》，从知识的价值看，主要是对中国古代监狱发展中若干重要制度和名词的含义做了分析考证。大约分为两个方面：一是对诸如"圜土制""徒刑制""囹圄制""拘留制""耐刑制"等重要狱制或刑制的确切含义做了考析，解除了一些疑义。例如，关于"圜土"的性质，当时流行的看法为，"圜土乃狱城也"，并且被认为是徒刑制的雏形。涂氏认为不妥，他通过分析圜土所押对象"罢民"的含义，即道德上之罪人，大致为有罪而未入于刑者之后指出，"圜土"为强制教化之场所，它为"司圜"所分管，而真正入于刑者的罪人，则为"掌囚"所执掌。虽说这些制度含义及其分类牵涉到狱理层面的争论，且并非纯是事实之争所能解决。但涂氏为之提供了持之有故的论证。又如关于"耐刑"为何是一种特殊的徒刑，并且为泛指的名词。涂氏依据各派文献考证，做了细致入理的考析。二是对若干狱名的考析。例如对"狱"字本身的起源用法做了贴切的说明，其结论是"狱"为刑事上最古之狱名，且将狱名的流变在各时期的别名亦做了初步的梳理。

（四）其他观点

涂氏的《中国监狱史》实在是言简意赅之作。这既是优点，又是缺点。从缺点方面说，里面不少观点因失之于论证，而显得过于臆断。例如，关于自由刑的起源，涂氏文中并未有铺垫论证，同时亦不顾自由刑之作为现代刑名的特有意义，却在文末径曰："吾国监狱自由刑发明最早，当为世界各国监狱之母。"甚至以为如果能够将之复古，并"博采"西制之长，则"不数年间，驾乎欧东之上，固可操券以俟也！"又如关于"刑罚"产生的原因，亦可以同样的理由诟病之。涂氏无视罪与罚之互动事实，将刑罚之产生归因于人民干犯法令而禁止不能，为不流于空言，于是刑罚应运而生。凡此种种，皆说明对于中国监狱与刑罚发展问题的认识在涂氏的年代远未在学理解释上达致足够清晰有力的程度。

二、行文特点

《中国监狱史》在行文方面有两个显著的特点。一是以论带史。文中既涉及刑罚产生的原因、监狱的性质（功能）以及监狱和刑罚之关系等理论问题的探讨，也有关于监狱狱名的沿革及其含义，监狱刑名的变迁及其含义的知识考证。其理论探讨和知识考证力求以史为据。二是史论结合。这一特点是指涂氏虽以"以论带史"为行文之主要特点，但同时也注意了依照朝代更替的自然顺序，尽可能将监狱史的完整性通过史论结合加以照顾。当然，需要说明涂氏行文的第二项特点，自古叙述至汉，言语稍详且可见轨迹，而自汉以降则以片言只语而连缀之，让人有"狗尾续貂，难以为继"之感。虽然此项特点，也许是涂氏勉为其难，但却为行为结构失衡留下了欠缺之憾。

不过，以涂氏之敏悟个性、古文功底和东洋留学经历，勉力提交此项学术作业诚为不易耳！毕竟，涂氏以现代思维治史的尝试，在监狱学史上尚无古人，而以此引领来者，至少留下了探路之功。

本 章 小 结

本章主要对本国监狱学在清末初诞之时的思想学术状况，选择代表人物与作品进行了介绍和分析。沈家本作为清末监狱学的主要奠基者，其监狱学术思想及成就，理所应当予以重点阐扬，因此，本章用了专节的篇幅，就沈氏的监狱学思想和学术成就的两个方面，结合其言论、著述及活动进行了叙述和解析。由于清末监狱学主要移植自日本，因此，对于从日本移植的内容、途径、绩效及其过程，尤其是其新式知识类型的移植情况，有必要进行深入、细致的研究。本章主要通过介绍和分析以小河滋次郎为代表的日本监狱学近代成果及在中国清末的具体译述过程用以实现研究目的。还须指出，由于日本监狱学乃是从德国为主的大陆法系监狱学传统借鉴而成，鉴于日本对于德国监狱学的移植情况，国内缺乏足够的史料或研究资料，例如德国的各种监狱著述，尤其是德国监狱学家苦罗尼氏、遮伯氏等的监狱学作品,国内搜寻未得,因此,无法就处于西方监狱学和清末中国监狱学中介地位的日本监狱学的西化及本土化情形,提供更加全面而深入的讨论。与此同时,西方其他国家的监狱制度,尤其是国际监狱会议传统的影响也不容忽视。这方面,王树荣的《考察各国监狱制度纪要五种》等作品值得特别注意,虽然由于译介滞后,其实际影响发生在民国监狱学时期。此外,在西方监狱学成为主流话语的情况下,涂景瑜等人试图自辟蹊径的研究,虽然几被覆盖或忽视,甚至难入后来研究者法眼,但作为构成清末监狱学整体认识的某些侧枝,也多少具有参考和批评价值。

第三章　民国监狱学（1912—1927）

第一节　概述

　　1912年以后的中国监狱学较之以前的变化，并不像辛亥革命所传达给人们的信息那样，可以用"翻天覆地"的剧变来加以形容。事实上，清末监狱改良和监狱学的发展，作为前清的未竟事业，无论其精神命脉还是实践活动不仅没有因辛亥革命而中止，反而得到了有力的继承。这一现象大致可从以下两点加以说明，一是清末的监狱改良及其监狱学的诞生，实际上是中国现代史开启端绪的产物，跟朝代更替不尽一致；二是监狱作为国家机器，无论对于传统帝国，还是现代民族国家，都是必不可少的构件。

　　虽然，1912年以前活跃于监狱学的主将因种种原因而退出历史舞台，沈家本年事已高，卒于1913年；而小河氏早在1910年便已返回日本。但是，前朝刑部的诸多刑狱官员，仍被民国北洋政府在相应机构中委以重任。著名者如前清许世英，即被民国北京政府任命为司法总长。而此前在狱界已经为人所知的王元增，则由许世英举荐，担任京师模范监狱的第一任典狱长。

　　自1912年以后的民国监狱学已经从日本监狱学断奶。事实上，除日本之外，英美各国以及国际监狱会议的成果，亦陆续译入，其影响日渐增强。不过，从日本移植的大陆监狱学体系，仍然是该时期的主要文本形式；尽管不少作品，已经不再遵循总论、各论的二分法，而是采取一种结构简化的混成一体形式。但由于在内容广度收缩的同时，论述深度并未增加，很难说这种做法是对移译过来的日本监狱学的超越。但可以肯定的是，经过增删剪裁而成的简本，或许更能适应各省警校狱政专业培训教育的需要，故因其应用性增强而传布更广。[①] 这一时期的监狱学成果，除了著作、[②] 教材，还有资料汇编，比如对于编写民国监狱史极具资料参考价值的各地新式监狱年度调查报告辑要。此外，还有部分罪犯教育读物等。

这一时期引领监狱学研究的代表人物当推王元增。王元增在担任京师模范监狱典狱长期间以及在 1932 年以后主政司法部监狱司相当长时期，本其热情与所学，致力改良中国的监狱事业。他在学术方面的主要贡献不仅在于 1924 年完成了代表作《监狱学》，还编成了对于全面研究民初新式监狱改良实际状况，颇具参考价值的各种业务调查或档案资料。此外，还在朝阳大学等院校应邀讲学，为之编写《监狱规则讲义》等。当然，在同一时期，有若干稍具研究特色的作者也值得注意，比如朱紫垣对于中国新旧监狱的比较研究，王毓炳对于监狱学以表解方式进行的知识要点梳理和归纳等。

回顾 1912—1927 年民国的监狱学发展，可以看到其主要特点是，继承了清末由日本移植的监狱学并加以改造利用，监狱学作为法律学科之一种，伴随北京和地方监狱改良事业的推进和法律教育规模的扩大，其普及程度有所提高。但是，从监狱学术进展而言，除了个别卓尔不群

---

① 例如熊元瀚根据其在京师法律学堂监狱学专科小河滋次郎监狱学课程的课堂笔记编译而成的《监狱学》，1911 年由聚昌印刷公司初版，至 1920 年已印行四版。

② 一些自以为"著"的监狱学著作，实质是对日式监狱学内容进行选编的教材，比如刘蕃编《监狱学》、廖维勋著《监狱学》、刘英山著《监狱学》，皆属此例。鉴于其原创性或创新意识的缺乏，应该署为编或编著更为确切。

者外，这是一处于借鉴、移植而缺乏本土化创新意识和成果的时期。不过，考虑到民国初年政局的动荡多变、教育的规模有限、人才的孕育未发、经费的紧张拮据等因素，呈现这样一种学术状态，亦在情理之中了。

第二节　王元增的监狱学贡献

在叙述中国现代监狱学的初期历史时，如果说沈家本和小河滋次郎是主要学史人物，构成了监狱学史上的"沈家本-小河氏"时代；那么，王元增的地位和作用也不容低估。可以说，民初的中国监狱学回避了王元增，就会留下一块无法弥补的空白。王元增和沈家本、小河滋次郎一样，对于中国监狱学的初诞，具有奠基意义。

王元增，字新之，生于1879年，卒于1963年12月29日。江苏嘉定人。其经历既有受历史选择的被动，他和大多数清末官派日本的留学生一样，受时事潮流驱动，赴日本研习经世致用之实学，也有选择历史担当的主动，曾经自费随从许世英赴欧考察各国监狱，并毕生致力于中国监狱的改良实践，留下了独特的业绩。[①] 据王元增编辑的《北京监狱纪实》(1912)扉页和例言所提供的资料，王元增1906年留学日本，就读东京日本警监学校，以小河滋次郎等人为师，并经小河氏安排，毕业前在日本浦和监狱实习，实习时的指导老师为早崎春香。王元增在例言中自述其专业成长经历"监狱学之智识得之于小河滋次郎先生者最多，其实务上之研求，又得先生之介绍，亲受浦和监狱典狱长早崎春香先生之指导，嗣又得从许总长之后，历观英、俄、德、法、义、奥、荷、比各先进国之监狱"。从中可知王元增在监狱学上的师承关系，亦可略知清末

---

① 有关王元增生平的记述，主要见于书序例言。更详细的记述，可参见徐家俊《监狱学家王元增生平及著作初考》一文，载《犯罪与改造研究》2000年第2期。

我国监狱学开拓之初的情形。大凡成就事业者，无论事业大小，除了历史安排，皆离不开个人业力造化。比如，王元增为研习监狱学，居然毛遂自荐并自备资斧，自愿作为编外人员，随从许世英代表团一行考察欧陆十二国之裁判、监狱状况，此举显非寻常之辈所能为。从有关人士的记述可知，王的事迹在业内已传为美谈，影响甚广。民初司法典狱司长王文豹在应邀为王元增《监狱学》所作序中称"吾闻而异之"，谓王元增"治狱为一生慈善事业，不当作一种官吏生涯"。许世英在为《北京监狱纪实》作序中评价"不侫于役欧墨，王君元增斥赀从游，心焉识之，谓若元增诚治狱才也"。职是之故，在许世英任内，即民国元年(1912)八月十三日，王元增以部令被任命为北京监狱典狱长。此前供职于奉天地方检察厅任检察官的王元增，至此正式开始了学以致用的阶段，将以往所积之狱治思想与实务知识，悉心应用于创办模范监狱事业。

王元增的可贵之处在于他致力于监狱改良事业，怀有诚挚动机和系统学识。他不仅将自己的既往所学付诸实践，而且在实践的基础上颇为注重业务知识及其资料的总结和整理，进行学理探索和政策思考。尤其是他的学术著述活动，在今天看来仍具有重要的学科建设意义。

以笔者搜集所见，他的主要著述成果有：

1.《日本监狱实务(第一编)》(1908年，江苏嘉定教育会，石印一册)；

2.《狱务类编》(1913年，北京监狱印行)；

3.《北京监狱纪实》(1912年初印，1913年修订，北京监狱印行)；

4.《中国监狱之沿革及现今状况》(1914年，北京监狱印行)；

5.《京师第一监狱作业实务汇编》(1916年，北京监狱印行)；

6.《监狱规则讲义》(1917年，北京监狱印行)；

7.《监狱学》(1924年，北京监狱印行)；

8.《京师第一监狱报告》等监狱实务资料汇编若干。

在王元增的上述著述中，其代表作品无疑是《监狱学》。这部印行于民国十三年(1924)四月的作品是王氏传承其师小河监狱学之衣钵，并在总结个人多年治狱实践及其理论思考的基础上撰写而成，庶可反映20年代初民国监狱学移植和转化的总体研究水平。该书由时任司法次长江庸题签书名，司法部典狱司长王文豹作序。王序概要地介绍了王元增的经历和为人，特别称赞王元增对于监狱学的执着追求精神。他说："吾愿读其书者，更学其为人，庶几毅力、热心，到底不懈，全国监狱可以一律改良。"王元增在书中另有自序。自序中着重谈到对于监狱制度比较取舍的态度，他指出国外先进监狱制度在我国之所以不能全盘实行的原因，同时坦陈个人改良监狱和写作此书的信理，"然理想为事实之本，必蕴蓄者深，乃发挥者广"。正是这一信理，构成了他写作此书并非纯为实务之论。他在序中说明写作态度和方法为："是以本书搜集事例，采摭群言、不厌繁复，而立论大体，亦多取资小河师说，俾从事狱务者，得斟酌取舍，循序渐进，是则本书之微旨也！"

王氏《监狱学》一书共十三章，计二十一万字。其各章内容如下：第一章，监狱之沿革；第二章，万国监狱会议；第三章，犯罪；第四章，刑罚；第五章，执行自由刑之方法；第六章，刑责无能力者；第七章，犯罪之预防；第八章，监狱构造法；第九章，监狱管理法；第十章，监狱监督权；第十一章，监狱会计；第十二章，监狱统计；第十三章，感化教育。从目录可知，王元增所关注的监狱学，其理论范围，与今日大体相同。以今日的学科概念，则其内容涉及监狱史学(第一章、第七章)，刑罚学(第四章、第五章、第六章)；监狱建筑学(第八章)，狱政管理学(第九章、第十章、第十一章、第十二章)；监狱教育学(第十三章)等多门分支或相关学科。由此反映王氏监狱学的专业背景和问题意识已进入了"近代社会科学"的知识综合语境。

以下试以王氏《监狱学》为依据，介绍其主要学术思想与知识要点。

一、关于监狱学的概念

王氏基于多年对监狱学的了解,深知此学科知识的复杂性。他在该书"例言"第1条即说明监狱学乃是一"集合学"。他从监狱社会的性质出发说明监狱学的集合性。他说:"监狱乃社会之缩影,故监狱学对于社会之各种学问,皆包含其一部。其重要者如法律学、刑法学、行政学、教育学、社会学、心理学、医药学等,故学者称之为集合学。"在强调其集合性的同时,王氏又不忘指出其重点:"各学科中以法律学为最切,法律学以刑法学为最切。"王氏关于监狱学为集合学的观点与现时谓之综合性的社会科学是相一致的,尤其是强调"刑法学"在此"集合学"中的核心与基础地位,可谓是一个极懂行又明智的看法。这对于明辨监狱学与其他社会科学的关系,尤其是与法学的关系,进而采用适当的研究方法和建构合理的知识结构等,均具有重要的指导意义。

二、关于中国监狱沿革的特点

王氏在论述"监狱之沿革"一章时,虽分别论述了中西监狱的沿革概况,但其论述的立场却是相同的,大致是一种"新科学"的立场。这种立场的知识和概念背景无疑授受自小河滋次郎。这一点在论述中国古代监狱之沿革时尤其明显。在论述中国古代监狱沿革的特点时,王氏用了一种极简要的论证方法,即认为"三代以下,数千年来监狱历史无是述者"。根据这种论断,他证明三代及此前可述者,主要是认为当时设狱之宗旨"亦在惩戒矫正,虽当时自由刑未甚发达而近世监狱之改善主义早已表现"。"监狱所用之主义大抵与近世相合",而"三代之下真义尽失"。这种论断由于所辅之材料零散简疏,且观点与感情过于现代,难免让人觉得武断。因此,虽然在当时是一种极为"正确无误"的认识,却在今日看来,理论上仍未达致一种令人信服的程度。在论述中国三代以下监狱发展时持基本否定的态度，尽管为其所以改良监狱提供了依据，但从历史研究的严谨态度来看，其所论述由于篇幅太过简略而无足观也。当然，王氏此著并非监狱史专著，笔者不宜如此苛责前人。王氏之所以那样论断，实是因为当时对于古代监狱的系统研究相当缺乏。其间除了沈家本的《狱考》和涂景瑜的《中国监狱史》外，王氏的论述代表了大多数研究者对于中国古代监狱史的认知状态。还应该看到，由于清末民初的监狱学人大都怀有使命感，对于改良监狱持有迫切的功利态度，厚今薄古，古为今用，是其学问心态之真实表露，所谓"顾前"只是为了"瞻后"而已。

三、关于西方监狱改良的认识

王氏用了 100 页的篇幅介绍西方监狱沿革及其改良以及万国监狱会议的情况。这个安排从内容结构上看颇为失衡，但从王氏的治学经历和监狱学知识的传承来看，又非不可理解。清末民初我国监狱学虽已自日本输入，但研究人才匮乏，翻译无力，理论上的新创几乎等于零。大力介绍国外监狱改良及其学术观点既是别无他法，也是十分必需。王氏想必充分认识到此层意义，故以拿来态度，尽可能介绍入内，使增强监狱改良的信念与知识。在介绍西学时，王氏比较注意方法：一是力求从原理上阐释。例如，对西方监狱改良的起因，从社会人文思想的启蒙着眼，由宏至微，由外而内细加阐述，使人明了此改良必然发生。二是力求从各国改良事实上说明。王氏每介绍一国，便列举该国改良的监狱或监狱制度典范予以例释。王氏在书中介绍了不少闻名于世的监狱或监狱制度，如意大利的撒米凯尔监狱，荷兰的阿姆斯特丹监狱，比利时的闵梭蚩夫阿司监狱，英国的米尔班克监狱以及美国的宾州监狱和奥本监狱，等等。

四、关于监狱行刑的目的

王氏在他的监狱学中以各一章的篇幅介绍犯罪(第三章)和刑罚(第四章)的基本理论知识,显然是认识到了犯罪、刑罚与监狱行刑三者的内在关系。一方面,犯罪乃是刑罚与监狱存在的逻辑前提之一,另一方面,作为执行刑罚工具的监狱,在王氏的眼里乃非一个纯粹的行刑工具,而是一个行慈善、施感化的场所,因此,监狱学研究如果不关心犯罪原因而求感化的效果,就难免无的放矢。王氏把有关犯罪原因的主要理论和有关刑罚思想的各种"主义"做了简明扼要的介绍分析,同时还提供了本人对于犯罪原因的看法和对于刑罚上各种纷杂的"目的或主义"的分析,其中不乏精当意见。例如,王氏认定"今世学说之最有势力者,则为实利主义。一面以矫正犯人,使自知改悔,是为改善主义(即特殊预防),一面以减少犯罪,使人各各相安,是为防卫主义(即一般预防),二者皆为刑罚之要素也",由此可知,王氏是将此二要素同样视为监狱行刑之基本的可取的目的要素了。

五、关于监狱实务的理论

由于王元增自任北京监狱典狱长一职后,长期接触和研索实务,又因其从事实际职务前,已对西方监狱学的基本理论有了比较全面的了解。因此,王元增在归纳实务理论方面,显示了相当的见识。《监狱学》自第五章"执行自由刑之方法"至第十三章"感化教育",皆关涉监狱行刑实务问题,王元增谈论实务问题的特点,一是对实务问题经过了审慎的选择,其介绍重点十分清楚;二是谈论实务不唯实务,准确地说,他侧重于实务理论。经过多年的实务历练,王元增对于实务问题的意义部分投入了较多的关注,所采用的应用研究思维并非只是"是什么"和"怎么样",而是始终贯穿了"为什么"的学问心态。

以笔者多年涉足监狱实务的经验而知，监狱实务十分繁杂，介绍什么和如何介绍非经审慎选择，难脱冗繁拖沓之病。拙以为王氏的实务知识总结是颇为合理的。也许从表面上不易看出，其实，王氏从第五章到第十三章的内容介绍可区别为先后两个层次。第一层次是第五章至第七章。着重介绍了监狱行刑过程更为基本的内容，首先是重点介绍了四个相互关联并构成行刑管理基础的基本制度，即分房制、杂居制、阶级制和假释制。在四个制度中，又更为详尽介绍了包含其他制度的"阶级制"。在随后的第六、七章中又涉及两个附带的重点问题，即对刑事责任能力需要确认的对象和出监需要保护的对象，从刑事法律和政策的角度进行了讨论。第二层次是第八章至第十三章。第二层次的内容其实是保障监狱行刑的条件、手段、方法等次于行刑管理核心构造的有关内容。需要指出，这样的主次区分是颇有意义的。20 世纪 80 年代以来的众多教材，由于持一种行刑的改造本位主义，结果是混淆了行刑与改造以及管理、劳动等的主次关系。在学者的著述中颠倒主次关系者不在少数。在介绍第二层次内容时，王氏选择了监狱构造（建筑）、监狱管理、监狱监督，以及监狱会计、监狱统计、感化教育等基本知识问题。在介绍这些知识问题时，又更为重点地介绍"监狱管理法"。将"监狱管理法"所有内容列为七节。这七节的介绍，又重点落在对"行刑者的管理"上，即该书所谓"监狱官吏"，其位置及名称、任用方法、教习训练、职务职责、纪律服制及奖惩，等等。总之，突出了监狱行刑管理中的行政人事制度介绍。此外，行刑的公正和透明问题，通过"监狱监督"专章论述；而"数字管理"提到了相当重要的位置，其中"监狱会计"和"监狱统计"所论述内容虽不免简疏，但却以"章"的地位加以对待。最后，监狱"感化教育"，放到最后一章，虽不能说有何用意，但至少可以看出作者对于"感化教育"在监狱学中与行刑及其管理相比较，应当具有什么样的位置关系，心中是清楚的。这一章的内容，在今日学者的著述中，通常按其在

"监狱法"中的位置给以前置安排，由此可见 20 世纪前后的两个不同历史时期，教育刑地位由边缘向中心变化之一斑。

王氏的《监狱学》是其本人的成熟之作。他的其他著述大都作于此著前，且偏于资料性质。当作史料，它们在学术史上的价值亦不可谓不重要。比如，由王氏编辑的《北京监狱纪实》一书完整而翔实地介绍了"北京监狱"作为清末改良运动中第一所新式模范监狱的创办经过及其运行中所推行的各项改良实务。它不仅为彼时其他各省新式监狱的创办提供了可资学习和借鉴的范本，而且也为评估清末民初监狱改良运动的实绩，了解当时所受西方监狱文化影响的程度，提供了可靠的一手资料。正如编者在"例言"中谈到资料的取舍原则时所指出的，"行刑秘密似不应以全监影片刊入书籍，惟此书系供监狱学家及实务家之参考，故复破例刊入"。可见，编者为求资料的真实可靠，不惜"破例"，其为当时后世学术着想之心昭然可辨。两年以后，即 1915 年，王氏又编成风格相同的《京师第一监狱报告》。该报告"例言"特地说明，"是书所列事实起自民国二年八月，迄于四年二月。其已见《北京监狱纪实》者兹不复载"。王氏所编二书图文并重，《北京监狱纪实》刊登王氏照片四幅：一幅全身穿着新式警服，时任典狱长之近影，其余三幅为三个不同时期的个人小照，上标"警监学校修业时代""浦和监狱实习时代""欧洲监狱考察时代"。《京师第一监狱报告》一书的内页刊登了司法总长章宗祥、司法次长江庸、京师高等检察长朱深、监狱司长王文豹和第八次万国监狱会会长罕特生以及捐资建筑费者闽绅蔡法平等的图片资料，可见王氏不乏史料意识。

王元增在清末民初对于我国监狱学的诞生和发展以及他在当时学界所产生之影响显著而重要，其独特历史地位无可替代。他是真正从西方监狱学盗取火种并加以躬身实践的第一人。他的后辈学人（如芮佳瑞）称他"尤为吾中国发明监狱之学之约翰·霍华德"。笔者虽不敢附和或

苟同，但深觉除沈家本、小河滋次郎外，谓王元增为我国监狱学的主要
开创者和奠基人之一，其名实颇为相契。王元增一生求索，在比较监狱
学、监狱改良实务、监狱学原理、监狱资料汇编以及监狱人才培养等方
面留下的丰富遗产，有待后人进一步挖掘和整理。

第三节　王树荣等人的外国狱制译述与研究

清末中国移植外国监狱学固然以日本为主要继受国，无论知识体系
的输入、管理人才的培养，还是监狱立法的取鉴、新式狱制的践行等，
其影响之深刻无出其右。但其他欧美各国的影响也不容忽略。可用以
表征其影响的事实，如王树荣等人译述和编撰的《考察各国监狱制度纪
要五种》便是一例。此书为清末中国官方派员参加第八次国际监狱大会
和考察十五国监狱制度的产物。这部资料的存在说明，至1910年，清
政府对于西方监狱学术和监狱制度的关注与了解，已由日本扩展至欧美
诸国。

1910年9月，第八次万国监狱大会在美国华盛顿召开。清政府"大
理院奏请特派金绍城、李芳为专员，王树荣为随员，法部奏请特派徐谦、
许世英为专员，沈其昌、罗文为随员，分途与会并考察欧洲各国监狱及
审判制度。此为我国特派专员参加万国监狱会议之始。金李诸公先美
而欧，许徐诸公先欧而美"。[①] 王树荣随从金绍城、李芳出席在华盛顿的
万国监狱会议并于会后一同考察欧美十五国狱制，主要负责资料的译述
和编撰。此行所得全部资料经编定后初名《第八次万国监狱协会报告提
要》。该提要内含"第八次万国监狱协会报告提要""第八次万国监狱协
会报告原本""考察各国监狱制度报告书提要""十五国审判、监狱调查

---

① 参见《考察各国监狱纪要五种》，王元增序。

记""各国监狱制度译略"五个部分，由京师第一监狱印行于1914年。与此同时，许世英、徐谦等人则先行考察了欧洲九国狱制后参加华盛顿会议。许、徐二人归国后于"宣统二年十二月二十二日"向清廷提交了《法部奏派赴美万国监狱改良会徐谦等回京报告折》。除报告折，其他调查资料似未能汇编成册。据自费随从许、徐一同考察的王元增自述可知，王元增回国后还未及完成资料整理，即因"次年春，审、检两厅失慎，行囊书籍悉付焚如"。直到民国三年（1914），王元增才得见王树荣译述和编撰的上述五种资料。王元增形容见到资料的态度"不禁狂喜，乃亟付京师第一监狱重印出版，以补元增之隐憾焉"。①该书于当年印成之后，据王元增所称"觅者踵至"，以至"民国十一年十二月"又予以重印。

《考察各国监狱制度纪要五种》为王树荣统一编定，但所载五种资料，其中"第八次万国监狱协会报告书原本""各国监狱制度译略"二种，由金绍城、李芳口译，王树荣笔述。"十五国审判监狱调查记"一种，由金绍城、李芳撰述，王树荣校录。"第八次万国监狱报告提要"和"考察各国监狱制度报告书提要"二种，由王树荣撰述。

在上述五种资料中，"第八次万国监狱协会报告书原本"及由王树荣所做"提要"和"各国监狱制度译略"为译介资料，具有比较监狱学的重要参考价值。前者包括"原本"及其"提要"皆分为八编。第一编监狱协会之缘起；第二编监狱协会开会之次序；第三编美国改良监狱之成绩（含加拿大）；第四编各国改良监狱之成绩（含荷兰、法国、日本），第五编改良刑法之议案；第六编改良监狱之议案；第七编预防犯罪之议案；第八编保护童稚之议案。后者主要拾译美、法、荷、意、匈、奥等国的若干监狱规则，包括"美国纽约省监狱记略""美国各省死刑条例异同考""纽约地方监狱学堂简章""法国监狱统计表""法国监

---

① 参见《考察各国监狱纪要五种》，王元增序。

狱法略""荷兰监狱法大纲""意大利监狱法大纲""匈牙利感化院制度""奥国监狱管理法""奥国管理犯人规则"。由金绍城、李芳撰述的《十五国审判监狱调查记》和王树荣撰述的《考察各国监狱制度报告书提要》则为实地考察外国监狱的调查报告和研究总结,[①] 前者依据国别,对日本、美国、英国、法国、比利时、荷兰、丹麦、挪威、瑞典、德国、奥地利、匈牙利、土耳其、希腊、意大利 15 国 36 所监狱和 14 所法院或警察机构进行了逐一的调查记述,包含了翔实的一手资料,对于了解当时外国监狱的改良状况、研究国人的比较文化心态与见识等,均具有重要意义。后者打破了国别记述模式,以前者为基础,并结合个人的学理思考,对各国监狱制度情况进行了系统整理,可以说是我国学者第一部比较狱制研究的作品。尽管王氏题为"考察各国监狱制度报告书提要",但观其作品的内容结构和论述过程,视为王氏的研究成果似更为恰当。"提要"约 11000 余字,分为六编。第一编监狱要义,分为"分房制度""监狱用人""行刑要义""死刑执行"四节;第二编狱内待遇,分为"囚徒工作""囚徒饮食""监狱卫生""囚徒体操"四节;第三编狱内教化,分为"囚徒读书""狱中训诲""狱内赏罚""阶级制度"四节;第四编出狱维持,分为"工资储蓄""免囚保护""预防犯罪""狱外监视"四节;第五编特别监狱,分为"未决监狱""感化制度""妇女监狱""疯犯监狱"四节;第六编监狱筹办,分为"监狱经费""监狱学堂""监狱统计""监狱总会"四节。上述六编二十四节内容编排,反映了王树荣已经形成了赖以观察和整合西方监狱制度经验与知识的基本框架。作为考察活动的亲历者,王氏在论述每一节内容时,融思考于具体的比较议论之中,体现了观感、材料、分析三者的统一。兹录第一节"分房制度"为例,以

---

① 《十五国审判、监狱调查记》已作为中国社会科学院文学研究所选编的"近代中国稀见史料丛刊"(第二辑)之一种,经校订重新出版。参见金绍城:《十八国游历日记、十五国审判监狱调查记、藕庐诗草》,谭苦盦校订整理,郭明等序,凤凰出版社 2015 年版。

见其比较研究特色之一斑:

　　各国监狱制度大约有数种区别,曰杂居制;曰分房制;曰折衷制。杂居制之中又有大杂居,不分男女老幼及罪名轻重而杂居一监者也,此维未开化之国行之,今已无足齿。及至小杂居制,则以男女老幼为区别,或以轻重罪为分类。及改良监狱之说发明,始知犯人同居一处不啻如疫症之传染。无罪者与有罪者处,则无罪者可化为有罪;轻者与重罪者处,则轻罪者可化为重罪。是监狱不啻为教化成犯罪之学堂矣!于是始用分房制度。惟分房制度之中,其拘禁制度,有严派、宽派二者之分。严派分房制,取绝对离隔主义。犯人工作、饮食,各在房中。甚或出入,皆以布蒙首。教堂听讲之座,左右皆用木板隔绝。此比利时、法兰西所用者也。然其道太酷,不顺乎人情,往往有因之病疯或图自尽者,不能无矫枉过者之弊。现在美国则用宽派主义,即夜卧分房,而教诲堂、运动场,不设离隔制度,而用看守人监督之。此法于作工及教诲、体操等事为较便。为后起发明之制度,较绝对离隔之制度为善也!至于折衷制,即兼采分房杂居两制而并用之。就表面而论,似乎经费既省而制度亦便,不知犯人无论轻罪、重罪,总不宜令之同居一处。日本改革之初,即用此法。今则欲仍之,则既滋流弊;欲改建,则经费浩繁,后悔已晚。古语云:"前车覆,后车鉴。"不可再循此故辙也。德国柏林监狱长言犯人共处阙弊滋大,如有一狂骗者,与行窃者同居,各道其骗人行窃之手段,出狱后不能改悔,是使二人各兼有两种犯罪之本领,不啻增加一倍之犯罪者矣!至如无政府党之类,使之数十人同居一处,则其心中常觉党羽足恃,反对政府之见解必不能冀其少减也。又谓德国近来监狱制度已认定,每监极多不得过五百五十人。盖过多则监狱长必有照应不周之处。以五百五十人为限者,欲使管理员尽职监中之罪犯,且深知各人之性质,以谋改良之法则也。

德国最大之监狱，能容千六百余人。然其中分为三区，中为十字形，左右为丁字形。每区各有一监视长，属于监狱总长之下。是虽合而仍分。于其宗旨仍并行不悖。此皆经验有得之言，足资参考者也。

由上可知，王树荣等人在清末参加万国监狱大会及考察各国监狱制度，用心可谓竭诚而用力亦甚勤苦。从金绍城、李芳撰写调查报告、译述监狱规则，到王树荣校勘笔录和整理研究，足见清末民初的刑事官僚名士，对于外国狱制的了解，无论是广度还是深度，比之改良初起，又有所加深。这些译介研究成果，通过王元增等监狱界同人的媒介、传播及应用，对于民国时期的监狱学术、立法及改良政策，无疑产生了潜在而深刻的影响。

第四节　朱紫垣的监狱学研究

民初的监狱学人中，朱紫垣虽非资深人士，却是比较有特色的一位。[①] 他的《中国新旧监狱比较录》由北京印刷局印行于民国五年十月。徐谦、朱深、王文豹、余启昌、王元增等同业的官僚学者题字，友人庞之翰作序，发行后在业内颇获佳评。

朱氏系山东人，从庞之翰的序言可知，1914 年 4 月，司法部招考一批狱官送北京监狱练习实务作为各省推行监狱改良的预备人才，朱氏为其中之一。在北京监狱一年（1914 年 4 月—1915 年 4 月）的实习期内，朱氏勤学深思，匠心独运，期满时据其实习之经验和比较之所得，撰成 15 万字《中国新旧监狱比较录》一书。

关于此书的写作动机，朱氏在自序说得很明白，他说："有监狱之常

---

① 学界有将"朱紫垣"误为"朱深"者，参见薛梅卿主编《中国监狱史》，第 209 页。朱深为民国初年北平高等检察院检察长，曾为王文豹所编《京外改良监狱报告录要》题写书名。

识，无监狱之经验，不知治狱之烦剧也；有监狱之学识有监狱之经验，未洞悉旧监之黑暗，不晓然监狱不改良无以作司法改良之后盾。"因此，他在熟习监狱各项"办事之手续"之后，深感"以未尝学问之故，于其精神上作用上，尚茫如也"于是，他以北京监狱的改良狱务为根据，将有关旧式监狱的材料做对照比较，希望提供给有志改良监狱者参考。同时，在他看来，"北京监狱实具有模范全国之资格，或者取鉴不远，亦改良监狱之一助乎！"

此书对于京外改良监狱的实务人士，无疑具有重要的参考价值。而它在学术上的意义，归纳起来约有两点：一是自清末由西方引进监狱学，其理论输入可谓是"拿来主义"，但实行之后究竟成效如何，文明何在，只有与旧有传统加以对照比较，方能判断。此前，这样的比较尚未有人做过，朱氏第一次运用历史与现实比较的方法，提供了新旧监狱异同的令人信服的论证说明。二是朱氏的研究注重实务应用理论问题，就其实务研究所采取的"实例研究法"而言，在诸实务著作中也显得独树一帜。

《中国新旧监狱比较录》一书共计五章。章下分节，节下设款，款下列项，项下有目。鉴于书前的目录，目次十分详尽。据其各章所列内容分析，笔者将该书主要内容分为五大块。第一块为行政与刑务，第二块为狱政，第三块为财务与生产，第四块为教务，第五块为医务。

该书除上面已指出研究方法上的价值外，其他特点主要有：

一、狱务研究具体翔实

作为一本实务研究著作，从其陈列的内容和编叙的方法看，含有极重的调查报告成分。首先，它以北京监狱的职能设置和职务分工为依据，按实务所辖的不同部门定章名。如第一章为"一科"，第二章为"二科"，第三章为"三科"，第四章为"教务所"，第五章为"医务所"。从这个安排看，把该书说成北京监狱的工作指导用书也未尚不可。但如果注意到北京监狱在当时全国监狱改良中的地位和作用，以及作者将之作为"实务个案"对待的话，则认为它仅是一本指导手册，就会发生误解。其次，它以多种手段来编叙实务内容。例如，它在章下先是提纲挈领介绍该章（部门）的主要职能并全数罗列分工之各项事务。然后分节介绍各项事务。在事务介绍中，则依照其内设甲、乙、丙、丁之部门，分述之。在分述过程中常常援引旧监狱该项事务之做法或规定，进行比较议论，或以小一号字提供该项事务之办理程序，或从《大清监狱律草案》选录有关法条参证之。① 此外，它的"图表"应用颇为充分。该书应用"图表"介绍和说明多达 40 余处。

二、狱理研究简明通达

《中国新旧监狱比较录》所以不为纯粹之实务指导用书，其特点还在于它重视狱理分析，表现在两个方面：一是它对于新旧监狱异同的狱制比较研究。这种比较研究不仅证明了如作者所谓新监的"文明进步"，从学术角度而言，确实提供了某种比较的知识。例如，关于"在监人身份调查"一条。"身份调查"是新监收押新犯的必备手续，作者经考证认为，在改良前时代，监狱无"身份调查"一项，且说明即在改良后的监狱中，"身份调查"依然不完备，原因在于"我国户籍调查尚在初步且未设专员"，函托当地警署调查未必如愿。况且，有些地区连警署亦未设，而由犯人口中问其所得，真假莫辨。因此，"身份调查"于当时作为权宜之计，乃为"无法之法也"。又如，关于"在监人假释"一项，作者指出假释之制为我国旧时监狱所无，尽管旧时监狱亦有各种赦免，但其目的仅限于断狱冤滥及复讞平反而已，那些丧失了危害社会能力的犯人在新监依法可获假释，而在旧式监狱却受到相反的对待，比如对于重复滋事之

---

① 该《草案》虽未在全国实行，而在王元增治理下的北京监狱却有相当程度的实践应用。

精神病犯人，规定永远锁锢，不准再释等。二是它力求对一些制度目的给出个人分析意见。在该书中，作者每介绍一事项，力求给出该事项的理由说明。在这说明中，作者往往借机发表个人实习经验和文献学习的理解与认识。例如此前提到"身份调查"一项，作者为解释其作用说道："夫调查身份之取意，大别之分为三时间，如调查其入监前之职业，以规定其在监时之役务而预计其出监后之生活；调查其入监前之素行，以规定其在监时之教诲而预计其出监后之有无再犯之虑；调查其入监前有无嗜好疾病，以规定其在监时之给养医药，而预计其出监后之健康。"又如作者对于假释和特赦减刑适用性之区别的解释，也看出作者于狱理有自己的独特思考。他说："假释一项乃监狱感化之目的已达之行为，与特赦减刑之申请；其性质全异矣，特赦减刑为"诉讼法上之救济。"

　　总之，朱氏紫垣的《中国新旧监狱比较录》是民初第一部对监狱实务问题进行专题研究的独立作品，其具体翔实、简明通达的比较分析特色在民初的监狱改良诸实务调查研究成果中有其值得注意和参考的文本价值。

第五节　民初的监狱改良调查研究

　　民国初年的监狱改良以立法相推动，而以创办新式监狱为目标，至1918 年已办成新式监狱三十余所。[①]在司法部监狱司长王文豹的倡导和推动下，京师及外省各新监每经改良，须向司法部提交有关改良后监狱现状的详细调查报告。从各地馆藏清末民初监狱改良的档案资料来看，调查报告不仅数量颇丰，而且设计印装规范，显示了对"调查报告"一项

---

　　① 　至 1926 年则递增至 61 处，1947 年达 151 处。参见 1919 年 3 月编《京外改良各监狱报告录要》正文和序，及 1949 年王元增编订"监狱改良"概述等。

的重视。这些留存下来的调查报告，为研究民国监狱制度，提供了宝贵的一手资料。例如，京师第一监狱在王元增主政期间，对于调查研究尤为重视，因此，调查报告的资料翔实可观，不仅有王元增手订印行的《北京监狱纪实》(1913 年六月) 和《京师第一监狱报告》(1915 年二月)，还有朱紫垣《中国新旧监狱比较录》，王用宾的《京师第一监狱笔记》(1915年夏) 等实习研究报告，为研究民初新式监狱制度提供了充足的个案研究资料；与此同时，全国各地的新监调查报告上呈后，由王文豹牵头进行了汇总处理。其中，最具代表性的集成作品是《京外改良监狱报告录要》(一册，1919 年三月)。①

《京外改良监狱报告录要》选编全国 13 所改良新监的调查报告精粹，汇成 200 页之厚册。由于所收调查报告的主要内容，具有相同的目次结构，因此，对比较该时期新监狱制度无疑具有比较研究的重要参考价值。此外，"调查报告" 在编写方法上，充分运用图片、表格、数据等手段，显示了民初有组织、大规模调查研究所达到的较高水平。王文豹在序言中说明，《录要》所确定的选编目的不仅 "有益于观摩"，而且 "更可留为考镜，未可以其近而忽之"，是为了 "告世之留心狱务者"。

兹将其 13 所监狱统一调查的录要内容按节名顺次，列举如下：第一节：名称位置 (含沿革)；第二节建筑及成立 (含建筑形式、建立经过，附平面图及实物照片。其中，京师第一监狱报告中指出，该建筑图式为日本小河滋次郎所定)；第三节经费 (含日常经费、作业费，附表说明)；第四节内部组织 (含人员和职务配置情况)；第五节戒护及管理 (含戒护之人员，值勤与武器，以及从收监到释放的各项行刑事务管理程序介绍)；第六节作业 (含作业种类、人数、经费、经理、赏与等项，附实地图片若干)；第七节教诲 (含教诲人员和方法，附教诲场所图片若干)；第八节

---

① 该《录要》由朱深题写书名，学界误为朱深所著。

卫生(含医药、饮食作息、被服等项，并附表说明)。

由上可知，《录要》所汇总的调查报告，资料翔实，编排有序，全面反映了新监改良的基本情况。可以说，这些调查报告实际可视为关于中国清末新式监狱的"微观监狱学"全书，它们对于编撰民国监狱制度史是极具参考价值而应给予足够关注的历史文献。[①]

本　章　小　结

本章以中华民国北京政府期间的监狱学术状况为主要研究对象。这一时期首需关注的是王元增的监狱学著述及学术活动所构成的重要学术现象。王元增的个人独特学术经历，对于解读清末民初中国监狱学的成长与发展轨迹，具有学史研究的典型个案价值。无论是早年官派东洋留学，还是自费远赴西洋考察；无论是躬身监狱改良实践，还是致力于归纳总结，王元增代表了当时中西文化交通背景下，中国监狱界的有识之士东渡西游、勤奋自勉、躬身求索的身影。如果说沈家本作为法学大家，其监狱学术毕竟只是其全部学术成就的组成部分之一，那么，王元增则为完全的监狱学人。值得注意的是，该时期中国监狱学术研究的自立转化、返本开新已初显端绪，民初监狱改良调查及朱紫垣等人的学术作业，可为例证。此外，这一时期除通过"模范监狱"实践以推广监狱改良样板以外，在法政或军警院校开设监狱学教育、培训或考试课目，对于普及监狱学也起到了切实有效的作用。不过，这方面的具体人才培养情形，还需补充搜集史料再做进一步研究。

---

①　西南政法大学《中外法律图书目录》"监狱学、监狱法"栏目下列出了近40种各地馆藏的民初监狱调查报告。

第四章 民国监狱学(1928—1949)

第一节 概述

1928年以后,民国监狱学较前有进一步发展。这大约与两方面条件的形成相关。其一是该时期形成了集权统治,至少从对局势的集权控制程度来看是如此。虽然20世纪30年代至40年代的中国实际处在内忧外患日益加剧之中,但是,并没有影响中华民国南京政权自觉不自觉地受现代性意志的操纵,依照民族国家的建设模式,不断加强中央控制,包括积极地动用刑事政策与刑事法的手段。只要联想到民国超前立法的数量之巨,便可知"法律现代化"这一国家事业的持续推进。由此,监狱学作为一种有用的知识资源,其需求也相应得到强化。其二是监狱学术基础通过积累有所增强。经过民初以来二十年的积累和人才换代,后辈学者逐渐崭露头角,构成中坚力量。

这一时期,王元增开始掌理全国狱政事务,其本人虽仍热心研究监狱改良诸问题之解决,但其作用在更多地影响监狱的行刑政策和立法。[①]后起学者如赵琛、孙雄、芮佳瑞、严景耀、李剑华、康焕栋等人的监狱学研究成果在30年代中期的陆续发表和出版,呈现了学术进展的整体面貌,展示了监狱学学者群体的代际变迁现象。此种现象虽不能谓之监狱

---

① 20世纪30—40年代的大量民国监狱法律法规,概由王元增起草或经其审订。

学之"崛起"，但至少形成了民国以来继"王元增时代"之后，监狱学研究的第二波可观的景象。

在学术研究方面比较显见的特点是，由于不少监狱学学者各自所凭借经历和知识背景的不同，由此显示了不同的研究侧重和特色。比如赵琛的监狱学，主要研究以往监狱学中的总论部分，理论有所加强，知识有所扩展；孙雄的监狱学在兼顾理论与实务的情况下，更多地关注实务，其《狱务大全》是民国时期实务研究的一个典范；芮佳瑞的监狱学，尤其重视"监狱法"研究，是监狱法注释研究的一个代表；严景耀、李剑华的监狱学研究体现了一个社会学者的问题视角和知识处理特点，[①] 为监狱学增添了不同知识部门和研究方法的影响；而康焕栋的监狱学对以往监狱学进行的概要综合，具有简洁明快的特点。总之，这一时期监狱学研究的个性特点已经有相当程度之表现。尽管，这种可期之表现仍然历时过于短暂。此外，还需注意的是，该时期由黄觉非、费祖贻分别所译德国人薛尔文特编著的《苏联监狱制度》[②] 和柯勃编著的《苏联监狱》[③]。尽管两书并非纯学术作品，但对评估苏联监狱制度对于当时中国监狱知识来源及传播情形或有一定佐证意义。

经过 30 年代的监狱学上升发展，40 年代之后的监狱学表现明显回落，代表性作品缺乏。这和彼时社会局势整体恶化的消极影响深有关系。一个充满危机而偏居西南一隅的政权，已经无法使其社会科学有所振作。在失却必要支撑的情况下，这种学术消极过程一直持续至 1949 年，然后有了一个明确的转折。此后，由于大陆和台湾地区三十多年的政治分道扬镳，学术研究各有所宗，形同陌路，导致因而监狱学术交流

①　严景耀 1929 年发表在《社会学界》第 3 卷的《中国监狱问题》，和李剑华的监狱问题研究，尽管都具有社会学立场，但在学科效用上存在较大差距。以学科本位和专业的观点来看，严氏的著作属于社会学研究，而李氏的《监狱学》属于体现社会学方法意识的监狱学研究。

②　〔德〕薛尔文特编著：《苏联监狱制度》，黄觉非译，好望书店 1933 年版。

③　〔德〕柯勃编著：《苏联监狱》，费祖贻译，商务印书馆 1937 年版。

完全中断。

本章重点论述该时期监狱学的代表作品及其成绩,根据业已掌握的有限资料,作一未必全面的简要论述,以展示其学术传统流变的基本情况。

第二节　赵琛的监狱学研究

如前所述,20 世纪 30 年代的监狱学,较前一时期取得一些较大的进展。不仅成果数量有所增加,而且研究意识和观点也有明显的变化。一方面,法律改革的整体推进,密切了监狱学和法学的内在联系。例如,当时认识到行刑地位重要性的刑法学者已不在少数;另一方面,由于学科交叉的影响,从事监狱学著述的人士也已不再源于并局限于监狱界。

赵琛,字韵逸,生于 1898 年,卒于 1969 年。曾于三四十年代先后任职北平和南京两地高等法院院长。就其主要学术成就说来应是一位刑事法学者。他所著的《新刑法原理》受到时任司法院长王亮畴先生的推许,在业内产生较大影响。他给监狱学带来的重要学术影响之一是通过其所著《监狱学》,把监狱学放到法学系统中之"专门科学"的位置加以论述,表明有关监狱学之作为法律学科的认识有所增强,其学科地位也得到了法学界同行更明确的认可。

赵琛监狱学研究的代表作是其《监狱学》。该书初版于 1931 年,由上海法学编译社出版,上海会文堂新记书局印行,并于 1932 年、1933年、1934 年以及 1947 年四度重印,1948 年又推出新版。据考,赵琛《监狱学》在同类著作中属于印行数量和版次最多的一种。该书正文计 356页。除卷头语,该书目录将全书内容分为八编。其编名为:第一编绪论;第二编监狱与监狱学;第三编监狱史及监狱学史;第四编犯罪与刑罚;第五编监狱之主体与客体;第六编监狱之制度;第七编犯罪之预防;第八编监狱构造法。在八编中，以第二、第三编论述为重头戏，仅此二编就占了 236 页，因此，全书各编内容之比例与权重关系看似有所失衡。

作者在该书"卷头语"中介绍写作动机时，除了表明实用目的，如使司狱者充分了解行刑之要领和督促当局之改良狱政，以助撤废领事裁判权等，其所申明的第二项动机尤可注意。作者认为："监狱学为法学系统的专门科学。近年以来，举国上下既了然于法治国家的树立，先须注意法学智识的培养，然环顾国内，关于监狱学之专书，寥若晨星。本书之目的，盖欲供研究法学者参考之一助。"可见，作者写作此书有着增进监狱学之作为法学部门知识的明确用意。不过，从赵氏的这段话也可读出矛盾的意思：监狱学既为专门科学，而监狱学之专书，却"寥若晨星"。这是否说明所谓专门科学的监狱学在当时也许囿于行业的封闭自用而在圈外的出版、传播和影响极为有限？或是因为此学为西学舶来品，在国内并非广为人知，故有待着力介绍之？也许上述两层意思兼有，以赵琛当时所任北平高等法院院长之职，对监狱学研究与普及尚且抱有此等看法，可见，监狱学即便在当时的法学界，也未曾获得应有的了解和认识。这正是赵琛意欲通过自己的著述希望加以改进的。在该书第133 页，赵琛还专门援引了严景耀在《中国监狱问题》一文结论中的建议："为团结监狱界同志群策群力起见，应组织全国监狱协会，并与各国监狱协会联络，一致进行，同时刊印监狱杂志，以供学术上的参考。"为了表明其知识的合法来源，作者还在"卷头语"最后列举了其书写作的参考文献清单。这是笔者所见民国时期第一部提供了学术参考文献的监狱学著作。[①]

在赵氏所列 31 种参考资料中，有 21 种为日本学者所著。这说明当

---

① 另外一部列举了参考文献的民国《监狱学》为孙雄所编著，参见下一节介绍。

时中国监狱学学者仍以日本监狱学著述作为外来知识的主要来源。

　　兹将赵氏所用参考书照录如下：

1.*John Howard and the Prison-world of Europe* Hepworth Dxon

2.*The Crofton Prison System* 　　　　　Mary Carpenter

3.《狱制沿革史》 　　　　　　　　　　留岗幸助

4.《监狱学》 　　　　　　　　　　　　小河滋次郎

5.《监狱法讲义》 　　　　　　　　　　小河滋次郎

6.《狱事谈（摘）》 　　　　　　　　　小河滋次郎

7.《狱务揽要》 　　　　　　　　　　　小河滋次郎

8.《监狱学提要》 　　　　　　　　　　小河滋次郎

9.《监狱学》 　　　　　　　　　　　　谷野格

10.《监狱法提要》 　　　　　　　　　 迂敬助

11.《行刑上之诸问题》 　　　　　　　 正木亮

12.《狱制研究资料》 　　　　　　　　 谷田三郎

13.《监狱实务讲话》 　　　　　　　　 坪井直彦

14.《欧美近世监狱制度》 　　　　　　 印南于菟吉

15.《监狱官教科书》 　　　　　　　　 中村襄等

16.《英国监狱制度》 　　　　　　　　 日本司法省调查课

17.《佛国监狱制度》 　　　　　　　　 日本司法省调查课

18.《免囚保护事业》 　　　　　　　　 谷田三郎

19.《刑政杂志》 　　　　　　　　　　 日本刑务协会

20.《刑事政策与免囚保护》 　　　　　 长尾景德

21.《日本监狱法》 　　　　　　　　　 佐藤信安

22.《监狱学》 　　　　　　　　　　　 王元增

23.《北京监狱纪实》 　　　　　　　　 王元增

24.《中国监狱问题》 　　　　　　　　 严景耀

25.《监狱学讲义》　　　　　　　　曾劭勋

26.《狱务大全》　　　　　　　　　孙雄

27.《寄簃遗著历代狱考》　　　　　沈家本

28.《民国十八年司法统计》　　　　司法院秘书处

29.《前司法部京外改良各监狱报告录要》王文豹

30.《北京政府司法例规》　　　　　前司法部

31.《国民政府司法例规》　　　　　司法院参事处

如上所述，由于赵琛写作此书抱有学术建设的目的，正如他本人所强调的，"吾辈既知监狱改良之不容缓，又知改良事业非可苟为，即知非将监狱一科成为专门学问以研究之不可""本书舆论之范围，限于监狱学上之一般的原理原则，至关于监狱内各种实务，则详于监狱法论(容后续编)"。

现按其所设编目内容，比较同类著作，选择重要且有特色之点予以叙析:

一、关于监狱与监狱学的概念

赵琛在第二编中，对监狱与监狱学的概念提供了比同辈学人更细致的看法。

(一)监狱的概念

赵琛认为，由于晚近监狱学的发达，监狱的定义也随之发生变迁。基于监狱现象命名上的复杂性，他首次对监狱概念做了广义和狭义的区分。在赵琛看来，广义的监狱"即指凡以威力监禁一切人类的场所而言"。他指出拘禁于此场所的人，并非必基于国法或刑事上的关系，"他们可以是俘虏、乞丐、流浪汉、癫狂者、债人、逃税者等"。他注意到，广义的监狱在中古以前及现代未开明国家是更为普遍的现象。与广义的监狱相对的狭义的监狱是文明各国的监狱。他又参照了小河滋次郎的观点，将狭义监狱分为两种，一为法制意义上的监狱，"即依国法，以一定目的，拘束人身自由行动之公的营造物"。大致包括看守所、徒刑监、拘役所、管收所以及劳役场、惩治场等。二为法理意义上的监狱，"乃指依国法，专以囚禁受自由刑之执行者所特设之公的营造物而言"。这一意义上的监狱，必具备几项要件，一是"必依国法而设备"，二是"专以囚禁受自由刑之执行者"，三是"为特设之公的营造物"。第三项"公的营造物"前置"特设"一词，用以区别"寺院""精神病院"以及其他具有法人资格的机构等。因此，他认为"法理的意义之监狱，就是今日的既决监"。也是最狭义的监狱，其目的"以执行自由刑、感化犯罪人为主旨"。基于这种界定，因而除了"监狱"之外，还有羁押刑事被告人的"看守所"，拘押民事被告人的"民事管收所"，惩治幼年犯罪及失救者的"感化院"等不同于监狱的事实称谓，派作不同的用途。不过，需要指出，赵琛对于监狱概念所提供的"法制"与"法理"的学理分类，主要受了小河氏的启发。[1]

（二）监狱学的概念

赵琛谓监狱学"乃关于监狱之一切原则、主义、学说及其法令的智识，简言之，就是研究监狱制度之学问"。

他所给出的研究范围包括：监狱之管理与构造；狱吏之养成与任命；囚人之入监与释放；监狱内之德育与智育；囚禁与戒护之事务；卫生与病囚之看护；免囚保护之事业；囚人之劳役与工资；囚人之惩戒与奖赏；监狱之会计与统计等。

从他提供的研究范围或内容来看，其学术旨趣似乎主要在监狱制度及其应用的基本原理。他明确指出："往古非无关于狱制之记载，如我国杨椒山所记监中之情事，及旧约圣书中摩西律法内所载之行刑制度，

都不过记述当时各种监狱之组织及其实况，并非研究监狱性质、目的与主义、学说，所以不能谓为科学的研究。"由此可以认为，赵琛的监狱学研究意识中同时还包括了"性质、目的、主义、学说"等理论问题和任务。为了完整地说明其观点，他补充道："监狱学的精神，在使狱囚改良感化归于正路，则其为学，自必有理论上的基础，与实际上的经验，而后始得完全，所以监狱学又可说关于监狱管理之学与术的科学。"在这里，他强调了"学"与"术"的两相统一，不可偏废。

二、关于监狱学的学科属性

(一)监狱学的性质与地位

赵琛关于监狱学的学科性质，是从与它关系至为密切且包容了它的两门基础学科进行刻画的。其一是刑事学。他说："自形式上观察，(监狱)为执行自由刑的场所，所以监狱学可说是刑事学的一部分。"他的"刑事"一词，大体说是一种刑事程序的立场。从这一角度，监狱学可被认定是一门刑事学。与此同时，其二是教育学。他说："自实质上观察，(监狱)为强制教育犯人的机关，所以监狱学又是广义教育学的一部分。"这种看法从近代监狱改良所推行教育刑的历史事实及所形成的主导性现实来看是大致不差的。不过，他的"自实质上观察"所谓的实质，如果理解为"实际刑事活动"，那么，可能其中比教育更基本的行刑活动和其他一些非教育活动，差不多被忽略不计了。在这个问题上，赵琛似乎没有注意到监狱是否具有教堂或学校的性质，其实是和近代主张"教诲与教育刑"的思潮及其实践有关。至于监狱学是否可以成为教育学，或者说真正具有教育学性质，当时还未作深入的学理分析。事实上，关于监狱学为广义教育学的一部分，也并未被当时的教育学界所认可，即使今日的教育学界也仍未将监狱学视为自己的分支学科。但是，在监狱学界，赵琛的看法在当时已具有相当的代表性。

赵琛根据其对监狱性质的看法，顺理成章地从监狱学和刑事学各属下学科的关系以及监狱教育和教育学中其他教育类型的关系中，确认了监狱学的学科地位。他给出了两份示意图，分别说明监狱学的实际学科位置关系。在刑事学的构成图中，监狱学与刑法、刑事诉讼法、法院组织法、监狱法、比较刑法学、刑事心理学、刑事社会学、刑事统计学、审判心理学、刑事术式学、刑事探侦学、刑事精神医学、裁判法学、法医学、刑事政策学等处于并列地位。在教育学的构成图中，赵琛将广义教育分为强制教育和任意教育。在强制教育中，又分为感化教育、国民教育、迁善教育。监狱教育即是迁善教育，属于强制教育的一种。这种并非基于学科知识内部分工关系的分类，在今天看来是大有问题的，但由此亦可说明了监狱学在教育科学中的地位比在刑事科学中的地位要模糊得多。

(二)监狱学与其他相关学科

从赵琛对于"监狱学与其他学科之关系"的论述看，他较为深入地了解了监狱学在知识或功能上对于许多学科构成的依赖关系，要认识监狱学学科的属性，仅从刑事学和教育学还不够。从监狱学的知识构成看，他赞成有的学者(如王元增)把监狱学称为"集合学"。因为他认识到"监狱既无异于一个小社会，则监狱学即无异于研究社会诸般现象之社会学，社会学在诸种学科中，其关系范围最广且繁复，而监狱学亦由各种专门科学之集合而成"。在这样看待监狱学时，监狱学的学科性质与地位，便与一般社会科学发生了联系，并且也只有从一般社会科学的角度，才能更加全面深刻地了解监狱学的学科性质与地位。

赵琛书中第四章利用八节的篇幅，就监狱学与法律学、哲学、行政学、心理学、医药卫生学、经济学、建筑学、统计学等分别做了分析说明，指出其交叉、渗透、融合、互补等关系。

三、关于监狱学史

赵琛著作第三编题为"监狱史及监狱学史"，尤其是该编第三章以"监狱学史"为题就有关内容所作选择性的综述，因系首次提出，具有不可忽视的价值。的确，据笔者所见，以"监狱学史"冠其名，这在民国时期的监狱学著作中是绝无仅有的。尽管其中有些内容，如第三节"国际监狱会议"纯属资料介绍，在其他同类著作中也多有涉及，但就"学史"意识的表现而言，却具有监狱学术寻根溯源意识觉醒的标记意义。其第三编第三章"监狱学史"将基本内容分列三节。第一节"监狱学的起源"，主要分三个方面说明近代西方监狱学诞生的原因。这三方面原因一是荷兰等国狱制改良事实的推动，二是有关犯罪原因和刑罚目的等学术思想的进步，三是当时社会政治法律思潮向着平等、自由、博爱的变化。第二节"监狱学发达史的三大明星"主要介绍了监狱改良的三位先驱人物，即 1703 年创设幼年感化监的罗马法王克勒曼斯十一世，1772 年创设铿德新监的比利时子爵威廉十九世和 1770 年代开始倡导英国监狱改良的约翰·霍华德等人的事迹。第三节"国际监狱会议"，介绍国际监狱会议沿革和历次会议召开的基本情况与主要议题。

综观赵琛第三章内容，可以认为他对于"监狱学术史"的介绍和近代"监狱制度史"在研究对象上没有本质不同，其论述内容也比较有限和肤浅，其中，主要问题是"学术史"的实质内涵和内在理路不够明确，缺乏着眼于"学术内部史"上的系统梳理。比如，第一节虽列举了学术产生的原因但却脱离其学术理论的产生过程；第二节将没有著述遗世的克勒曼斯十一世和威廉十九世与约翰·霍华德相提并论，称之为监狱学史上的创始人物更觉不妥。前二人若定性为"西欧监狱改良先驱人物"，放到西方近代监狱改良史上安排次第似更为合理。第三节虽是国际监狱学史资料，但作为正文，还不如处理成"附录"较为恰当。由此可见，

第三章虽名为"监狱学史",由于其内容因资料所限,既缺乏深入研究,故不免浮泛和附会之嫌。另外,由中国学者论述"监狱学史",只字未提中国监狱学之缘起与发达,亦不能不认为是内容上的一大缺失。尽管赵琛在该书第80页于介绍清末监狱改良时曾提到"法律学堂添设监狱科,这是中国学校研究监狱学的发轫"这一事实。

四、其他有关内容及其特点

赵琛《监狱学》第四编至第八编分别就罪与罚的基本理论知识、监狱的管理要素及其结构、监狱的基本行刑制度体系以及最新行刑制度、出狱人再犯预防与保护以及监狱的构造等做了介绍与论述。其中大部分知识性较强的内容明显因袭于西方监狱学的成果。例如有关犯罪原因的自由意志(意思)说、生理说、社会说、社会生理说;有关监狱制度的杂居制、分房制、阶级制、假出狱制以及囚人自治制;有关再犯预防的出狱人保护事业;有关监狱构造的原则、要求及图式等,大都属于编撰性质。当然,这种监狱学知识上无法避免的"山寨"现象,既是中国近代社会科学发达史的共同经历,也是知识传承无法避免的路径依赖。不过,赵琛在编撰上述现成知识而涉及其原理解释时,还是融入了较多的个人研究心得。例如,赵琛阐述行刑宗旨时,鉴于其理至繁,将之分解为十个方面。不妨称为"行刑十项原则",即衡平原则、惩戒原则、刑止一身原则、伸缩变更原则、损害补偿原则、教诲改正原则、精神保护原则、预防再犯原则、习艺原则、经济原则。这些原则反映赵琛对于行刑思想有了比较全面的把握。另外对有些内容,赵琛在论述时重新赋予了一定的理论形式,虽然这种理论形式是否妥善颇可质疑,但毕竟显示了寻求理论概括的努力。例如,该书第五编名为"监狱之主体与客体"。作者试图以"主体与客体"的关系范畴,概括监狱行刑管理组织诸要素及其结构关系。他把监狱机关别为行刑机关和其上级监督机关,并称之为"主体"，而不同类别的行刑对象（囚人）和不同类型的监狱称之为"客体"。亦即将抽象的行政管理者称为主体，而将具体的被管理者称为客体。但在建立命名关系之后，却又没有依照借用的概念工具即"主体-客体"范畴的特定含义展开论述。这种借用其他学科概念工具的理论方法本是构建知识体系时经常采用的手段，原本无可非议，但如果借用不当，则不免会有貌合神离之感。

总之，赵琛的监狱学研究既代表了 20 世纪 30 年代监狱学理论著述的较高成就，同时，也反映了西学中国化在监狱学学科建设中面临的难题：监狱学如何才能够在其知识本体的理论思维和话语体系上实现中国化？

第三节　孙雄的监狱学研究

如果说赵琛以法学为业而兼理监狱学，则孙雄短暂一生主要以监狱及监狱学为业。就理论和实务两方面结合的学养而言，孙雄是继王元增之后，在 20 世纪 30 年代最具成就和影响的监狱学学者。

孙雄，字拥谋，湖南省平江县人，生于 1895 年 7 月，卒于 1939 年 12 月。孙雄早年曾就读于湖南公立法律学校监狱学二年制专科，1913 年 9 月毕业后在省看守所和长沙监狱工作，1916 年代理长沙监狱典狱。1922 年经人推荐，辗转江苏各监狱任职。从主任看守到典狱，就其经历而言，孙雄自称是"一个地道的狱界中人"[1] 由于长期服务狱界，又勤于思索，他不仅在监狱实务方面积累了丰富的经验，由他编撰的监狱实务用书《狱务大全》，在民国监狱界影响广泛，自 1920 年初版以后，多次增订再版。与此同时，他还不断研习监狱理论，对西方监狱学的知识

---

[1] "一个地道的狱界中人"一说引自孙雄所撰个人生平自述一文的标题。

体系有了较为全面和通达的了解。由于他在监狱学方面的成就和影响，1936年前后曾被上海震旦大学、东吴大学法学院、持志大学和上海法政学院等大学相继聘任为监狱学教授。在讲授监狱学课程的过程中，编著完成了《监狱学》一书。除了监狱学研究，他还把研究触角延伸至犯罪学，出版了《犯罪学研究》和《变态行为》。①

　　一般认为，孙雄的早期代表作为《狱务大全》。该书初为内部刊印稿，此后不断总结监狱管理实务经验，并随时积累相关资料，几经增补和修改，最后交由上海商务印书馆1920年6月出版。笔者所见版本为1935年9月的商务再版精装本。正文厚达999页，附图表资料24页。该书共分七编：（1）法令提要；（2）法规；（3）命令；（4）公文；（5）指纹概述；（6）教诲词说；（7）簿册用纸。《狱务大全》一书虽是一部实务指导用书，但作为第一部系统总结了民国监狱改良实践成果的实务工具全书，对于规范和指导彼时全国新式监狱建设，无疑具有重要的参考作用。该书的价值正如其书名所示，一是它的"全"，居同类书之冠；二是对于监狱实务活动极具操作指导性。作为中国首部监狱实务工具全书，理应载入学史。不过，就学术贡献而言，奠定孙雄监狱学术地位的代表作，则应推由上海商务印书馆于1936年出版的教科书《监狱学》。

　　如前所述，孙雄的这部《监狱学》是应邀为法科大学生讲授监狱学课程而特意编写的。孙雄在该书"编辑大意"中颇为自谦。他说"编者服务狱界虽历年所，而予监狱学理素鲜门径"。由于准备讲课苦无蓝本，"乃赴各肆购办监狱学书，以资借镜，不意多无以应，而应者则又陈旧，不甚适时用，只得搜罗中外各种法学书籍杂志——关于监狱问题者，参以刑事新理，并本昔日在校听讲及办事经验所得编辑是书"。从孙雄所

---

　　①　分别由中华书局（1939年8月）和上海世界书局（1939年9月）出版。有关孙雄生平事迹更为详细的介绍，参见徐家俊所撰《监狱学家孙雄其人》一文，载《犯罪与改造研究》2002年第3期。

述编书过程,结合其成书内容可知,孙雄将自己的《监狱学》视为"编著"还是恰如其分的。尽管,在"编"和"著"的关系上,严格讲来,民国的不少"监狱学"著作从其内容的继承和借鉴的角度看,大多可视为"编著"。这种"编著"是西学东渐的学术大背景决定的。但是,明智如孙雄者在其著作上写明"编著",则实在是一种值得肯定的著述态度。事实上,笔者所见若干民国监狱学"著"作,严格说来都算是"编著"之类。这样说不是为了苛求前人,而是意在指出清末民国时期监狱学界的一种特有的著述现象。

孙雄的《监狱学》初版于1936年1月(民国二十五年十二月),由上海商务印书馆印行。[①] 全书300页(正文286页),主要内容分为六编:第一编　监狱学与监狱;第二编　行刑制度;第三编　感化教育;第四编　出狱人保护事业;第五编　监狱构造;第六编　万国监狱会议。孙雄对各编内容的编排宗旨在"编辑大意"中有过如下说明:"本书除第一编分监狱学通论,监狱沿革,各国及我国狱制沿革及其改良经过等章,(以下各编)并以行刑制度(第二编)为感化主义之实施方法,感化教育(第三编)为防遏少年犯罪之最新工具,出狱人保护事业(第四编)为救治再犯之一种有效组织,监狱构造(第五编)为监狱改良之根本问题,(以上内容)均于改进狱制减少犯罪关系重大,故皆辑为专编。"至于"万国监狱会议"(第六编)的有关资料,孙氏所以做了和赵琛《监狱学》不同的安排,是因为虽然这部分内容很重要,但毕竟是资料性质,故作为参考。另外,在同一时期监狱学著作中,通常安排的有关"犯罪与刑罚"的内容,孙氏未予编入,其理由是"鄙意关于刑罚问题,已有专门研究之刑法学,犯罪问题,自龙波洛梭(Lombroso,今通译龙勃罗梭)、斐利(Ferri)等以后,犯罪学早成为专门科学,且各法学院均列为必修科目,故本书从

---

①　此书已于2011年由商务印书馆收入"中华现代学术名著丛书"再版。

缺，以免重叠"。由此可见，孙氏是从刑事学科分工观点来处理所应论述的内容，这在同辈监狱学学者中属于较为前沿的学术意识。

与同一时期监狱学学者赵琛相比，孙雄监狱学融合了更多的狱务经验，而在接受相关监狱学理论著述影响中，孙雄也更多地参考了国内学者的著作或书刊。这一点从孙雄在书后所列参考书目与赵琛的参考书目稍加比较，即可见出。兹将孙雄《监狱学》的参考书目照录如下：

1. *The Crofton Prison System*, Mary Carpenter.

2. *An Outline of Japanese Judiciary and the Administration of Prison in Japan*,〔日〕三宅正太郎著，1930 年。

3. The Prison System of Modern Russia,〔美〕约翰・C. 格林，1933 年。

4.《监狱学》，河北第一监狱，王元增著，1924 年 4 月。

5.《监狱学》，广东司法研究馆，廖维勋编，未详。

6.《监狱学总论》，司法行政部狱务研究所，廖维勋著，1933 年。

7.《监狱学制辑览》，江苏第二监狱，田荆华著，1934 年 1 月。

8.《监狱学》，会文堂新记书局，赵琛著，1935 年 4 月。

9.《最新刑事政策》，会文堂新记书局，郭卫著。

10.《监狱制度论》，商务印书馆，芮佳瑞著，1934 年 4 月。

11.《寄簃遗著历代狱制考》，沈家本著。

12.《唐律疏议》，商务印书馆，长孙无忌著，1933 年 1 月。

13.《九朝律考》，商务印书馆，程树德著，1934 年 1 月。

14.《考察日本司法报告》，司法院石志泉、洪文澜编，1935 年 4 月。

15.《中华法学杂志》，首都卫巷中华法学杂志社，1930 年。

16.《狱务大全》，商务印书馆，孙雄编，1935 年 9 月再版。

17.《法学杂志》，上海东吴法学杂志社，郁去非译，1930 年。

18.《法学丛刊》,首都丰富路律师协会法学丛刊社,许鹏飞译。

19.《教育杂志》,商务印书馆,1935 年 12 月。

20.《中华监狱杂志》,首都江苏一监中华监狱杂志社,苏克友译。

21.《上海大陆报》,1930 年 10 月 9 日。

22.《日本监狱法》,佐藤信安著。

23.《犯罪学》,商务印书馆,Cesare Lombroso(龙勃罗梭)著。

24.《犯罪学》,会文堂新书记局,李剑华著。

25.《犯罪心理学》,〔日〕东田精一著。

26.《刑事政策与免囚保护事业》,〔日〕长尾景德著。

27.《免囚保护事业》,〔日〕谷田之郎著。

28.《感化教育》,商务印书馆,陆人骥著,1934 年 2 月。

29.《劳作教育》,商务印书馆,〔日〕小西垂直著,1935 年 4 月。

30.残疾教育,商务印书馆,华林一著,1934 年 8 月。

31. 世界刑法保安处分比较学,商务印书馆,翁腾环著,1935 年 11 月。

以下试对孙氏《监狱学》的内容与特点作一叙析:

一、关于监狱学的性质

关于"监狱学是什么?"历来是监狱学研究的基本认识问题。孙雄对此认为,"监狱学者,所以研究执行自由刑机关之原理原则,与夫组织、目的、运用方法之一种科学也"。从这定义里,似乎可以认为孙雄赞成监狱学乃是一门关于行刑的科学。这门"科学"涉及行刑组织的原理、行刑目的和行刑方法等。由于孙雄认识到监狱社会的复杂性,"社会上形形色色,一切事情莫不与之有密切关系",因此,他引德国学者荷耳庭德尔夫所言"监狱之为科学,在诸科学中,其关系范围最为繁杂,且甚广漠，欲如各种科学，设一定之系统，立一定之标准，其困难无如斯学者"。在孙雄眼里，监狱学十分重要，他甚至敝帚自珍地认为"监狱学一科，为研究社会、政治、经济、法律者最关切要之学"。他的这种"最关切要"的观点未必会赢得普遍认同，但是他强调监狱学对于研究社会、政治、经济、法律的独特而重要的意义，却是可信之论。事实上，孙雄对于监狱学与各种科学关系的认识，恐怕是同辈学者中涉及范围最广的一个。他看到监狱学广泛依赖于各种科学。他在书中将与监狱学有关系的学科列为：历史学、地理学、社会学、心理学、政治学、犯罪学、刑事技术学、建筑学、农工商学、刑罚学、刑事政策学等。此外，他还认为法律学、教育学、行政学、伦理学、经济学、哲学等与监狱学皆有相当关系。因此，他赞同有学者将监狱学称为"集合学"。在孙雄所提及的相关学科中，有的学科在今天已不再列为相关学科论述范围，如地理学或者哲学等，但孙氏却对这些似乎关系相对较远的学科与监狱学的潜在知识联系有着自己的执着理解。总之，孙氏是将监狱学的性质置于人类科学大家族的知识结构关系之中加以看待的。

二、关于近代监狱的功能

孙雄在论述监狱的刑罚功能问题时，以"近世监狱的意义"为节标题。他在该节中比较细致地分析了近代监狱功能的构成。他将之分为九个方面：1. 限制自由；2. 隔离社会；3. 化除恶性；4. 鼓励自新；5. 增进健康；6. 授予职业；7. 增加生产；8. 启发爱国心；9. 善后保障。这些方面是孙雄认为监狱可以或应当实现的功能，因而也就是所谓意义、作用或其效果。除了第 1 项和第 2 项功能外，其余 7 项皆为"改善主义"的设想，承继了西方近代改良监狱的主要精神遗产。在孙雄的时代，"改善主义"是改良旧式监狱的思想圭臬。对上述功能的理解和信奉，与其说是出于科学的认识，毋宁说是来自道德的自觉。当时的中国社会仍处在道德理性主导的时代，科学理性远不够发达。即使在今天，中国监狱学的学术心智仍未真正走进科学理性主导的纯粹知识形态阶段。因此，孙雄的监狱功能论，在今天依然具有事实描述的现实针对性。

三、关于监狱的刑事地位

监狱行刑在整个刑事制度中究竟居何地位，一直是个颇有争议的问题。传统上，监狱在刑事司法制度中是后于审判的一项制度。由于自古以来刑事审判制度地位显著，所谓刑事司法制度习惯认识上几等于刑事审判制度，司法的核心即为审判。但是，近代刑事制度改革，尤其是监狱制度改良推行之后，有关监狱刑事执行地位的认识逐渐发生改变。一些刑法学者认识到刑事执行是司法的重要组成部分。为此，孙雄引述德国法学家荷耳庭德尔夫的"刑法裁判不过形式耳，必由行刑始见实质的活动"以及荷兰刑法学家樊登特克的"但欲改良刑法，非先改良监狱不可，狱制不良，虽刑法改良亦将无所适用"等观点为理论依据。的确，这些看似矫枉过正的言论，不仅把审判和执行紧密地联系了起来，而且，强调了行刑的刑罚实质意义。在这些古典的刑事一体化和行刑本位论思想影响下，有的学者比孙雄走得更远，在比较刑事立法、刑事审判和刑事执行三者关系时，几近认为刑事执行在三者中最为重要。孙雄不仅认为三者应"联络发展"，实现一体化，由于"昔日法学家不审本末，往往偏重立法司法，而于最关重要之监狱，反漠然置之"，而且认为"苟监狱完善，即令立法司法稍有不善，尚有补救之所"。这种以"轻重"论地位的观点在监狱改良派中不乏代表性。不过，从中亦能看到彼时监狱学的理论思维，尚未摆脱门户经验主义的自我中心立场。

四、关于感化教育的介绍

从近代监狱改良的结果来看，"感化教育"的兴起为教育刑的确立提供了主要历史经验并构成了教育刑的基本实践内容。不过，监狱学自日本移植中国，虽然感化或改善主义的主张有着深刻的影响，但无论小河滋次郎还是王元增的著作，在内容编排的顺序上，都将"感化教育"列为最后，他们的改良主义更注重刑事执行本体问题，例如行刑制度、监狱构造、监狱管理等，感化教育乃是监狱在行刑上所应用的一种有益的内容和方法。在他们那里，教育刑仍然具有依附古典刑事主义的基本特征。但是，在孙雄的《监狱学》里，"感化教育"的论述地位有了明显的提升。孙雄将"感化教育"列为次于行刑制度之后的第三编。在第三编里他将"感化教育"做了完整的介绍，内容涉及概论（第一章）、感化教育史（第二章）、感化教育之实施制度及处遇规程（第三章）、感化教育之各国最近立法（第四章）等。其中，关于感化教育的对象与性质的看法尤值得注意。孙雄认为广义的感化教育不唯针对监狱关押的对象。除了成年犯罪者，它还包括：①不良或有堕落及犯罪危险之幼年人；①②幼年犯罪者；③娼妓；④游民流氓；⑤政治思想谬误者。在上述五种对象中，孙雄的监狱感化教育更重视针对幼年犯罪者。更确切地说，是指关押于感化院与少年监的对象。孙雄有意说明的是，针对这些对象的感化教育并非刑罚活动，"绝无刑罚之意义"。但是，孙雄知道"感化院与少年监"属于广义监狱的范畴，如果说感化教育是非刑罚的活动，是否意味存在着非刑罚的监狱？监狱为非刑罚的机构，这多少看来是自相矛盾的。因此，孙雄指出，近代刑事思潮自教育刑以来，趋势一新，而感化主义尚焉。正是感化主义的确立，使得"举凡行刑机关无论其为成年监与少年或感化院，其管理、训练、教养、卫生，一切设施均建筑于此种主义之基础上"。孙雄似乎想说明，监狱由于被感化教育主导，它已不再是单纯的行刑机

---

①　此处孙雄所指幼年人，系与成年人相对而言，即现时之谓青少年。

关了。可见，彼时孙雄尚未洞察到感化教育的目标和效果在监狱行刑的刑事制度前提条件下所可能实现的有限程度。

以上所论仅为孙雄《监狱学》的一些主要内容及其特点。在书中，还有一些不乏参考价值的内容未予一一述评。例如，作者对中外监狱沿革及其近代监狱改良缘起与现状的介绍较同辈学者更翔实，对监狱的构造原则、种类、主要结构和附属结构以及建筑形态与行刑制度的关系等介绍亦更为细致等。

总之，孙雄监狱学代表了民国监狱狱务理论研究的较高成就。从王元增到孙雄的学术代际交替现象，人们可以从中比较清楚地看到民国时期的监狱学主流学者，为了改良监狱这一"急功近利"的事业所付出的艰辛努力。其致力于转化西方监狱知识与理论使为我所用的成效，以及终而无法根本挣脱西学话语支配的著述现实，令人心怀同情与敬意。诚然，彼时监狱学并未像近代社会人文学科那样，其优秀学术人不乏从文化的更深层次上自觉寻求中西语境中学术"返本开新"的超越，毕竟，彼时"监狱学"并不是一种社会人文学科的自由或批判学问，根本说来，它不过是为国家意志和社会利益服务的一门应用工具学科而已。

第四节　芮佳瑞的监狱学研究

芮佳瑞是民国时期以研究监狱立法和西方监狱基本制度见长的学者。他的主要监狱学著作《监狱制度论》《监狱法论》以及《监狱工厂管理法》等，无论研究题材或方法，在民国监狱学著作中可谓自成特色。

从自序材料可知，芮佳瑞早年曾有东渡日本考察监狱的经历，回国后又长期从事监狱实务与理论研究活动，系民国"狱学研究社"成员。在学问上，芮佳瑞深受王元增的影响，称"吾师王元增新之先生，尤为吾中国发明监狱之学之约翰·霍华德，本其东西洋考察之学识，及主政狱务多年之经验，发为宏论，编者敬谨受教，获益良多。"[1]1931年，民国政府司法部开办狱务研究所，该所通过举办狱务研究班，培养理论与实务人才。芮佳瑞入所从事研究。借此机会，他根据研究所得并参以个人考察与服务监狱事业之经验，编著了《监狱制度论》《监狱法论》和《监狱工厂管理法》，三本书皆于1933年被商务印书馆列入"新时代法学丛书"而先后予以出版。

　　芮佳瑞的著作，从选题、取材，到谋篇、行文等，均表明作者具有良好的研究意识和比较扎实的研究基础，表明对于中西监狱学的已有成果具有比较全面的了解和较为准确的把握。作者经过细致的筛选，将监狱制度和监狱法所涉及的基本内容，做了合理而清晰的编排。在论述的准确性、完整性以及行文面貌的规范性等方面，达到了较高的专业水准。尽管，芮佳瑞自署其作品为编写性质，但无论从成果的实质还是形态来看，都超出了一般的编写水平。如果我们承认用自己的语言对某一学科的知识与理论进行创造性的整理和改写的作品，可以算作"著"的话，[2]芮佳瑞即使署为"著"也不为过。然而，从这一点上，至少可以看出作者做学问的谦虚态度。芮佳瑞的著作之一《监狱制度论》出版于1934年4月。全书正文共计199页。书中除简短序言外，内容分为四编。第一编总论，包括三章：第一章　监狱制度之意义；第二章　监狱制度之演进；第三章　监狱制度之种类。第二编各论，包括八章：第一章　杂居制；第二章　分房制；第三章　阶级制；第四章　自治制；第五章　不定期刑制；第六章　家庭制；第七章　军队制；第八章　学校制。第三编结论，包括二章：第一章　各国狱制；第二章　我国狱制。第四编附录。

　　作者在简短的序言中提到其写作方法是"每一种制度俱评述其方

---

　　①　见书序一。

　　②　这方面不乏例证。例如，由萨缪尔森、曼昆或斯蒂格里茨各自所著《经济学原理》，主要为整理性成果，但因其作品的材料组织和编写形态的新创性，作者皆以"著者"自居。

法,研究其利弊,再证之以发明者试验之结果,以供参考"。

　　兹将《监狱制度论》的主要内容与特点分述如下:

一、关于监狱制度的概念

　　把"监狱制度"作为专论来做,这在清末民国监狱学中是绝无仅有的。这本专论的选题意识反映了监狱学知识专门化的一个进展。由于"监狱制度"并非是一个定义统一、明确的概念,因此,芮佳瑞为编撰《监狱制度论》首先需要说明他本人的监狱制度观。在芮佳瑞那里,监狱制度的文化价值属性,是通过它的技术功能特征得以实现的。例如,他把监狱制度界定为"监狱执行自由刑所用之方法也",由此可知,他关于"制度"的核心含义即是方法。不过,从紧接的论述中可以看到,芮氏的"方法"是提到方法论的认识高度的,因为他特别强调,"其施行之方法,必恰合于所希望之目的,而后方收行刑之效果"。也就是说,他的方法是包含了目的论的方法。由于芮氏认识到方法是实现目的的手段并受目的选择。因而,他为说明监狱制度的方法属性,开篇第一段先阐明行刑目的,在第二段给出定义后,随即对制度(方法)与目的的关系进行补充说明,即指出方法之须合于目的,也指出目的须借助方法,所谓"行刑之目的能达与不能达,即全视乎监狱制度完善与不完善"。由此可见,芮氏的监狱制度观认为监狱制度既是工具的,也是价值的。芮氏所持的是一种工具论和价值论有机统一的制度观念。

二、关于监狱制度的发展

　　监狱制度的发展问题,既涉及具体事实,也涉及抽象认识。前者需要描述和记叙,后者需要分析和归纳。芮氏将监狱制度的发展事实分散在"各论"中加以介绍。他在"总论"第二章主要就监狱制度发展的外部各种联系以"监狱制度的演进"为题做了探讨。作者通过监狱制度与时代、主义、学术、人才、国家、经济、管理七个方面的关系分析，比较完整地提示了监狱制度发展变化的基本现象。

第一，芮氏看到，监狱制度深受时代的影响。他指出"监狱制度是按时代演进的，是逐渐进步的"，他以远古、近代以及现代不同时期而有不同的监狱制度为据。例如，远古之混押监禁，中古之男女别狱，近代之分房隔离，现代之阶级制、自治制、不定期刑制等，说明监狱制度乃为时代之产物，与时代的进步呈正相关。

第二，芮氏认识到监狱制度与某种社会刑事思潮或理念有关。"古今监狱主义完全不同，因而监狱制度亦有差别。"比如，报复主义往往与野蛮落后的混同囚系制度相关联；平等的博爱主义则与各种教育感化制度相并行；民主自治主义则产生了自治制等。

第三，芮氏对于监狱制度与学术的关系亦给予了论述。他认为监狱学术对监狱制度有着十分积极的影响。他举贝卡利亚、龙勃罗梭等人所倡学术对于近代刑事制度改革产生的重大影响为例，指出正是由于"监狱制度受学术进步的影响，渐倾向于预防改善之一途"。

第四，芮氏注意到了监狱制度与人才的关系。他以近代监狱改良人物如罗马法王克勒曼斯十一世、比利时子爵威廉十九世、英国慈善家约翰·霍华德等的业绩为例，说明人才之于监狱制度的重要性。他说："倘人才辈出，研究愈精推行愈力，则（监狱制度）进化愈速，可断言也。"

第五，在监狱制度与国家的关系上，芮氏认为文明国家未有不注意其监狱制度而力求改进者。因为监狱的良窳反映了国家的文野。芮氏的这种观点，在清末以来的改良监狱人士中是一种普遍的共识。尽管有学者指出："改良监狱固然重要，但决非根本之途。根本之途在于改良社会。"[①] 但监狱制度和国家制度实际上不可分割，它们是整体和局部的

---

① 见梁漱溟：《朝话集》，山东人民出版社 1995 年版。

关系。

第六，芮氏能够注意到监狱制度与经济之关系，也是十分可贵的。不过，他的观点却颇值商榷。他认为"监狱制度愈改良，则建筑设备费用亦愈大，而国家耗费亦愈多"，"惟此种费用，在国家方面不为消耗，而为生利，此项费用愈大，而所获之利亦愈多！"何故？芮氏认为罪犯通过监狱教育，可使成为社会的有用之才而不为害。由此可知，芮氏视监狱的社会效益为经济效益，两者可以互换。这是说，他也许没有留意公平与效率的复杂关系。

第七，芮氏还就监狱制度与管理的关系提供了简要清晰的说明。他将狱制改良前那种主要依靠人力器械管理的时期称为"器械管理时代"，而将监狱制度发达后的管理时期称为"理智管理时代"，认为依靠监狱制度管理是监狱"理智管理时代"的主要管理方法。这种对于监狱制度在管理上的地位和作用的认识在今天仍具有指导意义。

三、关于监狱制度的构成

芮氏的书名为"监狱制度论"，意味着它是以"监狱制度"为主要论述对象的。芮氏认为，监狱制度即囚系制度，又名行刑制度，亦称行刑法。从芮氏对于各项监狱制度的有选择的论述中，可以看到芮氏本人主要着眼于操作方法而非文化功能的监狱制度构成观。这种构成观反映了当时中国的监狱学学者对西方监狱制度从功利角度所做出的为我所用的取舍态度。芮氏的监狱制度构成观是他本人予以肯定并以为可以学习利用的若干具有某种行刑关联性的制度构成，主要是以下八种制度：一、杂居制。包括混同杂居制，汇类杂居制，沉默杂居制和大杂居制。二、分房制。包括严正分房制、宽和分房制。三、阶段制。包括内含于阶段制，又可独立应用的若干次级制度，如分类制、采分制、过渡制，等等。四、自治制。包括限制自治制、放任自治制。五、不定期刑制。六、家庭制。七、军队制。八、学校制。

芮氏就上述各项制度的意义、种类、来源、利弊、方法等逐一进行介绍分析。其中，对于"阶级制"的介绍最为细致，内容涉及该制度的意义、要旨、起源、方法、优劣、作用、利益以及阶级制的成功典型，如爱尔兰阶级制、爱尔兰过渡制、包士特采分制、本多摩采点制、铿孚监汇类制等，篇幅占了 69 页。

芮氏的监狱制度介绍在翔实和权威方面颇获认可。据笔者所知，孙雄《监狱学》中有关"监狱制度"各章节，主要参考了芮氏的《监狱制度论》。确实，他的制度构成观及内容介绍在新颖性、全面性、适用性以及清晰晓畅等方面，处于当时对于国外监狱制度介绍的前沿水平。

四、关于监狱制度的比较研究

中国的现代监狱学基于其舶来之学的缘故，自诞生之日起，就与比较研究不可分割。不过，当时的比较研究主要停留于事实的介绍和梳理，还没有深入原理的批判与分析上来。其比较的对象主要不是我国与西方各国的狱制异同，而是西方各国的狱制差异。并且，其差异通常是在介绍与梳理的过程中自然呈现出来。换言之，一种将不同背景材料置于同一语境中加以排比分析，并由此得出结论的方法尚未普遍地采用。芮氏"监狱制度论"第三编的第一章"各国狱制"，搜集整理了丹麦、瑞士、比利时、意大利、德国、英国、瑞典、荷兰、法国、奥地利、美国、日本 12 国有关"狱制改革之近状"的资料，简明扼要地按节说明了近代典型的监狱行刑制度在各国应用、流行及演进的实况。由于作者论述的都是经历了近代狱制改良的西方各国的近况，因此，基于它的制度实践的相似性或差异性，整个章节具有很强的比较认识价值。与其他监狱学学者对国外监狱制度的介绍相比，芮氏在整理和归纳的条理上更见功底。

在芮氏出版《监狱制度论》的同时，上海商务印书馆于同年仅隔一个月又出版了他的另一本代表作《监狱法论》，并于当年 9 月再版。《监狱法论》全书 354 页。它以民国十七年（1928）颁行的"监狱规则"各章所涉及内容为研究对象，结合作者本人的狱理知识，就监狱法的基本问题做了深入浅出的阐释，是一本典型的监狱法注释著作。《监狱法论》第一编绪论，探讨监狱、监狱法的概念以及监狱法的品质因素（要素）外，第二编总论，论述了监狱管辖、监狱种类、监狱视察、人犯申诉、监狱会议，监狱参观等属于总则规定的内容；第三编各论，就收监、监禁、戒护、劳役、教诲及教育、给养、卫生及医治、接见及书信、保管、赏罚、赦免及假释、释放、死亡等问题分别予以介绍和说明；第四编结论，[①]就"出狱人保护"和"县监所协进"等"监狱规则"中未加规定的问题做了拾遗性论述。

纵观该书，除了严格依照法条编排的内容依序介绍分析外，作者不拘泥于逐条注释，而是着眼于就每章的重要知识问题进行介绍分析，由此形成了《监狱法论》自身对应于而不是从属于《监狱规则》的相对完整的知识体系。其中，属于作者个人或由其做了较好归纳的观点不在少数。

五、关于监狱、监狱法的概念

关于监狱的概念，芮氏认为它是"行使国家刑罚权、执行自由刑之地也"。不过，芮氏并没有拘泥于自己的定义，而是从监狱改善犯人的任务特点说明，近代监狱虽为"国权作用"，其实亦可谓社会救济事业之一种。芮氏还认识到，监狱概念是不断演化的，不同时代监狱具有不同的含义。他分类说明了近代监狱所具有的隔离社会、化除恶性、增进健康、授与工艺、增加生产、奖励赦免和出狱善后七大功能特征。这一分

---

① "结论"这个词的用法或与今日习惯不符，相当于"余论"或"附论"。

类说明，影响了同时期的其他著述，已成通说。

关于监狱法的概念，芮氏认为："监狱法者，即监狱中处理实务之一切规范与法制也。易言之，即监狱中处理事务执行刑罚之一切制度。"在芮氏的研究用语中，规范、法则、制度未加区分，皆为监狱法定义的宾词，这说明用语的精深程度尚有待提高。不过，对监狱法的多种功能属性，芮氏给予了较全面指认。他认为，第一，监狱法者，执行刑法实现刑罚之法也。意在说明它是一部刑事执行法。第二，监狱法者执行刑罚一切实务之法也。芮氏在此想说明，监狱行刑过程中所发生的一切事务皆受监狱法调整，由于狱中事务不唯刑事事务，还有行政和民事事务，因此，监狱法则不仅是一部刑事法律。第三，监狱法者公法也。在这时芮氏引用公法与私法的分类概念，指出监狱法因规定国家机关与当事人之间关系而为公法。第四，监狱法者强行法也。第五，监狱法者国内法也。由此可见，芮氏对于监狱法的诸法律属性和地位具有较清晰的认识。

六、关于监狱的分类方法

监狱作为一种复杂的现象，必须借助分类方法加以整理，使之依照属性得以妥善归纳。在芮氏的时代，以自由刑种而言，监狱只有徒刑监与拘役监两种。但是，芮氏显然知道仅依此分类是远远不够的。他提出的分类思想是："囚人种类不同，则囚禁之处所，亦不能不加以区别。犯罪之性质不同，则囚禁之处所，亦不能加以分类。"虽然，作者以法国、日本、荷兰等国为例，说明世界各国随着学术进步、司法改良，监狱种类在称谓上有由繁至简的趋向，但在学理上，作者似乎仍采取了他的分类观点。他把监狱依照"狭义"与"广义"分为两大类。狭义的监狱依刑名、性别、年龄、犯数、身份、隶属以及健康、品质、刑期、关押规模、囚禁方法等划分，即有徒刑监和拘役监，男子监和女子监，成年监和幼年监，初犯监和累犯监，普通监与军人监，中央监和地方监，普通监与精神病监，重罪监与轻罪监、定期刑监和不定期刑监，大监与小监，分房监与杂居监等。广义的监狱是指与监狱有密切之关系而非纯粹（执行自由刑）监狱，主要包括看守所、监禁所、感化院、习艺所、反省院、管教所六种。对于上述六种准监狱，作者虽将之划入广义监狱，但又特别说明它们"实质上毫无刑罚性质，并非监狱"这种看法稍加推敲，不难看出它的自相矛盾之处。既非监狱，又何故将之列入监狱分类中去。这涉及对于监狱现象与概念的认识方法，如以作者仅将监狱理解为执行自由刑之处所，则广义监狱的分类是不成立的，因而也就无必要。如以监狱是否监禁人身（或曰剥夺与限制人身自由）为区分标准，则广义监狱的分类作为监狱外延构成便是合理的。总之，有关分类方法的理论探讨，在今天仍有现实意义。

七、关于监狱的行政管辖

监狱应当属于国家何种部门管辖，世界各国并不统一，可以说争议颇多。这证明了监狱不是一个性质单纯、容易归类的事物。芮氏在书中通过考察各国的行政管辖情况，分别介绍了分属主义、统一主义和折中主义三种具有代表性的管辖观点，即司法部管辖、内政部管辖、独立设置机构管辖制度。在比较其利弊得失之后，作者认为，从实际观察，往往由一国之政治习惯而定方针，未可执一而论。无论是司法部，还是内政部管辖，关键在于一国政府是否能够重视监狱并力求改进。如果能够做到这一点，则统一主义优于分属主义，而事实上"欧洲各国以往采用分属制者，现已逐渐改革，归入于统一之一途矣"。由于芮氏所处之时代，尚未盛行刑事一体化思想，行刑独立的思想更是不见经传。故而，芮氏在当时对于监狱应隶属何种行政管辖关系采取了一种比较折中的态度。

八、关于监狱的作业收入分配

　　监狱组织罪犯参加劳动作业所获收入应如何处置与分配？这是世界各国行刑均面临之问题。芮氏结合发达国家之实践，归纳学者意见，提供了四种分配学说。这四种学说其实反映了四种不同的行刑理念。第一种为国权主义说。此说认为监狱乃国家行刑机关，因其行刑费用，均由国家担负，其收益自应由国家享受；且监狱劳役并无私法之契约关系，因此不必给予报酬，故作业收入应纳于国库。第二种为权利主义说。此说认为有义务必有权利。作业者既有强制服役之义务，则应有要求佣金之权利。监狱作业一方面为国家资本，一方面为人犯劳力，二者相合方能生利。因此，作业收入自应平分利益方为合理。第三种为均利主义说。此说认为监狱作业系国家之资金、监狱官吏之经营、人犯之劳力三方面合作，所得利益应由三方面均分，如此亦符合权利义务相等之法意。第四种为奖励主义说。此说认为作业系国家事业，收入应归国库，惟人犯终日工作毫无希望，必流于懈怠。因此，为奖励其勤劳，应拨付一定的收入分配给额定完成作业者。由此，人犯工作既为国家创利，又为自己获奖，积极性可大增。这种奖励主义说，究其实不过为一注重手段效用的管理理论。

九、关于劳役的观念与原则

　　监狱组织罪犯劳役，是自由刑不可或缺的附加内容。无论对于监狱，还是罪犯均是利大于弊。芮氏在书中所阐述的劳役（作业）观念是颇为积极的。他首先看到，劳役是一种行刑要素。为此，他从法律、道德、经济上力求说明其适用的价值。最后，他将劳役观念概括成以下四点：1. 劳役是一种权利，举如反对劳役的义务说等；2. 劳役是一种恩惠，举如可免去枯坐无聊等；3. 劳役是一种锻炼，举如于身体健康有益等；

4.劳役是一种生活，举如可养成重新生活之能力，即为着生活而生活等。由此可见，芮氏的罪犯劳役观，具有明显的理想主义色彩，即使移至于普通社会也不见得落后。由于芮氏具有以上的劳役观念，故而，他为监狱提供的劳役组织原则也极为积极，他认为：1.劳役必适于经济；2.劳役必适于个人；3.劳役必适于卫生（健康）；4.劳役必适应地方（社会）；5.劳役必注重农业。上述包含理想色彩的劳役观念与原则，反映了近世以来监狱行刑思想已经深受人本主义的影响，尽管监狱的行刑实际未必符合芮氏的理想劳役生活蓝图，但对于改良监狱的劳役刑，无疑具有指导作用。

第五节　严景耀的监狱学研究 [①]

对于严景耀的生平业绩，尤其是他的犯罪学研究经历及其成就有所了解的业内外人士，一般都囿于通说，认为他是民国时期一位运用社会调查方法，并以社会变迁理论与社会政策思想研究"犯罪问题"而自成特色的著名犯罪社会学者。然而，如果人们同时对严景耀的《中国监狱问题》《北平监狱教诲与教育》等研究成果有过仔细研读，并对他在监狱实地调查犯罪问题过程中给予监狱问题的关注以及在上海任职华德路西牢副典狱长经历同样知悉的话，那么，也许就不会单纯认为严景耀

----

① 此节撰写主要以宋立军博士提供的《严景耀论文集》以及严景耀夫人雷洁琼女士的序文等一手资料为依据。同时亦参考了徐家俊、王志亮、杨木高、姚建龙等人近年来分别对严景耀的监狱研究生平及其学术思想所作以下论文：徐家俊《提篮桥首位华籍副典狱长——严景耀》（《中国监狱学刊》2015年第4期）、王志亮等《严景耀刑罚、监狱观初探》（《江西科技师范大学学报》2016年第2期）、杨木高《严景耀监狱学思想初探》（《犯罪与改造研究》2017年第2期）、姚建龙《作为监狱学家的严景耀：方法理论与实践》（《上海政法学院学报》2019年第5期），特此鸣谢。顺带说明，本文中所有引文，凡未单独注明出处者，皆引自《严景耀论文集》第一部分的有关论文，不再加注。

只是一个犯罪社会学者。就他带给监狱问题研究的社会学方法和社会政策视野,尤其是就他立足社会学将监狱问题、犯罪问题和刑罚问题给以打通思考和业已表达的以"教育刑"为宗旨的监狱改良及其刑事社会政策改革的监狱改良思想而言,他无疑是在民国监狱学术叙事上也应占有一席之地的著名监狱学学者。

严景耀,浙江余姚人。1905 年 7 月 24 日生于浙江余姚低塘镇。自幼家境贫苦,10 岁时随父亲到上海,就读湖州旅沪公学读小学,毕业后进入上海民主中学。1924 年在其姑母资助下,考上北京燕京大学社会学系学习社会学,主修犯罪学、刑罚学等课程。期间到京师第一监狱首次尝试有关犯罪和监狱问题的"卧底"实地调查,于 1928 年春假期间完成著名的犯罪问题研究成果《北京犯罪之社会分析》。1928 年 7 月于燕京大学毕业在其研究院继续攻读研究生,主要以研究犯罪问题为旨趣,开始制订和实施第二次监狱社会调查计划。该计划从京师第一监狱[①]拓展至京外八省部分城市监狱,并于 1928 年 11 月根据搜集的部分资料,完成了著名的监狱问题研究成果《中国监狱问题》。1929 年 7 月完成硕士论文《北平的罪犯情形》,毕业答辩后即留校担任助教,主讲犯罪学等课程。其时又与国立中央研究院社会研究所合作,带领部分学生又进行了第三次京外四省部分城市监狱的犯罪社会学调查。同年还完成了《北平监狱教诲与教育》一文。[②] 在 1928 年至 1930 年之间,严景耀除了致力于监狱实地调查等专题研究,还主动介入和参与了王文豹、王元增等人策划成立"中华监狱协会"等监狱职业与学术促进事宜,尤其是 1928 年底"河北监狱协会"率先设立,其宗旨和任务之一已定为"研究监狱与犯罪学术、刊行监狱杂志"。当 1929 年中国第一份监狱专业期刊《监狱

---

① 1928 年"京师第一监狱"曾一度更名"河北省第一监狱"。
② 此文最初发表于《社会学界》第四卷,1930 年。

杂志》创办之时，严景耀还应邀出任了该杂志的首任总辑。^① 其时他还兼任"约翰·霍华德监狱协会"中国特约通讯员、河北省监狱执行委员会委员等职。严景耀在其主编的《监狱杂志》除了刊发学界同行的研究论文，行业人士的监狱改良调查报告，以及服刑人员的服刑心得等，个人也先后发表了《犯罪概论》《刑罚概论》《犯罪学中文书目》《介绍美国新监狱的建筑及现状》《监狱教诲与教育之方法》等论文。到了1930年6月，由于题材和方法独特的监狱实地调查及其研究成果在国内社会学界产生了较大影响，年仅25岁的严景耀被国立中央研究院社会研究所聘为助理研究员一职，不久又被公派参加了在捷克斯洛伐克举行的第十届国际监狱会议。^② 会后，他顺道考察了欧美诸国的司法状况，并在燕京大学资助下，留学美国芝加哥大学社会学系，攻读犯罪学博士学位课程。读博期间，根据在国内监狱调查掌握的犯罪个案资料，以《中国的犯罪问题与社会变迁的关系》为题，完成英文学位论文，并于1934年6月顺利通过答辩，获得犯罪学博士学位。他是当时国内第一个犯罪学博士学位的获得者。1935年6月，严景耀学成归国回到母校燕京大学社会学系担任教授，主讲社会学、犯罪学等课程。同年底因支持学生参加"一二·九运动"，遭到当局责难和弹压，遂被迫辞去教职并南下避风上海。1936年9月，他竞聘就职上海公共租界工部局西牢(即今"提篮桥监狱")副典狱长，直至1943年离职，前后从事监狱管理达六年之

---

① 《监狱杂志》是1929—1931年间由河北省监狱协会创刊发行的关于监狱方面的专门性杂志，这期间由于种种原因，《监狱杂志》仅出版了4期，但其首创意义，应该在中国监狱学术期刊史上留下一笔。

② 在国内已经出版的关于严景耀的研究文献中，绝大多数文献认为严景耀代表中国政府出席第十次国际监狱会议。这一说法不够准确，实际上代表国民政府出席该会议的是立法委员刘克俊。严景耀是由国民政府司法院申请加派，国民政府第85次国务会议决议通过，以随团成员的身份参加会议。参见1930年7月19日《申报》。转引自杨木高《严景耀监狱学思想初探》一文，载《犯罪与改造研究》2017年第2期。

余①。1947 年，严景耀才重返燕京大学任教，继续讲授犯罪学、社会学概论、社会变迁及政治经济学等课程。1949 年政权更替之后，其教学、党政和社会职务屡经变更，与犯罪和监狱问题研究渐行渐远。其中，仅以教学及其相关职务为例，初起任燕京大学政治系主任，并代理法学院院长，同时兼任北京大学法学院法律学系教授。1952 年全国高等学校院系调整之后，则受命参与北京政法学院（即今中国政法大学）的筹建工作，并担任该院国家法教研室主任及校务委员会委员，主要讲授苏联国家法、资产阶级国家法、中华人民共和国宪法和世界概论等课程。其间与监狱问题研究有关的唯一事件是 1957 年以人大代表身份赴上海、浙江等地若干监狱进行考察和座谈，并在《中国建设（英文版）》发表了题为《中国的新生监狱制度》（China's New Prison System）的调查报道。十年"文革"期间，严景耀被打成"反动学术权威"，长期积累的学术资料、图书以及日记被悉数抄走，而人则被遣送安徽宿县干校劳动，直至 1972 年底才获准返京，从北京政法学院调到北京大学国际政治系，并于 1976 年 1 月 12 日因病故世。

一、严景耀的监狱学思想

从上述对于严景耀学术生平的简要介绍，可知其关于犯罪和监狱问题的学术思想形成，与三段独特的学术经历密不可分：一是他有幸在燕京大学社会学系读书期间，于 1927 年至 1929 年间顺利实施了三次前后连续的监狱实地调查；二是他有幸在 1930 年 7 月参加了第十次国际监狱会议，并在芝加哥大学社会学系攻读完成了博士学位；三是他有幸在 1936 年 9 月至 1943 年间担任了上海公共租界工部局西牢（即今上海提

---

① 也有提到离职时间为 1942 年，参见徐家俊《提篮桥首位华籍副典狱长——严景耀》一文。

篮桥监狱）的副典狱长一职。可以说，正是上述三段机缘难得的学习和研究经历，不仅为严景耀研究犯罪与监狱问题奠定了不可或缺的专业基础，也为中国社会学、犯罪学和监狱学留下了独具特色的研究成果。

严景耀的研究成果主要集中发表或出版于1928—1934年的六年之间。这是说，在他23—29岁，未满"三十而立"的年龄，就迎来了个人学术收获的"而立之年"。严景耀留下的代表性研究成果如下：①

1.《北京犯罪之社会分析》（作于1928年春假，载1928年《社会学界》第二卷）；

2.《中国监狱问题》（作于1928年11月，载1929年《社会学界》第三卷）；

3.《北平监狱教诲与教育》（作于1929年，载1930年《社会学界》第四卷）；

4.《犯罪概论》（作于1929年，载1929年《监狱杂志》）；

5.《刑罚概论》（作于1929年，载1930年《监狱杂志》）；

6.《原始社会中的犯罪与刑罚》（载1936年《社会学界》第九卷）；

7.《中国的犯罪问题与社会变迁的关系》（博士学位论文，作于1934年，其英文原版同年载于美国芝加哥大学社会学系《美国社会学》）。

如果按学科门类的不同加以分析和归纳，上述成果大致可以分为三类：一是犯罪（社会）学研究的原创成果两种（第1、7种），二是监狱学研究的原创成果两种（第2、3种），三是犯罪学、刑罚学的知识整理成果三种（第4、5、6种）。以下拟根据第二类的两种代表作，并参酌第一

---

① 这些成果已被收录于《严景耀论文集》第一部分。民进中央宣传部选编（水世铮选编），开明出版社1995年版。

类和第三类的相关论述，对严景耀监狱研究的学术思想、成就以及问题等，给以概要解读与评价：

（一）关于"监狱"的根本看法（监狱观问题）

关于"监狱是什么"的问题，更具体地说，关于"监狱的性质、功能和价值"问题的根本看法之所以重要，是因为这一根本看法包含了一个监狱学学者在认知和定义"监狱"这个事物时所表达的"世界观和方法论"，既体现了其研究立场和方法，也是判断其思想理论是否具有逻辑预设自洽性的主要根据之一。研读严景耀的监狱研究成果，可以看到他的监狱世界观及其方法论深受社会学、教育学、医学心理学等学科观念和方法的影响。他在《中国监狱问题》一文"绪论"开篇说："监狱是对犯人执行自由刑的机关。"这起首句实然地交待了监狱性质和功能是什么，但如果耐心细读下去就会发现，这不过是严景耀借用了一个通用的说法，他虽不否认这个看法，但也决不满意自己停留在这一看法上。故此，他在解释了社会大众对于监狱的不了解之后说道："监狱是一个小社会，是与平常社会隔绝的社会。"对此，他以"京师第一监狱"的调查为据，对这个"小社会"的独特社会状况及其固有问题进行了事实的描述和分析。然后，很有意思，他从实然的定性思维转为应然的定性思维，提出了关于监狱定性的"医院说"。他认为"监狱就是社会医院，医治这种有社会病（犯罪）的病者（犯人）"。也许，他意识到把监狱视为（或类比为）医院有可能使人误解，因而又补充说明："可是这医院的医生决不是普通的大夫，乃是监狱教育专家，乃是社会服务专家。"这个主张教育和社会服务功能的"医院说"，虽然难免牵强附会之嫌，但在严景耀的认识中并非没有自成逻辑的学理根据，这根据就是严景耀在此前犯罪问题研究中业已表达的犯罪观和罪犯观。他在《北京犯罪之社会分析》中认为，"犯罪是社会的疾病，犯人是社会的病者"，因此，"监狱当然是社会的医院。对于已犯罪的病者当然须极力设法医治。以免犯人出监的时候，遗毒尚未去尽，致有旧病复发，且广为传染的危险"。由此可知，从犯罪的"疾病说"，到罪犯的"病者说"，再到监狱的"医院说"，证明了严景耀将监狱定性从"机关说"，到"小社会说"，最终落实为"医院说"这一根本看法。虽然，这一根本看法有其从"犯罪疾病观"到"刑罚医治观"，从"罪犯病者观"到"监狱医院观"的因果逻辑关系，并体现了逻辑建构的一致性和自洽性，但问题却又是显而易见的，即在事实的意义上监狱是监狱而非医院，用"医院"定义"监狱"，所运用的只是一种类比思维，一种修辞学的隐喻手法。但正是根据这样的监狱观，严景耀不仅借此观察和批评了监狱的种种问题，还顺理成章地提出了监狱改良应然图景。比如，他描绘道："监内当设'社会服务部'，在犯人进入监狱后，就采用个案的方法（case work method）研究其犯罪原因，察其个人性格，探访其在社会上所处的环境，在切实明了之后，再加以争端，最后按诊断加以处理，利用监禁期间极力训练和补救。"据此，他甚至推想："则必有一日，监狱犯人出监之假释状，可与医生验病的证明书相同，可与职业学校的执业证书相并，可与大学所给的学位一样，因为监狱的工作，即是为国家将已不适应社会的人们，变为有用的人才。"总之，细读《中国监狱问题》《北平监狱教诲与教育》，可知严景耀所持的监狱医院观，并非普通医院的简单效仿，而是一个运用服务、教诲、教育等多种方法，实现刑罚治疗目的的所谓社会医院观，而这种"社会医院"实质主要是"医院说"和"学校说"相混合的产物。由于执着于如是监狱观，严景耀甚至无视监狱作为刑罚执行机构的基本地位与根本属性，居然认为，"监狱有其独立地位，绝非司法机关之附属品。目前之所以为附属品的缘故，是少专门人才主持其事，不能打破中国旧式牢狱之传统思想。毋庸讳言的是，我国目前之监狱仍未能摆脱司法机关'附属品'的地位"。由此可知，就刑事思想来源及其主张而言，严景耀的基于隐喻思维的监狱观接受了彼时流行的刑事新派"预防刑"理论的深刻影响，可谓与之如出一辙矣。

（二）关于实地调查发现的监狱主要问题

从《中国监狱问题》一文可知，"监狱问题"不仅是严景耀监狱实地调查的重点对象，也是其探讨监狱改良的根据以及犯罪、监狱与社会变迁关系研究的主要知识来源之一。兹将严景耀从监狱实地调查过程中发现的新式监狱改良主要问题，略作引述：

1. 新式监狱的改良成效问题

对于清末以来新式监狱改良的总体成效，严景耀给出的批评远甚于肯定。这不仅由于经过改良的新式监狱相对于旧式监狱的数量太少。据统计，到民国十五年（1926），全国新式监狱只有74座，而大小旧式监狱仍有1622所。"综观新旧监狱数目比例，相差太远，可知中国监狱的改进，尚在幼稚时期。"对此，严景耀进一步指出："目前新式监狱，仍脱不了旧时的报复主义与刑罚主义。监狱制度中有许多违背人道的与处置不当的地方。因为这二十来年的改良新式监狱的最大原动力，是要收回领事裁判权，造了新式监狱，给外人看的。所注意而能实行到的，仅在物质方面，稍有成绩，并没有理会到对于人道主义的问题，在精神方面努力，更没有为中国犯罪的同胞们着想。"严景耀从监狱行政、监狱作业、监狱卫生、教诲及教育、犯人自治、犯人个别之处理六个方面对其存在的种种问题逐一进行了举例说明和说理分析，并提出了与之相应的具体改良意见和建议。

2. 新式监狱的行政管理问题

对于新式监狱的行政管理，严景耀的调查研究至少揭示了三个令人印象深刻的问题。一是严重官僚化。他说道："司法长官对于监狱行政非常忽略，一方面因为缺乏监狱学识，对于各监改良计划，及所有困难非独不能与以切实之援助与指导，且常加以掣肘，阻其进行。"另一方面，新式监狱的监狱长官也"大多不懂得如何治狱，所懂得的就是如何做官""极少顾虑感化犯人的问题，太过官僚化"。"这些监狱长官对于监狱所有兴趣是个人的地位，并非犯人的幸福与改化，他们视监狱为衙门，不是社会的医院。对于犯人犯罪的原因一点不了解，处置犯人多用划一的方法，他们的责任就是犯人跑不了不变死，就算了事，他们目前的成绩就是'幽禁'并非改化，所以目前所谓新式监狱其实也都是犯罪学校。"二是缺乏专业人才保障。他在文中首先指出，"中国三代以后，直至清朝末年，皆以监狱事务委诸下吏贱卒之手"，即便从清末推行了监狱改良，但是监狱官员，包括看守、教诲师、典狱长等的社会地位、专业化、职业化、职业保障等依旧严重不足或欠缺。他写道："他们缺乏专门的训练，极少对于监狱事业视为终身职业的，他们不懂得监狱到底要如何改良。"虽然，法律明文规定看守要任职培训，要专职配备教诲师和教师等，比如，当时司法部规定的教诲师资格"须有宗教信仰，精通教经者"，教诲主要侧重于宗教范围，而教师则是对教育负责。虽然当时北平监狱依据司法部的规定配备了教诲师和教师，但是在调研中，严景耀发现北平第一监狱的教诲师"每天至多来两个小时，来了也无非在教务所里谈天而已，并不知监狱中应当如何教诲，如何教育，目前的责任无非高兴了说几句不痛不痒的话"。很多"监狱连教诲师也没有，不要说教诲了"，有教诲师的监狱，"教诲师对于犯人，高兴了每星期也不过说几句不关痛痒的训话，决不深究他们的病根，而施行切实解决的方法"。三是缺乏最低限度的职业待遇保障。严景耀在调查中发现"代表监狱行政与犯人发生直接关系是看守，他们不但收入低而且薪水的发放经常缺乏保障"。为此，他举证说，民国元年（1912）司法部规定看守的每月报酬是八元至十四元，"到现在过了十七年（1928年），在这十七年中，生活费已增加到一倍以上，而看守的薪水却依然照旧。并且他们的薪水还不能每月发给，现在有的监狱已有六个月领不到薪水的"。综上所述，由于行政官僚化严重，缺乏专业化和必须的职业待遇保障条件，监狱管理所需的各类合格人才远远满足不了新式监狱改良的基本要求，不仅普通看守文化素质和纪律素质等每况愈下，不免滥竽充数；而且专门职位，诸如教诲师、教师、医师等，也因招聘或培养无力，更是捉襟见肘，疲于应付罢了。

3. 新式监狱的卫生问题

监狱卫生优劣也是评价监狱改良状况的重要指标之一。严景耀注意到当时外界参观新式监狱，一般只能看到"表面上的清洁"，就以为"新式监狱里面很讲卫生"。但深入了解之后，他发现监狱的建筑环境卫生和日常医疗卫生等还是很成问题。首先是建筑样式造成的环境卫生问题。由于新式监狱建造的选址过分注重戒护，选址往往选在低洼之处，监狱窗门不敢过大，室内采光不足。因此，可以说"监狱的环境卫生状况并非很好，甚至很糟糕"。他为此解释道："监房的空气、日光和干燥与犯人的生活有莫大的关系，倘若一个犯人，幽禁在不见日光、潮湿异常、空气不流通的狭小的监房里，他的身体的健康不言可知了。"其次是日常医疗卫生问题。他说监狱的医生"很少具有新的科学医学知识，大多是自欺欺人的旧式的中医，对于犯人的疾病多取敷衍的态度。还有最不幸的是没有钱为犯人买药治病"。

4. 新式监狱的教诲与教育问题

教诲与教育是新式监狱被要求必须推行的改良活动。其中，教诲重在培养犯人的道德修养，教育则重在训练其谋生的技能。严景耀在调查中发现，教诲与教育的理念和要求虽然不错，但赖以实现教诲与教育目的的实践方法和人才保障等与改良要求相差还是太大。首先，监狱教诲与教育的方法比较单一，除了每周读书安排有教学日程计划外，其他诸如技能训练、宗教讲道、现身演讲、图书阅览、文体娱乐、参与自治等既不正规，也很缺乏，故难以"以补各个人的缺憾，与以处世之方"。其次，关于教诲与教育的人才问题，严景耀认为监狱要有教育的人才才谈得到运用教育的方法，但是虽然当时法律明文规定看守要任职培训，要专职配备教诲师和教师等。比如，当时司法部规定的教诲师资格"须有宗教信仰，精通教经者"，北平第一监狱也依据司法部的规定配备了教诲师和教师，但在调研中，严景耀发现，即便是北平第一监狱这样的模范监狱，其教诲师"每天至多来两个小时，来了也无非在教务所里谈天而已，并不知监狱中应当如何教诲，如何教育，目前的责任无非高兴了，说几句不痛不痒的话，决不深究他们的病根，而施行切实解决的方法"。至于很多"监狱连教诲师也没有，不要说教诲了"。他在文中引述某犯人的看法："教诲不过是一种强制布道与传教。像这种教诲法，不但与在监人无丝毫利益，且有徒废光阴，妨碍作业之弊吧！"

5. 新式监狱的劳作问题

监狱的犯人劳作作为日常服刑活动安排是中外监狱的通例，差别在于是否合乎人道、合理、文明、效益等原则。清末民国的改良新式监狱从立法上无不明确规定犯人必须参加作业，而且要求劳动作业应当具备习艺的目的，即"有教犯人以相当的工艺使日后出监有谋生之技，不致再游手好闲，而入歧途，这因为大多数下流社会的人民，都是缺乏教育没有相当的手艺的缘故"。不过，其实际执行情况却不尽如人意。严景耀调查了全国七所新式监狱的作业问题，发现所有新式监狱作业状况不佳，尤其是作业的效益太差，以致连生活费都不够支付。此外，有的新式监狱与旧监没有区别，犯人依旧被幽禁在监房里过着强迫的懒怠生活，即便是有做工的监狱也存在许多管理上的问题。严景耀认为当时新式监狱的犯人劳作效果是失败的，并给出了对失败原因的可谓入情入理的分析：一是经营作业的职员没有营业的专门知识，他们脱不了官僚的恶习，"常摆着老爷的架子，不会到外面拉拢营业"。二是政府各机关不能给予支持。"倘若政府各机关将所有的文件、用具、印刷品等，都由监狱供给，则监狱有这样大的出路，工作自然可以增加。"三是监狱不能根据犯人的兴趣、特点安排，"专依管理员自由分配，使许多犯人，便因工作没有兴趣而无良好效果，其出产数量自然减少"。四是指导罪犯工作的工师，不尽指导责任，工作乏味，没有经济激励。五是监狱作业没有足够的资本，经费短缺。除了上述主要问题，文中还涉及罪犯个别处遇问题、监管"沉默制"的残忍问题，犯人的划一管理问题、刑罚"定期刑制"改革问题、出狱人保护的社会政策问题等，可以说其调查研究比较全面地反映和覆盖了新式监狱制度及其运作的主要问题。

（三）关于新式监狱问题的改良建议

针对新式监狱的上述种种问题，严景耀在其研究报告《中国监狱问题》《北平监狱教诲与教育》中针对新式监狱问题给以描述和分析的过程中，提出了诸多相应的改进建议，其中不乏颇可参考的意见，比如建议改进监狱的建筑环境，对罪犯进行分类处遇，给予罪犯参与自治的机会，建立出狱人保护制度，要运用社会学方法和社会政策改良监狱等。此外，在上述两文的最后"结论"部分，又对其认为重要的改良建议做了概要归纳，主要包括以下六个方面：一是建议必须加快新式监狱改良进程。鉴于自清末民初推行新式监狱改良迄至1928年，新式监狱办成74所，而旧式监狱仍有1622所，故他呼吁"当于最短期间极力扩充新式监狱的数目，以期消灭数千年遗传下来惨无人道的旧式监狱"。二是建议新式监狱改良必须注重人道主义处遇及其精神文化方面的建设。他认为当时已经办成的新式监狱"仅在物质方面，稍有成效"，而并没有理会人道主义问题，需要在精神文化上加以努力。同时，他提出要为罪犯（他称之为"中国犯罪的同胞们"）着想（可以理解是指为罪犯的人格和权利着想）。三是建议必须改变新式监狱严重的官僚化作风。他认为如果不改变这一现状，那么，"目前所谓新式监狱，其实也都是犯罪学校"。四是建议必须重视监狱管理人才的专门培养。他认为只有改善新式监狱各级管理人员的专业素养和职业精神，尤其是要从监狱学理和学识上让他们懂得到底要如何改良监狱，对监狱事业有终身职业观念，监狱改良才有可能。五是建议动员各种社会力量参与和支持监狱改良事业。他认为应当统一各省及县治监狱的司法管理体制，"全国监狱非联合办理，一致进行不可"，"否则，孤掌难鸣，不易成功"。为此，他提出"目前中国须组织全国监狱协会，还要刊印监狱杂志，参考国外学术，同时借杂志唤起民众，打破传统的监狱观念，使对监狱发生信仰而予以热烈之援助"。六是建议解决监狱教育的社会化问题。他提社会化的要义在于"要将反社会的态度变为社会化的态度"，主张要用多样化的教育方法和专门人才办理教育。他甚至强调"其实监狱生活的每一方面，都要含有教育的意义，都要设法为他出监适应社会的问题着想"。严景耀的上述改良建议源于对监狱问题的调查与思考，其中有的建议具有实务应用的直接指导价值，有的建议则可供政策制定者决策参考。然而，考虑到民国时期转型社会面临内忧外患的艰窘现实，则可知也有不少建议显然只是表达了一个理想主义者改造社会的热忱和超越时代承载能力的美好愿景而已。此外，如果对西方近代以来监狱改良的"教育刑"理论和实践及其问题有比较深入了解和思考的话，则不难知道，严景耀的改良建议大部分并非新论。换言之，它们早已被中外践行刑事新派主张的监狱改良业内人士耳熟能详，并视为不刊之论了。

（四）关于监狱研究的基本方法

作为一个犯罪学和监狱学学者，严景耀的研究特色不仅见之于研究题材和研究成果的新颖性，也体现在其运用的研究方法在当时国内犯罪学和监狱学研究的前沿性。兹从思想方法和技术方法等两个层次，稍作解释。

1. 思想方法。从思想方法看，严景耀是将监狱视为社会的组成部分，将"监狱问题"视为"社会问题"的独特表现，从而将人与社会、监狱与社会的特定关系，作为观察和分析监狱中的社会问题和人生问题的思想背景和认识视角。由于社会学的思想与理论具有丰富和复杂的构成，研读严景耀的监狱实地调查成果，可以发现其看待和理解监狱问题并在监狱实地调查中所践行的一贯立场和具体方法，主要是一种以刑事预防论为根据，借助社会变迁论、社会医学论、社会教育论和社会政策论等相混合的思想方法。

2. 技术方法。从技术方法看，严景耀在监狱实地调查中虽然主要运用了个案研究和统计研究，但其实施过程中却包含了以下五种社会调查的具体方法：一是卧底体验。假扮犯人，深入实地，参与其中，从"情境共存"的卧底调查中获得对于监狱制度、监狱活动、监狱人事等的身心体验和问题洞察。虽然铁窗卧底情境的移情体验调查历时只有短暂三周，但这一监狱田野调查式的融入情境研究方法，对于严景耀有关监狱问题的经验直觉、问题反思和联想类比等"第一印象"形成，无疑具有不可替代的意义。二是现场观察。在因故结束了情境体验的卧底调查之后，严景耀改为以经特许的研究访客身份，按调查计划，去到监狱的不同现场，观察犯人的相应作息活动情况。这种现场观察在每次调查不同监狱时都有运用。三是问题访谈。在进行现场观察的同时，按照预先设计的与犯人谈话问题表，在按预设提纲问题，严景耀使用了与被访犯人的采访式谈话。严景耀起初设想，"按照设计的问卷问问题，有些题外的谈话就另记下来"。[1] 的确，这样的办法也能搜集到其内容指标可资比较的规范性资料，但却不利于访谈对象个性化经历和事件的充分展示。正如严景耀自己所意识到的"凭主观想象制成的问卷，使得很多宝贵的材料都不能容纳进去"，[2] 不能满足独特犯罪个案挖掘和拓展的研究需要，故而，严景耀还是基本放弃了这一方法。四是个案研究。尝试了上述方法之后，严景耀发觉对其搜集犯罪问题研究资料助益最大的是以"单个犯罪事件的主体及其犯罪行为"为研究对象和目标的犯罪个案深

---

① 参见严景耀：《中国的犯罪问题与社会变迁的关系》，吴桢译，北京大学出版社 1985 年版，第 210 页。

② 同上。

度谈话研究。借此研究法，严景耀先后搜集和整理了300多例犯罪个案资料。这对于其后完成系统性的叙事分析研究成果《中国的犯罪问题与社会变迁的关系》积淀了必不可少的事实材料基础和理论分析根据。诚然，就严景耀的监狱问题研究而言，此项"个案研究"所获资料在其两项监狱问题研究的主要成果中，只是利用了有助举例说明相关问题的少量事例。五是档案查阅。关于监狱管理和罪犯个体的基本情况，不可避免地需要查阅监狱的有关档案资料，包括犯罪案件的侦查、判决资料、狱政管理文件或统计资料等。从严景耀在其《北京犯罪之社会分析》《中国监狱问题》《北平监狱教诲与教育》等研究成果所自行编制的多种图表资料可知，其必定通过查阅档案，搜集和利用了其中的部分文件与统计资料。

总之，严景耀在监狱实地调查研究中，主要运用的是社会学研究的常用调查方法。虽然这是一些常用的调查方法，但对于彼时中国的犯罪社会学和监狱社会学研究而言，却属初次尝试，因此无疑具有引进与转化之功。虽然从方法运用的规范性、客观性等完满或严格观点来看，正如严景耀自己亦曾反思的那样，主要存在"一是统计材料太不完全，二是对个案研究不够详细"的问题。但考虑严景耀作为借鉴和移植西方社会学研究方法的第一代学者，以及在具有制度特殊性的监狱环境中运用实地调查方法所受到的约束或限制，因此，避免其所言问题也确非易事。事实上，以一人之力担纲完成的本土同类题材研究中，就个案研究的数量、统计研究的样本以及跨省研究的规模和范围而言，迄今为止也没有在调查研究的深度、广度及其方法执行的完好性上，超越当年严景耀研究成绩和声誉的案例。

二、严景耀监狱学研究的总体评价

综上所述，严景耀是一个在研究经历、方法和成果上独具特色的民国监狱学学者。他和李剑华一样，都是以其社会学、犯罪社会学的学术背景和研究视野，怀抱实地调查精神和人道主义情操，对犯罪问题和监狱问题展开研究并取得了相应成果的监狱社会研究者。不仅如此，严景耀的学术贡献还在于其监狱实地调查研究为监狱社会学研究开了先河并提供了范例，而其注重描述和分析的监狱调查研究报告成果，则为当时及后世的人们了解民国时期新式改良监狱之现状、成效和问题等事实真相，准备了不可多得的一手资料。

严景耀的监狱学思想主要以刑事新派的"预防刑"理论为衣钵，并从社会学和犯罪的社会原因研究中，发展了个人通过类比和隐喻思维将"监狱"想象和建构为社会服务、医院或学校的机构观念。在预防刑理论植入并盛行的时代，严景耀虽然自觉不自觉地传承和秉持了以"教育刑"为核心理念的监狱观，但由于未曾洞察这一新派理论存在原理和技术的根本谬误以及其理论应然性和条件实然性之间的冲突，尤其是未曾意识到将监狱的根本属性和主要职能视同"医院""学校"可能使"监狱报应惩罚犯罪的基本属性和预防教育罪犯的衍生属性"产生本末颠倒的监狱本质异化效应，以致他似乎无法觉知其信奉的改良监狱理想及其主张，与其社会调查所形成的监狱现实认知及其可行性之间何以存在严重的差距甚至脱节。

严景耀的主要监狱研究成果在 30 岁之前就完成了，其监狱学术生涯可谓"耀眼而短暂"。此后的二三十年中虽有监狱实务的任职经历以及参加第四次监狱实地调查活动，但并没有以监狱学为主业的持续教学或科研活动及其相应成果。在 20 世纪 40 年代，严景耀的主要用心已基本转向了一般社会问题、时政问题的研究、评论以及直接参与社会动员和政治团体组建活动。及至 50 年代，伴随院系与学科调整，社会学等不少现代西方社会科学皆因被视为资产阶级的伪科学而遭排斥或摒弃。可以说，其后半生除了担任民主党派及统战事业的相关职务外，在北京高校虽有断续不接的任教,但主要间或讲授苏联问题、国家法、国际政治学等课程。的确,这不仅是他个人学术生涯的悲剧,更是其同代知识分子的共同命运。虽然,作为监狱学史的人物研究个案,或许对于认知现代中国"小学术与大政治"关系不乏典型意义,但斯人已逝,终究令人扼腕叹息矣。

第六节　李剑华的监狱学研究

李剑华(笔名李震东),四川大邑人。生于 1900 年,卒于 1993 年。1921 年从四川邛崃联合县立中学毕业后赴日留学,在东京日本大学社会科,主修社会学。1925 年学成回国后,历任上海法科大学、上海法学院、复旦大学、国立劳动大学、中国公学等校社会学教授,讲授社会学史、劳动法、犯罪社会学等课程。1928 年即出版了第一本个人社会学著作《劳动问题与劳动法》,同年 9 月参与筹建东南社会学会。1930 年被推选为中国社会学社编辑委员。1938 年担任同济大学法学院教授等。1949 年之后曾在华东政法学院、上海财经学院等校先后担任教授。1979 年调往上海社会科学院,担任顾问、学术委员和社会学研究所研究员。作为早年成名的知名社会学者,李剑华的社会学研究活动主要活跃于民国时期,其主要著述有《劳动问题与劳动法》(1928)、《犯罪学》(1930)、《社会学史纲》(1930)、《社会事业》(1931)、《劳工法论》(1933)、《监狱学》(1936)、《犯罪社会学》(1937)等专著和《社会学在科学上的地位》(1928)、《社会学体系论》(1929)等论文。[①]

从研究经历与成果可知,作为社会学者的李剑华,主要以社会学的观念和方法,致力于研究民国时期的多种重大及跨界的社会问题,尤其

---

① 先后发表于《社会学刊》(第一卷)各期。

关注和研究劳动问题、犯罪问题、监狱问题等。正如其《劳动问题与劳动法》是研究劳动问题的产物,《犯罪社会学》一书是研究犯罪问题的收获,而《监狱学》一书则是其研究监狱问题的成果。由于具备社会学的知识背景、问题意识和研究素养,他的监狱学研究,最为显著的特点是注重监狱社会问题的探讨。例如在他所著《监狱学》"序言"中,即不加掩饰地指出了"监狱存在本身就是一个最大的社会问题"。由此种观念出发,他曾不无激愤地写道:"监狱是一种不幸的事实,监狱学是一种不幸的科学,我不希望再看见这样不幸的事实,再休想提笔与这样不幸的科学,我诅咒这本小东西永远成为人类文化史上的绝版。"在民国监狱学学者中,也只有李剑华将"犯人的性欲问题"当作监狱的社会人生问题给予专章讨论。[①] 和严景耀一样,李剑华监狱学研究的主要学术贡献,也在于拓展和凸显了民国时期监狱学研究的社会学维度。姑且不论两者的方法和成效孰优孰劣,但李剑华的监狱社会问题研究方式,的确与严景耀的路子明显不同。不过,同样值得肯定的是,其研究开辟了监狱社会学的研究题域,不仅使民国监狱学针对监狱社会问题以及监狱人性问题的知识视野有所敞开,而且丰富了民国监狱学的学术遗产。此外,比较而言,李剑华也不像孙雄或芮佳瑞那样属于"地道的狱界中人",主要践行"由内而外"的学术生长与发展模式。不过,作为一个监狱学研究的"闯入者",其"由外而内"的研究成果《监狱学》,虽然并不像孙雄《监狱学》或芮佳瑞《监狱法论》那样具有专业基础教科书价值,但至少可为今人研究民国监狱学著述的多样性和差异性,提供一个不可多得的文本案例。

李剑华所著《监狱学》一书由中华书局出版于 1936 年。全书共257 页,其中正文只占 127 页,其余 130 页为附录,收录了和监狱学有

---

① 见其《监狱学》第二十章。

关的各种法律文件 15 则。从编排的用意来看，大约作者认为基于知识体系的完整性要求，监狱学的实务知识是不可或缺的构成部分，且大都有法律依据，但展开陈述，既非其所长，也不免琐碎，而作为参考"附录"，既可减轻叙述实务的负担，又可弥补实务介绍不足的缺憾。该书正文共 21 章，章下不设节。其各章标题如下：第一章　监狱与监狱学；第二章　目前中国监狱之状况；第三章　监狱之种类；第四章　监狱人才之训练及待遇；第五章　监狱视察与监狱参观；第六章　监狱制度；第七章　监狱之构造位置、地基及其他；第八章　监狱组织；第九章　监狱管理；第十章　收监；第十一章　监狱戒护；第十二章　劳役；第十三章　教诲及教育；第十四章　给养；第十五章　卫生；第十六章　接见与通信；第十七章　赏罚；第十八章　申诉；第十九章　赦免、假释、释放、死亡；第二十章　犯人的性欲问题；第二十一章　出狱人保护问题。

　　研读李氏《监狱学》，并与同时代其他监狱学家的同类作品，如孙雄、芮佳瑞的监狱学作品相比较，可以发现作者在该书中介绍监狱法实务方面，虽然针对性和准确性并不差，但其具体翔实程度明显不足。但同时又可发现，作者在以事实刻画监狱行刑的实际和对于监狱问题的敏锐反映以及行文平实生动等方面，又较同类作品更见性情。而与严景耀的监狱问题研究相比较，则可以发现不仅在"实地社会调查方法"的规范运用，还是描述和分析问题的文体选择，两者虽然学科知识背景相同，却具有显著不同的研究个性和论述风格。兹以李剑华《监狱学》为据，对其主要内容与特点略作述评。

一、关于监狱研究动机的认识

　　李氏研究《监狱学》的一个重要动机是旨在使社会更多地了解监狱。他在序言中直言道："我的目的，主要的不是为了向监狱当局提供如何管理犯人、如何镇压犯人、如何防止犯人脱逃的政策，而是为了引起大家对于监狱的关心,进一步要求监狱的彻底改良。"他设想监狱最终会变成"文化机关"。不过,他知道这是一种理想的构思。作为一个社会学家,他的眼睛没有脱离现实,监狱和社会的互动关系在李氏心中是一个真实而重要的问题。他认为,改良监狱有助于减少犯罪,因为监狱是社会的有机组成部分,不改良监狱,无以实现真正的社会(民族)解放。可以说,李氏的社会进步观决定了他把监狱的改良与否看作社会进步的重要因素。①

二、关于监狱状况的认识

李氏《监狱学》第二章专门讨论"目前中国监狱之状况"。这是当时监狱学(尤其是教材性)著作中一般不予设置的。在这一章中,作者主要通过提示监狱问题对监狱状况加以反映。在说明了新旧监狱并存,且新式监狱亦不完善的情况下,着重指出当时中国监狱的突出问题是人满为患。由于人满为患,场地不足,犯人杂居,不能很好地适用正常的监狱制度,导致狱内卫生状况恶化,以致犯人大量病殁;与此同时,管狱人员薪资微薄,难以养廉尽职,也加重了监狱的恶性循环。这种状况不仅表现在当时旧式监狱,其实新式监狱也相差无几。正是基于对监狱现状的深切了解,李氏才把监狱学定义为研究监狱的科学时,不忘强调它"又可以说成是改良监狱的计划学"。

三、关于监狱社会人生问题的探讨

李氏在介绍各章内容时,不停留在管理实务的表层,而是秉持社会学家所特有的问题意识,就监狱行刑中存在的许多社会人生问题发表自己的中肯意见。兹列举若干:

---

① 在李氏那里,"社会进步"的含义主要指"民族解放"。

（一）关于管理态度问题

李氏认为对于犯人的管理一定要十分注意态度。因为态度内含了如何看待犯人的立场观点。因此，管狱人员的态度，在李氏眼里，不仅是一个管理技术要素（力治要素），更是作为一种从事这一职业的人所必备的管理人文精神（德治要素）。他强调至少要有三种态度，一要严肃，二要公平，三要同情。通常，严肃、公平的态度易被认同，而同情的态度则易遭非议。李氏提出同情态度，并不是以佛家教义的大慈悲为据，而是认为犯罪的原因大半系社会问题所造成。他以最高法院刘钟英庭长关于犯罪原因的著名分析和英国社会学家边沁的相似论断证明，当时大部分犯人其实是社会的弱势群体，故应在保持严肃、公平的同时，还须怀持同情的心。关于这同情的态度如何把握，李氏说道："所谓同情，应该是由于对于犯罪原因之深刻的了解，是自发的、是真挚的、是感情的，也是理智的，若徒以假仁假义为欺骗犯人的手段，仍不能得到感化的效果。"

（二）关于宗教教育问题

李氏知道欧美国家多用基督教教义及其践行作为教诲的手段，当时国内亦提倡用佛教的信理（如因果报应或地狱轮回等）教诲罪犯。李氏不仅反对将道德教诲与智识教育分开，而且明确不赞成对罪犯实行宗教教育。他的理由是："犯人中有许多人是不相信宗教的，他们大多抱了一种相当务实的生活态度，宗教太奢侈，所以对这些人几乎等于白说；愚昧的人们对于宗教固然会深信不疑，但在他们迷信的基础上，如继续给予'作为人民精神上之鸦片的宗教'，使他们受麻醉，这不仅与时代的科学普及精神背道而驰，还增加了他们出狱后因迷信而犯罪的可能性。"尽管，李氏的理由尤其是有关宗教的毒害作用，未必是中鹄之论，但是，在一个缺乏宗教生活的民族，如何借助宗教以感化罪犯，确非从狱政加以安排而会得出妥善结果的。说到底，是否在中国的监狱里推行宗教，其实是意识形态问题。这一点，李氏还没有意识到。

（三）关于犯人的性欲问题

如前所述，将"犯人的性欲问题"专章讨论，依笔者所见，在民国监狱学中怕是绝无仅有的。李氏认为犯人性欲问题的提出应是毫不奇怪的，因为"犯人也是人，因而犯人的性欲问题，自然也成问题。只有那些把性欲当作卑贱的、淫秽的道学先生们才会说不成问题吧"。犯人性欲问题作为一个监狱的社会问题，主要是监狱生活使之和异性隔绝，其结果是犯人必然只有通过自渎和同性恋的方法加以解决。由于这种解决方式的不自然的变态造成神经衰弱以及其他种种病症，对犯人身体健康产生莫大危害。因此，不能把它看作一个有伤风化的个人道德问题，而应当认为它是一个社会问题。对于这个社会问题，如何加以解决？李氏的意见有四条：一是赞成有条件地实行犯人配偶同居制度；二是妥善安排犯人每天适当的运动和劳动；三是禁止阅读淫秽作品；四是普及性健康教育。不过，李氏虽然主张采取措施缓解犯人性欲问题以减轻由此造成的危害，但是，他并没有认识到，除非消灭单性别社会组织制度的监狱，否则，终究还会令人走进自欺欺人的两难境地。

除了探讨监狱社会人生问题，李氏对立法或行刑中的缺陷性问题多有批评或建议。例如，他对于当时监狱不允许犯人阅读新闻的做法深表不满，认为应根据国际刑法委员会囚犯待遇最低标准规则，在修订"监狱规则"时予以补正。又如，他对于当时将教诲与教育在立法及其实行中加以分离的做法也极不赞成。他以法国社会思想家涂尔干的论断为据，认为应将道德教诲寓于知识教育之中，良好的知识教育本身就具有道德教诲的作用。简言之，应将教诲合于教育之中，并且反对设立单独宗教教诲活动。

由以上可知，李剑华的监狱学研究立场是非官方的或曰远官方的，几乎可以说，他是一位具有新民主主义观念，而又以研究社会问题为己任的监狱学学者。他的社会调查和社会批评方法，虽然丰富了民国监狱学研究中监狱学学者群体性格的多样性和差异性，但也值得注意，李剑华作为一个具有阶级分析眼光和社会革命理想的社会学研究者，他的社会观和社会价值取向，深受以苏联为代表的社会主义思想运动的时政思潮影响。例如，他在书中多处以赞赏性的笔触，介绍苏联劳改制度的先进经验，而其中大部分在今天看来乃是信奉了苏俄意识形态宣传或教义而未经比较和批判的照搬取用而已。当然，在他无法接触到更多有关苏联"古拉格"劳动改造制度的一手文献档案资料情况下，为时政思潮所裹挟的思想文化意识，在当时几乎难以让人避免事实判断的失误。总之，李剑华虽然并非像孙雄或芮佳瑞那样属于职业化的监狱人士，但他带给民国监狱学研究的上述学术思想及其特点，无疑是需要加以重视的。

本 章 小 结

本章对 1928 年以后民国监狱学发展的介绍，重点在于选取该时期各具特色的监狱学学者著作进行作品分析研究。通过对这些作品的内容及其特点的解读与分析，揭示该时期监狱学研究的基本状况。民国监狱学在 1920 至 1930 年代研究气象的形成，与各大学法学院法学专业和各省军警学校相关专业监狱学课程开设的需要密切相关。例如，王元增《监狱学》的写作起因，与为朝阳大学法学院的监狱学课程编写讲义有关，而孙雄的《监狱学》亦是为东吴大学法学院等院校的监狱学课程所编著。尽管，其时各省军警学校自编的多种监狱学讲义大都为抄编之作，但对于了解当时监狱学课程的普及程度也有意义。此外，该时期监狱学研究成绩虽然较前有明显进展，形成了群体崛起之表现，但需要注意，由于学者的学科背景、职业身份不同，尤其是制度化的行业协会或研究会等学术性组织的薄弱，因此，监狱学学者由于缺乏必要的学术交流与协作关系，基本处于"单打独斗"的状态，这与彼时民商法学、宪法与行政法学等其他法学部门不能同日而语。

总之，1930年代以后的民国监狱学，是中国监狱学史的重要组成部分。由于1949年的政权鼎革以及此后的两岸阻隔，该时期的监狱学术对于1949年以后中国大陆监狱学的影响基本中断，直至1980年代以后，了解或交流才逐渐恢复，并渐趋增多。例如，1982年杨显光主编的《劳动改造学》和余叔通主编《劳动改造法学》，在介绍国外监狱制度时，虽未注明而实际引用的却是赵琛、孙雄等人的监狱学著作资料。总之，从学史编撰的要求来看，作为清末以来中国监狱学的一段不可或缺的重要学术传统，无论是作品研究还是人物研究等，还有待进一步拓展和深化。

第五章　新中国监狱学（1949—1979）

第一节　概述

随着 1949 年新中国成立，中国监狱学开始了一种与民国时期迥然不同的学术建构过程。此一学术建构过程受到与之相伴随的国际国内社会主义革命和建设运动的深刻影响，并且其本身就是这一革命和建设运动的产物，理所当然成为其历史的组成部分。在中国大陆监狱学的特定形态——劳动改造学的教科书作者眼中，这一学科既然服务于"无产阶级改造世界和人类的解放事业"，那么，它的基本使命就是为无产阶级事业培养所需的刑事法律应用人才。这一特点与使命的定位具有支配性意义，它意味着 20 世纪下半叶中国大陆监狱学将主要适应一种不同于民国时期的现代性之需求，并受到这一现代性的规制与模塑。其中，一种渊源有自的劳动改造意识形态成为其日后学术发展的指导思想。这一指导思想在相当长的时期里，以其特有的"方针和政策"形式决定了监狱学术的立场和方法。

毋庸讳言，1949 年以后三十多年的中国大陆监狱学，从"经典科学"的眼光审视，其学术成就确乎乏善可陈。但是，作如是结论性的看法，并不表示这一时期的学术史研究对象毫无特色，也不应认为其含有的学术经验与教训是一片空白。始于 1949 年且至今仍未完全丧失其正当性的这一传统，虽是对于民国监狱学的一个反动，但却代表了对于形成现代历史同样具有重要作用的社会构造力量,即由马克思主义代言的国际无产阶级运动的政治动员及其社会实践。从具体的历史路径观察,1949年以后的监狱制度,至少继承了两个方面的历史遗产,其一是新民主主义根据地的劳动改造思想与经验;其二是苏联的劳动改造思想与经验。尤其是后者,鉴于其所创设的社会主义劳动改造制度的体系性成就,从一开始便作为一个学习和借鉴的主要来源。

1950 年代之后前三十年的中国大陆监狱学,亦即其劳动改造学,属于新中国社会主义法学的组成部分,一些政法院校为适应教学和培训需要,组织力量编写的若干劳动改造法讲义构成其学科知识体系的雏形。[①]除此之外,主要是政策讲话和经验汇编等辅助学习资料。包含在上述讲义和资料中的主要知识内容与特点是以领袖讲话、文件精神为立论依据,通过演绎性的铺叙和解释所形成的对实践的权威性指导和规范性话语。

对于这样一种适应当时司法实践需要的意识形态化的学问,如果不反思其特定的学术政治语境,恐怕连起码的学术批判亦无法建立。但是,假如只是关注其学术政治批判,也许根本达不到学术批判本身的目的。因此,如果想要坚持学术批判,便无法不从久远的学术传统中形成的某种理想知识类型,例如经典科学的知识类型出发,并以之为批判的武器,借以评价该时期的学术真相。这是本章学术史研究所面对的一个棘手而困难的现实。

第二节　新中国监狱学诞生的历史条件

新中国监狱学的独特知识形态是"劳动改造学"(简称"劳改学"),

---

　　① 其中较具代表性的作品,如北京政法学院刑法教研室组织编写的《中华人民共和国劳动改造法讲义》(1959)和中国人民大学刑法教研室组织编写的《中华人民共和国劳动改造法学讲义》(1962)等。

它在 20 世纪下半叶的出现，固然是政权更替所导致的结果，是新生政权为巩固其统治秩序而选择的一个工具，但就其实质构成和话语表现而言，如果试问其为什么会成为展示给人们的那样一门学科，却具有更为具体而丰富的历史成因。

为使以下的分析更加简明易懂，首先有必要对"劳改学"这一称谓略作解释。"监狱学"这个学科名称是 1994 年 12 月 29 日《中华人民共和国监狱法》颁行以后开始在大陆定名通行并随着"中国监狱学会"这一学术组织由原"中国劳改学会"更名而被人们广泛接受的。这是 1994 年以后的历史事实。如果以"监狱学"这一称谓，来指称和讨论 1949—1994 年间的学术或学科现象，它只是一个学理的而非事实的名词。事实的情形是在 1950 年代至 1970 年代的社会科学历史文献中，并没有"监狱学"这一称谓，有的只是"劳改学"或"劳改法学"。例如，中国人民大学刑法教研室于 1962 年编写的《中华人民共和国劳动改造法学讲义》首次在教材中正式使用了"劳动改造法学"的名称。从这一史实看，新中国监狱学的初生形态，准确说来应称作"劳改法学"。

需要指出的是，迄今为止，关于新中国监狱学诞生的历史条件（或原因）的深入研究仍然比较缺乏，一般论述共和国监狱诞生和发展的研究成果，几乎不涉及学科建设层面的问题。以下根据 1949 年以后，中国社会科学发展的一般命运和劳动改造制度形成的基本历史，兹就其历史条件的某些特质与监狱学诞生的关系，提供简要的梳理分析。

一、国家政权性质与新中国监狱学的学科属性

监狱学在社会科学中，像政治学和法学这些"公学"一样，天然地缺少民间立场和态度。监狱是国家组织现象，是国家在相当长的历史时期内不可分割的组成部分。监狱学是一门国家社会科学。它首先是政治的和法律的，虽然它并不拒斥吸收一般社会科学，例如心理学、伦理

学、教育学、社会学等学科的有效成分。但是，它和国家的依存关系过于紧密，国家的性格决定了它的性格。这是它比一般社会科学被强制整合为国家社会学科学，更显得自然不过的特点。由此可知，中国监狱学的性格特征与新生国家的政权性质密不可分。由于新生国家被定义为"人民民主专政"国家，其政权的人民民主专政性质，按照共和国缔造者的诠释，就是对人民内部实行民主，对敌人实行专政。两者相结合，就是人民民主专政。人民民主专政的国家监狱，主要是体现人民专政的一面，即对一切反革命犯和其他刑事犯实施惩罚和改造。基于这样一种性质及其所欲实现的监狱功能，监狱学在它诞生之初就具有与人民专政相一致的明确研究对象，即针对一切反革命犯和其他刑事犯，研究如何实施惩罚与改造。监狱学正像监狱本身，是为着巩固政权并实现统治目的服务的。从这个意义说，监狱学从一开始就具备了鲜明的政治学性格，它可以说是人民民主专政的国家政治理论学说的组成部分，是国家职能在监狱领域的知识形态表现，为无产阶级政治服务是它的首要属性。在当时的政治条件下，即便法学和其他社会科学，从其性格特征而言，也首先是政治学的。但凡一切不符合无产阶级政治学特征的传统社会科学，或者加以改造或者完全摒弃，民国监狱学也不例外。总之，新生国家政权需要一种符合自身性质的包括监狱学在内的国家社会科学体系，也只有体现其政权性质和要求的社会科学门类在当时条件下，才可能存在和发展。

二、统治意识形态与监狱学的理论基础

如果说新生国家政权性质规定了监狱学的基本学科属性，那么，为新生国家政权提供思想指导的统治意识形态，也同时为监狱学准备了它所必需的理论基础。新中国的统治意识形态，是它的缔造者们在为夺取政权和巩固政权并寻求建立一种不同于中华民国的新型国家的长期奋

斗中不断汲取苏俄马克思、列宁主义和总结革命实践经验而发展起来的思想理论。这一思想理论即是被命名为毛泽东思想的统治意识形态,其十分重要的构成部分就是无产阶级改造世界和改造人类的思想。有关改造的思想,毛泽东本人有过一系列论述。其思想渊源主要来自马克思列宁关于无产阶级政党和国家的历史使命学说。不过,在毛泽东那里,其劳动改造思想则更加集中地体现了所欲贯彻的意识形态特点。尽管学界对于如何整理和表述新中国监狱学的理论基础即毛泽东劳动改造思想理论,存在不同的看法,但没有人否认包括改造罪犯在内的实行无产阶级专政的改造意识形态构成了新中国监狱学理论的核心基础。忽略这种核心的思想基础,便无法认识中国劳改学最重要的理论特质。

三、苏俄关系资源与监狱学的知识观念

1949 年以后,中国作为国际社会主义联盟的成员国,就社会主义革命和建设的基本经验方面而言,从苏联学习借鉴颇多。可以说,中国所受苏联的影响涉及政治、经济、法律、文化等各领域。其中,苏联的政治、法律思想自十月革命之后,到 20 世纪 50 年代,对中国影响持续不断,日渐加深。早在 1949 年之前,中国便有大量青年留学苏联。其中不少学生在苏联学习政治法律各科。苏联的劳动改造经验,自 1930 年代之后,就开始影响了革命根据地的监所制度。到了 1950 年代初,中国的公安部门多次邀请苏联专家对国内公安系统劳改部门的高级管教干部进行业务培训。例如,苏联劳动改造法学专家贝可夫曾就《苏联的监狱问题》做过多次学术报告;苏联顾问普根高夫和法捷扬诺夫给劳改工作部门专门讲授狱政管教业务问题,同时提供工作指导。在劳改机关的任务、目的、机构设置,组织犯人的生产劳动、政治教育、狱政管理和干部教育等劳改基本知识方面,苏联的劳动改造法学对建立中国劳动改造制度产生了奠基影响。可以说,中国劳动改造法学的基本观念与知识结构

"以俄为师"，主要源自于苏联。[①]

四、劳动改造实践与监狱学的本国特色

新中国成立之初收押了大批罪犯，首要的问题是如何加以处置。实践提出的问题需要从理论和实务知识上给以回答。这样的问题也确实为党的高层领导人所高度关注。例如，刘少奇在 1951 年 5 月 11 日《第三次全国公安会议上讲话》中曾指出："搞好这一批犯人比搞好一百万大军不见得容易。这里的制度、劳动、工作、生产、教育、卫生等一大套是大有困难的，需要研究。要研究如何管理犯人，如何组织犯人劳动、如何改造他们，如果表现不好如何惩罚他们等。"由此可知，当时明确提出了对于研究问题的迫切需要，从当时政治与教育相统一的管理体制可以推知，由于研究主体就是工作管理主体，因此，由国家行政部门组织的工作研究和政策研究在当时迅速做出了反应，并随后产生了以方针、政策、制度、决议、办法等为标志的一系列政策成果。其中，1954 年 8 月 26 日《中华人民共和国劳动改造条例》展示了当时劳改工作研究在法律领域的最高成就。在这部包含了基本立法规范，即"法典性"法规中，从组织劳动改造罪犯实践中总结归纳的基本经验，得到了完整的立法表述。从行刑指导思想、原则，到各项具体制度规定，无不反映了中国当时创立劳动改造实践制度体系的目的和需要。在随后的长期实践中，经过不断的总结，又提出和发展了"改造第一，生产第二"等一系列方针和政策。以上述劳改立法和劳改政策为基础，此后劳改学的历史发展表明，坚持和发展劳动改造行刑思想，尤其是辩证处理"惩罚与改造"的矛盾关系，构成了新中国前三十年中国劳改学理论的基本内容和主要

---

① 详见劳改法学教材编辑部，《中国劳改学研究》编写组：《中国劳改学研究》，社会科学文献出版社 1992 年版，第 40 页。

特色。

第三节　新中国监狱学的原始形态：
初生劳改学

　　新中国监狱学在 1950 年代，还远未能形成和发展成为一门正规学科。但是，作为一种独特的理论与知识形态，它似乎已能基本满足当时实际应用的需要。1950 年代中国的社会生活因高度统一的政治力量所施加的整合作用，从普通民众心理到国家思想文化已逐渐接受和服从了一元化领导的核心价值体系，不同的社会实践领域开始演绎和建构通用的政治话语。在监狱领域，收押了大量"反革命犯"以及普通刑事犯。对于这些罪犯，新生国家没有财力任其坐吃闲饭，同时，作为敌对阶级，执政党深刻地认识到，必须将他们转"危"为"安"，使适合新生的国家统治秩序。因此，必须采取既劳动又改造的方法才能满足解决问题的需要。于是，关于"劳动改造"的概念从狭义到广义，得到了大大强化。围绕如何培养劳动改造人才的教学与研究活动也应运而生。1950 年代，劳动改造研究具有学术标志意义的最初发展，是形成了具有教科书体系的知识内容结构。[①]"劳改法学"（或"劳改学"）作为一个学科名称获得了初步确认，尤其是在有关院校，如北京政法学院（1959）、中国人民大学（1962）等开设了"劳改法（学）"课程之后。1950 年代是这样一个年代，由于与旧时代彻底决裂，它试图创造一种新文化，包括废除旧六法全书之后所必然面临的如何创造新的法律文化，但基于学术积累的欠缺和学术资源的不足，新的法律文化创造，由于路径依赖的缘故，实际踏上了"以俄为师"一途。

———————

　　① 详本章"附论"。

1954 年 8 月 26 日《中华人民共和国劳动改造条例》的颁行，意味着一种在"以俄为师"的背景下，力求贯彻劳改方针、政策的中国特色劳改法律文化初步形成，而解释和演绎成为适应其时代需要的研究方法。其中，以"讲义"为主要载体的劳改学教材初登讲堂。如果考虑到 1967 年至 1979 年为学术的空白期，仅考察 1949 年至 1966 年的监狱学发展状况，那么，在这样一个监狱学的初生期，其特定形态"劳改学"的基本特征有哪些呢？

一、理论方法：意识形态的演绎诠释

新中国初期的劳改学的最初理论特征，主要是一种对于执政党及其国家意识形态的演绎诠释。其基本的理论方法表现为：(1)强调理论来源于马克思、列宁主义。(2)强调执政党领袖结合本国阶级斗争的实际需要所阐述的无产阶级专政思想。(3)对依照上述权威理论而制定的一系列劳动改造方针、政策，例如"惩罚管制与思想改造相结合""劳动生产与政治教育相结合""阶级斗争与人道主义相结合""改造第一，生产第二"等的基本含义进行扩张解释。(4)针对各种特定的问题，援引上述理论工具进行演绎发挥。总之，采用这样一种理论方法是与当时在政治、经济、思想和文化等各个领域，全面推行和贯彻无产阶级专政与改造世界和人类的意识形态相一致的，因而可以说真实地反映和顺应了当时的宏大政治主题需要。在五六十年代，国家意识形态通过排除各种被称之为非无产阶级的(或封建主义和资本主义的)理论或学说而占据和主导了思想世界的历史舞台。此动作过程不仅包括了社会科学，甚至牵涉自然科学。监狱学作为一种表达无产阶级专政要求的国家理论学科，也不可能接纳具有非无产阶级思想的知识理论入驻其间，并进而表现其理论诉求或旨趣。因此，其时运用演绎诠释法建构的劳改理论话语体系，具有其存在的合理性和不可选择性。

二、知识特点：政治正确代替科学实证

与前述理论方法相统一，新中国初期的劳改学，其知识话语方面最显著的特点是以"政治正确"话语代替"科学实证"话语。翻开五六十年代的劳改学书籍资料，随处可见以"政治正确"表述知识问题的踪迹。为了表达"政治正确"而不顾科学常识的语言谵妄，充斥字里行间。除此之外，需要说明的是，初期监狱学中较具知识特点的部分，主要是有关行刑管理实务方面的制度规定及其应用说明，它们对于维护和保障日常管理秩序的正常运行，提供了不可替代的知识效用。

三、成果状况：有内部编印读物而无正式出版著作

新中国劳改学的初期成果，主要表现形式是若干政法院校为适应培训干部需要而组织编写的内部读物。例如《劳动改造工作讲授提纲》[①]《中华人民共和国劳改法讲义》[②]《中华人民共和国劳动改造法学讲义》[③]等。除此之外，如果将成果形式的概念进一步放宽的话，那么，诸如发表在报刊上的政论、会议上的报告和内部编印的典型经验材料，例如抚顺战犯管理所撰写的经验总结以及法规政策文件等，亦可计算在内。在那一时期，由于执行保密原则，国内尚没有一本由国家正式出版的劳改学教材，理论专著更是空白，翻译成果仅有为提供立法参考而内部印行的一个关于苏联犯人改造和监狱政策的小册子[④]。总之，从成果状况而言，不仅数量稀少，而且质量亦很粗糙，充分反映了初期监狱学的研究基础是何等薄弱。

---

① 《劳动改造工作讲授提纲》，中央公安学院西安分院劳改教研室，1957年，油印稿。
② 《中华人民共和国劳改法讲义》，北京政法学院刑法教研室，1959年，铅印初稿。
③ 《中华人民共和国劳动改造法学讲义》，中国人民大学刑法教研室，1962年，铅印稿。
④ 参见《中国劳改学研究》，第40页。

四、学术体制：行业主导且政教不分

从实际情况看，新中国劳改学的教学与研究体制具有行业主导的特点，因此，其研究内容主要是行业的工作问题与任务，而少数几家政法院校虽有从事劳改培训教学与研究的少量师资人员，但从其教学任务的来源和教学对象的招收来看，也完全依赖于行业指令或委托安排。从这个意义上说，它可以视为一种政教不分的统一管理和内部分工现象。换言之，并没有形成相对独立的学术体制。

第四节　初生劳改学的研究状况述评

鉴于学术与政治的紧密关系，从监狱学自身的学科存在状况及其特征来看，1949 年至 1979 年的三十年大致可以分为两个时期。如果把第一个时期（1949—1966 年）即新中国成立后 17 年，称之为"学科初创时期"，那么，第二个时期（1967—1979 年），只能被称为"学科空白时期"。将两个时期的差异在称谓上刻画得如此清楚，尽管未必准确，但却不无参考意义。

一、学科初创时期（1949—1966）的研究状况

1949 年至 1966 年，新中国监狱学为应时需，处在快速的形成之中。从课程体系和教育体制来看，获得了从无到有的发展，由此表明在劳改实践领域，对于"理论与知识"工具的借助已是不可或缺。但是，从学科发展的制度要求而言，初期的监狱学还远不具备正规学科的规范形态，其标志是没有出现独立的学术体制、完善的学科（课程）教育体系、专门的学术研究机构、专职研究人员以及组织经常性的学术研讨活动和出版学术专业期刊等，因此，不妨说尚处在学科形成的预备期。但是，正如

前面已经指出的，由于新中国初期的政治与学术关系，造就了一种特殊的知识形态，可以说，在行政的体制内部，关于劳改工作的问题研究和观点争论并不缺乏，在面临某些重大问题时，可以说"思想斗争"还相当激烈。从高层领导到基层工作者，层层参与。为解决思想认识问题和统一行动步骤以便推进工作进展的研究，尤其是调查研究和会议讨论成为最基本的研究形式。梳理其间的研究内容，主要包括以下主题：

（一）探讨了若干基本理论问题

围绕执政党的基本治狱思想，在形成和发展新中国劳动改造罪犯制度的过程中，不少基本理论问题被反复进行讨论，主要有：（1）新中国监狱的性质问题；（2）新中国监狱的功能问题；（3）新中国监狱的体制问题；（4）罪犯劳动改造问题；（5）罪犯思想教育问题；（6）罪犯出监就业问题；（7）对罪犯实行人道主义问题；（8）罪犯中两类矛盾问题；（9）劳改工作方针认识问题。

以上问题的探讨，通常是轻"个人探索"重"集体讨论"，绝大多数情形是以领袖讲话指示为根据，进行一种"演绎证明与解释"的集体创作工作，只有当涉及特别具体的业务问题，例如"管教方法"或"出监就业"等问题的具体政策层面，也就是如何进行执行操作时，才有较多的研究意味，亦允许存有不同意见。而在重大理论方面，如果出现较大争议，则最终都会统一给出定性结论。例如，1956 年围绕"改造第一，生产第二"方针的认识讨论曾一度十分热烈，但最后则由《人民日报》《政法研究》等报刊发表"改造罪犯政策的伟大胜利""我国劳动改造机关是人民民主专政的工具"等权威社论给以定分止争。

（二）进行了劳改立法研究

在新中国初期的监狱学研究中，最有特色的大型专题性研究活动，当数劳改立法调研。为了出台《中华人民共和国劳动改造条例》，1950年 11 月至 1954 年，在政务院政治法律委员会主持下，公安部十一局协同法制委员会和其他有关部门，组织人力开展劳改立法研究。立法研究从两方面着手，一是展开调查研究，主要是掌握劳动改造的实际情况；二是展开理论研究，主要是研习马克思主义经典作家有关国家与法及劳动改造的论述，借鉴苏俄有关劳动改造的政策及其实施经验。劳改立法调研的主要结果是最终于 1954 年 9 月 7 日，由政务院公布实施了《中华人民共和国劳动改造条例》。这是一个重要立法研究成果，尽管该条例的立法规格只是一部法规，但从立法规范结构和它实际行使的功能而言，其实是一部部门法典，具有调整所有行刑法律关系的指导作用。这表明，共和国监狱立法研究已涉及法典性立法研究的事实。虽然，这种法典性的立法研究，从研究意识、能力、技术及深度与广度来说还远远不够。但毋庸置疑，它的出现，不仅表达了巩固彼时国家统治的紧迫需要，而且，也具有特定历史条件。对此，学界老一代主流学者一般认为有关劳改基本立法研究，大致与以下三个方面有密切联系：一是新民主主义革命时期的监所立法为之准备了必要的历史经验；二是 1949 年2 月发布的《中共中央关于废除国民党六法全书与确定解放区的司法原则的指示》为之确立了立法的政治立场；三是 1949 年 9 月 29 日通过的发挥临时宪法作用的《中国人民政治协商会议共同纲领》，其第七条针对一切反革命犯和其他刑事犯做出的"强迫他们在劳动中改造自己，成为新人"的规定为之提供了明确的行刑目的。

在《中华人民共和国劳动改造条例》颁行之后，劳改立法研究继续有所发展。一方面是行政部门研究制定了若干针对各类实务问题的行政规章；另一方面为编写劳改法讲义用于培训干部，政法院校有关教学单位开展了一些法律解释研究。其代表性成果是如前提到的 1957 年3 月中央公安学院西安分院劳改业务教研室的《劳动改造工作讲授提纲》，1959 年北京政法学院的《中华人民共和国劳动改造讲义》和 1962年中国人民大学的《中华人民共和国劳动改造法学讲义》等。"劳改法学"这一称谓的出现是劳改立法研究开启了走向体系研究的历史标志。

（三）总结了劳动改造罪犯的典型经验

中国劳动改造实践的基层部门在五六十年代对于劳改学的主要贡献是提供了大量经验研究材料。"总结"或"调查报告"这种经验整理与表述方式，在执政党的革命实践活动中，早已被视为一种常用的综合工作经验和信息的有效应用研究手段。它具有行政和科研的双重功用。从某种意义说来，它是执政党用以改进工作、制定政策的主要根据。鉴于新中国监狱学的特殊形态，"总结"或"调查报告"也是其研究的基本形式之一。大量的经验总结与报告材料，直接源自罪犯改造基层实践，较为真实地反映了当时当地的实际情况，它们涉及劳动改造的各个方面，尤其是从中产生的典型经验材料，在当时具有很大的决策参考和学习效用。例如1964年，根据抚顺战犯管理所改造大批战争罪犯的成功经验，由之组织撰写的"十四年来教育改造战犯工作基本总结""关于改造伪满、原国民党战犯的经验总结""战犯医疗工作基本情况总结""对日本战犯中将藤田茂的教育改造经过""对伪满皇帝爱新觉罗·溥仪的教育改造经过""对原国民党战犯曾传坦的改造过程"等一系列总结，形成了对当时战犯改造情况的系列专题报告文件，具有重要的史料价值。[①]

诚然，"总结"或"调查报告"作为一种应用研究方法，毕竟只是搜集和整理材料的一个初级形态。始终依靠"总结"或"调查报告"，无法提升劳改研究水平。何况当时的大量总结或报告，与特定时代相呼应的内容与行文存在"拔高、夸大"等不良文风。到了"文革"之后，其研究参考价值大打折扣，乏善可陈。

（四）继受了苏俄劳动改造的一些刑事思想

在1950年代，共和国劳改学的对外学术性交流，完全局限于国际

---

① 　参见劳改专业教材编辑部，《中国劳改学研究》编写组编：《中国劳改学研究》，第40页。

社会主义阵营，并主要继受苏联劳动改造的刑事思想、立法和政策。除了听取贝可夫、普高夫根、法捷扬诺夫等苏联劳改法专家的理论指导，还有选择地翻译了一些苏联、东欧国家监狱的论文和资料，其中对立法提供重要参考的有"一个四万多字的关于犯人改造和监狱政策的小册子"，[①] 其内容涉及列宁的劳动改造思想和苏联司法部有关罪犯改造的政策及调查报告等。早在20世纪30年代，中国的左派知识分子，就曾译介了苏联监狱制度的一些书籍，如《苏联监狱制度》[②] 和《苏联监狱》[③]。可以说，中国劳动改造制度的基本理念和理论内容更早就接受了苏俄的深刻影响。尽管这种影响因为1950年代末中苏两国的交恶而逐渐淡化，但是在两国同为社会主义国家的背景下，两国劳动改造罪犯的意识形态一脉相承，不谋而合，因此，理所当然地表现了诸多性格相同的知识特征。

总之，共和国监狱学的学科初创时期，具有自成逻辑的学术作业方式，也取得了一些学科教育的初步进展。但是，如果从研究对象、概念构成、基本原理及其学术与教育的体制保障等要素给以逐一对照，那么，显然还未形成为一门相对独立的正规知识学科。如果历史没有发生如日后所见的重大灾变，换言之，即允许其继续积累和发展，则其最大的可能是在随后的十多年中，将会出现一个与苏联劳改学体系相似的劳改学科体系。然而，事实是自1966年以后，新中国监狱学步入了一个"学科空白时期"。

二、学科空白时期（1967—1979）的研究状况

"学科空白时期"这样一种描述，从学术史的叙事观念和编撰方法而言，多少有些怪谬。既是一个学科空白的历史时期，还有什么可以或

---

① 参见劳改专业教材编辑部、《中国劳改学研究》编写组编：《中国劳改学研究》，第38页。

② 〔德〕薛尔文特编著，黄觉非译，好望书店1933年版。

③ 〔德〕柯勃编著，费祖诒译，商务印书馆1937年版。

值得书写的呢?

1966 年以后,中国的社会秩序开始震荡,人民生活的意识形态化到了无以复加的程度。一种貌似理性而充满非理性疯癫特征的话语实践覆盖了一切理论与知识领域。除了语录,已经不再需要知识形态的概念与原理。政法院校和劳改工作干部学校基本被取消,有关劳动改造的讲义与参考资料散失殆尽。原本数量稀少的教学与研究人员改行转业。在那样一个时期,支配劳改工作的思想与理论工具主要是毛泽东思想的文章与语录。

虽然语录作为一种独特的理论形式或论证手段,无论如何也代替不了用于解决具体问题的政策和规定,但在法律废弛的情况下,为了避免完全的无政府状态,也需要随时出台一些必需的行政文件,以维持最低限度的社会秩序。例如,1966 年 9 月 9 日,广州军区发布《关于加强监狱劳改场警卫问题的指示》,1966 年 10 月 14 日公安部发布《关于在文化大革命期间劳改单位暂停释放犯罪分子的通知》,1972 年 1 月 8 日公安部发布《关于不得使用在押犯、劳教分子和就业人员搞机关生产和其他劳务的通知》等。然而,这些文件尽管从功能上看具有法令的作用,但它们究竟包含了多少法律理论或专业知识,却是一个不言自明的问题。在一个理论与知识沦为虚无的年月,语录体作为意识形态和实用工具,对于维持彼时人们的精神和躯体关系,居然照样行使了"有效"的调整作用。"生活也许是不美好的,但生活依然是可能的",因为毕竟还没有进入彻底的无政府状态。总之,一个学科空白时期,并不是一个彻底虚无的时期。在它的空白里,依然填满了不管人们是否喜欢的符号理论,哪怕其意义近乎荒诞。然而,在荒诞的岁月和时事里,它们曾经是被视为"无比正确"的东西。如果把这些"无比正确"的东西排除在学术史的认知与叙事档案之外的话,那么,可以非常肯定地说,后人将失去确信正确东西的能力。因此,必须正视新中国监狱学前三十年中的第二个学科空白时期,它作为学科反面的存在物,将给人们提供有益的启示。

第五节　附论:《中华人民共和国 劳动改造法讲义》简析

由北京政法学院刑法教研室于1959年9月编写的《中华人民共和国劳动改造法讲义》一书,是新中国成立初期监狱学具有知识体系特征的少数几本教科书之一,作为反映当时监狱学研究状况的代表样本,对它进行文本分析,或许具有重要的参鉴价值。

《中华人民共和国劳动改造法讲义》①共计136页(不含前言、目录),正文分为八章,其章名如下:第一章　中华人民共和国劳动改造机关的性质、任务和设置;第二章　我国劳动改造政策、方针和效果;第三章　党的领导和群众路线是劳改工作取得伟大成就的根本保证;第四章　劳改工作中对敌斗争规律与基本经验;第五章　对犯人的管理工作;第六章　对犯人的教育工作;第七章　劳动改造生产;第八章　对刑满释放人员的安置留场(厂)就业工作。

该书的编写任务由学院刑法教研室苏鸿康等教师与其三、四年级学生共40余人承担。正如该书前言所载,这部劳动改造法讲义的理论与资料来源,大约有以下几个方面:1.党对罪犯所实行的劳动改造政策、方针、原则;2.劳动改造方面的现行法律;3.公安部历次劳改会议文件;4.各地监狱劳改工作经验总结;5.兄弟院校编写的改造法讲义的部分内容;6.全国劳动改造罪犯工作展览会材料。整个编写工作三易其稿,最后推出时仍标明系初稿,可见其郑重其事。

---

　　①　笔者案头的文本由参编者之一的苏鸿康提供。封面有苏鸿康藏书印,并有"铅印初稿,北京政法学院刑法教研室编,浙江省政法干校、浙江省公安厅劳改局翻印"等字样。

兹将该书主要文本内容与特点,简要分析如下:

一、内容特点

该书虽名曰《中华人民共和国劳动改造法讲义》,但其内容并未严格依照《中华人民共和国劳动改造条例》的章节顺序展开。从这一点看,它不是一本较为严格的注释法教材,联系其各章标题名称,此点就更加清楚。该书内容的一个突出方面是安排了党对劳改工作领导的内容,充实了公安会议决议的材料(见第二、三、四章)。其他各章虽论述了《条例》的相关内容,但也没有逐一或举例诠释条文内容。总之,该书在内容上政法不分,以政言法的特点非常显著,反映了编写所处时代的鲜明政治要求。

二、体系特点

作为一本劳改法讲义,该书理应依照《劳动改造条例》形成讲述体系,但是由于内容的调整,各章之间的逻辑关系比较松散,所安排篇幅的大小也偏离了劳改法主要各章节固有的比例。除了第二、三、四章显得突兀外,第八章留场(厂)就业本是《劳动改造条例》第五章第六节第62条的部分内容,但在该书中却扩编为一章,尽管论述了极具中国特色的刑释人员强制留场(厂)制度,但却导致体系的失衡。总之,该书从"劳改法学"注释体系要求看,既不相称也极不完善,它实际形成的知识体系看作"劳改政策学"似乎更为贴切。

三、理论特点

从论述方法看,该书的理论存在着一些致命的缺点。这些缺点反映了那个时代大多数作品的通病,即为了保持政治正确,可以无视基本事实的真伪,一味进行有利辩护。例如该书第一章第一节在论述"我国劳改机关与反动统治阶级国家监狱、集中营的区别"时，以美国监狱作为比较对象，痛斥美国监狱制度的野蛮落后，其措辞虽然铿锵有力，但事实举证却苍白无力，显示对于美国司法与监狱制度缺乏基本常识。另外，从理论基础看，该书虽有若干理论预设或给定的基本观点，例如必须加强党的绝对领导或必须注重罪犯思想改造，但这些观点除了进行反复的自我循环论证外，亦未建构一个逻辑自足的理论关系。至于从劳改法学应以劳改法律关系为理论基础的方法要求而言，差距就更大了。总之，这说明劳改法学的基础理论并未形成。

四、行文特点

该书行文带有明显的经验总结和工作报告特点，这从许多标题文字即可见得。例如"劳改干部必须做党的驯服工具""对犯人大搞政治思想改造教育""1958 年大跃进时期的政治思想教育和效果"等。书中大量使用了"必须""应当"这些强制性的命令和祈使词语。总之，该书行文特点，也反映了它尚未具备作为教科书在其行文语言上所应具备的逻辑思维品质。

《中华人民共和国劳动改造法讲义》是一面镜子，通过它可窥知新中国成立初期监狱学研究的基本状况及存在的主要问题。这种状况以及问题虽是处于特定历史条件中的初创监狱学无法幸免的，不过，借此文本，人们至少可以从中获得对于那个时代监狱学基础理论与专业知识真实状况的基本认知。

本 章 小 结

本章的研究对象无疑有其特殊性。1949 年以后的中国监狱学初步建立了独特的知识形态"劳改学"，这一知识形态所包含的理论与知识，具有鲜明的意识形态禀赋和强制的说理与叙事特征。面对这样的特殊性，学术史描述如果要免于苍白，则不仅要做"是"的事实研究，也要引进对其"不是"的批评研究。根据研究对象所具有的性状与特点，本章为避免学术叙述的失语，需要从一般科学史汲取价值评鉴眼光，从正反合题的意义上，力求保持"出入其中"的叙事态度，以期再现其历史的特殊性。通过对新中国监狱学诞生的历史条件及其初期特征、"学科初创时期"和"学科空白时期"的前三十年学科发展状况以及代表性文本《中华人民共和国劳动改造法讲义》等内容的描述与分析，本章试图对该时期监狱学历史面貌与总体特征给以"管中窥豹"的认识。

第六章　新中国监狱学(1979—2019)

第一节　概述

1979年固然不像1912年或1949年那样作为政权变更的符号,在中国监狱学史上具有显而易见的分期标志意义。但是,基于和世界关系的重新调整所出现的中国社会的现代性回归与发展,从监狱学术的更生及其四十年来的学术变迁历史来看,它同样具有极为重要的内外史分期意义。

如果说,20世纪初中国现代监狱学的诞生,深切依赖于清末中国向世界的"开放",那么,20世纪末中国监狱学的回归与发展同样主要与"对外开放"这个历史条件的再度出现紧密相关。从特质构成和形态表现考察,1979年迄今中国监狱学经历的回归与发展具有复调特征:一方面由于"对外开放"使思想和理论活动的生机得以激发,促使了"劳改学"的更生发展,另一方面则由于"开放"使研究立场和观念世界的认知图景发生迁变,从而使人们产生了革新"劳改学"的动机和需要。对于中国的"过渡监狱学"而言,正是"开放"造成了学术解构与重建过程的共时发生,并形成了"转型与重构"的张力关系。回顾历史可知,1980年8月25日,中国首次派代表团出席在加拉加斯召开的第六届联合国预防犯罪和罪犯处遇大会。此后,中国的监狱界恢复了和外部世界的正式联系,以各种形式发生着的中外监狱学术交流活动显示了开放正在变得广泛和深入。与此同时，随着司法警官教育与学术体制的重建，1979 年迄今的中国监狱学经历了有目共睹的恢复和发展过程，在著作、教材、论文、专业期刊、学术团体和人才培养等各个方面，无论是数量或质量，还是规模或效益，已达到了历史上从未有过的状态。如果说，这种语义描述还是表面的话，那么，确有证据表明，中国大陆监狱学在其学术传统的继承、学科体系的建立、研究观点的转变、研究领域的拓展、研究方法的更新、研究成果的增加以及国际学术交流的扩大等诸多指标方面皆取得了显著的进展。

不过，必须指出的是，这种变化与进展过程本身，却包含了转型时期所特有的跌宕起伏或失谐冲突，如果把 1979 年迄今的中国监狱学发展视为一个监狱理论与知识的学术转型与话语重构过程，那么，承认和理解其转型与重构的过渡性、艰巨性、复杂性就是必要的历史态度。因为，在某种意义上，它只是以它特有的方式折射和印证了整个中国社会科学在四十年来发生的学术变迁及所受各种曲折波动的变化轨迹。

概括说来，过去四十年的中国监狱学发展，大致具有以下学术变迁的显著特点：

首先，中国大陆监狱学正在经历学术类型的转换。从 1970 年代末至 1990 年代初的 10 余年间，以老一代监狱学学者为主，在接续五六十年代劳改学传统，借鉴苏联劳改学体系的基础上，创立了相对完整的名为"劳改学"（或劳改法学）的知识理论体系。这一体系在 1990 年代初已经基本定型。《中国劳改学法学百科辞典》《中国劳改学辞典》以及《中国劳改法学理论研究综述》《中国劳改学研究》等大型或综述性作品出版问世，可作为这一时期劳改学术相对定型的主要标志之一。

但是，从 1990 年初期以后，这一体系在其进一步定型化之时，逐渐呈现了适应其时代变化需要的困难。事实上，从 1980 年代后期，随着外国监狱学著述的译入，尤其是有关欧美监狱制度和国际监狱制度的各种观念与知识的输入，对主流劳改学传统形成了深刻的冲击。对1980年代末的一些新编劳改学教科书进行知识体系与内容分析，可知其主要还是通过借鉴苏联劳改学系列翻译教材，结合现实政策和经验的演绎创作，虽然其时异质的欧美监狱文化已经不断输入，但由于编写者主要是习惯了劳改话语的一代人，故并不能够加以有效吸收和利用。直到1994年底，有关监狱法典法名之争，最终以"监狱法"替换"劳改法"而尘埃落定。于是，早自1950年代初创，而于1980年代末最终形成的劳改话语传统，其名实关系开始发生悄然改变。1994年以后，部分中青年监狱学学者已经摆脱了传统劳改学的话语约束，其立论或议事的问题意识和知识来源，逐渐转化为一种从"劳改学"向"监狱学"的过渡语境，而表征这种过渡语境意识的最初代表作，可以1997年出版的《中国特色劳改学与监狱学》这一集体之作为例。① 不过，该书还是主要把监狱学看成是对劳改学的最新发展，旨在把劳改学更名建设成为一门具有中国特色的监狱学，并没有意识到需要重建其方法论基础。而具有从方法论角度反思和更新监狱学术，并接洽中国社会科学转型意识的探索之作，可以2003年出版的个人文集《学术转型与话语重构——走向监狱学研究的新视域》为例。② 该书在研究意识上表达了对劳改学时代的自觉扬弃，并立足监狱学从传统到现代的转型背景，在对监狱学的知识拓展与话语更新作了初步探索的基础上，提出了"重建监狱学学科"的学术建设命题。

其次，中国监狱学正在经历意识形态的变迁。如果说1980至1990年代的劳改学主要受改造意识形态的支配，以之为全部理论的核心立场。那么，这种借自以苏联为代表的社会主义劳动改造的国家思想体系，到1990年代以后，随着中国和世界关系的调整，尤其是在开放与经

---

① 杜雨主编，中国人民公安大学出版社1997年版。

② 郭明著，中国方正出版社2003年版。与此同时，实践领域的变革则反映了对于制度变迁同样迫切的需要，参见张晶所著《中国监狱制度从传统到现代》，海潮出版社2001年版。

济全球化的推动之下，由于日渐接受大量欧美监狱制度与文化而于无形之中正遭改变。其表征是一种名之为"矫正主义"的反映西方技术理性的国家意识形态，开始和原有改造意识形态相提并论，且大有取而代之之势。这种变化揭示了中国监狱制度在继受苏俄和英美两种不同监狱文化与价值观之中，开始日益取经于后者。

第三，中国监狱学正在经历学科研究的深化。自1980年代以后，大陆监狱学的学科建设受到重视，具体表现在它已经单独进入了国家高等教育学科设置目录。尽管到目前为止，它的学科属性和层次仍需要进一步明确定位。受高等教育专业建设的催化，大陆监狱学内部的知识分工，通过课程设置不断细化，至少从其专业基础理论、专业应用分支和专业实践课程体系加以观察，它与其他成熟专业学科已经分别不大。这种作为独立学科的内部知识与理论的分工状态，既是1949年以前民国监狱学所未有，也是同一时期台湾地区监狱学所不及。尽管，在其迅速膨大的学科分工格局下，各分支课程已有的知识与理论品质以及分工合理性仍然极可置疑，但是，不少学者的探索性研究，体现了在学科分工条件下各自不断深化的研究特色，如邵名正等人的劳改法学研究，夏宗素等人的监狱学概论体系研究，许章润等人的新监狱学体系研究，王泰等人的狱政管理研究，罗大华、何为民等人的罪犯心理学研究，薛梅卿、王利荣等人的中国监狱史研究，杨世云等人的比较监狱学研究，吴宗宪、翟中东等人的外国监狱制度研究，郭明等人的监狱学基础理论和监狱学术史研究等。

第四，中国监狱学正在经历"著述方式"的变革。如果说，1990年代中期以前的劳改学是一个以行政计划下的集体合作编写为主，并以个人追随宏大政策主题或监狱行政指令撰文为辅的著述时代，那么，在1990年代中期之后，随着监狱学学科建设的发展、学术申报与资助制度的产生和出版市场化的发展，尤其是学术主体研究意识的觉醒和年轻一代学者的成长，监狱学的著述方式开始变化，主要经历了从集体合作著述为主，到个体自主著述为主的逐步更新。个人自主著述则表现为个人自主申报或自主合作申报研究选题，论著成果具有个人自主知识产权，著述行为不再完全受制于行政计划或组织派定。由于这一著述方式的历史转变，自1995年迄今，中国监狱学研究领域，涌现了得益于"著述方式"更新的一系列优秀成果。比如，《中国现代化文明监狱研究》[①]《中国罪犯人权研究》[②]《中外监狱法比较研究》[③]《中国监狱发展战略研究》[④]《中国监狱法实施问题研究》[⑤]《二十一世纪中国监狱发展战略研究》[⑥]等，皆为合作性的著作成果。而体现个人研究特色的专著成果也不断增多。例如，《中国监狱改革及其现代化》[⑦]《刑罚实现与行刑变革》[⑧]《人格改造论》[⑨]《冲突、协调和秩序——罪犯非正式群体与监狱行刑研究》[⑩]《中国监狱制度从传统到现代》[⑪]《行刑法律机能研究》[⑫]《刑罚个别化研究》[⑬]《行刑社会化研究》[⑭]《学术转型与话语重构——走向监狱学研究的新视域》[⑮]。总之，著述方式的演变明显具有度量学术进展的符号意义。

---

① 吴宗宪主编：《中国现代化文明监狱研究》，警官教育出版社1996年版。

② 鲁加伦主编：《中国罪犯人权研究》，法律出版社1998年版。

③ 武延平主编：《中外监狱法比较研究》，中国政法大学出版社1999年版。

④ 张苏军主编：《中国监狱发展战略研究》，法律出版社2000年版。

⑤ 张秀夫主编：《中国监狱法实施问题研究》，法律出版社2000年版。

⑥ 辛国恩主编：《二十一世纪中国监狱发展战略研究》，法律出版社2004年版。

⑦ 王平：《中国监狱改革及其现代化》，中国方正出版社1999年版。

⑧ 张绍彦：《刑罚实现与行刑变革》，法律出版社1999年版。

⑨ 陈士涵：《人格改造论》，学林出版社2001年版。

⑩ 狄小华：《冲突、协调和秩序——罪犯非正式群体与监狱行刑研究》，群众出版社2001年版。

⑪ 张晶：《中国监狱制度从传统到现代》，海潮出版社2001年版。

⑫ 王利荣：《行刑法律机能研究》，法律出版社2001年版。

⑬ 翟中东：《刑罚个别化研究》，中国人民公安大学出版社2001年版。

⑭ 冯卫国：《行刑社会化研究》，北京大学出版社2003年版。

⑮ 郭明：《学术转型与话语重构——走向监狱学研究的新视域》，中国方正出版社2003年版。

最后，中国监狱学正在经历知识话语的更新。和各种应用社会科学一样，监狱学的知识话语也主要由政策知识话语、学理知识话语和实务知识话语三种知识话语所构成。其中，政策知识话语的生产和应用主体主要是在监狱高层管理机构中主持及参与行政决策的管理人士。比如任职于司法部及所属监狱管理局、各省司法厅及所属监狱管理局等机构的监狱行政决策管理人士及政策研究人士。该种知识话语主要以"决定""规定""办法""纪要""通知""讲话""指示"以及"汇报""总结""专报""内参"等一系列被俗称为"红头文件"的行政公文文体作为典型样式。此类文本形式的话语逻辑虽然不尽一致，但其叙事说理的主要特点是，通常排斥分析、辩论、质疑、驳难等知识论证方法，其文本行文与措辞须符合"应为""必为""可为""勿为"等行政规范化表达的语言要求。此类话语文本所承载的知识内涵，除了取决于行政决策主体对于相关学理和实务知识的学习和掌握程度，还受到文本样式固有的话语修辞学制约。

学理知识话语的生产和应用主体主要是高校或科研机构的教学科研人士。比如司法部预防犯罪研究所、中央司法警官学院、各省司法警官职业学院以及中国政法类院校法学院、刑事司法学院等，从事监狱学学科及其相关学科人才培养、培训工作的教学和研究人士。该种学理知识话语主要以论文、专著、研究报告、教材、指导手册、资料汇编、工具辞书等文本形式作为典型样式。其中，论文、专著或研究报告是承载和表达监狱学理知识研究创获的主要话语形态。而教材通过将知识条理化、完备化、系统化、教义化的方法，使知识话语从学术形态转化为教学形态，成为传授和普及监狱学理知识话语的基本工具。

实务知识话语的生产和应用主体是在监狱行业直接从事刑罚执行及其管理和保障的实务工作人士。除了包括监狱、监区层面的实务管理者，主要是指在分监区基层从事监狱警务、刑务、内务、劳务、教务等各项狱务的执行者。该种知识话语具有复合性的内涵与形式构成：一为贯彻和应对政策知识话语和学理知识话语的内容和要求，采用标语口号、宣传报道、命题作文、主题发言、学习心得、集体讲评、工作研讨等常用书面知识话语形式。二是经验性的日常口语知识话语，主要是指在同事、师徒、搭档、伙伴之间口传心授、心领神会的临床职业行话，包括做派、规矩、习语、暗语等通俗的正式或非正式的行为知识话语。

中国大陆监狱学在其"传统劳改学"和"更生劳改学"时期的知识话语主要以政策知识话语为主导和来源，学理知识话语由于缺乏学术生产和应用的独立性，故其一部分或大部分知识话语主要是附和和演绎政策知识话语的产物，即使转化为专著、教材和论文等貌似学理知识话语的文本形态，也大多是基于前提正确的演绎解释、循环论证的自话自说，而实务知识话语则更是对政策知识话语的通俗化再创作而已。但在逐步进入"过渡监狱学"及"后过渡监狱学"之后，监狱学的知识话语有了显著的更新变化。其主要特征是上述三种知识话语的主体构成，在代际变迁的作用下，由于日益呈现了年龄构成的年轻化和知识结构的多元化，尤其是高等司法教育发展，促进了学理知识话语主体构成的快速变化等原因，一大批具有不同学科教育背景的硕士或博士生被大量引进，不仅优化了监狱学专业教学人才的素能结构，而且给监狱学术带来了不同背景学科的知识话语资源，诸如法律学、政治学、经济学、管理学、教育学、心理学，社会学、语言学、逻辑学、统计学、计算机学甚或史学、哲学、数学等不同知识话语资源，通过监狱学不同专业课程的教学和研究活动，实现了知识话语的迁移、交叉，从而转化成了过渡监狱学的主要知识结构及其话语表述。总之，除了在基础理论层面正从单纯改造话语转向改造话语与矫正话语相复合的过渡监狱学话语外，其分科研究或专题研究的层面所使用的专业知识话语，主要是由特定教学与研究对象的不同知识属性所选择的"交叉知识话语"。质言之，主要是一种由监狱学与某相关学科交叉而成的专业知识话语。比如,狱政管理学由监狱学与管理学交叉而成,罪犯教育学由监狱学与教育学交叉而成,罪犯心理学由监狱学与心理学交叉而成,监狱社会学由监狱学与社会学交叉而成等,不一而足。诚然,迄今为止的"过渡监狱学"以及"后过渡监狱学",从总体来看,对于相关学科知识话语的借鉴和转化虽然已经实现了对于劳改学知识话语的初步置换或取代,但就其学科知识话语应有的理论严谨性、知识准确性、逻辑严密性和修辞贴切性等而言,离成熟或经典学科的知识话语品质要求还相距甚远。

第二节　政治的转变与监狱学的更生

从 1979 年之后,国家政治元气逐步恢复,到 1983 年开始实施"严厉打击"的刑事政策,随着政治和社会秩序的重建,劳改学迎来了更生期。劳改学界一般人士通常认为,1981 年 8 月召开的第八次全国劳改工作会议是一次重要的会议,被学界人士评价为"我国劳改事业发展史上一次继往开来的重要会议"。[①] 它不仅"研究部署了整顿监所秩序、加强专政措施",而且"着重研究了一些理论问题"。它当时的研究性内容被归纳如下:1. 总结了建国三十年劳改工作的基本经验;2. 论证了我国监狱、劳改队的性质任务;3. 分析了新时期劳改工作面临的新情况;4. 探讨了关押对象中两类不同性质的矛盾;5. 澄清了改造与生产的模糊认识;6. 触及了劳改体制改革的一系列问题。[②]

会议之后,监狱学学科更生的最初征象是全国和地方一批劳改工作干部学校或培训班相继成立,特别是设在保定的公安部劳改工作干部学

---

① 参见劳改专业教材编辑部,《中国劳改学研究》编写组:《中国劳改学研究》,第 42 页。

② 同上。

校在恢复发展劳改学的过程中发挥了重要作用。监狱学的更生是从部门办学开始的。由于学校专业教育或培训的需要，课程设置及教材建设提到了公安部议事日程。1983年1月批准成立的劳改专业教材编辑部是中国监狱学发展史上具有重要意义的事件。编辑部成立之后，根据业已认识到的学科建设要求，计划编写十二种教材或著作，主要包括劳改学基础理论、教育改造学、罪犯改造心理学、狱政管理学、罪犯劳动改造学、劳改经济管理学、劳改政治工作学、劳改法学、中国监狱史、中国劳改史、犯罪学、劳改法律文书等。这个编写与出版计划，反映了劳改学自更生之初即从原有一本书搞定的概论性"干部培训知识体系"，一步跨向包含知识内部分工科目的"正规学科教育体系"建设目标。这是一个深刻的转变，为后续监狱学学科正规教育及科研体系的建设奠定了必要的基础。为了完成这个编著与出版计划，编辑部一方面联系了中国政法大学、北京大学、中国人民大学、西北政法学院、华东政法学院、中国社会科学院、北京图书馆以及中央和地方干校的部分专家、学者参与编写事宜；另一方面，还同时组织力量陆续翻译出版苏联劳动改造学的系列教材或著作，作为学习和效仿的参考资料。从1983年开始到1989年，经过辛勤筹措和不懈努力，十二种教材编著计划，实际陆续完成并出版了9种，共计250万字，发行量达66万余册。这些教材的陆续推出，填补了劳改学科教育与科研的空白。

事实上，自1983年以后，公安部和司法部已经意识到，仅靠行业自身的人力资源推进劳改学的教育与科研事业明显力量不足。随着高等院校的恢复或创立，基于法律教育快速发展所提供的有利条件，1983年9月中国政法大学首次正式招收刑法学专业劳改法学方向的硕士研究生。随后，中国人民大学、西南政法学院也招收了少量的劳改学方向研究生。西南政法学院、西北政法学院还成立了劳改学系，招收本科生和大专生。1984年，教育部将"劳动改造法学"作为一门法律课程列入了《综合大学法律系法律专业四年制教学计划》。1985 年，司法部在原保定劳改工作干部学校的基础上，成立了中央劳改劳教管理干部学院，由此，劳改学的学科与课程体系建设走向更加正规的发展阶段。与此同时，全国成人教育，特别是中央电大也开设了劳改法学课程。劳改学教育多层次的发展，培养了大批专业人才，推动了劳改学研究的进步。

总之，从 1979 年到 1994 年，是中国劳改学从恢复走向重建的 15 年。这 15 年，无论是从研究机构、团体和人员，还是从学术活动、交流和成果等，均表明中国劳改学已经形成了比较正规的学科教育与科研体制。

一、设立学术机构

1984 年 9 月，司法部预防犯罪研究所正式成立。作为第一个以预防犯罪与罪犯改造为主要研究对象和任务的部级正式研究机构，它的出现意味着国家对于劳改学研究，也从体制上赋予了明确的学术职能与要求。紧随其后，各省、市、自治区监狱主管部门也相应建立了劳改工作研究所，某些大型监狱还成立了相应的研究部门。中国政法大学、中国人民大学和中央司法警官教育学院则成立了刑事司法研究中心、犯罪与监狱学研究所、监狱工作研究所等研究机构。总之，在全国各地设立监狱工作研究机构，不再是个别现象。

二、组建学术团体

1985 年，全国性的研究团体中国法学会劳改法学研究会成立，各地劳改法学研究会及其分会相继成立。1989 年以后，中国劳改法学研究会从中国法学会独立出来，在民政部注册成立中国劳改学会，成为国家一级学会。此后，该学会又根据学科建设惯例，陆续下设了劳改法学、罪犯改造心理学、教育改造学、劳改学基础理论、回归社会学等二级专业委员会，各省亦成立了名称相应的省级劳改学会。总之，这些多层次研究团体的组建，架起与政府部门、院校、事业机构和实务部门以及社会团体和域外学术组织等多种研究主体之间的桥梁，支撑和发展了全国性的劳改学研究网络。

三、积聚学术人才

随着学科教育研究机构和研究团体的发展，研究队伍建设加强，学术人才不断积聚。据估计，截至 1994 年底，中国劳改学会的全国会员总数超过 9000 人。在各级研究机构和院校教学部门的专职教学与研究人员超过 700 人，其中具有中级和高级职称的专业人员已达 300 余人。[①] 一批年轻的学者逐渐开始崭露头角，他们代表了劳改学科研究的理论前沿。

四、举办学术活动

由于中国劳改学会的主管部门为司法部，其研究经费也由行业各级主管部门保障，因此，其组织的各类学术研究活动自然与行业需要密不可分。彼时，由学会与行业合作并冠以"学术研讨"的各种会议，如年会、片会、大型研讨会、专题讨论会、小型座谈会等研究活动，举办频繁，层出不穷。据《中国劳改学研究》一书统计，仅在 1992 年以前，中国劳改学会及其下属各级学会组织开展的活动就"共一百多次，参加人数达一万多人次，收到论文、调查报告共计 5000 多篇，其中 900 多篇在报刊发表，200 多篇获奖"。[②] 这些数字是令人惊讶的，如果不从质的角度评价，单从量的角度考虑，的确展现了学术活动的空前繁荣。

五、开展学术交流

随着中国社会的日益开放，中外文化与学术交流的不断拓展，劳改

---

① 参见劳改专业教材编辑部，《中国劳改学研究》编写组编:《中国劳改学研究》，第 53—54 页。

② 同上书，第 48 页。

学的对外学术交流也对其学科建设产生了潜移默化的积极作用。在一边继续移植苏联劳动改造学成果的同时，西方的监狱行刑思想，尤其是英美矫正主义思潮，通过交流和译介也成为监狱理论与制度借鉴的知识资源。以中国监狱学会的对外交流举措为例，彼时的对外学术交流主要通过两种方法，一是邀请澳大利亚、意大利、德国、法国、美国、加拿大、日本等国矫正学者来华讲学或组团赴对方国家监狱进行实地考察。二是与香港惩教教署、善导会等同行，签署学术互访协议，为举办学术访问和研讨活动，建立正常交流通道。总之，在苏联解体之后，面向欧美国家和港澳台地区的学术往来日趋增多。

六、出版学术成果

学术成果的数量和形式是表明学科发展状况的重要指标。据统计，在1979—1989年的最初10年，全国正式出版的劳改专业教材、专著、工具书等，有80余部，1800多万字。其中综合性的研究作品20部，学科教材或专著54部，工具书6部。其时，还组织翻译出版国外监狱学学者的著作15部，选编中外监狱学术参考资料，约400万字。[①]可见，学术成果从数量到品种，都有了可观的收获。

第三节　新中国监狱学的复苏形态：更生劳改学

如果说，"监狱学"是一个较少感情色彩、不分国别时代的一般学科称谓，那么，"劳改学"这一称谓则是为着指导和组织"劳动改造罪犯"这一历史实践而经参与其间的人们主观创造的理论与知识形态，具有强

---

① 参见劳改法学专业教材编辑部，《中国劳改学研究》编写组编：《中国劳改学研究》，第48页。

烈的新中国国家意识形态特征，它主要通过演绎统治理念和归纳劳动改造经验而形成。这一学科称谓的出现并流行，印证了中国监狱学所特有的学术政治语境，也只有联系"劳改学"这一特定学术政治语境，才可能解读中国监狱学在1949—1994年这一发展时期的实质及其特点。

1949—1994年的劳改学发展研究，使我们知道中国监狱学的初创时期乃是1949—1966年。这一时期虽然孕育了劳改学的主要性格特质，但从学科形态的角度看，当时的劳改学发展仍处在前学科时期。其学科形态，无论是理论形态、知识形态，还是话语形态，均未发育成熟。就理论形态而言，它过于直率地引用了国家意识形态的话语工具，使国家意识形态和学科理论形态混为一谈，在功能上未加明确区分；就知识形态而言，它只有概论性质的教材讲义，尚未产生学科内部知识的必要分工，并形成必要的分支课目，也缺乏寻求知识专门化的专著成果；就话语形态而言，主要以"劳动改造"作为核心词汇，黏合政治话语和业务话语，从而形成话语混合形态。总之，中国劳改学在1950年代属于萌芽期，此后在社会文化气候的长期不适之中一直陷于僵滞。直到1979年以后才重获生机，并且在不足15年的时间里快速成长，逐步更新了原有的知识体系。尽管其知识体系的内涵和形式仍比较粗糙，但在教育与科研制度的支持下，有了显著的变化和长足的进展。

如果考虑到中国监狱自1979年迄今的四十年发展，尤其是1994年12月29日《中华人民共和国监狱法》颁布之后，"中国劳改学"正式改名为"中国监狱学"——这一从"劳改学"到"监狱学"的学名改变，意味着在劳改学不断完善其自身形态的同时，已然出现了一种更加深刻的历史塑造力量。其隐含的历史意义就在：为了理解监狱学与劳改学的关系以及走向监狱学体系，产生了重新认识和评价劳改学的需要，而这尤其对于一些中青年学者来说，构成了学术反思和重构的重要动机。正是从苏联解体以及监狱学更名开始，原有劳改学的内涵、结构和形态不可避免地进入了"知识解析与重构"的历史转型过程。不过，准确说来，虽然"矫正"日益呈现后来居上之势，但以"改造"为标志的劳改学仍是今天中国监狱学的基本特质。学名称谓的改变虽然是事实，而由于路径依赖的缘故，其理论与知识话语的转型与重构无疑会是艰难而缓慢的过程。以下从其学科形态的实质构成，即理论形态、知识形态和话语形态三个方面给以简要分析，以期从总体上揭示自1980年代初，到1990年代中期中国监狱学所特有的更生劳改学，究竟具有怎样的形态学特征。

一、劳改学的理论形态分析

如前所述，1950—1960年代劳改学的理论形态与当时的国家意识形态几乎是同构同形的。其实质内涵主要来自党和国家领导人有关劳改工作的批示与讲话。这些批示与讲话涉及劳改工作的性质、任务、方针和政策等，就是理解和解决各种劳动改造罪犯问题的基本依据。可以说，对领导人批示与讲话所蕴含的劳改思想进行演绎性的论述和说明，同时借助经验总结或调查报告的形式，构成了当时基本的理论形态。这种在五六十年代兴起并行之有效的理论形态，在1979年以后虽然已经大大弱化，但仍是最重要的理论特征。不过，更生的劳改理论形态，无论是论述的对象还是论证的形式，相比初期演绎粗疏的理论形态已变得更加合理而密实。具体表现在：

（一）意识形态的有理化

如果说，初创时期的劳改学在将意识形态进行理论加工和创造方面做得远远不够的话，那么，渐臻成熟的劳改学恰恰在将意识形态转换成理论形态方面表现了劳改学者的高度自觉。由于理论意识和修养的增强，至少在理论形式的精致方面，较前有了显著的改观。例如，有不少学者主要致力于研究毛泽东劳动改造思想。将毛泽东劳动改造思想提炼为理论来源、历史条件、形成过程和基本内容等若干方面，对被命名为"毛泽东劳动改造思想"的理论对象和内容,给予了诠释和扩充研究,使作为意识形态出现的毛泽东劳动改造思想具备了理论形态的必要特征。例如,较有影响的综述性著作《中国劳改学研究》《中国劳改法学理论研究综述》等,将毛泽东劳动改造思想归纳整理成了三个方面的理论组成部分:

一是毛泽东劳动改造思想的理论来源。认为它是马克思主义同中国劳动改造罪犯具体实践相结合的产物,是中国共产党人集体智慧的结晶,是对中华法律文化遗产的批判继承。其中涉及经典作家对于毛泽东劳动改造思想的影响时,详尽地论述了马克思主义的唯物史观、认识论、劳动价值观和国家与法的学说等四个方面是其理论渊源,并对上述四个方面如何构成了对毛泽东劳动改造思想及其实践的指导关系进行了条分缕析。

二是毛泽东劳动改造思想的形成条件。主要从中国近代以后的社会历史状况,政治经济现实及文化思想因素,论述毛泽东劳动改造思想作为一种中国化了的马克思主义,其产生、形成和发展的历史原因。

三是毛泽东劳动改造思想的基本内容。《中国劳改学研究》归纳为:1.辩证唯物主义、历史唯物主义的劳动改造观;2.社会主义劳动改造条件论;3.无产阶级劳动改造政策与策略思想;4.罪犯改造规律的一般总结;5.中国劳动改造罪犯场所建设模式的思想;6.毛泽东劳动改造思想不断发展和完善的理论。[①] 而《中国劳改法学研究综述》主要归纳为:1.无产阶级改造社会与人类的唯物史观;2.监狱的国家机器说和社会主义初级阶段阶级斗争理论;3."人是可以改造的"的思想;4.社会主义人道主义思想;5.唯物辩证法的劳动学说;6.坚持人民民主专政的思想等。[②]

---

① 参见《中国劳改学研究》,第30—35页。
② 参见《中国劳动法学研究综述》,第1—10页。

以上两书在归纳上或有重复以及不尽一致，但其意识形态有理化的方法却基本相同：都是引用马列经典言论，结合毛泽东等人的批示与讲话精神，联系新中国成立以来的劳动改造经验，从道理层面进行演绎分析与证明，以此形成其观点和理论的体系性和权威性。可以看到，有关毛泽东劳动改造意识形态的理论表述已经为中国劳改学提供了一个自足且排他的理论基础。

（二）研究论域的复杂化

中国劳改学除了根据意识形态演绎构筑其基本理论形态外，随着分支学科的建立，其应用理论形态也开始发展起来，呈现了研究形态的某种复杂化趋向。监狱史学的研究、劳改法学的研究、狱政管理的研究、罪犯心理的研究、罪犯教育的研究等，均从相关学科，一定程度借取了不同的理论，形成了以劳改核心价值观念与相关理论知识相结合的应用交叉理论基础。如监狱史学中的历史唯物主义理论，劳改法学中的劳改法律关系理论，狱政管理学中的科学管理理论，罪犯心理学的心理结构理论和罪犯教育学中的教育原则理论等，体现了理论观点及其内涵构成较以前丰富，研究论域趋于多样化和复杂化。需要说明的是，尽管1980年代以后的监狱学深受各种社会思潮的影响，但它在研究方法的改进方面相对其他非政治的社会学科，仍然是相对保守后进的。研究论域的复杂化主要反映了分支研究较前有所发达，但总体说来，还未改变相对单一的传统研究思维。同时，从方法论角度对于研究立场的反思也很缺乏。

（三）著述形式的多样化

据统计，1949—1983年，中国劳改学仅有内部教材讲义17种和少量论文，其著述形式也相当单调。1980年代以后，随着出版业的复兴和行业期刊的繁荣，劳改学的著述形式产生了一系列的变化。除了专著、教材、大型资料汇编、学术论文、研究综述、专题文集、辞书编纂等著述成果，更为显著的变化是体系性的著述形式得到较多的运用。自 1980 年代初至 1990 年代中期，国内出版专著、教材、综述、词典等图书资料 200 余部，已经超过了民国时期的监狱学著述资料总数。尤其是专著数量的增长，表明劳改理论的学术著述由单调、重复走向复杂、多样。

二、劳改学的知识形态分析

如果说 1950 年代劳改学最典型的知识形态是概论式的内部教材讲义。学科建设在少数高校只有课程建设上的一些讲义和教案成果，且主要是满足干部培训课程的需要。那么，1980 年代以后，在发展劳改学高等教育的有利形势推动下，伴随劳改学研究的快速发展，劳改学的知识形态因课程体系的发育而逐渐成长。在 1980 年代初至 1990 年代中期的十余年间，如果比较几种政法类高校通行的劳改学专业教学计划，可以看到劳改学体系已形成了一个内部知识分工相对合理，基础科目与专业科目相复合的课程设置结构。其主要科目课程有：劳改学基础理论、中国监狱史、外国监狱制度、比较监狱学、罪犯改造心理学、狱政管理学、教育改造学、罪犯劳动改造学、劳改经济管理学、劳改政治工作学、狱内侦查学、劳改法律文书等。这些课程从研究对象的构成及其外部知识联系看，已经具备了显著的综合性和交叉性。在这个时期，关于劳改学的知识形态及其性质问题，国内劳改学者之间不乏热烈的学术争鸣，并产生了若干具有代表性的意见。例如，由邵名正主编的《中国劳改法学研究综述》记述，关于劳改学的学科性质出现了如下几种观点：一是认为它是研究关于劳动改造执法活动的科学；二是认为它是研究劳动改造立法和劳动改造罪犯的科学；三是认为它是研究罪犯劳动改造特点和规律、劳改工作方针和政策以及改造罪犯手段，以达到改造罪犯最佳效果的一门社会科学。几种意见虽是学科名称之争，其实是知识构成之争，反映了不同的知识视角和功能观，由此使得在选择和建构知识形态时，必会产生差异显著的结果。不过，不管对于学科属性的认识存在多大的分歧，争鸣双方皆看到了该门学科具有多样的分支或交叉科目，包含了复杂的知识构成，与其他多种社会科学有着广泛而深刻的联系。被劳改学研究者所共同认识到的相邻交叉学科主要有马克思主义哲学、法学、经济学、教育学、管理学、社会学、犯罪学、心理学、劳动学和其他行为科学等。此外，《综述》还提到，有的学者认识到劳改学知识形态具有不同层次和类型的构成，即经验知识、规范知识、理论知识和哲学知识等，据此可将不同课程知识归入不同层次或类型的范畴。这种意见说明了对于劳改学知识形态的结构和特点也有了比较深入的认识。

总之，从知识形态的构成方面看，中国劳改学确实具备了相对完整的学科知识体系特征。与此相应，在著述方面也取得了可观的收获。除了系列教材之外，《中国监狱史料汇编》（上、下）、《外国监狱资料选编》（上、中、下）、《外国监狱法律法规汇编》（上、下）、《民国监狱资料选编》（上、下）、《中国劳改法学百科辞典》、《中国劳改学辞典》等大型体系化的文献书籍的编写出版，可以为此提供具有说服力的例证。

不过，如果从内容方面考察，可以发现尽管已经有众多的劳改学教材及其参考资料，但由教材所反映出来的各门课程对于相关学科知识的汲取和利用却仍处于初级阶段，亦即并未真正实现相关社科知识的有效吸收和转化。此外，概念的生搬硬套痕迹也十分明显，其理论品质和专业知识的"含金量"，比较其他成熟社会科学，可谓相形见绌，差距明显。

三、劳改学的话语形态分析

任何学科的知识体系都有其相应的学术话语形态。劳改学科知识体系的话语形态亦即劳改话语形态。话语既是知识的载体，又是知识的牢笼，这是知识与话语关系所固有的两重性。一种话语记录一个时代。从话语分析的角度有助于呈现劳改知识的特点或局限等问题。

　　劳改学是一门具有鲜明话语特色的学科。

　　首先,劳改学中最具话语特色并且最具话语构造力的词语,就是"劳改"这一根词。"劳改"一词代表了一个特定的时代,表达了作为一种知识的政治功利和行刑态度。在这个根词中既包含了行刑目的,又指示了行刑方法。它无论是当作学术词汇,还是实际用语,在被规定的语境中,居于元概念,亦即理论本体的地位。如果将"劳改"一词抽去,则劳改学科大厦或劳改工作系统便会陷于瘫痪。事实上,"劳改"一词正如产生它的时代一样,有着复杂的历史蕴含,从思想和行动渊源上看,它直接来自苏俄的影响,更进一步分析,则可以认为它是自 19 世纪以来西方社会科学和社会主义运动所造就的宏大社会改造与革命叙事的组成部分。在"劳改"一词中,国家意识形态和刑事惩罚方法获得了高度的统一。

　　其次,劳改学中具有劳改话语特色的词汇,是以"劳改"作为根词所构成的一系列词组。例如,劳改工作、劳改机关、劳改农场、劳改企业、劳改干部、劳改体制、劳改方针、劳改构成、劳改条例、劳改工作基本矛盾、劳改法学,等等。从这一系列词组中,我们看到了劳改的话语形态是如何衍生与建构起来的。

　　再次,劳改学中还有一些特定用语习惯。例如"两个结合""三个为了"或用"第一、第二"等来区别和处理不同对象的重要性,也不妨看作是劳改话语形态的组成部分。它们的存在表明,劳改学是一门总结实践经验、注释方针政策的应用学科,但其学术话语的口语化痕迹严重,未曾经历合乎语义逻辑的概念思辨及理论建构,离纯粹科学还有很大的差距。

　　总之,劳改学的话语形态是劳改学的重要特征之一。它的话语秩序是劳改学保持自身学术效用的必要条件。劳改话语的结束将会是中国监狱制度与学术史上的重要事件。事实上,自 1994 年 12 月 29 日《中华人民共和国监狱法》颁行之后，"劳改"一词已被"监狱"一词替代。这一替代现象的产生以及欧美行刑矫正主义思潮的悄然植入，意味着20世纪末人们将逐步告别劳改话语一统天下的时代。当然，话语的告别并不是话语的即时消失。新旧话语的交替，将会是一个新旧话语共存的过渡与转化时期。并且，与"改造"真正并存的行刑理念不是"监狱"这个执行自由刑的实体机构名称，而是强势植入的"矫正"。换言之，过渡监狱学与纯粹劳改学的不同在于，出现了"改造"和"矫正"这两种行刑理念的并行过程，出现了"改造话语"与"矫正话语"的折冲、调和或竞存关系。确实，这是一个正在经历，并且无法阻止其发生变化的历史事实，而叙述这个延续至今的历史事实，将是本章第四至六节的主要任务。

第四节　从劳改学到监狱学：
"过渡监狱学"的基础理论轨迹

如前所述，自1979年至2019年的中国监狱学不仅经历了传统"劳改学"的更生发展，也同步经历了从劳改学到监狱学的转型发展。分析这一时期监狱学理论内涵和知识构成的演变特征，笔者将其复合交替的学术历史发展，大致分为三个阶段或时期：一是自1979年至1995年的十五年左右，为恢复劳改学传统的"更生劳改学"时期；二是自1985年至2005年的二十年左右，为"劳改学"向"监狱学"转型发展的"过渡监狱学"时期；三是自2005年至2019年的十五年左右，为"过渡监狱学"进入有所拓展和更趋深化的转型发展后期，但终究仍未超越"过渡监狱学"的发展阶段，故称之为"后过渡监狱学"时期。

按照以上的叙述安排，本节主要论述"过渡监狱学"的基础理论演变轨迹。

一、概述

监狱学基础理论或曰监狱学基本原理，在监狱学中处于基础和核心的地位。其基础理论问题，除了通常安排在绪论中加以探讨的学科建设基本理论问题之外，主要是对于"监狱"这一实体现象的原理研究。监狱学基础理论应包括哪些基本内容与问题，学者之间在认识方法及其知识处理上存在很大差别。在 2010 年以前，虽有名为"监狱学基础理论"这样的教科书，但一个突出的问题是很难将这样的教科书和名为"监狱学"或"监狱学概论"的教科书，在内容与体系上加以区别。① 这种状况至少说明一开始国内监狱学的基础理论研究还十分薄弱，未从其一般的概论体系中抽象形成自身基础性和理论性皆备的原理体系。例如，大型综述作品《中国劳改学研究》（以下简称《研究》）第二编在"中国劳改学若干理论问题研究"名下，主要根据专业期刊论文先后经历的理论热点，以一章一题列举了 32 项理论问题。除了部分可归入前述学科建设基本理论问题之外，还有诸如劳改机关的性质、劳改机关的任务、劳改工作方针、劳改工作政策、劳动改造与劳改生产、劳改工作的基本矛盾、罪犯的构成与特点、罪犯的法律地位、改造罪犯的基本手段、分押分管分教制度、减刑和假释制度、计分考核奖罚制度、改造质量标准、监区文化建设、人权和中国的劳动改造、中国劳改工作特色等分布范围广泛的交叉理论问题，虽然包含了基础理论的知识内容，但其具体论述却不仅因理论思辨的欠缺而严重削弱了基础理论的品质特性，而且，不少应用理论问题被当作基础理论的对象加以处理。比如，在第四编的第二部分"中国劳改学学术研究观点简辑"名下，将上述基础理论内容又细分为九个

---

① 如将杨世光、夏宗素分别主编的《监狱学基础理论》、兰洁主编的《监狱学》、邵名正主编的《监狱学概论》或其他同类教科书的任一版本做一对照比较，皆可得上述之印象。参见附录三。

方面，每个方面包括若干个专题的形式。同时，将专业期刊论文出现的主要理论观点进行了专题概括介绍，就劳改学基础理论方面的问题列举了 14 个专题，包括劳改学的学科名称、劳改学的学科属性、劳改学的理论体系、劳改构成理论、劳改主体客体问题、劳动改造的概念、罪犯的构成、罪犯中两类矛盾划分问题、劳动改造与教育改造的地位主次问题、劳改方针的内涵问题、劳改机关的性质、劳改机关的职能、劳改工作的法律地位、劳改工作的基本矛盾等。这些专题大部分长期以来确实在劳改学理论中被反复探讨。换言之，在劳改学论域中似乎并不存在比这些问题更具基础理论性的其他问题，因而被作为基础理论问题加以对待。

而另一大型综述作品《中国劳改法学理论研究综述》(以下简称《综述》)则主要根据"劳改法学概论"教科书内容体系的顺序，将 1980 年代以后十多年间呈现的学科研究状况及其理论观点，纳入各章进行专题转述和评价。其各章包括劳动改造法学概述、劳动改造立法与劳动改造法学、刑事执行与劳动改造、劳动改造机关、罪犯、教育改造、狱政管理、行刑制度、劳改经济、刑释人员的社会保护、狱制的比较研究等，却并未采纳基础理论和分支理论的分类方法。因此，对于上述专题中哪些为基础理论问题，需要进一步分析和判别。

以上无论是《研究》或《综述》所归纳整理的理论问题，其中相当一部分问题，如罪犯中两类矛盾的划分问题、劳动改造与教育改造的地位主次问题等，属于"工作"或"政策"等社会行动题域的对策研究，虽然需要理论论述给以证成，但本身并不具备基础理论研究的意义。即便是某些具有基础理论意义的问题，如劳改机关的性质或劳改工作的基本矛盾等，也还基本停留在对预设的大前提进行注释、演绎以及循环论证的研究状态，从而反映了劳改学的问题意识及其理论话语特点。不过，考虑到监狱学处于过渡发展的初期，基础理论研究演变尚处在上述状态，亦无可厚非。

　　1979 年之后，伴随高等政法院校教育的恢复，监狱学基础理论首先缘于为适应劳改学科重建而编写劳改学系列教材的需要，其最初名为"劳改学基础理论"。1982 年 10 月由杨显光主编的《劳动改造学》①在第一章概论部分首次对劳改学的研究对象、研究任务、指导思想以及与相关学科关系等学科建设基本理论问题进行了论述。与此同时，由徐觉非、邵名正等人为北京政法学院本科生编写的《劳动改造学》②，劳改专业教材编辑部组织翻译的《苏联劳动改造法教程》③，刘智的《中国劳改法学》，④刘兴权的《劳改学》⑤等教材、著译作相继问世，也或多或少地涉及了基础理论问题。随着学科建设的推进，此后各种以"劳改学"或"劳改法学"命名的概论或基础理论教材与著作，在其绪论部分一般都会论述本学科的指导思想、研究对象、学科性质、学科体系、研究方法等学科建设的基本理论问题。学界对这些涉及学科建设的基本理论问题曾有过反复的探讨。⑥不过，对这些问题的认识和表述在新老学者及其教材或著作之中，迄今仍见仁见智，不尽一致。除了学科建设基本理论问题以外，涉及监狱现象本身的基础理论研究，主要体现在监狱学或监狱学基础理论的绪论以外的正文部分。不过需要提醒的是，在这些章节中也许作者自以为论述了各自的基础理论问题，但是否真正具有基础理论命题的性质和价值，还是要结合具体论述的情况加以判断。例如，1981 年 8 月由群众出版社在国内最早公开出版、内部发行的劳改学教材《劳

　　① 杨显光主编：《劳动改造学》，夏宗素参编，西南政法学院 1982 年 10 月印行。
　　② 徐觉非、邵名正等编著：《劳动改造学》，群众出版社 1983 年版。其编写始于 1980 年 9 月，1981 年 10 月编定，邵名正统稿。
　　③ 劳改专业教材编辑部：《苏联劳动改造法教程》，1983 年印行。
　　④ 刘智：《中国劳改法学》，未来出版社 1985 年版。
　　⑤ 刘兴权：《劳改学》，吉林大学出版社 1985 年版。
　　⑥ 参见中央劳改劳教管理干部学院专业教学部：《劳改法学基础理论参考资料》，1986 年 10 月编印；郭明主编：《"中国监狱学科建设暨监狱制度创新学术论坛"文集》，2004 年 10 月印行。

改工作》虽然涉及当时劳改学有关研究对象的多种基本问题，但作为一本业务培训教材，不但问题意识与理论分析欠缺，即使分析概念和意义等问题也只有简单的宣讲与解释，并不具备作为基础理论所特有的理论思辨与论证特点。

1982年10月由杨显光主编的《劳动改造学》，研究内容和问题进一步拓展，理论性有所增强。不过，虽然相对《劳改工作》有了明显的理论问题意识和理论论述特点。不仅论述了研究对象、指导思想、与相关学科的关系等学科建设理论问题，还提出了劳动改造的必要性和可能性、罪犯的特点和改造的规律等理论问题，主要依据马列经典作家的观点进行了援引、论证和解释，但其主要问题是依然没有建构基础理论体系的自觉意识。

应该说，较早具有基础理论建构自觉意识的第一本劳改学著作，应推刘智的《中国劳改法学》。该书除了第一编论述劳改法学的概念、研究对象、指导思想、地位作用和劳改法学的产生等学科建设基本问题；第二编即以五个章节的篇幅，系统论述其提出的"劳改构成论"这一基础理论命题；第三编以六个章节的篇幅，论述了可称为"罪犯改造论"这一应用理论命题。可以说，刘智此书实际上由学科建设论、劳改构成论和罪犯改造论三论构成。此外，该书还用图表手段将全书主要内容汇制成25份图表，试图进一步整理所论述内容的内在逻辑关系。虽然，刘智基础理论研究中的劳改构成论备受争议，如责之者认为，劳改构成论不过是对刑法学犯罪构成论的照搬和误用。也许，劳改构成论一直未被普通教科书采纳，确与其理论描写和解释的品质一直受到质疑有关。但应当承认，刘智的基础理论建构意识在同辈中无出其右者。

同样是1980年代初就致力于劳改法学研究的学者，邵名正对于劳改法学的研究，表现了与其法律学科知识背景相一致的基础理论研究旨趣。他更加关注劳改法学作为法学的问题属性。与同时期其他同类著作相比,在他主编的一系列劳改法学教科书中,有关刑罚及行刑的一般原理和刑罚执行基本法律制度的论述比重明显增加。

同时期的学者杨世光主编的《劳动改造学基础理论》,是由劳改专业教材编辑部组织编写的国内第一本以基础理论命名的教材,[①] 标志了劳改学基础理论已成为劳改学科中一门独立设置的核心基础课程。该教材首次就劳改学基础理论的研究对象、研究体系和研究方法进行了阐述。它提出的基础理论研究对象与体系主要有五个部分组成。第一部分,研究劳动改造科学的思想理论渊源;第二部分,研究马克思主义关于监狱的基本观点、改造罪犯的基本理论和规律;第三部分,研究劳动改造罪犯的历史发展及物质和意识体系;第四部分,研究劳动改造罪犯的基本手段和实施;第五部分,监狱制度比较研究。其研究方法被归纳为阶级分析法、经验总结法、调查分析法、比较研究法、系统论等科学方法。从所辖十三章的知识结构和行文风格来看,虽然论证说理的成分相比概论式教材大为加强,其中还不乏主义、学说、原理、规律等表征基础理论的大词,但因其对学科各部分内容皆逐一给以论述,虽然全面论述了改造罪犯的基本理论问题,但与概论性教材,仍无根本区别。

由夏宗素主编的基础理论教材,虽然亦名为基础理论,但同样侧重学科内容介绍的全面性,而在基础和应用的理论属性和层次之间也未加区分。由其主编的多种监狱学基础理论均采用了与概论相似的知识结构体系,其基础理论的特点除了在个别章节有所体现,全书基础理论的内容几乎被概论式的安排消解了。

还有一种称为总论的无所不包的体裁,如赵建学 1987 年 11 月编著出版的《中国劳改法学总论》,到金鉴主编 1997 年 12 月出版的《监狱学总论》,其著述目标均在于对不同时期监狱学理论作总体论述,自然包

---

① 杨世光主编:《劳动改造学基础理论》,社会科学文献出版社 1990 年版。

含了基础理论的内容。但将十年前后两种总论加以对照,可以发现后者的理论概括意识及其成效,比前者有了稍许增强,除对分支理论进行重新分篇论述,在基础理论层面首次出现了监狱本论(第一章)、罪犯本论(第十一章)等命题概括形式。

此外,尤其值得注意的是,在过去的三十年中,不具备劳改理论研究特点的个别研究成果,显示了独立探索和革新基础理论研究的努力及其标志意义。其中,代表性的成果可推许章润所著《监狱学》。此书出版于1991年2月,其时中国劳改学尚未更名为监狱学。这是1949年以后中国大陆以"监狱学"命名的第一本个人专著,此书虽名为《监狱学》,其实是一本主要论述监狱学基础理论的原理性著作。该书在导论部分介绍监狱学学科研究对象、性格和地位、历史、研究方法等学科基本理论问题之后,正文部分分为狱理、矫正、狱政三篇。"狱理篇"即为基础理论篇,共设五章:第一章监狱(上),第二章监狱(下),第三章罪犯,第四章行刑(上),第五章行刑(下)。作者以其自成特色的理论思路,阐述了可被概括为"监狱现象论""罪犯特征论"和"行刑机理论"构成的监狱本体理论。[①] 从理论的深度和广度以及论述风格的独特性而言,《监狱学》的狱理部分已经很大程度超越了传统劳改学的理论与话语传统,尤其在历史与比较的维度上有了内涵更加丰富、思辨更加明晰的理论纵横展开。在有关监狱的概念、起源、特性、监狱的行刑权、行刑原理等理论问题方面,其论述的思想性、知识性与逻辑性,均明显胜于同行前辈学者,显现了年轻一代学者对于传统监狱学理论的创新及其成就。尽管从不同部分的具体内容论述来看,也依然存在某些很有意味的不平衡性。例如,在其论述行刑原理问题时,虽然将"劳改过程"改为了"行刑过程",但支撑其论述的理论和话语资源仍主要源于劳改学传统理论,

---

① 当然,有必要说明,作者本人并未明确将其狱理划分为上述三部分。这只代表了我对其作品的研究意见罢了。

其"行刑论"还是一种"改造刑论"。对于前辈超越的不完全性,表明其监狱学仍为一种"过渡监狱学"代表作品。

与此同时,1990年前后相对深入的专题性基础理论研究及其成果,值得给以特别关注的是根据中国政法大学劳改法学专业硕士研究生的学位论文,由邵名正指导,许章润、孙晓雳等选编出版的论文集《劳改法学理论新探》。① 这一硕士学位论文集的问世,在一定程度上体现了国内起步不久的劳改法学专业研究生的理论旨趣和水平,也反映了"过渡监狱学"研究在基础理论和应用理论方面的前沿成果。就论文集选收的部分优秀学位论文看,其课题已经涉及了被当时国内监狱学界认为基础或综合的主要理论问题。如惩罚与改造关系问题、罪犯改造的可能性问题、罪犯的法律地位问题、罪犯处遇的人道主义问题等。不过,这些相对注重学理分析的年轻学子的成果,虽然充满了理论探索的精神和开放思想的努力,但对于比较缺乏基础理论探索传统和氛围的国内监狱界而言,其学术影响迄今仍非常有限,其理论创新价值没有获得应有的重视和必要的利用。

总的来看,在2005年以前,监狱学基础理论研究虽有连绵不断的热点问题探讨,但大多以基础理论、应用理论和学术时论的混合理论形态为主。这一特点,只要用心浏览一下中国监狱学会于2000年组织首届全国优秀论文评选中申报的296篇参评论文,尤其是30篇优秀获奖论文,即可获得印证。② 除了少数获奖优秀论文之外,这些发表于1996年至2000年之间的参评论文,大部分虽然不乏反映现实问题的敏锐性和探索性,但其选题还是比较宽泛、论述不够严密,且理论抽象不足。由于基础理论研究人才的匮乏和功利主义研究风气的盛行等原因,致力

---

① 　许章润、孙晓雳等:《劳改法学理论新探》,中国人民公安大学出版社1991年版。
② 　参见《1996—2000年首届获奖优秀论文集》,中国监狱学会编印,2001年2月,内部发行。

于基础理论的学术研究精神仍然相对欠缺和贫乏。尽管，也不应忽视1990年代中期自学科名称变更以后所发表或出版的一系列论文和专著中，符合基础理论范畴的研究命题逐渐增加，理论品质有所提升。例如《刑罚个别化研究》《行刑社会化研究》《行刑法律机能研究》《冲突、协调与秩序》《监狱概念与定义的重新研究》《中外监狱教育刑的困惑及其启示》等代表性论文和专著，虽然表现了与以往不同的基础理论研究意识和学术旨趣，但其间较高品质的基础理论研究成果仍然比较稀少。而且，有必要指出，在2005年以前，各种统编教科书对于基础理论问题的介绍和阐述，相对于基础理论研究业已取得的最新进展，则显示其理论更新和新知利用严重滞后，既对新的理论成果吸收和转化不足，也未出现监狱学基础理论内容与体系的革新形态。

二、主要概念或问题

（一）关于学科建设的主要概念或问题

1. 关于指导思想

"指导思想"是中国劳改学表达其学科建设立场和行刑政策的专门术语。它试图规定和支配劳改学研究以及行刑实践的目的与方法。在劳改学研究的目的和方法问题上预设了理论研究的大前提。它不同于行刑目的或理念的学理性表述。"指导思想"这一概念把一个国家及其执政党的意识形态同具体学科的理论根据紧密地锁定，它是意识形态在劳改学中最集中的表述手段。

从1982年10月杨显光主编的《劳动改造学》，到2001年夏宗素主编的《监狱学基础理论》，其间大部分教科书都一直采用了"指导思想"这一提法。关于"指导思想"最早的典型表述是："劳动改造学的研究，必须以马列主义、毛泽东思想为指导思想。这是因为劳动改造学作为一门社会科学，它所涉及的内容，除了社会性的一面外，更重要的是阶级性的一面。它是为无产阶级的政治统治和最终实现共产主义社会制度服务的。"① 而晚近的表述则添加了邓小平理论，并把服务对象修正为"是为人民民主专政和社会主义制度服务的"。② 不过，需要指出的是，对于马列主义、毛泽东思想中究竟何种理论思想构成了劳改学的指导思想内容，在理解和表述上却存在不同看法。杨显光主编《劳动改造学》认为至少应包含以下四个方面，即人民民主专政的思想、人是可以改造的思想、实事求是的思想、辩证唯物主义和历史唯物主义。刘智所著《中国劳改法学》直接采纳了"历史唯物主义和辩证唯物主义"一说。赵建学的《中国劳改法学总论》除了赞同以上提法，还补充了"生产劳动是罪犯改过自新的基本手段"。邵名正主编的《劳改法学教程》则归纳为"无产阶级改造社会和人类，惩办与改造相结合，社会主义人道主义，唯物辩证的劳动学说"。③ 总之，在具体表述上不尽一致。《中国劳改学研究》在列举了若干分歧之后认为，"劳改学的指导思想，实质上就是劳改学的思想理论渊源问题，应包括这样四个方面，即马克思主义的唯物史观、马克思主义的认识论、马克思主义的劳动价值观、马克思主义的国家与法的学说"④ 该书并将上述的每一个方面所包含的主要内容或观点与劳改学的联系与功用进行了介绍。⑤《中国劳改学研究综述》也对上述观点用"大多数人认为"作了综合，在理解上特别强调改造社会、改造人的思想以及社会主义人道主义思想的作用。⑥

　　在 2005 年以前，在官方组织编写的集体合著或统编教材中，有的虽已放弃了指导思想的提法，如金鉴主编的《监狱学总论》已改为理论

---

① 参见杨显光主编：《劳动改造学》第二节，西南政法学院 1982 年 10 月印行。
② 参见夏宗素主编：《监狱学基础理论》第四节，法律出版社 2001 年版。
③ 参见邵名正主编：《劳改法学教程》第四节，中国政法大学出版社 1991 年版。
④ 引自《中国劳改学研究》，第 130 页。
⑤ 参见《中国劳改学研究综述》，第 130—139 页。
⑥ 同上书，第 1—7 页。

基础，① 涂发中、郭明主编的《监狱学基础理论》改为行刑思想，② 但名称虽改而论述内容则还是大同小异。与此同时，值得注意的是，在大部分个人论著中，已经不再有指导思想一类的论述。这种变化说明了"过渡监狱学"中，直接援引国家意识形态作为行刑理念的理论形态与表述方式的传统做法正在逐步更新和转化。

2. 关于研究对象

研究对象是科学研究和学科建设的基本概念。它对于确认学科的名称、性质、任务和方法等具有决定性意义。关于劳改学的研究对象，曾经有过许多不同的观点。杨显光指出应以"对依法判处死缓、徒刑的罪犯实施惩罚和改造"为研究对象；③ 刘智认为主要研究"劳动改造罪犯成为新人，化消极因素为积极因素的规律"；④ 赵建学认为应"以惩罚和改造罪犯为研究对象"；⑤ 杨世光认为研究对象是"劳动改造罪犯现象及其特殊矛盾性"；⑥ 许章润认为应"以监狱本体及其行刑为研究对象"；⑦ 邵名正认为应研究"惩罚与改造罪犯产生、发展及其变化的客观规律"；⑧ 夏宗素认为应"研究监狱、监狱法制、监狱行刑理论以及对罪犯实施惩罚和改造这一社会现象及其规律"。⑨ 从上述部分观点已可以看到，有关研究对象的理解和表述不仅存在认识角度不同，也存在着前后认识的变化。由于有关研究对象的认识不同，导致与之相应的理论与知识的构成理解和体系建构不尽一致。值得注意的是，尽管存在着研究对象认识

① 参见金鉴主编：《监狱学总论》，法律出版社 1997 年版，第 10—23 页。

② 参见涂发中、郭明主编：《监狱学基础理论》，金城出版社 2003 年版，第 115 页。

③ 参见杨显光主编：《劳动改造学》，第 1—3 页。

④ 参见刘智：《中国劳改法学》，第 2 页。

⑤ 参见赵建学编著：《中国劳改法学总论》，第 4 页。

⑥ 参见杨世光主编：《劳动改造学基础理论》，第 11 页。

⑦ 参见许章润：《监狱学》，中国人民公安大学出版社 1991 年版，第 1 页。

⑧ 参见邵名正主编：《劳改法学概论》，中央广播电视大学出版社 1995 年版，第 2 页。

⑨ 参见夏宗素主编：《监狱学基础理论》，法律出版社 1998 年版，第 2 页。

的差异,但对于将惩罚和改造罪犯这一任务作为研究对象的主要内涵之一,还是具有相对较高的认同度。此外,到 1990 年代中期,劳改学(或监狱学)和劳改法学(或监狱法学)两者虽然存在学科名称及其名实关系的差异,但从教科书的对象和体系来看,似仍未将其研究对象的异同,在定义上给以明确的比较和区分。事实上,自中国劳改学会从中国法学会独立之后,劳改学和劳改法学的学科隶属关系上已逐渐厘清,即认为劳改法学乃是劳改学和法学的交叉学科。它既是劳改学的分支学科,也是法学的分支学科。但迄今为止,由于劳改法学或监狱法学并不具有相对独立的专业建设地位,专业教学与研究人员的法科专门分工建制定型,导致适应劳改法学研究对象所需的劳改法学教学与研究人才既数量不足又质量不济,以至从教科书内容及其教学与研究方法的学科属性而言,迄今虽在人才培养上存在课程设置层次的并立或交叉,但并没有在培养目标和方法上,对监狱学与监狱法学作出专业设置层次的区别。

3. 关于学科性质

和对研究对象的认识状况相一致,关于学科性质,国内学者基于知识背景和研究立场的不同,也存在较大的认识分歧。根据《中国劳改学研究》《中国劳改法学研究综述》所做归纳认为,迄至 1990 年代初,有关学科性质的主要意见约有四种:第一种意见把劳改学划入政治科学。理由是劳改学所研究的罪犯劳动改造现象,实际上是国家职能的表现,是国家政治权力的运用,监狱是国家机器的组成部分,中国劳改机关是无产阶级专政的工具。因此,劳改学和研究国家及其活动的政治学是高度一致的,是政治学的组成部分;并且认为,尽管劳改学具有多学科综合的特点,但政治属性是首位的。第二种意见将之划入管理科学。理由是劳改学需要研究如何管理监狱及其犯人的学问。尽管在管理过程中要依据法律法规,但它的主要对象和基本方面还在于人,要真正管理犯人,需要根据教育科学、心理科学、行为科学等理论,来提升其管理效能。

因此，从它借助知识改善管理来看，划归管理科学似乎更为妥切。第三种意见认为它属于法律科学。理由是劳改学所研究的劳动改造其实是刑罚执行活动。这一活动从收押到释放都必须依法进行。劳改活动的司法性质决定了它是一门研究法律现象的科学。事实上，劳改学的异名称谓之一"劳改法学"已经表明了该学科具有显著的法学属性；[①] 第四种意见把它看作一门综合性的独立社会科学。理由是从劳改学自身的实际和人们对于该学科属性的众说不一来看，劳改学作为一门综合社会科学是显而易见的。它一方面受到哲学、史学、政治学、法学、教育学、心理学、社会学、经济学、犯罪学以及管理与工程技术等多种学科的深刻影响。另一方面，它自身已拥有包括监狱基础理论、监狱法学、中国监狱史、比较监狱学、狱政管理学、罪犯教育学、罪犯心理学、罪犯劳动学等十几门分支科目组成的学科群。此外，劳改学科群具备完整的学科内部层次构造，它有思想原理层次、专业知识层次，还有工程技术层次，因此，认为它是一门相对独立的综合社会科学依据是很充分的。[②]

　　2000 年以后，有关监狱学学科属性的认识，继续稍有深化。例如，在肯定这门学科综合属性的同时，鉴于其所处的特定领域，有的学者认识到，监狱学学科属性从社会服务功能关系分析，首先认为它属于政治法律学科，其次属于社会管理学科等。[③] 也有学者认为，监狱学具有广

---

　　①　1990 年代以来，关于劳改学与法学具有比其他学科更加紧密的学科关系的认识，已被广泛认同。事实上，将劳改学纳入法律学科的学者大都具有法学背景，而早先主张"劳改学"学名的大部分学者具有劳改实践背景。顺便提及，在主张劳改法学或监狱法学的学者中间，关于劳改法学究竟属于刑事法学，还是行政法学，有过不少的争议。引起争议的原因还在于对监狱行刑过程的行政管理活动受何种法律调整以及现行监狱法的法律规范属性存在认识分歧。尽管比较而言，多数人更倾向于认同属于刑事法。不过，人们也已经认识到监狱法律关系具有复杂的构成。

　　②　以上四种意见参见《中国劳改学研究》第 477 页，并见《中国劳改法学综述》第 41 页。

　　③　参见夏宗素：《监狱学的发展及学科建设的理性思考》一文，载《中国监狱学刊》2000 年 3 期。

泛的交叉性和显著的综合性，是一门理论构成复杂、知识属性多样的复合应用理论学科。其复合性主要包括政治法律学科的基本知识属性和其他相关社会人文学科的衍生知识属性等两个部分。[①]

4. 关于学科体系

学科体系的基本含义是学科内部各知识部门所形成的具有结构意义的关系，它反映了该学科知识构成的局部与整体关系，是人们总结特定对象和领域的全部知识并对之进行合理分工的一种制度安排。通过对有关知识内容与形式的这样一种制度性安排，为更有效地积累和传播知识提供了可能。

监狱学的学科体系在形成和发展过程中，伴随关于研究对象、学科属性等问题的认识争议以及学术转型等因素，一直以来其体系处在不断的调整发展之中。早期不同的意见主要表现在学科名称及其体系构成方面。关于学科名称，一种认为应建立劳改学体系，另一种认为应建立劳改法学体系。[②] 主张建立劳改学体系的学者主要考虑劳改学是一门综合社会科学，而劳改法学只是劳改学的一门基础分支学科；主张建立劳改法学体系的学者坚持认为劳改法学是一门国家社会科学，具有鲜明的政治法律属性，而注重改造目的、手段和效果的劳改学，应是劳改法学的分支学科。值得注意的是，尽管两种意见各执己见，互不相让，但从其所提出的学科构成科目来看，彼此重复的科目却占了大半。例如劳改法学基础理论和劳改学基础理论，虽有一字之差，但所论述内容则大同小异。至于狱政管理学、教育改造学、罪犯改造心理学、罪犯劳动学、劳改经济管理、中国监狱史等科目，双方学者都认为是各自体系中所应设置的基本科目。也有的学者采取一种相对妥协的态度。例如，1990

---

① 参见郭明主编：《"中国监狱学科建设暨监狱制度创新学术论坛"文集》，第181页。
② 参见《中国劳改学研究综述》，第51页。

年由劳改专业教材编辑部组织编写出版的《劳动改造学基础理论》一书认为："劳动改造学的学科体系，是我国劳动改造罪犯工作实践经验总结的基础上，在劳动改造科学研究的基础上形成的，而且还在不断完善之中。劳动改造学还是一门年轻的科学，许多分支学科尚处于正在建立之中，不可能一下全部划分出来。"[1] 尽管如此，关于学科体系构成，还是有过多种构想意见。例如，夏宗素认为监狱学学科由两个层面的知识构成，即基础理论层面和应用理论层面。基础理论层面包括监狱学基础理论、监狱法学、监狱史学、比较监狱学、罪犯改造心理学。应用理论层面包括：狱政管理学、教育改造学、罪犯劳动改造学、罪犯行为学、监狱经济管理学、狱内侦查学。[2] 杨世光等人提出"四层次"说，即基本原理层，分支学科理论层，工作实践层和技术基础层。但只在分支学科理论层提出应包括劳动改造学基础理论、罪犯劳动改造学、狱政管理学、罪犯教育学、劳动改造法学、劳改经济管理学、罪犯改造心理学、劳改政治工作学、中国监狱史。此外还应包括中国劳改发展史、外国监狱史、比较监狱学、狱内侦察学、劳改法律文书等。[3] 金鉴主编的《监狱学总论》也提出了"四层次"说，但各层次概括有所不同，即哲学层次、基本理论层次、应用理论层次和应用技术层次。但在哲学层次和应用技术层次没有提到具体科目，而在基本理论和应用理论两个层次所提到的科目，科目有所扩大，增加了监狱社会学、监狱文化学和监狱建筑学、监狱医学、回归社会学等。[4] 还有不少论及学科建设的论文作者提出各种各样的学科体系构成意见，但总的看来，对于核心科目具有基础和应用两方面构成以及大概包括哪些科目等，并没有太多的意见分歧。

---

[1]　参见杨世光主编：《劳改学基础理论》，第8页。
[2]　参见夏宗素主编：《监狱学基础理论》，第5页。
[3]　参见杨世光主编：《劳改学基础理论》，第12—18页。
[4]　参见金鉴主编：《监狱学总论》，第9—10页。

综上所述，由于知识背景和研究立场等不同，各家所分层次及各层次所应划入的具体科目大同小异。小异在于有的学者侧重考虑研究对象的针对性，有的学者侧重考虑课程设置的合理性。此外，以上提到的某些课程，如监狱文化学，监狱建筑学等，或因过于宽泛或因过于专精，事实上并没有在教学计划中作为必修或选修课程，真正付诸实际教学应用。毕竟，中国大陆稍具学科制度规范和组织人事特点的专业教育与学术研究始于1980年代初年，直至2005年不过二十余年。作为一门学科，尤其是具有复杂知识构成的学科，要从"前学科时期"迅速越过学科建设的幼稚状态而进入成熟时期，显然需要更长的积累与发展时间，否则，也有悖于学科成长的一般规律。如果以2000年前后被纳入高等法律职业教育监狱专业统编教材建设计划并经司法部监狱专业教材编辑部审定出版的系列教材为例，那么，比较定型的监狱学专业基础课程和专业课程的主要科目有监狱学基础理论、狱政管理学、罪犯教育学、狱内侦查学、罪犯心理学、劳动改造管理学、中国监狱史、外国监狱概论、罪犯心理矫治、监狱执法文书等。而以2010年前后被纳入全国司法职业教育"十二五"规划教材并经司法部司法职业教育教学指导委员会审定的系列教材为例，又新增了监狱人民警察概论、监狱安全防范、监区工作实务等科目。总之，监狱学学科体系在经历从劳改学到监狱学的名实关系变化之后，其学科体系的基础和专业科目构成与内容，也发生了与之相应的更新。伴随学术转型与话语重构，年轻一代监狱学人借鉴中外监狱学的历史和比较视野，开始重新审视研究对象及其知识构成问题，监狱学学科体系建设不仅进入一个反思和重构的历史时期，而且取得了一些前沿性成果。①

5. 关于研究方法

由于监狱学的研究对象和学科构成具有显著的综合性和广泛的交

---

① 参见本书本章第六节以劳改学到监狱学："后过渡监狱学"的主要理论轨迹。

叉性，其研究方法从基础学科和相邻学科可以汲取和利用复杂多样的思想资源。但是，监狱学学科的不成熟也表现在迄今对于研究方法的理解和应用仍然缺乏应有的深度和广度。在传统劳改学中，比较惯用的研究方法是对于权威教条的注释和演绎，自证其是的说理论证代替了哲学思辨和实证研究，理论反思也相当不足。直到1995年之后，更名了的监狱学除了保持原有意识形态的指导思想和标签化的行文论述，开始不同程度借鉴、应用一些相关学科的研究方法。从一般方法论角度看，中国监狱学十分强调马列主义、毛泽东思想的指导意义，同时主张以历史唯物主义和辩证唯物主义的思想方法和无产阶级专政学说等解决罪犯改造的实践问题。从具体方法而言，不少劳改学或监狱学教科书将研究方法大致归纳为理论认识方法和调查研究方法。前者主要有：（1）阶级分析的方法；（2）理论联系实际的方法；（3）批判与借鉴的方法；（4）经验概括的方法。后者主要有：（1）观察法；（2）实验法；（3）个案研究法；（4）统计分析法等。①

　　对于劳改学的研究方法，也曾有过一些内部的批评与争鸣。有些学者认为劳改学研究存在思维贫困的现象，必须变革思维方式。应从封闭性到开放性，从单一性到多样性，从静态性到动态性，从片面性到系统性，从保守性到创造性以及应注意多边研究、比较研究、事实研究，要引进自然科学的研究方法等。但是，革新研究方法的观念虽然可取，但其实践做法及其效果却未必尽如人意。例如，自1980年代中期以后，国内有关控制论、信息论、系统论的新科学思潮广为流行，监狱学界也受到波及并响应热烈，谈论新老"三论"近乎成为一种学术时尚。凡发言和作文言必称"老三论"（控制论、信息论、系统论等）以及"新三论"（协同论、耗散论、突变论等）者不在少数，但究其实质大都还是近似教条式

---

　　①　参见《中国劳改学研究综述》，第61—63页。

应用，其理论功效不过是一种试图挟新权威理论以助论证之效的修辞手段而已。如果总结研究方法的实际应用情况，则具有如下主要特点：一是通过国家意识形态的演绎，构成基本理论内容；二是通过劳改政策与法律的诠释，编织知识结构体系；三是通过劳改工作经验的概括，加强专业应用基础。

从 1994 年以后，监狱学的研究方法意识发生较大变化，主要表现在研究立场的调整、扩展或更新。早在 1991 年，就有监狱学学者许章润从监狱学而非劳改学的立场思索研究方法问题，提出监狱学的研究方法分为方法论原则、规范研究方法和实证研究方法三个层次，并对这三个层次的具体内容进行了分析和解释，表达了不同于主流劳改学教科书的方法论思想。① 观察监狱学研究方法的历史变化，可以据此洞察这一学科正在经历理论与知识的转型与重构。其中，有关监狱学研究的目的论、本体论和认识论等深层问题受到了关注，尤其是研究者自我意识的觉醒和学术批判意识的增强，具有研究方法革新的标志意义。尽管，相对于监狱制度改革的现实热点问题，学者对于研究方法的反思显得波澜不惊，不过，只要考虑在一般自然或社会学科建设中，研究方法革新虽然往往将引发某种学术进步的后果，但其自身的先导发生却具有潜在而悄然的特征，也就不会因其鲜为人知而认为不重要了。毕竟，即使少数学者意识到变革研究方法的必要性和紧迫性，也表明其对于中国监狱学研究方法的革新自觉具有积极而深刻的意义。②

（二）关于基础理论研究的主要概念或问题

1. 关于监狱的概念与定义问题

监狱是监狱学的基本概念或元概念。鉴于中国"监狱学"这一学名

---

① 参见许章润：《监狱学》，第 9 页。

② 参见郭明主编：《"中国监狱学科建设暨监狱制度创新学术论坛"文集》，2004 年 10 月印行。

在大陆的出现迟至 1994 年以后，因此，有关监狱基本概念，曾先后存在以下几种观点。一是将监狱等同于劳改机关。在早期的劳改学教科书中，大都依据法律规定，采取依法解释的方法加以说明。例如，杨显光主编的《劳动改造学》①根据《中华人民共和国劳动改造条例》第二条的规定进行解释，认为监狱是"人民民主专政的工具之一，是对罪犯实施惩罚和改造的机关"。在邵名正和夏宗素分别主编的劳改学或监狱学教科书中，开始摆脱劳改机关的定义限制，提出广义和狭义二说。广义是泛指"古往今来一切凭借国家或私人的强制力而拘禁人犯的机构或场所"，而狭义是特指"自由刑的执行机构和场所"。与此同时，对于监狱概念，在 1995 年之前从学理上作出明确而深入分析的是许章润所著《监狱学》第一章第一节"监狱概说"。作者首先以"狱辨"为题，根据历史材料，对监狱现象进行概念分析，然后，为提出个人对于监狱的基本定义，列举了通说的八种定义，即"监狱是一种特殊的营建物；监狱是关押人犯的特殊营建物；监狱是执行自由刑的场所；监狱是执行教育刑的场所；监狱是统治阶级实行暴力镇压的工具，是国家用来拘禁关押人犯的一切场所；监狱系指依国法，专以囚禁受自由刑之执行者所特设之公有的营建物；监狱为执行自由刑之所处；监狱是执行自由刑，限制受刑人的自由，加以教化辅导，使之能够改过迁善，适于社会生活的地方"。通过对于上述各种定义的比较分析，认为上述定义的主要问题是"没有能够全面、准确地揭示出监狱的固有涵义和本质特征"，为此，许氏给出自己的定义是"监狱是统治阶级基于一定的行刑目的，以国家的名义组织并附属于国家，通过国家的强制力保证依法对罪犯实行监禁，执行自由刑的一切场所和设施及其内部关系的系统结构，是实行阶级统治和社会控制的国家行刑司法机关"。但这一定义由于并不够简洁，因此也未

---

①　参见杨显光主编：《劳动改造学》，第 61 页。

见此后被同类教科书引用或采纳。但是，许氏对于监狱概念及其定义的分析，不仅摆脱了劳改定义的束缚，而且显然比同辈学者更注重定义方法的运用。这种对具有复杂属性的事物，从方法上寻求更加深入解释的努力，在郭明所著《监狱概念与定义的重新研究》一文中又有进一步的体现。[①] 该文以监狱现象及其历史演变为事实根据，结合词与物的逻辑与修辞关系，借助语义分析和谱系分析的方法，对监狱的自然、社会-文化属性，进行纵横排序和比较分析，用以揭示监狱概念的复杂内涵，由此提出了定义监狱概念的系统方法，即认为监狱概念的定义存在基本定义和衍生定义之分。其中，基本定义"监狱是拘禁人身的设施"，是一个唯一的对象直观定义，用以描述监狱这个事物自身存在的基本"结构-功能"属性；而衍生定义是变化的、成长的、多义的，用以描述监狱与社会的结构-功能关系。据此，作者给出了监狱的诸多衍生定义。比如，从政治关系看，"监狱是国家暴力机器的组成部分"；从法律关系看，"监狱是执行自由刑的机构"；从经济关系看，"监狱是支付给犯罪的成本"；从社会关系看，"监狱是一个特殊的社区"；从文化关系看，"监狱是人类刑罚精神的物质表现形式"等。

关于监狱的概念与定义，除了上述观点之外，还涉及其他相关基本概念的讨论。国内监狱学界也有学者把监狱学的基本概念及其关联概念称作范畴，认为"一门学科的建立，关键是确立它所特有的基本概念，即范畴"，开始关注和审查现行监狱学的范畴问题，并提出了关于范畴构成的个人意见，[②] 并认为"在《监狱法》颁布以前，我国已建立了以'劳

---

① 参见《犯罪与改造研究》2002 年第 8 期。在 1994 年以来的 10 年中，有关监狱概念与定义的进一步研究，仅有郭明所撰的上述论文 1 篇。参见吴亚峰、周晔主编：《司法制度学——问题点与文献源》，中信出版社 2004 年版。

② 参见夏宗素、耿光明：《新中国监狱学的回顾与前瞻》，载《中国监狱学刊》1999 年第 5 期。

动改造'为核心的一系列范畴，《监狱法》颁布以后，经过研究和调整，重新确立了以'刑罚执行'为中心的一系列范畴。它们是监狱、罪犯、监狱法律关系、刑罚执行、劳动改造、教育改造、监狱生产"。作者认为，"监狱学应以监狱、囚犯、处遇为三大基本范畴。在三大基本范畴的基础上，可以繁衍出监狱官员、囚犯成因、囚犯处遇法律关系、无罪防范、行刑、矫正改造、劳动教养、出狱人保护等概念"。[1] 但是，比较遗憾的是，作者并没有提出如何区分基本范畴和一般概念的方法。因此，在为什么将"处遇"确定为"范畴"，而将"行刑"这一更为本质的概念列为一般概念时，未进一步给出具体的分析。此外，作为逻辑学研究对象之一的概念和作为哲学研究对象之一的范畴，两者在认识方法和功能上的差异似乎也没有被阐明。由此可见，有关监狱范畴研究的哲学思辨活动还有待深化。监狱学基本概念的梳理与分析，对于提升监狱学基础理论研究的逻辑性和严密性已经变得十分重要。一些论著由于概念的不明确或者生硬地借用其他学科概念而造成费解的现象，为数不少。例如，有学者提出"改造本体"概念，[2] 把"改造"和"本体"组合，用以强调"改造"这一事物的刑事根本地位及其根本价值。但审查论文所述"本体"的含义，其实是指改造的资源，即有效改造之所凭借物。作者在行文中借用哲学的"本体"一词，如果用经济学的"资源"一词替换，反而使主题和论述更加明晰。关于"改造本体"引起的争议，[3] 其实是由歧义与误解所造成。不过，由此也可以看到，原有监狱学概念资源的不足和学者为满足构建理论的需要，试图创设新概念的努力。总之，对于监狱学基本概念问题的研究，显示了一种力图使监狱学成为一门规范学科的用心。

---

① 参见夏宗素、耿光明：《新中国监狱学的回顾与前瞻》，载《中国监狱学刊》1999 年第 5 期。

② 参见陈士涵：《改造本体论》一文，载中国监狱学会编：《监狱改革发展纵横谈》（下），2001 年 11 月印行。

③ 参见明理、唯真：《也论改造本体》，载《中国监狱学刊》2002 年第 3 期。

2. 关于罪犯的概念与定义问题

迄今为止，罪犯学作为犯罪学或监狱学的分支学科并没有真正建立。由于罪犯作为行刑要素，无疑是监狱学研究的一个重要对象，因此，通常会在基础理论或概论中予以专章介绍。至于罪犯心理学虽然是研究罪犯问题的专门学科，但并非是研究罪犯现象的综合学科。在"过渡监狱学"中，有关罪犯的已有研究基本上限于罪犯的概念、构成、法律地位、改造心理等问题。虽有少量的专题研究，其旨趣不仅注意到了罪犯人格的法律或心理结构层面，还触及了与之相应的社会结构，①但研究立场主要属于"工具的"而非"人文的"。在传统劳改学的研究语境中，通过立法和政策所表达的对罪犯作为一个人的基本预设是一个"劳动改造对象"或"惩罚与改造的对象"，而最高价值理想表达不过是"要把犯人当人看"。从罪犯本体及相关属性的研究成果来看，主要涉及罪犯定义、罪犯构成、罪犯人格、罪犯的反社会性、罪犯群体、罪犯的代际、罪犯的文化，罪犯的法律地位等问题。②在关于罪犯的定义方面，尽管大多数意见倾向于赞成罪犯概念有广义和狭义的分别。所谓广义，是指一切触犯刑法并被审判机关处以一定刑罚的犯罪人的总和，而狭义则特指在监狱服刑的人员。在劳改学语境中，习惯称罪犯为劳改犯、犯人或犯罪分子等。在现行监狱学中，概称罪犯。但是，对罪犯这一概念，各种论著中的定义表述不一。如罪犯是指在监狱、劳改队或其他劳改场所被执行刑罚并实行劳动改造的人；罪犯是指应负刑事责任和接受改造的，被法院判处死缓、无期徒刑、有期徒刑、拘役的，在判决发生法律效力期间的犯罪行为人；罪犯是指已经构成犯罪，依法判处徒刑，具有劳动能力，

---

① 参见邵名正等：《罪犯论》，中国政法大学出版社 1989 年版；黄兴瑞、郭明：《当代中国罪犯》，中国政法大学出版社 1991 年版。

② 除上述邵名正等：《罪犯论》，黄兴瑞、郭明：《当代中国罪犯》，还可参见各种监狱学和罪犯（改造）心理学论著中的罪犯研究散论。

并根据人民法院的执行通知书、判决书投入劳动改造的人；罪犯是指犯有罪行，已被国家审判机关判处徒刑，依法应由国家劳动改造机关监禁，用劳动改造手段予以惩罚改造的受刑人；罪犯是指经生效刑事裁判定罪量刑，入狱服刑改造的受刑人；罪犯是指依法被国家审判机关判处刑罚，送交劳改机关实施惩罚并使之成为新人的受刑人等，不一而足。[①] 从罪犯的上述定义表述看，它主要涉及罪犯的法律身份和程序特征，而没有涉及关于罪犯本质的认识。而关于罪犯本质问题的相关研究，主要包含两个方面：一是从罪犯的人性出发。研究者肯定罪犯也是人，因此认为分析罪犯的本质涉及对于人的本质属性的认识。罪犯作为人，其本质同样应是社会关系的总和。由于罪犯人性具有特殊性，主要体现在他们社会活动的危害性上。从这一点推出罪犯的本质是其人性中的反社会性。二是从罪犯的阶级性出发。认为罪犯和犯罪一样是一个历史范畴，是阶级社会的特有现象。[②] 尽管，有学者小心谨慎地指出了这种方法的局限性。例如，从 1990 年代之后，有学者从社会生物学即从种系发生史和属系发生史的角度试图分析罪犯的本质，也有学者认为应从多学科综合的角度研究罪犯的复杂人性。这些分析在一定范围内产生了影响，但因传统劳改理论和劳改学者，一般比较缺乏这些异质理论的知识基础，因此，并没有引起持续的讨论。[③] 此外，罪犯构成的概念，也成为罪犯研究中基本而常用的概念工具。尽管，罪犯构成在最初的一些论文中被作为表示罪犯分类或类型时的一个不言自明的概念加以使用，随后在编入教科书时出现两种意思相近的定义表述。一是指"规定并反映特定时期罪犯人口自然状态的各种罪犯类型及其数量之间的静态或动态比例关系"。[④] 另一种意见认为是"某一特定的历史时期罪犯群体内各种类型

① 参见《中国劳改学研究》，第 253—254 页；《中国劳改学研究综述》，第 243—247 页。
② 参见邵名正等：《罪犯论》，第 4—26 页。
③ 参见黄兴瑞、郭明：《当代中国罪犯》，第 8—19 页。
④ 参见邵名正主编：《监狱学概论》，第 56 页。

及其数量之间的比例关系,是通过比例关系来反映的罪犯内部结构"。[①]
而划分罪犯构成的指标一般包括性别、年龄、案由、刑期、刑种、职业、
地区和服刑表现等项。[②]

3. 关于改造的概念问题

改造是传统劳改学的核心概念。这一概念既与惩罚相对应而存在,
又因集中体现了改造刑的本质,成为其理论基石。在主张改造的刑罚论
中,惩罚并不被视为目的,只认为是前提,而改造才被确立为目的,代
表了刑罚的本质与正义。因此,"改造"一词在中国大陆的劳改学或监
狱学中,不仅具有广泛的构词功能,是一个使用频率最高的词语。而且,
关于改造问题的研究形成了大量的文献资料,涉及改造内涵与外延的各
个方面。在早期的教科书,如杨显光主编的《劳动改造学》中已经比较
系统地提出了改造理论的一些基本命题,如罪犯改造的必要性,罪犯改
造的可能性,罪犯改造的矛盾,罪犯改造的规律等。围绕上述命题,在
许多劳改学者的努力下构筑了罪犯改造基本理论体系。如金鉴主编的
《监狱学总论》将第十四章专名为"罪犯改造原理"。包含两节内容,第
一节论述罪犯改造的理论依据,这些依据包括哲学依据,主要指马克思
主义唯物史观、认识论和实践论。科学依据,主要指心理学、刑罚学的
依据等;第二节进一步论述毛泽东关于改造罪犯的具体理论思想。由于
改造在劳改学中的核心地位,劳改学理论体系,包括过渡监狱学基础理
论的主导思想仍可以说是基于"人是可以且应当改造的"的基本假设。
关于改造的研究方法,主要可以分为两类,一类是由一个"正确的大前
提"决定了的演绎循环论证;一类是在改造理论指导下的改造策略开发
和实践总结。不过,从 1990 年代末之后,关于改造的理论虽然仍是教
科书的基本组成部分,但专业期刊的大量篇幅逐渐呈现理论问题的多样

---

① 参见夏宗素主编:《监狱学基础理论》,第 145 页。
② 参见《中国劳改学研究综述》,第 248 页。

性。其中，值得关注的明显变化是"改造"话语本身不断被"矫正"话语所挤占。对于"改造"的反思与批判研究，尽管不成阵势，但已屡屡涌现，尤其是在一些小型的研讨会上。[①] 有的学者已经开始义正词严地批判"改造"作为一种刑罚理论思想所存在的问题：

> 最近，我在思考，我们讲的改造人最根本的是改造他的思想，因为行为是由思想支配的，只有改造好了思想才能矫正他的行为，才能叫改造。我的问题：一是一个人的思想是不是可以改造的。我们说人都是变化的，但这个变化是否就是他们说的改造。我认为，不是。一个人变了，但并不就是他被强制改造了。因为人的思想是自由的，只能是自由的，怎么可能强制地改造一个人的思想呢？这是不可能做到的。二是假使一个人能够被强制改造，那么，改造者是否有这个权力，因为你要改造的是个人的思想。"改造"这个词在中国是一个具有强烈意识形态和政治色彩的词，它并不就是指你行为上规规矩矩就行了，而主要是针对思想的改造和转化。我们是否有这个权力强制性地去改造一个人的思想，我觉得值得研究。这是我们监狱和劳教理论的一个误区。[②]

也有的学者并不否认"改造"是这个学科的一种经历，但是，在价值反思已经不可或缺的时代，它无法避免成为思想审判席上的被告。它的法治理念、伦理性质、科学原理以及行刑效果存在多重可疑性。诚然，提出诸如"改造是如何进入现代中国人的思想意识和社会生活领域的？"这类问题，需要回顾近代世界历史中的思想与革命运动对中国社会与人生的影响。[③] 总之，关于"改造"概念的理论认识，出现了自觉进行价值

---

① 参见《北戴河会议纪要》，载《犯罪与改造研究》2000 年第 9 期等。

② 参见储槐植、陈兴良、张绍彦主编：《理性与秩序：中国劳动教养制度研究》，法律出版社 2002 年版，第 494 页。

③ 参见郭明：《学术转型与话语重构——走向监狱学研究的新视域》之"思想对话：关于改造的叙事诠释"，中国方正出版社 2003 年版。

反思与历史批判的迹象。不过，关于"改造"的反思与批判还只是刚刚开始，其对于刑事立法和政策的制订、执行和行刑制度改革的影响还极其有限。

4. 关于监狱行刑的基本矛盾问题

监狱行刑过程中存在基本矛盾，这是一个具有中国马克思主义哲学思辨色彩的命题。在劳改学基础理论的研究范围中，它最初是在探讨"劳改工作基本规律或某种对抗关系"时由刘智等人提出。在 1980 年代中后期，基本规律或者基本矛盾问题，曾被作为重要的理论问题加以讨论，围绕此题先后发表的论文或相关论文多达 30 余篇。① 在上述这些论文中，对于劳改工作基本矛盾的概括，出现了"改造与生产""改造与被改造""改造与反改造""惩罚与被惩罚、改造与被改造""行刑与服刑"等不同的观点表述。尽管观点表述不同，但其论证程式却大同小异，都是运用马克思主义哲学教科书关于"矛盾"的学说，采取如下的三段论：基本矛盾是贯穿事物全过程的矛盾，且是事物中起主要决定作用并派生其他矛盾的矛盾；某某矛盾在劳改过程中因为具有和为什么具有上述基本矛盾的性质和特征；所以，它是基本矛盾。这种三段论的论证，并没有解决基本矛盾如何被发现的问题。事实上，受观察立场和视域的限制，人们在各自的劳改图景中看到了不同的矛盾关系。而论证程式只是将这种矛盾关系普遍化，即上升为所谓的"基本矛盾"。这个论证程式的运用，典型地呈现了所有基本矛盾问题讨论的参与者，具有且仅有相同的哲学理论背景，即中国马克思主义哲学教科书所提供的矛盾论。但是"矛盾论"在这里不是具体地、内含地而是抽象地、粘贴地被加以运用，于是"矛盾论"在解决劳改工作基本矛盾问题时实际沦为了形而上学的工具，即走向了它的反面，人们并没有因为拥有相同的理论工具而获得一致的意见。这种具有哲学"二元论"特点的"矛盾思辨"论证程式，在

---

① 据《中国监狱学刊》和《犯罪与改造研究》两刊目录统计。

1990 年代中期以后，随着社会历史条件的变化和意识形态话语的变迁，已经逐渐弃而不用了。尽管，在 1980 年代末，已经有学者试图将行刑过程中的内在冲突现象，进行另辟蹊径的研究。例如，有的学者用"改造时差"来说明"改造刑"的长短与被改造者心理转化时间的不一致。[①]在这里，"改造"被理解成了行刑的实质，而有的学者用"悖论"来说明由惩罚和改造所构成的行刑内在矛盾，分析了这种矛盾冲突的原因和表现。[②]

有关基本矛盾问题比较全面的论述是《监狱学》第五章行刑（下）和收录于《劳改法学理论新探》一书由张述元撰写的《论刑罚执行中惩罚与改造的矛盾》一文。前者将"劳改过程"改称为"行刑过程"，指出行刑过程是行刑司法和服刑改造的有机统一，行刑过程的矛盾具有多样性。在分析了多种矛盾观点的情况下，又认为基本矛盾是"改造与被改造"。在运用辩证唯物主义的矛盾学说对"改造与被改造"进行分层论证之后，又对"惩罚与反惩罚"的矛盾观点，进行了批判分析。在此基础上，作者对行刑过程运行规律进行讨论。作者认为该规律是罪犯改造基本矛盾的发展和演化。它具有客观性、必然性的基本性质。同时，在行刑过程中，罪犯改造规律具有具体的表现特点，这些特点被归纳为强制性和自觉性、广泛性和可控性、同步性和不平衡性、实践性和社会性、阶段性和反复性等。许氏关于基本矛盾及其发展规律的论述，在运用马克思主义矛盾学说理论联系实际进行演绎发挥方面，显示了理论论述严密化和精致化的特点。而这一特点，在张述元《论刑罚执行中惩罚与改造的矛盾》这一硕士论文中更趋于系统化。张氏力求从历史分析中形成立论的基础。他把行刑基本矛盾的认识放在人类刑罚发展的对立性因

---

① 参见黄兴瑞：《改造时差论》，载《中国监狱学刊》1989 年第 1 期。

② 参见郭明：《论罪犯改造中的一个悖论》，载《中国监狱学刊》1989 年第 2 期。

素辨别之上，从中发掘刑罚执行活动的二重性，即惩罚和改造的对立统一关系，认为"两者构成了刑罚执行活动的发展变化"。基于这一矛盾的认识，张氏以劳改实践为分析场域，揭示了围绕基本矛盾的诸矛盾群及其协调发展问题。不仅如此，为了增加其理论的普遍意义，还以"惩罚与改造矛盾在不同社会制度下的发展状况"为题加以比较分析。关于基本矛盾问题的讨论，至 1994 年之后已基本消停。

5. 关于监狱行刑的其他概念问题

执行自由刑是近现代监狱最基本的功能现象，具有复杂的问题构成及其理论解释。除了前述关于行刑过程内在矛盾性的行刑哲学问题，以往的研究还包含了诸如行刑目的、行刑权、行刑效益、行刑趋势等行刑理论的基本内容。

首先，关于行刑目的问题。此一问题在传统劳改学中一般以"方针"这一政策形式加以表述。不同时期的方针变化，反映了行刑目的的微小差异。但总的说来，官方表述的行刑目的，不外乎"改造"或者更进一步表述为"惩罚和改造相结合，以改造人为宗旨"。由这一行刑目的表述及其理论解释所形成的"改造刑论"，一直占据了中国监狱行刑目的理论的主导地位，只是近年来在各种外来行刑思想和文化影响下，才开始受到学理分析的修正或否定。有学者认为从法理层面看，刑罚执行的目的不仅包括改造罪犯，而且包括惩戒犯罪、剥夺犯罪人的犯罪能力并保障罪犯顺利回归社会。[①] 也有的学者在分析了改造之作为行刑目的的局限性和不完善之后，提出行刑当以准确地执行刑罚并使罪犯安全顺利地重返社会为目的。[②] 关于行刑目的的不同看法，实质上反映了对于监狱职能看法的不同，即监狱究竟用来干什么。对这一问题的不同回答，反映了人们对于监狱行刑功能存在不同的主观预设。

---

① 参见翟中东：《法学层面上的刑罚执行依据》，载《中国监狱学刊》2002 年第 4 期。

② 参见郭明：《刑事执行立法方法论的选择》，载《中国监狱学刊》2002 年第 6 期。

其次，关于监狱行刑权的性质问题。由于监狱行刑活动的复杂性，关于监狱行刑权具有何种法律属性，人们的看法也颇不一致。有学者认为行刑权源于刑事司法权，但是不完全属于司法权，它具有行政权特征，但又不同于一般行政权，它是一种司法行政权。[①] 基于同样的理由，从分析监狱权力运作的实际情况出发，不少学者提出了行刑权复合构成的不同意见，即认为监狱行刑权分为惩罚性权力、报偿性权力和制约性权力，[②] 也有的认为监狱行刑权分为管理权、裁决权、教育权等。[③] 关于行刑权性质及其构成的研究，反映了行刑权的实质及其实现的根据和机制等问题受到了较多关注。

再次，关于监狱行刑效益问题。行刑效益是评价行刑活动成效的主要指标。有关行刑效益问题比以往受到更多研究，反映了开放的经济社会对监狱行刑领域的影响。在"成本-效益"观念的作用下，部分学者对行刑效益的概念、机制以及实现效益的途径等，从如何改革行刑制度和模式的角度出发提出了改进意见。[④] 还有的学者提出了"罪犯改造成本"等概念。[⑤] 从现有的各种研究看，有关行刑效益研究还处于思辨认识阶段，较少引入定量分析，比较规范的个案或统计研究成果及其应用还相当欠缺，至于数理经济分析的概念和方法几乎未有应用例证。此外，一些含义交叉或相近的概念在使用时缺乏必要的辨析。例如，行刑效益和改造质量是什么关系？和行刑效率又是什么关系？总之，关于行刑效益问题的理论研究还处在起步阶段。

---

① 参见邵名正、于同治：《论刑事执行权的性质及理性配置》，载《中国监狱学刊》2002年第 5 期。

② 参见狄小华：《冲突、协调和秩序》，群众出版社 2001 年版。

③ 参见翟中东：《继往开来的中国监狱学理论研究》，载《犯罪的改造研究》2003 年第1 期。

④ 参见史殿国、陆立新：《监狱行刑效益论》一文，载《中国监狱学刊》2000 年第 8 期；见于同治：《论刑罚执行效益的实现》，载《犯罪与改造研究》2002 年第 7 期。

⑤ 见冯卫国：《行刑社会化研究》，北京大学出版社 2003 年版。

　　最后，关于监狱行刑趋势问题。行刑趋势在传统劳改学研究中，主要用于描述国际社会或发达国家监狱行刑发展的总体演变特点。近年来关于行刑趋势的研究已经不满足于对国外监狱最新行刑动向的一般性概括，而是针对我国监狱发展的实际，参考国外一般经验，进行决策研究。例如，有的学者通过分析中国社会发展趋势，说明推进监狱行刑社会化具有现实性和必然性，由此建议采纳开放处遇制度；[①] 有的学者根据中国社会变迁的特征认为，在知识经济背景下，为保证监狱功能最优化，必须密切监狱和社会的联系，推进监狱的社会化；[②] 还有的学者从现代社会对于效率和公正的要求，针对我国监狱行刑效率偏低和行刑公正不足的问题，提出了监狱行刑应走向法治化和专业化。[③] 还有其他学者除认同行刑社会化、专业化和法治化等观点外，还先后提出诸如行刑人道化、行刑个别化、行刑合理化或科学化等不同观点。这些观点在内容和层次上实际上存在一些交叉或包含的关系。行刑趋势研究原来属于预测性知识的一种研究，其根据在于对监狱行刑历史和现实运动的深刻把握，它可以是前瞻性的纯理论研究，但国内学者主要将之作为应然性对策研究的一个预判概念。

第五节　从劳改学到监狱学：
"过渡监狱学"的应用理论轨迹

　　本节旨在叙述"过渡监狱学"的主要分支学科，包括监狱法学、狱政管理学、罪犯教育学、罪犯心理学、监狱史学、比较监狱学等各专业

---

　　① 参见程传水：《关于行刑社会化的思考》，载《犯罪与改造研究》2002 年第 5 期。

　　② 参见翟中东：《中国社会的变迁与监狱行刑社会化政策的选择》，载《中国监狱学刊》2001 年第 6 期。

　　③ 参见郭明：《今日中国监狱之基本问题及改进途径》，载《中国监狱学刊》1999 年第 2 期。

理论研究的内容或问题,从而呈现其应用理论的主要演变轨迹。[①]

一、监狱法学

(一)概述

监狱法学在 1994 年以前曾名为"劳动改造法学"。作为一个非正式的学名,最早见于 1962 年中国人民大学刑法教研室编写的《中华人民共和国劳动改造法学讲义》。[②] 此前于 1957 年 3 月由中央公安学院西安分院劳改业务教研室组织编写的《劳动改造工作讲授提纲》(油印初稿)和 1959 年 9 月由北京政法学院刑法教研室组织编写的《中华人民共和国劳动改造法讲义》(铅印初稿)虽同属教材性质且编写时间更早,但并没有在书题或正文中明确标明"劳动改造法学"字样。1983 年 1 月,公安部批准成立劳改专业教材编辑部,并于同年 7 月 1 日在西塘子招待所召开了劳改专业教材建设会议。[③] 此次会议拟订编写了 12 种教材或专著的计划,其中包括劳改法学。[④] 如前所述,从学科发展的历史实际和已有教科书的理论形态看,劳改法学的内涵具有广狭二义。广义同于劳改学,以惩罚和改造罪犯的理论与实践为研究对象,属于名异实同现象。在 1995 年学科更正为监狱学之后,此现象便不复存在。作为劳改学分支学科的劳改法学(或监狱法学)为其狭义。虽然,关于劳改法学的研

[①]　本节所论述的对象是监狱学中最为核心也较为稳定的分支学科。其他边缘性或技术性分支科目,如罪犯劳动管理、狱内侦查学、监狱司法文书等略而不论。此外,各分支科目的名称作一般指称时均按现名,论及 1995 年以前时段则仍按"劳改学"的既成称谓。

[②]　参见劳改法学教材编辑部,《中国劳改学研究》编写组编:《中国劳改学研究》,第 39 页。

[③]　据邵名正教授回忆,此次会议除召集者外,应邀出席的院校人士有公安部劳改工作干部学校刘兆祥、中国人民大学力康泰、中国政法大学邵名正等人。

[④]　参见劳改法学教材编辑部,《中国劳改学研究》编写组编:《中国劳改学研究》,第 45—46 页。其他 11 种为劳改学基础理论、教育改造学、罪犯改造心理学、狱政管理学、罪犯劳动改造学、劳改经济管理学、劳改政治工作学、中国监狱史、中国劳改史、犯罪学和劳改法律文书。

究对象表述不一,但一般以劳改立法与司法为其主要研究内容。出版于1989年1月的《劳改法学词典》[1]所列"劳改法学"词条称:"狭义的劳改法学既是法学的重要组成部分和分支学科,又是劳改学的重要组成部分和分支学科。"

1980年代以后的劳改法学研究,较多地参考和借鉴了国外的监狱法律文件及其研究成果。1982年北京政法学院刑法教研室和中国人民大学的刑法教研室合作编译的《劳动改造法学参考资料》(第三辑)是国内介绍苏联、日本、德国、法国、美国、瑞典、菲律宾、罗马尼亚、南斯拉夫、奥地利、斯里兰卡等国监狱立法与行刑制度的最早资料。随后,劳改专业教材编辑部组织翻译的《苏联劳动改造法教程》提供了取法苏联的最初教学样本。更加全面的参考文献是署名司法部编、由群众出版社于1988—1989年间连续编译出版的《外国监狱法规汇编》(第1—4集)、《外国监狱法规条文分解》(上、下集)、《外国监狱资料选编》(上、下集)、《劳改立法参阅文件选编》(上、下集)等系列立法参考资料。

1995年以后,缘于"劳改法学"更名为"监狱法学",对于国外立法资料的译介和研究随之又有所增强。如《〈联合国囚犯待遇最低限度标准规则〉详解》[2]《联合国监狱管理规范概述》[3]等国际监狱法律译介及研究成果得以相继出版。尤其值得注意的是,监狱法学的比较研究和专题研究成果逐渐增多。《中国狱政法律问题研究》[4]《狱政法律问题研究》[5]《中外监狱法比较研究》[6]《中国罪犯人权研究》[7]《中国监狱法实施问题

---

① 杨显光主编,系国内第一本劳改学词典。四川辞书出版社1989年版。

② 刑法改革国际部编:《〈联合国囚犯待遇最低限度标准规则〉详解》,于南译,郭建安校,法律出版社1998年版。

③ 郭建安:《联合国监狱管理规范概述》,法律出版社2001年版。

④ 王明迪、郭成伟主编:《中国狱政法律问题研究》,中国政法大学出版社1995年版。

⑤ 夏宗素主编:《狱政法律问题研究》,法律出版社1997年版。

⑥ 武延平主编:《中外监狱法比较研究》,中国政法大学出版社1999年版。

⑦ 鲁加伦主编:《中国罪犯人权研究》,法律出版社1998年版。

研究》^① 等专题研究成果的陆续出版，可视为这一时期监狱法学研究的主要收获。此外，发表在专业期刊以研究立法与司法为题的论文亦为数不少。

尽管就研究方法而言，监狱法学的大部分基本概念，系从法学借用和转化而来，如监狱法调整对象、监狱法调整方法、监狱法律规范、监狱法律关系、罪犯法律地位、监狱立法体制、监狱法律监督、罪犯人权保障、罪犯权利与义务等。这种借用和转化的结果足以说明监狱法学乃是监狱学和法学的交叉产物。不过，无论是作为注释法学即以现行监狱法为对象进行严格注释研究，还是作为理论法学即以监狱的立法和司法现象为对象进行纯粹学理研究，直到 2005 年，监狱法学的教科书体系，仍未从监狱学或基础理论的体系中完全独立出来，成为一种真正的"部门法(学)研究"。准确说来，自 1994 年迄今的监狱法学研究，主要是为找寻自身定位而对一系列问题进行了准(或前)法律研究。其间涉及的一部分问题，固然是符合法律一般知识观念和工具的命题，例如，对于监狱立法的研究，对于罪犯人权保障的研究，对于监狱立法规范和司法程序的研究等。但是，其他大部分问题被纳入诸如"依法治监"这类司法行政倡导行政法治的主题研究名下，虽跟"法"有深度交叉，但由于研究者缺乏必要的法律知识背景和法学研究基础，并没有在其研究中自觉应用相关的法律理论和工具。因此，严格说来不能算作法律的或法学的研究。^② 事实上，监狱法学的泛法学特征非常明显，监狱行刑中的许多问题都被纳入法学的口袋并名之曰"法学研究"。这种研究对象和方法的滥用或误用，已构成了监狱法学研究的一大弊症。

1995 年以后的监狱法学，除了在监狱法的部门法内进行研究以外，

---

① 张秀夫主编：《中国监狱法实施问题研究》，法律出版社 2000 年版。

② 举出这方面的例证并不困难，有兴趣者可查阅葛炳瑶主编《依法治监论》(浙江人民出版社 2001 年版)等书。

还出现了一种企图挣脱监狱部门法框架的一般刑事执行法律研究。特别是自 1998 年以来，在刑事一体化思潮的影响之下，一些监狱法学者自觉调整部门法研究立场和视野，从构建国家刑事法律体系以完善刑事法制的要求，撰写了一系列有关改革刑事执行体制，加强刑事执行立法的研究文章。① 中国政法大学刑事司法研究中心等部门，还连续三次组织有关刑事执行改革的大型研讨会，并在第三次会上提交了一部刑事执行法草案的建议讨论稿。刑事执行法研究显然超过并覆盖了监狱法研究。不过，由于刑事执行的主要刑种即自由刑执行的基本法律问题实际处于刑事执行体系研究的中心地位，和监狱法研究对象深度重合。目前，有关刑事执行法和监狱法的研究并行不悖。事实上，国内研究刑事执行法的学者群体，一直以来主要由研究监狱学的学者构成。

（二）主要概念或问题

1. 关于"监狱法"的法律名称

自 1954 年颁行《中华人民共和国劳动改造条例》这一法规性法律，历经 40 年才有了 1994 年 12 月 29 日颁行的《中华人民共和国监狱法》。此前，为酝酿、讨论、起草该法的过程中，曾就其法律名称有过激烈的争论，先后提出了监狱法、刑事矫正法、刑事执行法、刑罚执行法、刑事改造法、劳动改造法、监管改造法、监禁改造法、罪犯改造法、犯人改造法、改造罪犯法、行刑法等十数项法名。② 其中较多地集中于如下四项意见：第一种意见认为应称作"监狱法"，其理由是监狱是刑罚执行机关，监狱法最能体现监狱特征，并可以避免《劳动改造法》对监狱特征造成不应有的误解，同时认为国际上不少国家都称《监狱法》，而在国内亦有先例，比如清末变法修律时亦称《监狱律》，民国北京政府称《监狱规则》，民

---

① 参见 1998 年《中国监狱学刊》第 5、6 期连续刊发的《论刑事法律体系的建立和完善》《国家刑事法律体系一体化》《论刑事执行法学的创立发展》等文。

② 参见《中国劳改学研究》，第 511 页。

国南京政府称《监狱行刑法》等。第二种意见认为应称作《刑事执行法》，主要理由是克服了监狱法调整范围过窄，并可与刑法、刑事诉讼法共同构成刑事法律体系，还能提升劳改机关在国家刑事活动中的地位。第三种意见认为应称作"劳动改造法"，理由是"劳动改造"这一名称作为一个专门的法律术语，虽然有缺陷，但已约定俗成，体现了我国劳动改造刑罚的特色，而且符合马克思主义有关劳动改造罪犯的学说，何况劳动改造工作已具有广泛的国际影响。而反对的理由认为"劳动改造"这一名称不准确，不能全面反映法的任务和内容，它虽是刑事执行中的一部分，很难与刑法、刑事诉讼法并处同一层次，何况"劳动改造"不是改造罪犯的唯一手段，用作法名容易以偏概全。此外，劳动改造法不能体现监狱的特性，从字面讲，也会使普通公民产生误解。第四种意见认为应称作"行刑法"，理由是符合刑事立法对刑事法律体系应由三种法律规范即刑法规范、刑事诉讼规范和刑罚执行规范组成的要求，而且从诉讼法的四阶段来看，行刑是最后阶段，也是必不可少的阶段。何况，目前也有不少国家采用这一法名。[①]

　　监狱法法名的上述争议，反映了传统和现代、部门和部门、局部和整体之间不同利益的冲突，也反映了学界对于现代刑事法的立法观念和方法认识还比较模糊，研究也不够深入。1994 年 12 月 29 日颁布《中华人民共和国监狱法》之后的若干年中，法名问题虽已尘埃落定，再无争议必要，但自 1997 年以后，却有不少监狱学学者呼吁起草统一的"刑事执行法典"，并认为应将监狱法包括其中再作修订。于是，法名问题再度引起讨论。不过，在"监狱法"还是"刑事执行法"的问题上，其理论的实质已经不只是法名的优劣之争，而是涉及如何建构基于刑事一体化的国家刑事法律体系，其立法研究命题已在很大程度上超出了监狱法学

---

① 以上意见参见《中国劳改学研究综述》第 96 页和《中国劳改学研究》第 511 页。

的研究对象、任务和范围。

2. 关于监狱法的法律地位 ①

监狱法的法律地位问题虽未引起刑法学界的太多关注，但却被监狱法学研究者视为一项重要议题。多数学者认为，监狱法是一个独立的法律部门，与刑法、刑事诉讼法地位平等，属于基本法律。但也有不少反对意见，有的学者认为监狱法是刑法的附属法。主要理由是实施劳动改造以对罪犯判处刑罚为先决条件，而判处刑罚以刑法为依据，因此，监狱法是依附于刑法而存在的。"劳改法是刑法、刑事诉讼法的子部门法。" ② 有的认为监狱法是刑事诉讼法的组成部分。主要理由是对罪犯实施劳动改造是审判后的相对独立的诉讼阶段。《中华人民共和国刑事诉讼法》第四编对判决的执行作了专门规定。因此，从程序角度看，监狱法主要是关于如何行刑的法律，具有诉讼法特征。③ 还有的学者认为监狱法是行政法的组成部分。主要理由是罪犯劳动改造是司法行政机关的一项专门业务，属于国家司法行政管理的范围。在监狱法颁行前的一切劳改法律都是行政法规或部门规章。④ 还有的意见采取折中的态度认为，劳改法既是附属法，又是相对独立的法律部门。主要认为劳改法是刑法、刑事诉讼法的派生，因此处在附属地位。但劳改法调整的对象比较特殊，既有刑事的又有行政的，还有某些民事关系。因此，它是一个完全不同于刑事法的独立体系。⑤

关于劳改法律地位问题的讨论，自1994年《中华人民共和国监狱法》

---

① 参见杨显光等:《论劳改法在法律体系中的地位》，载《劳改劳教理论研究》1986年第5期。

② 参见苏白:《试论劳动改造法在我国社会主义法的体系中的地位》，载《劳改劳教理论研究》1986年第2期。

③ 参见张宝义:《劳改法有关问题刍议》，载《劳改劳教理论研究》1986年第4期。

④ 参见陈光中主编:《刑事诉讼法学》，北京大学出版社1990年版，第373页。

⑤ 参见苏白:《试论劳动改造法在我国社会主义法的体系中的地位》。

颁布后便基本平息了。因为，监狱法作为基本法律的地位已从立法规格上得以明确。尽管，由于监狱法的调整对象有限，似乎不能和刑法、刑事诉讼法完全相提并论。不过，这一问题在日后已演变成为监狱法与刑事执行法的立法地位以及相互关系之争。[①]

3. 关于监狱法律关系

监狱法律关系是监狱法学的核心基础理论概念，在监狱立法和司法实践中具有重要的理论认识与实践应用价值。但是，对监狱法律关系的含义及其构成的认识，由于研究者知识背景的差异，在监狱法学界存在较大的意见分歧。一种意见把传统劳改法律关系视同"劳改构成"，并认为劳改主体为劳改机关和劳改干部，而劳改客体是罪犯，劳改主观要件是犯罪思想和恶习，劳改客观要件是劳改工作的方针政策。有学者批评这种劳改构成的法律关系分析，是对法律关系理论本身的一知半解所造成的，是对法律关系理论的误用。批评者认为，劳改法律关系是一种刑事法律关系，不应把劳动改造的主体和客体与劳动改造法律关系的主体和客体混淆起来。持此种意见者认为罪犯也是法律关系的主体，是构成权利义务的相对一方。[②] 还有的意见认为，劳动改造法律关系是行政法律关系。理由是劳改机关是国家行政管理机关，它与管理对象形成的只应是行政法律关系，而不是别的。[③]

对于劳改法律关系的认识在最初由于误解了"法律关系"的特定含义，致使对于劳改关系的认识，与其说是法律意义的，毋宁说是认识论的。后一阶段虽正确理解了"法律关系"这一概念工具，但由于对监狱社会中法律关系的复合构成及其相应的权利义务内容的事实研究不够，

大部分解释尚停留在对于原概念的直接借用和简单演绎，而并未出现基于监狱社会关系及其构成的事实研究所作出的关系分析和理论建构。[①]

4. 关于罪犯人权

罪犯权利问题在 1990 年代中期以后日益成为研究热点。之所以如此，既与国际人权斗争加剧，也与公民人权观念普及有关。在此之前，罪犯权利问题在一般教科书中，通常安排在"罪犯的法律地位"一节，由论述罪犯的权利与义务时所提出，因此，只涉及"人权"这一概念的部分法律含义。较早的专题研究是孙晓雳的《罪犯权利的法律观》一文，就罪犯权利的合理与合法性、罪犯基本权利的构成以及罪犯权利的国家保障等问题作了系统的阐述。[②]而明确以"罪犯人权"为题的研究是鲁加伦主编的集体研究成果《中国罪犯人权研究》[③]。该书围绕罪犯人权问题，就马克思主义的人权观、罪犯人权的基本理论、中国罪犯的法律地位、中国罪犯的人权状况、中国监狱制度与罪犯人权、罪犯人权保障、现代化文明监狱建设与罪犯人权的改善七个专题，结合中国特有的政治法律语境，进行了比较全面也不乏辩护色彩的阐述。这项研究成果在国内迄今有关罪犯人权研究题域中比较具有代表性。例如，它曾被一项题为《中国监狱法实施问题研究》[④]的国家社科基金项目子课题"罪犯权利法律保障问题研究"大量直引和转述。在 2005 年之前，业内有关罪犯人权的研究，真正从法治与人权、刑事程序正义与刑事实质正义的法治原教旨含义而非法制或政治视角的深入研究成果还比较少见。[⑤]

①　参见郭明：《略论刑事执行立法方法论的选择》，载《中国监狱学刊》2002 年第 6 期。

②　参见许章润、孙晓雳等：《劳改法学理论新探》，中国人民公安大学出版社 1991 年版。

③　鲁加伦主编：《中国罪犯人权研究》，法律出版社 1998 年版。

④　张秀夫主编：《中国监狱法实施问题研究》，法律出版社 2000 年版。

⑤　参见《新视野法学教研参考书系——司法制度学（文题点与文献源）》，中信出版社 2004 年版，第 150 页"监狱法研究"栏目等。并参见《二十世纪中国法治进程评价》一文，载录郭明：《学术转型与话语重构——走向监狱学研究的新视域》，中国方正出版社 2003 年版，第 273—293 页。

5. 关于监狱立法

监狱立法问题在监狱法颁布前后成为监狱法制建设研讨的主要对象之一。《中国监狱学刊》长期设有"立法与执法"的基本栏目。在《中华人民共和国监狱法》颁行以前，监狱立法研究的核心在于如何制定监狱法典，因此，较多的论题集中于探讨与监狱法律体系有关的问题。这方面的代表成果除了有关监狱立法理论研讨会议的汇编资料，主要有王明迪主编的 1993 年度国家社会科学基金立项"八五"项目《中国狱政法律问题研究》[①]和夏宗素主编的 1993 年度国家社会科学基金立项"八五"项目《狱政法律问题研究》[②]。前者主要研究了监狱法律的历史、现状，监狱法律的概念、性质，监狱法典的结构、功能以及监狱法律的体系构成与"立、改、废"方法等问题；后者还就监狱刑罚执行、狱政管理、教育改造、劳动改造等各功能部分的法律问题作了专章研究。1996 年以后，监狱立法研究的重点转移到了关于制定"监狱法实施细则"的研究、《监狱法》的修改与完善研究和倡议刑事执行法的立法问题研究等。此外，还有监狱法条和法律制度的释义研究等。总之，在研究监狱法制建设的层面，较多是围绕监狱立法，更明确地说是针对 1994 年《监狱法》所存在问题展开的一系列研究。例如，从监狱法的体例结构[③]、监狱法的规范结构[④]，以及监狱立法方法论角度对行刑复合法律规范构成等内容进行的研究。[⑤]在研究监狱法制的同时，监狱法治问题也被引入探讨之列。不过，大部分研究未能充分认识到法制和法治的异同以及法治问题本身所具有的特殊性和复杂性，论述过程中，法治和法制不但经常混用，而

---

① 王明迪主编：《中国狱政法律问题研究》，中国政法大学出版社出版 1995 年版。

② 夏宗素主编：《狱政法律问题研究》，法律出版社 1997 年版。

③ 参见王志亮：《论监狱法的修改》，载《犯罪与改造研究》2000 年第 8 期。

④ 参见翟中东：《关于我国监狱法典若干规定的思考》，载《犯罪的改造研究》2000 年第 6 期。

⑤ 参见郭明：《刑事执行立法方法论的选择》，载《中国监狱学刊》2002 年第 6 期。

且缺乏必要的区别研究。尽管，以"依法治监"名义出版发表的论著数量已然不少，但大多停留在法制研究水平或不及，并没有真正进入法治研究的法理语境。

6. 关于监狱司法

监狱司法问题与监狱立法问题紧相伴随。在 1995 年以前，由于劳改法制处于恢复阶段，其间由司法行政主管部门根据实践需要，起草下达了一系列行政规章性法律文件，其中相当一部分具有司法解释和指导作用，被汇编成系列《劳改工作手册》。1995 年以后，监狱司法问题在监狱法学的研究范围内不仅以法律的适用和执行为研究对象。它的研究特点，从宏观上看是承担了一种由行政力量推行的名为"依法治监"的授权性任务。由张秀夫主编的《中国监狱法实施问题研究》以监狱法的颁行和实施为历史背景，主要探讨了监狱法的实施主体、行刑基本程序、保障机制等问题，还涉及罪犯改造、少年司法保护与教育等问题。作为正式出版的有关监狱司法问题研究的少数成果之一，但从研究整体来看，由于比较偏重概念演绎和理论阐述，司法问题的经验研究、案例研究和制度分析等相对欠缺，与所预设的研究目标还存在很大差距。与此同时，尽管有《依法治监论》[①] 等专著问世和以"依法治监"为题的大量论文发表，试图对依法治监的概念、依据、原则、内容、条件、评估等一系列问题进行全面论述，但由于不少参与研究成员缺乏法学学习和训练背景，大部分研究成果很难被认为是法律研究。不过，有重要参考价值的是对监狱司法更加偏重实务，也更具司法实践意义的一些法律研究成果，主要针对申诉、减刑、假释、保外就医等基本行刑制度和特许探亲、配偶同居、劳动酬报、考核奖励等刑事行政管理制度，提出了诸多有助于行刑司法适用和改进的建议和意见。

---

① 葛炳瑶主编:《依法治监论》，浙江人民出版社 2001 年版。

二、狱政管理学

（一）概述

狱政管理学是监狱学的一门重要分支应用学科。从学名看，它应是监狱行政管理学的简称。但其"狱政"的词义和用法，与"财政""邮政"等不可混为一谈，它并非某一政府部门或社会公共部门的行政事务管理。正像"劳动改造学"曾被用来指称整个劳改学科，而不是如其字面所示仅仅研究罪犯的劳动改造问题。从中国劳改学的语境来看，狱政管理学除了研究监狱各项狱务的行政管理活动，还把监狱的刑罚执行活动纳入了自身的研究范围。不仅如此，比如由杨显光主编的《劳改法学词典》中"狱政"条所介绍："'狱政'一词在最初（指清末）使用时多从广义，其内容和范围与整个监狱管理相同。50年代后期，'狱政'一词逐渐由广义向狭义过渡，多指监狱惩罚和改造罪犯中的行政事务管理，并与'管理'一词结合使用，成为劳改工作的一部分。1982年第一次被写入劳改法规。"1982年以后逐步形成的"狱政管理学"概念，不仅具有管理学科的性质，还具有刑事执行法学的性质。例如，《中国劳改学研究》一书认为"认真探讨和研究刑罚执行的各种法律制度和法律关系，也同样是狱政管理学的基本内容"。[1]1993年由劳改专业教材编辑部组织编写，蔡延澍担任主编的《狱政管理学》教材[2]所提供的狱政管理学基本体系共计16章。包括：第一章 狱政管理学概述；第二章 狱政管理的性质和任务；第三章 狱政管理的基本原则；第四章 刑罚执行；第五章分 押分管分教；第六章 武装警戒；第七章 监管制度；第八章 生活卫生管理；第九章 规范化管理；第十章 考核与奖惩；第十一章 犯情的获取与分析；

---

① 参见《中国劳改学研究》，第97页。

② 劳改专业教材编辑部组织编写《狱政管理学》（蔡延澍主编），社会科学文献出版社1993年版。

第十二章 狱内突发事件的处置；第十三章 防逃与追捕；第十四章 档案管理；第十五章 狱政装备；第十六章 狱政管理的现代化。这一知识体系把刑罚执行的实体和程序以及狱内侦查内容包揽其中，从监狱法学和监狱安全防范的角度看，其与狱政管理的知识分工显然不尽合理。因此，1996年4月法学教材编辑部组织编写，并由王泰主编的《狱政管理学》，对以往的知识体系作了相应的调整，比如将"刑罚执行"改为"刑务管理"；以"安全管理"取代原第十一、十二、十三章；以"激励管理"概括原第十章，其他章名都作了重新命名。此外，并非不重要的是，全书体系根据论述对象的不同性质，也作了相应调整，由此形成了三编。第一编（一至四章）为狱政管理的基本理论；第二编（五至十二章）为狱政管理的基本内容；第三编（十三至十五章）为特殊类型对象的狱政管理。经过调整的这一体系以管理为本位，相比原有体系的合理性有所增强。尽管，其中有关刑务管理和安全管理的内容仍照旧被囊括其中，换言之，仍未适应将其"名实关系"完全调整到位的要求。总体而言，自1995年以后，有关狱政管理问题的各种研究紧密结合实际，较多地集中在罪犯管理模式、常规管理方法以及安全防范等方面。其中，罪犯管理模式问题受到持续关注，模式问题的核心在于如何对罪犯分押分管分教。"分押分管分教"即被称为"三分"的实践，虽然从1990年代初就已开始付诸实施，但是在形成了最初的制度框架之后，不再有持续的进展。原因之一是缺乏进一步的理论与政策支持。受国外分级累进处遇思想的影响，中国化的"三分"概念在1990年代以后已经为基层监狱管教人员所熟知。但是，在静态"三分"制度形成之后的几年间，行业人士逐渐认识到，由静态"三分"到动态"三分"，即所谓累进处遇的实现需要探索中国特色的管理模式，而这是一个从理论到实践都不乏困难的课题。其中，"分类制度"被重点加以研究。例如，《中国监狱现代分类制度理论与实践研究》[①]就此提出

---

① 张金桑主编，金城出版社2001年版。

了一些折中的思路,认为"三分"中分押模式应对罪犯重点进行综合诊断,分管模式应重点确定分类系数(指表示罪犯个体改造难易的评价值),分教模式应重点落实分类指导。一些论文对罪犯分类的标准和方法进行了进一步探讨,[①]而常规管理方法,如目标管理、定量管理、考核管理、自治管理、柔性管理等被经常探讨。不过,其间较有深度的专题研究还是十分欠缺。1995年以后,在网络技术普及和信息技术加快应用的背景下,如何实现管理现代化的话题,成为热门问题。[②]此外,监狱安全防范问题,作为一个狱政管理的老问题,在宏观认识上发生了较大改变。一种构筑现代监狱安防体系的意识已经日渐转化为实践共识。安全防范除了继续研究传统的狱内侦查技术,已拓展至安防事故、安防机制、安防设施、安防制度以及地域安防、技术安防等问题上来,独立设置监狱安防实务课程,也被纳入一些警官院校的专业建设之中。[③]

(二)主要概念或问题

1."狱政管理"的概念

关于"狱政管理"的概念,主要有以下观点:一为狭义说。认为狱政管理是狱内行政管理,主要是围绕对罪犯实施惩罚和改造所进行的具体行政管理活动。二为广义说。认为它是一种司法行政管理,其中司法指的是刑事执行的司法实践活动。不过,由于"司法"一词在实际使用中的语义并不清晰,学界在使用"司法"一词时,仅是对监狱行刑活动的一种笼统的称呼,并未就该词语的刑事法理学内涵作过专门界定,司法

---

① 参见陈士涵:《罪犯分类模式新探》,载《中国监狱学刊》1996年第4期;允晨:《试论我国分级处遇制的完善》,载《中国监狱学刊》1996年第6期。

② 参见张苏军:《监狱管理现代化的内涵》,载《中国监狱学刊》1998年第4期。

③ 参见袁司理等:《关于建立确保监所安全稳定有效机制的研究》,载《犯罪与改造研究》2001年第7期;狄小华等:《地处农村的监狱安全防范战略思考》,载《中国监狱学刊》2000年第1期;冯怀生:《新时期影响监狱安全稳定的主要因素及对策》,载《监狱改革发展纵横谈》(上册),中国监狱学会2001年11月编印,第46页。

管理一般除了司法程序的管理，还包括司法组织的管理。三为折中说。认为狱政管理有广义和狭义之分。广义是指国家对所有刑罚执行机构及其活动所实行的司法行政管理。在这个意义上，管理者是除基层行刑机构以外的各级国家监狱管理机关，而被管理者则是基层行刑机构。狭义仅指监狱对罪犯行刑的具体管理工作。在这个意义上，管理者是基层行刑机构，即各种劳改事业机关，而被管理者则是服刑罪犯。上述三种意见中，多数人赞成狱政管理是除教育改造和劳动改造以外的"依法对罪犯实施的行刑管理活动"一说。[①] 尽管这一说法在不同教科书中，仍然存在表述的差异。例如，王泰主编的《狱政管理学》在分析了狱政管理的广狭二义之后，根据其研究对象，取其狭义，即特指监狱对服刑罪犯的管理。并将"狱政管理"定义为"是指我国监狱依法对在押服刑罪犯直接实施的，有关执行刑罚、罪犯处遇和监管改造方面的特殊的刑事司法管理工作"。虽然，多数教材对其定义表述不一，但主要按照狭义观点编制狱政管理教学体系。到 2005 年之前，一个显著变化的特点是刑罚执行管理、安全防范管理等内容，已从传统狱政管理学中分离出来，成为刑罚执行基础、安全防范管理等独立设置的专业课程。

2. 罪犯分类调查

罪犯分类是狱政管理的基本制度之一。对现代监狱而言，它也是实施监禁收押的一个必要步骤。从以往的监狱行刑实践看，罪犯分类大约有三个层次。一是为着分押目的的分类，即"收容分类"，一般以性别、年龄、刑期、前科、精神状况等为分类标准；二是为着分管目的的分类，即"普通处遇分类"，一般以犯罪案由、人身危险性、身体健康状况、服刑的长短及其表现等为分类标准；三是为着分教目的的分类，即"特殊处遇分类"，一般从教育学、心理学或医学的角度提出分类标准。后二者也是分级累进处遇制的实施依据和组成部分。这三个层次所构成的

---

① 参见杨显光主编：《劳改法学词典》，第 210 页。

分类体系只表达了最普通的分类概念，也与中国监狱的分类行刑实践大致吻合。从世界各国的监狱分类实践及其学理分析来看，基于文化背景和行刑目的的不同，分类概念和方法具有多样化的特点。[①]迄至目前，国内学界除了分类的概念和类型，还就分类的标准和调查的方法以及分类的理论基础或利弊得失等问题进行了研究。

　　首先是分类标准设置问题。《中国劳改学研究综述》曾综合了四种分类标准设置的基本理论观点：第一种认为应根据人体医学、精神病学、民族学等标准，就性别、年龄、智力、种族、籍贯等加以分类；第二种认为应根据刑法学标准，就罪由、刑期、主观状态、犯罪次数等加以分类；第三种认为应根据心理学、教育学、社会学等标准，就犯罪心理、文化程度和家庭社会等加以分类；第四种认为应根据改造表现标准，按教育改造、劳动生产中的能力和成绩加以分类。上述分类观点主要强调了所谓"科学分类"的立场和方法。但也有学者对"分类行为"提出一种类似辩证法的观点，他们认为"分类是对客观事物的差异性进行主观认定的行为"。因此，可根据不同的目的，针对不同的对象，根据具体的情况，采取不同标准加以分类，不必过于拘泥一种研究标准。[②]事实上，从译介的材料和考察的情况看，无论是日本的分类调查标准设置，还是美国或加拿大的分类标准设置，实际施行的指标和级别构成体系已经发展至相当复杂的程度。[③]

　　除了标准如何设置，其次还有一个相伴的重要问题是调查方法如何运用。如果说在适用收容分类时，基于所设置的受刑人分类指标具有外显性及其单一性，只需要运用统计判别和规范排序即可解决的话，那么，

---

　　①　参见杨世云等编：《比较监狱学》，第 169—189 页；王泰：《现代监狱制度》，第115—129 页。

　　②　参见《中国劳改学研究综述》，第 409 页。

　　③　参见杨世云等编著《比较监狱学》、张金桑等编译《第 19 届亚太地区矫正管理者会议资料》和孙晓雳编译《美国矫正体系中的罪犯分类》等文献资料。

在适用处遇分类时，由于所设置的指标具有隐蔽性及复杂性，必须借助心理学、社会学、医学以及其他相关科学的方法，如观察、访谈、问卷、测量、诊断、实验等定性或定量分析手段的综合运用。这使得分类调查方法包含了复杂的理论与技术。有学者指出，尽管这一方法具有适应行刑个别化需要的理论根据，但它的专业化要求及由此可能造成的高昂成本，增加了监狱行刑工作的难度，① 因此，分类调查制的简洁性和经济性是一个有待研究的问题。不过，分类调查制作为分类监禁和分级处遇的必要环节，已经成为狱政管理研究的一项不可或缺的基本制度问题。

3. 关于累进处遇制

自 1980 年代中后期，随着比较监狱学研究的进展，国外累进处遇知识的输入，国内监狱在传统分押分管的基础上，开始尝试深化分类的实践，并探索具有中国特点的分类处遇模式。在狱政管理的全部研究课题中，也许可以说，最受人关注的要数"分级累进处遇制度"。分级累进处遇制又称"分级递进制"或简称"累进制""阶级制"等。这一制度的复杂在于它建基并伴随于行刑的全程，复合运用多种管理理论和方法，而且整个制度可以根据实施的具体条件选择繁简不同的模式。这一起源于英国现已传播于全球的监狱管理制度，除了原理的相似之外，各国在引用的过程中大都已变形成自己的实践模式。在中国各地监狱的行刑实践中，由于受到经济、技术、文化等因素的约束，目前只是发展了比较初级的累进处遇形态，即通常谓之"三等五级制"的狱政分级管理模式。但是，该制度无论是译介还是研究，理论认识比实践要深入许多。早在 1991 年，由杨世云等编著的《比较监狱学》，已就"累进制"及其美国、英国、日本等国的各自模式作了比较清晰的介绍。② 至 1992 年，《中

---

① 参见王泰：《现代监狱制度》，第 128 页。
② 参见杨世云、窦希琨编著《比较监狱学》第六、七章。中国人民公安大学出版社 1991 年版。

国劳改学研究综述》总结国内人士对于累进制的探讨，就累进制的理论基础、适用对象、分级处遇的标准、程序和方法等给予了简明的整理归纳。2003 年由王泰主编的《现代监狱制度》一书，将累进制单独成编（第三编），对其制度构造进行原理分析，形成了比较系统的专题研究成果。比较狱制研究表明，累进制是一个内涵复杂的制度体系。该制度在目标激励、等价交换和刑罚可调的总体理论思想指导下，利用行刑场所的多样性、行刑过程的阶段性以及行刑对象的差异性，激活罪犯服刑过程的差异机制、自律机制、竞争机制，借助连续性的引导力量，从而达到使罪犯逐步适应重返社会的目标。其一般原理如下：1. 把罪犯服刑看成是一个连续动态的过程；2. 将此过程分作多个（三至四个或更多）阶段，即不同等级阶段；3. 根据罪犯服刑表现决定升降其所处由严至宽不同阶级；4. 将不同阶级配置不同的处遇及其考核；5. 通过分级处遇正向激励，引导罪犯接近假释目标。

在实施累进制的过程中，为造成良性有序的累进运动，需要有分类调查、分级评估和处遇配置等理论与技术加以保证。因此，对于如何进行分类调查、分级评估和处遇配置等问题，曾吸引了不少监狱理论与实务人士发表本地化的具有中国特色的研究意见。[①]

4. 关于罪犯考评问题

罪犯考评是了解罪犯服刑表现或绩效的主要手段之一，它的目的是为变更分级处遇和实施各种奖惩等提供基本依据。由于其结果关涉罪犯服刑权益的分配，其意义不可谓不重要。罪犯考评虽然在中国监狱具有相当深厚的本土实践，如一年一度"评审评比"和日常"百分考核办法"等，但从方法上看主要适应了粗放管理的需要。因此，理论界对罪犯考评的探讨从未间断。有关考评原理的基本问题主要集中在三个方面：一

---

① 参见《中国监狱学刊》和《犯罪与改造研究》历年总目索引。

是关于考评对象（目标）。主要有"服刑表现"和"改造质量"两种不同表述，包含了两种不同的考评目的。前者在劳改语境中又被称为"改造表现"，主要用以说明罪犯经改造后在行为上所发生的积极变化。后者涉及对于监狱工作整体成效的评价，但两者在内涵上有着明显的依赖关系。二是关于考评内容（指标）。指的是反映考评对象，应有哪些内容构成。在现行的百分考核制度中，反映考评对象改造表现的内容主要由思想改造和劳动改造两部分及其所辖若干方面构成。三是关于考评方法。在现行的制度中主要根据考评指标，采取"定性量化"的所谓"日记周评月结"的方法。上述三个方面无论是对象的合理性、内容的全面性，还是方法的科学性等，都受到不断质疑，与此同时也提出过不少新的考评构想，但都不如现行百分考核制因简单易行、成本低廉、适应习惯而更具现实生命力。2005 年以前，受监狱行刑科学化和欧美矫正思潮的影响，改造质量评估、再犯风险评估等应用研究题材颇受关注，而且具有借助工程学思维的项目化研究的发展态势和趋向，[①] 由此，罪犯日常计分考评不仅是制度化的独立实操方法，同时也正在被罪犯改造质量评估或再犯风险评估等研究加以利用，并作为获取评估指标数据的主要来源之一。

三、罪犯教育学

（一）概述

罪犯教育学在劳改学中，也被叫作"改造教育学"或"教育改造学"。[②] 它一般被定义为"研究对罪犯进行教育改造（包括目标、内容、特点、原

---

①　参见于爱荣主编：《罪犯改造质量评估》，法律出版社 2004 年版。

②　如由力康泰主编、群众出版社于 1985 年出版的第一本司法部统编教材名为《改造教育学》，而 1988 年 7 月编定并于 1989 年 1 月由四川辞书出版社出版的《劳改法学词典》（第264 页）则称作"教育改造学"。

则、制度、方法等）这一现象及其规律的科学，是我国教育改造罪犯的经验总结和理论概括，是劳改科学体系的重要组成部分"。[1] 在罪犯教育学产生之初，与其说它接受了教育学一般知识传统的影响，不如说它更主要地受到马克思主义改造世界理论的直接支配。从它的设置使命看，它是一门贯彻无产阶级改造人类的意识形态的实践学科。这门学科的构成骨架相对其他分支学科，具有更加鲜明的政治倾向。由力康泰主编的第一本司法部统编教材《改造教育学》，之所以将"改造"置于"教育"的前面，就是为了强调和突出该学科的性质。在其第一节论述"改造教育学的概念"时专门就"改造"的含义作了分析，明确指出"本书所讲的'改造'是专指我国人民民主专政的劳动改造机关，对罪犯在执行刑罚的过程中，强迫其进行劳动改造与教育改造，使他们成为拥护社会主义制度的守法公民和对社会主义建设的有用之材"。由此可见，改造教育学具有明确的政治工具使命。当然，罪犯教育学的工具性质在过去的二十年中，受时代变迁的影响而不断有所调整，从学科名称"改造教育学"到"教育改造学"，再到"罪犯教育学"的变更，暗示了这门学科在研究立场上的某些变化。罪犯教育学自 1995 年之后，由于受到现代教育思想和国外矫正思潮以及教育改造实践效果消极评价等的输入影响，其原有的观念、知识和理论已受到不同程度的挑战或置换，尤其是作为体现本国"教育刑"特点的主要知识部门"罪犯教育学"，其核心概念"改造"的地位已受到"矫正"的部分挤占。"改造式教育"几乎正在逐步向"矫正式教育"过渡。这种由"改造"向"矫正"的改变，尽管还只是初步的迹象，却显示了"罪犯教育学"极为深刻而重要的变化。这种变化表明，一种承袭苏俄传统的形而上"教育改造体系"，已经受到来自英美势力的形而下"矫正教育体系"的悄然改宗。罪犯教育学在接受"矫正"的

---

[1]　参见杨显光主编：《劳改法学词典》，第 264 页。

教育理念之后，随之发生的知识转型便是教条论述因素的减弱和技术构造因素的增强。在过去的几年中，学界面对罪犯教育学变化的反应参差不一。有的学者意识到在新的历史条件下，由于"改造"的内涵已发生了变化，因此，需要在辨析的过程中赋予"改造"以新含义，[①] 目的是使"改造"与时俱进，不被淘汰；也有的学者认识到"改造"作为一个学术名词存在过于粗糙的硬伤，从其由来和功能看，"改造"是一个意识形态的术语，更多地体现了罪犯教育的政治属性。因此，"改造"一词应由"教育"一词代之。[②] 而事实上，随着国外矫正知识的大量输入，与"改造教育"的来源和背景大不相同的"矫正教育"一词在专业报刊上使用日趋频繁，人们已于不知不觉中不仅接受了"矫正"一词所包含的欧美文化意识，而且，似乎并未出现排异反应。司法部法规教育司在 2001 年编制报教育部的《法学专业参考目录（征求课程设置意见）》中，已经明确列入了"矫正教育专业"。

　　不过，本国"罪犯教育学"的知识体系除了新增若干矫正内容，基本上还是一如其旧，其内容与架构的革新还很有限，大致仍由以下几个部分组成：第一部分概论，主要论述学科的研究对象、指导思想、与相邻学科的关系、研究方法，以及罪犯教育的性质、特点和任务等；第二部分教育改造的规律、原则等；第三部分教育改造的内容；第四部分教育改造的方法等。关于罪犯教育学的研究，虽然根本说来尚未摆脱意识形态的制约，尤其是教科书还保持着对政策与原则进行诠释或宣讲的面孔，但在期刊论文中，已有不少论文试图开辟新题域，从人性、素质、文化等视角提出的罪犯教育理论观点陆续发表，还有个别论文或从中国传

---

　　① 参见杜强：《论两种不同的改造概念》，载《中国监狱学刊》1999 年第 6 期；宋行：《现代教育改造论》，载《中国监狱学刊》2001 年第 5 期。

　　② 参见郭明：《中外监狱教育刑的困惑及其启示》，载《中国人民大学复印报刊资料·刑事法学》2001 年第 2 期。

统教育思想开掘资源,以适应罪犯教育的更新之需,[①]甚至从中西刑罚文化比较的立场,提出了若干理论批判的意见。[②]

(二)主要理论概念或问题

1.关于"教育改造"的概念

"教育改造"或"改造教育"是罪犯教育学的元概念。这个概念的词语形式由"教育"和"改造"并列构成是颇有意味的。一方面说明1949年以后的中国监狱行刑仍可纳入所谓"教育刑"时代,同时也说明这种"教育刑"是以"改造"为特征的。关于"教育改造"的概念,其基本含义在劳改学语境中并不存在根本争议。值得注意的是,从表述过程以及教育改造所涉及的范围来看,教育与改造的关系存在着互相交叉与包容的现象。一方面,改造可以理解为区别于惩罚的特殊教育活动,因此,它是监狱罪犯教育的特殊表现形式,但另一方面,教育又只是被理解为改造的形式之一,除此还有所谓劳动改造、监管改造和矫正改造等提法。[③]这种模糊不清的复合关系及其表述,反映了隐含在教育改造概念中的理论矛盾性及其教育改造统一性的困境。在以往的大多数情况下,监狱教育服从于"改造"的意志。同时可以发现,当"改造"时代逐步向"矫正"时代过渡,"矫正教育"一词的出现,还意味着监狱的罪犯教育呈现了对于"改造"和"矫正"的一仆二主式状态。无疑,这是"过渡监狱学"的罪犯教育学所具有的特殊历史语境使然。

2.关于"教育改造"的功能与任务

教育改造的功能是教育改造对于罪犯具有的客观作用。教育改造究竟具有哪些客观作用,学界的认识不尽一致。有的认为教育改造具有

---

① 参见张全国:《儒学文化与中国的行刑教育》,载《中国监狱学刊》1999年第5期。
② 参见郭明:《中外监狱教育刑的困惑及其启示》。
③ 参见金鉴主编:《监狱学总论》第六篇"罪犯改造",法律出版社1997年版。

儆戒、说服和感化等三项功能。有的认为它具有识别、启迪、遏制、塑造、鼓励五项功能。有的认为它具有传达、辨别、塑造、促进四项功能。还有的认为它具有晓喻、置换、塑造三项功能。^①关于教育改造的功能，在1990年代中期之后的不同版本教科书中，虽然没有形成统一的表述，但是，与功能实现有关的教育改造任务，由于存在立法和政策的依据，其表述却颇为一致，即认为教育改造的任务主要有三个方面：一是转化思想；二是传授知识；三是培养技能。显然，"任务"这一概念通常被理解为是"行动的"而并非"理论的"，而"功能"这一概念，产生于对"教育改造"这一活动的作用及其效应的观察与评价，由于研究者经验基础和价值认知的较大差异，其形成共识则显得相对困难。

3. 关于教育改造的内容与形式

教育改造的具体内容在教育改造研究中没有原则分歧。除了现场的个别教育、讲评教育外，受教育改造的法定任务所决定，教育改造的主要课堂教育内容分为三个方面：一是政治思想教育；二是文化知识教育；三是职业技术教育。以往理论研究的重点主要是界定三方面教育的内涵，以及如何实施这三方面教育，即罪犯教育的形式问题。关于教育的形式，以下的归纳为更多的教科书所采纳：(1)分类教育，即根据罪犯的群体分类特点，按类进行的教育。(2)个别教育，即根据罪犯的个体差异性，个别进行的教育。(3)一般教育，即针对罪犯全体的共性问题组织进行的普遍教育。(4)辅助教育，除上述教育形式以外，利用各种手段和力量进行的教育形式。这些内容和形式来源于教育改造实践的经验总结，已经成为实施教育改造的政策性思想。

4. 关于教育改造的原则与规律

教育改造的原则与规律，在劳改学者眼里有着深刻的依赖关系。原

则的提出取决于对规律的正确认识。但是原则不同于规律，在劳改学中更多地表现了认识反作用于实践，即对实践的指导与规约。关于教育改造的原则，1990年代以前的教科书主要提出了以下两种意见：一是"三原则说"，即一切从改造罪犯出发的原则、以理服人与强制灌输相统一的原则和教育改造与劳动改造相结合的原则。二是"四原则说"，即整体性原则、针对性原则、以情感人与以理服人相结合的原则和监内教育与社会教育相结合的原则。1995年之后的教科书，在比较取舍的基础上，较多采纳以下的"四原则说"，即理论联系实际原则、因人施教原则、以理服人原则、社会力量参与改造原则。除了原则研究，有关教育改造罪犯的规律研究也受到相当关注。对规律的重视，反映了研究者的知识结构深受苏式马克思主义理论教育的深刻影响。尽管"规律"一词多少已被滥用，但热衷于规律表述，更多的是自觉或不自觉地以规律为话语工具，试图证明对于教育改造科学性或真理性的掌握。力康泰主编的《改造教育学》第三章在阐述了认识规律的意义之后，提出了"强制教育与自觉改造相适应；转变罪犯思想与传授知识相促进；反复教育与罪犯思想反复相一致"等教育改造三项规律。仿效这种规律表述方式，产生了诸如"思想转化的规律""文化技术教育的规律""劳动改造的规律"等，并由此形成多种对于规律认识的结果。[1] 而从对于规律的现有认识和表述看，所谓"规律"和"原则"的内涵与功能似乎已无太大差别，都是旨在归纳和总结教育改造的方法。由于对于规律的认识活动多半是一种主观希望客观呈现的现象，故具有强烈的主观强制色彩，因此，1990年代中期之后"过渡监狱学"的罪犯教育学，规律这种概念工具已逐渐被大多数学者弃而不用了。

---

[1]　参见《中国劳改学研究综述》，第380—385页。并参考2000年之后出版的同类教科书。

四、罪犯心理学

（一）概述

罪犯心理学在其诞生之初，学者习惯称之为"罪犯改造心理学"。这一称谓在教科书中一直沿用至被"罪犯矫治心理学""罪犯心理矫正"或"罪犯心理学"替代为止。[①] 尽管，从 1990 年代中期以后，罪犯心理学和罪犯改造心理学名异实同而共时存在，似乎并没有构成确认学科命名的困难。但是，意识到两者在研究旨趣和内容上的显著差别，并目睹"改造"一词逐步从学名中淡出，其实具有重要的历史识别意义。罪犯心理学在传统劳改学时期主要是一门以"罪犯在劳动改造条件下的心理活动特点和转化规律为研究对象的科学"。[②] 罪犯心理学的上述定义，随着近十年来研究语境的变化，已经有了若干不同的表述。2000 年之后的司法部统编教科书认为，它是"研究罪犯在刑罚执行条件下心理现象的形成、发展、变化及其规律的科学"。[③] 可见，后者放弃了"劳改"措辞，在一般研究对象的界认上与前者明显不同，态度也渐趋中立。事实上，除了关于研究对象的表述调整，该学科的研究内容和方法也有较大程度的改变，其变化的标志是比起 1980 年代以经验定性研究为基础的罪犯心理学，1990 年代以来由于引进和开展罪犯心理测量研究和与之相应的罪犯心理矫治实践，因而该学科显示了定量实证研究的增强和专业技术应用的推进。[④] 从内容架构看，作为监狱学学科组成部分的罪犯心理

---

① 如法律出版社 2002 年出版的由何为民主编的《罪犯改造心理学》一书仍坚持使用了原来的学名。

② 参见杨显光主编：《劳改法学词典》，第 301 页。

③ 参见黄兴瑞主编：《罪犯心理学概论》，第 5 页。

④ 例如出现了心理测量研究方面较具代表性的成果。参见司法部监狱管理局组织研制的《中国罪犯心理测试个性分测验》（COPA-PI）和中国监狱学会罪犯改造心理专业委员会组织完成的《来自监狱的报告——中国盗窃犯的心理研究》。

学，其知识体系主要由罪犯心理学概论和罪犯心理矫治两部分构成。其中，罪犯心理学概论部分除了研究罪犯心理学的核心概念、研究对象、理论来源、历史发展及与相邻学科关系等学科基本理论外，主要研究罪犯本体心理学的基本理论问题，如罪犯心理学的主要理论及其方法论问题、罪犯人格的诸结构要素(自我、动机、态度等)、罪犯服刑的阶段心理、类型心理、变态心理、越轨心理以及行刑对策心理等。而作为罪犯心理学的技术应用部分"罪犯心理矫治"则已从概论范围中相对独立出来，尤其是 2000 年之后，为适应司法警官院校设置罪犯心理矫治课程教学和行业培训的需要，先后编写出版了几种罪犯心理矫治教材。[①] 不过，"罪犯心理矫治"虽已建构了初步的教学体系，但其提供的内容与其说是技术本位的，不如说还是知识本位的。在整个"过渡监狱学"时期，国内一些罪犯心理学研究者，围绕罪犯心理矫治的概念、地位、理论依据、操作体系以及实践成效，已经发表了诸多的建设性论述。[②] 在矫治实践领域，应用最多的是心理测量、诊断和评估技术。其中，国内各地监狱先后尝试运用的心理测验量表已达 28 种之多。[③]

此外，还须提到，从学科建设关系而言，作为心理学以及法制心理学的应用分支学科，罪犯心理学在监狱学体系中与其他分支学科所确立的相互关系，其实具有一定的学科特殊性。一般认为罪犯心理学是监狱学的分支学科应当没有疑问，但从学科渊源看，它作为犯罪心理学或犯罪学的组成部分似乎较为贴切，尤其是从西方犯罪学发展的历史来看更

---

① 参见何为民主编：《罪犯心理矫治》。

② 见张晰、张安民：《简论罪犯心理矫治法的概念及运作》，载《中国监狱学刊》1994年第6期；何为民：《罪犯心理矫治的概念及操作体系》，载《中国监狱学刊》1997年第1期；何为民：《建立中国式罪犯心理评估系统的理论思考》，载《中国监狱学刊》1997年第5期；章恩友：《罪犯心理矫治的理论依据》，载《中国监狱学刊》1999年第4期。

③ 见张安民、高树宏：《我国罪犯心理测量研究述评》，载《犯罪与改造研究》1996年第7期。

是如此。① 相对于监狱学体系中的其他分支学科，比如狱政管理学与管理学，罪犯教育学与教育学等，罪犯心理学与心理学的知识联系更加紧密，可以认为是较前者更具背景学科特点的分支学科。但就其实际学科从属性格而言，却并非如此，尤其是 1995 年以后，作为罪犯心理学的应用门类"罪犯心理矫治"，更加明显地具有学科构成的复合属性。罪犯心理矫治的知识和话语基础，有两个并不协调的来源：一是心理咨询和治疗。就这一来源而言，它的知识传统理应溯及近代以来精神医学的全部思想理论和技术成果。二是矫正教育。它主要是缘于罪犯教育学接受了西方行刑矫正主义思潮和技术影响所派生的一个结果。这两种来源的合成，导致了罪犯心理矫治具有心理医学和改造或矫正教育学的混合性格。例如，检索 2003 年度在《中国监狱学刊》和《犯罪与改造研究》等专业刊物发表的有关罪犯心理矫治论文，就其内容分析，可以看到不少作者在论述矫治方法时，对于心理咨询的原则和教育改造的原则，自觉不自觉地采取不加区分、随意拆借的立场和态度，由此，有意无意地损害了心理咨询或治疗所固有的知识独立和实践中立的基本原则。尽管，也有学者对罪犯心理矫治研究和实践中存在的若干问题进行了某些检讨和批评。② 但这种检讨和批评之声，在监狱"改造与矫正"的强势话语场域中，被有意无意的拒斥或漠视而忽略了。总之，在 2005 年之前的"过渡监狱学"时期，国内罪犯心理学理论及应用研究，与普通心理学相比，尚未达到足够专业的规范与品质。

---

① 　有关这方面的情况，可参见吴宗宪撰写的《当代英美法律心理学概况》(1991)、《欧洲大陆法律心理学述评》(1996)、《国外罪犯心理矫治概论》(1997)、《西方犯罪学史》(1999)等论著。

② 　见周勇：《我国罪犯心理矫治的现状、问题与对策》，载《犯罪与改造研究》2001 年第 8 期；邵晓顺：《关于罪犯心理和罪犯心理矫治调研论文中一些观点与研究方法的商榷意见》，载《犯罪与改造研究》2001 年第 11 期；章恩友：《关于罪犯心理矫治几个重要问题的思考》，载《中国监狱学刊》2001 年第 6 期。

（二）主要理论概念或问题

1."罪犯心理"的概念

由于研究者知识视角的明显差异，关于罪犯心理的概念，大致形成了四种不同的意见。第一种不妨叫作"特征论"。邵道生等人把罪犯心理的特征当作本质因素加以抽象，主张罪犯心理就是罪犯在服刑过程中形成的心理活动及其特征。[①] 第二种谓之"结构论"。罗大华等人把罪犯心理从经验上理解为一个有机的结构。在结构论者看来，研究罪犯心理主要是研究罪犯心理结构。[②] 不过，同为结构论者，关于罪犯心理结构的理解和描述却不尽一致。例如，有的认为它是罪犯原有心理结构（其中包括犯罪心理、不良心理和良好心理三种成分）、人的基本生活需要和服刑期间多种新生心理因素的复合体；有的认为它是由罪犯的个性倾向、性格特征和带有情境特征的心理状态三者构成；还有的认为是由一般心理结构、类型罪犯心理结构和不同服刑阶段的心理特点构成。第三种是"反映论"。持反映论者的主要研究工具是马克思主义的认识论。他们认为罪犯心理是罪犯意识对犯罪和改造等客观实在的反映。除了与一般人共有的心理，主要是由特殊服刑生活反映而成的特殊心理。此外，持第四种意见的学者把罪犯心理等同于罪犯心理状态，可谓是"状态论"，即认为罪犯心理是带有情境特征的心理活动。[③] 无论是"特征论""结构论"，还是"反映论"抑或"状态论"，这四者只是主观认识的差别，在具体研究中他们自觉不自觉运用的都是经验思辨的产物，并无实验证明的根据。至少在早期，一般都缺乏通过量化的实验性研究，提供证实或证伪的证明过程。

[①]　以邵道生等人的研究为代表，参见其主编的《罪犯改造心理学》，社会科学文献出版社 1987 年版。

[②]　以罗大华、何为民等人为代表，参见其主编的《罪犯改造心理学》，群众出版社 1987 年版。

[③]　以上意见另可参见《中国劳改学研究综述》第 276 页述评。

自 1990 年代中期之后，罪犯心理学的进展体现了寻求所谓"实证研究"解决问题的努力，主要表现在引用了一些从国外引进的心理测量手段，利用监狱提供的施测条件，提供了若干专题化的心理测量统计研究报告。不过，由于这些所谓"实证研究"不仅理论原理的预备思考及其方法论检讨极其薄弱，而且主持各项研究的人员构成也比较庞杂，既有政法高等院校该门课程的理论研究者，也有监狱行业罪犯教育或心理实务的应用研究者，其心理学修养或测量技术训练的不平衡，决定了有关罪犯心理测量、诊断和评估的实证研究，还处在"山寨"学习和简单尝试的阶段。基于同样的原因，关于罪犯心理的概念以及一系列类型研究，尽管形成了相当规模的调查数据，但其研究结论还无法提供令人信服的规范解释。与此同时，有关罪犯心理本质的定性研究观点，继续被教科书或论文所引用，表述也几乎没有进展。比如，关于"罪犯心理"的本质或特征的看法，有的被抽象表述为被动性、消极性、矛盾性、反复性、不稳定性、不平衡性，可改造性等；有的被具体描述为消极悲观、性情冷淡、情绪不稳、苦闷烦躁、矛盾反复等；还有的被分类表述为戒备心理、悔恨心理、自卑心理，忧郁心理或认罪心理、投机心理、对抗心理、消磨心理等。[①]总之，关于罪犯心理的概念认识，还处在比较粗糙的定性研究和比较初级的定量研究尝试阶段，反映了这一领域的研究瓶颈，不仅专业化的制度基础薄弱，而且，研究个体的研究素养和能力提升也是有待解决的问题。

2. 罪犯"需要结构"问题

鉴于"需要结构"是对人类行为的动机进行解释的重要概念。因此，研究罪犯的"需要结构"受到较多关注。对此所提出的主要观点有"二重需要结构说"和"需要倾向结构说"。前者认为，罪犯需要结构由其

①　参见《中国劳改学研究综述》，第 280—290 页。

原有犯罪心理结构中的需要结构和服刑过程中的需要结构组成。后者包括人的基本生活需要和改恶向善的需要,认为罪犯需要是多层次多侧面的综合结构,但其主导需要是缩减刑期和取得管教人员信任,其相关需求是家庭温暖、社会谅解、物质保障和人格尊重,其目标是早日出狱,回归社会,因此有明显的动力结构倾向。[①]

在罪犯需要结构研究中,需要结构的认知模式,表现在设计调查问卷时对罪犯需要结构要素及其关系的研究认知,其主要问题是要素的确定和术语的表示不够统一,而基本统一之处在于其正常需要的结构假设,主要源自美国心理学家马斯洛的"需要层系"理论。关于罪犯"需要结构"的特点,有部分研究者予以论及,大致认为罪犯需要结构具有非现实性、非客观性、反社会性、矛盾性、倾向性等,较多地给予了消极评价。[②]

3.不同类型罪犯的"类型心理"问题

罪犯心理研究的重要任务之一是针对不同类型罪犯心理进行类型差异化研究。由于分类标准的不一,关于不同类型罪犯的类型心理学研究呈现复杂性、多样性面貌。类型心理的划分根据主要有以犯罪动机为划分根据的"贪财型"罪犯、"性欲型"罪犯和"施暴型"罪犯的类型心理特征,以"犯罪生涯"为划分根据的初偶犯、惯累犯等类型心理特征,以犯罪主体的性别、年龄、刑期、民族、职业、文化等为划分根据的成年男犯、成年女犯、少年男犯、少年女犯、短刑犯、重刑犯等类型心理特征。除此,还涉及了少数民族、不同社会地位和文化程度的罪犯类型心理特征研究等。[③]

4.不同服刑阶段的罪犯心理问题

由于不同服刑阶段的罪犯心理特征,对于认识罪犯服刑阶段的心理

---

① 参见《中国劳改学研究综述》,第280—290页。

② 同上。

③ 参见何为民主编:《罪犯改造心理学》,第112页等。

差异及其变化规律，并采取相应心理矫治的方法具有指导价值。因此，不同的教科书对服刑过程不同阶段的罪犯心理特征及其差异也给予了较多的论述。主要提出了"三阶段"说和"四阶段"说。"三阶段"说把服刑全过程分为初期、中期和后期三个阶段。初期被认为是熟悉、适应、习惯监狱生活的阶段，主要心理特征是疑惧、苦闷、紧张、悲观、对立等。中期被认为是对监狱生活已经适应，情绪相对稳定的阶段。主要心理特征是悔过、进取、忍耐等，但反复或徘徊也是很典型的特征。后期被认为是一个心理比较容易被动的时期，憧憬与担忧、振奋与消沉相交织等矛盾心理特征较为显著。"四阶段"说把服刑全过程分为四个阶段。第一阶段为服刑初期，第二、三阶段为服刑中期，第四阶段为服刑后期。相对于"三阶段"说，"四阶段"说主要是将服刑中期作了进一步细化研究，突出了服刑中期的反复性。[1]

对罪犯服刑心理作阶段心理研究，并作出相应的描述与描述，对于把握罪犯服刑心理发生和发展的一般特征和变化特点具有一定的参考价值。但由于被观察和研究的对象样本，在经历、年龄、刑期、案情、身心基础、职业背景、社会地位、文化程度等方面具有个性构成的复杂性和差异性，罪犯阶段心理特征研究，只有经验的定性描述，没有形成普遍性、稳定性、精确性的定量研究结论。迄今为止，即使已有的重复定性研究与描述，亦未提供具有实质性进展的研究成果。

五、监狱史学

（一）概述

监狱史学是史学和监狱学的交叉分支学科。从其背景学科而言，它无疑应归于法史学的门下，而从学科应用来看，则可归入监狱学。在国

---

[1]　参见《中国劳改学研究综述》，第283页。

内监狱学界，除了以监狱史学为研究方向的若干政法大学法史学者作为学科研究奠基力量，监狱史研究在监狱学界除了司法警官院校若干主讲教师和行业的少量专职编史研究人员以外，该学科的基础研究力量十分薄弱①。由于监狱史研究要求研究者至少具备刑法史和监狱学的复合学养，因此，这一学科的专门研究力量因培养困难大有后继乏人之虞。1990 年代以后的监狱史研究，除了王利荣所著《中国监狱史》在叙述内容和理论评析方面较具特色以外，总体上没有超越 1980 年代李文彬著《中国古代监狱简史》、李甲孚著《中国监狱法制史》和薛梅卿主编《中国监狱史》等成果的研究与著述水平。尽管有若干论文表明，1990 年代以后的中国监狱史研究，融合了中外监狱史比较研究的学识背景，但主要研究成果所涉之基本史料仍源自上述著述以及法制史相关研究文献而未有新史料的开拓。确实，中国监狱史虽源远流长，史料丰富，但人才难得，专攻困难。中国监狱史研究的权威成果，主要完成于 1980 年代。彼时大陆和台湾两地的若干老一代法史学者以监狱史学为研究方向，在挖掘和整理监狱发展的基本史实的基础上，独立或合作完成了几种具有教科书使用或参考价值的中国监狱制度史的基础性读本。尽管，中国监狱学会于 1994 年 4 月成立了监狱史学专业委员会，并以专业委员会的名义召开了若干次监狱史学研讨会，但由于与会人员构成复杂，论文选题不受限制，史料史论陈旧，会议成果的学术价值有限。不过，自 1995 至 2005 年的十年间，监狱史学研究还是取得了若干重要的进展，主要成果体现在以下几个方面：一是组织编撰了新中国监狱史，由中国监狱学会牵头组织编写了《中华人民共和国监狱史》②。二是由各省监狱学会牵头组织编写了本省地方监狱史志的一系列编史成果。其中较有代表

---

① 中央和各省监狱警官院校中虽有若干监狱史教学人员，但研究背景单薄，少有学术建树。目前，国内仅有中国政法大学建有名为"监狱史学研究中心"的专门学术机构。

② 《中华人民共和国监狱史》（第一稿），中国监狱学会编印，2006 年 3 月内部印行。

性的地方监狱史志研究成果，当推由麦林华、徐家俊主持编撰的《上海监狱志》及《上海监狱年鉴》系列。[①] 三是有关清末民国监狱史的专题研究，取得了一些重要进展。其中，由薛梅卿主持完成的《清末民初改良监狱专辑》《天津监狱史》等成果，源于对清末民国地方监狱、监狱改良人物和资料的整理研究，对于梳理清末民国的监狱文化遗产，丰富清末民国监狱近代化的历史认识，具有重要参考价值。

（二）主要概念或问题

1. 古代监狱的起源问题

关于监狱起源问题的研究，既需要事实证据又牵涉理论方法。有关此题研究，主要有以下代表性理论观点：一是"国家起源说"。大多数学者以马克思的国家学说为根据，认为监狱作为国家附属物，产生于国家产生之时，由于中国早期国家研究肯定"夏"为中国国家历史中最早国家，因此，监狱起源于公元前 21 世纪的夏朝，则是顺理成章的结论。二是"皋陶造狱说"。从传说中寻找监狱起源的论据，是一种不同于借助"国家学说"进行理论推断的方法，本质上属于历史考证研究。"国家起源说"无法解释在国家产生前的一个相当长时期内存在的监禁现象及其发生的历史原因。换言之，监禁现象其实早于国家现象。但是"皋陶造狱"迄今只是一个无从证实的传说，且记录这个传说的文献为东汉史游的《急就章》，相隔年代过于久远。因此，以此为据论证监狱为虞舜时代的掌刑人皋陶所创，亦不免牵强。不过，一般监狱史著作尽管不以"皋陶造狱"为信史，但却有以此说明监狱起源于远古时代，比夏朝国家起源更早的用意所在。三是"前监狱时期说"。鉴于确切地说明监狱起源于何时是一个困难的问题，因此借助文化人类学的知识，说明监狱在国家正式产生以前，必定存在一个较长的"前监狱时期"。这种观点的原

---

① 麦林华等主编：《上海监狱志》，上海社会科学院出版社 2003 年版。

理与"婴孩降生之前必有十月怀胎"的道理如出一辙,仿佛无懈可击。故而,持"前监狱时期"的学者搜集材料,例如"置于丛棘""系于畜栏"等事实皆可用以说明监禁现象的广泛存在。于是,在这些学者看来,监狱起源问题其实是一个文化发生学现象,绝不可从概念出发去框定一种事实。当然,这种研究观念持有者主要是少数年轻学者。[1]

关于监狱起源问题的根本困惑和研究人类起源等内容是一致的,既要寻找事实,又要界定概念。当然意识到根本困惑还只是一种个别思想事件,在中国监狱史这个狭小的学术领域,作为集体意识的根本困惑还没有出现。

2. 关于监狱发展的历史分期问题

关于中国监狱发展的历史分期问题,国内监狱史学者并没有提出别出心裁的意见,受中国历史分期研究及其通说的影响,参照马克思主义关于人类社会五种形态逐步更替的理论,结合中国社会历史演变的实际情形,相应地关于中外监狱的历史分期,基本认为可分为四种不同类型交替发展的时期,即奴隶制监狱、封建制监狱、资本主义监狱和社会主义监狱。由于各个国家的社会历史形态发展时间并不同步,每个时期的时间长短及其排序也不一致。以中国监狱历史发展为例,它自夏至春秋经历了奴隶制监狱、战国至清末经历了封建制监狱、清末至民国经历了半封建半殖民地监狱,而中华人民共和国成立迄今经历了社会主义监狱。也有学者认为,清末至民国,中国经历了资产阶级改良监狱,即准资本主义监狱,而半封建半殖民地监狱作为历史分期不免以偏概全。1949年以后则是社会主义监狱。显然,上述分期观点的根据是监狱与国家的不同历史关系。台湾地区学者李甲孚,在其著《监狱制度之比较

---

[1]　参见《中国劳改学研究综述》第十一章"狱制的比较研究",第 673—685 页。

研究》^①中则以监狱自身管理方法或手段的演进特征为根据,认为监狱发展可分为"器械管理时代""理智管理时代""自治管理时代"三个时期。总之,有关监狱发展的历史分期问题之解决,关键是选择何种分期标准或根据。在监狱史的有关教科书或论文中,对此未作更加深入的探讨。

3. 关于古代监狱的基本制度问题

关于古代监狱的基本制度问题,是中国监狱史研究的核心内容之一。有关研究成果在梳理古史文献有关资料的基础上,一般依照朝代顺序提供以下整理和分析:

关于上古时期的狱制。一般认为,从夏朝至春秋,古代中国的主要监狱制度为"圜土制度""嘉石制度"和"桎梏制度",并就上述制度的含义、起讫时代、制度的主要规范或方法以及功能和意义等作了细致考证。^②

关于中古时期的狱制。从战国至清末绵延二千余年,监狱制度由简趋繁,在继承演变中一些基本制度不仅得以保持,而且日益成熟,主要有"系囚""居作""悯囚"和"录囚"四项制度。学者们对以上四项制度在历代的名实关系进行梳理分析,与此同时,还对其他相关制度如刑罚制度、狱吏聘任制度、监狱建筑制度等作了相应研究。^③

关于近代以来的狱制。近代以来的监狱制度研究着重放在了清末监狱改良制度的形成和发展方面,尤其从立法角度介绍了新式监狱的制度形态。同时,对新民主主义根据地监狱制度也作了较详细的论述。^④

4. 关于古代监狱的基本特征问题

在对中国监狱史进行系统研究的基础上,有些学者试图对中国古代

---

① 见《监狱制度之比较研究》,第 12 页。
② 参见李文彬:《中国古代监狱简史》第 1—3 章。西北政法学院科研处 1984 年印发。
③ 同上。
④ 参见薛梅卿主编:《中国监狱史》,群众出版社 1986 年版,第 9 章。

监狱现象的基本特征作出总体概括。例如，李文彬在《中国古代监狱简史》中认为古代监狱现象具有：一是古代监狱是掌握在国王与皇帝手中的专政工具；二是古代监狱是隶属于司法与行政官署的附属物；三是实行公开不平等的监狱管理制度，维护奴隶制和封建制等级特权；四是立法执法两相脱节，存在法外用刑和施用法外狱具现象。[①]薛梅卿等人对于"封建制"监狱的特征作了如下归纳：一是建立了从中央到地方，并以秋审为补充形式的监狱体系，且随着专制主义中央集权国家和皇帝权威的不断强化和提高，狱网日益严密，规模愈益庞大；二是狱政与行政合一，裁制与行刑混合，监察与司法、狱政掺杂；三是监狱立法相对薄弱，并贯穿着公开的阶级不平等；四是狱政制度相对完善，但悯囚、慎刑的说教、宣传与狱治实践的专横暴虐形成鲜明对比；五是以维护君主专制、蔑视人权、实行威吓、惩治和报复主义为狱政方针，贯彻礼刑结合的治狱策略。[②]不过，对于上述学者的概括结论，也有学者提出批评意见。例如，许章润在《狱制的比较研究》中认为："上述诸家论述，似乎均从大处着眼，比附封建法制的基本特征而于狱制更作衍伸，至于古狱制究竟具体具有一些什么有别于古政制、刑制、讼制的特点，则反而湮没不见。"[③]

六、比较监狱学

（一）概述

国内比较监狱学的研究最早始于对国外监狱制度的译述。司法部劳改专业教材编辑部 1983 年首先开始组织人员翻译苏联劳动改造学系

---

①　见李文彬：《中国古代监狱简史》，第 127—133 页。

②　参见薛梅卿主编：《中国监狱史》，第 8—9 页。

③　引自《中国劳改学研究综述》，第 665 页。

列教材。虽然，余叔通主编的《劳动改造法学》编定于 1982 年，[①] 其中已包含了对国外监狱制度的介绍。杨显光主编的《劳动改造学》亦编定于 1982 年，其中有"外国监狱史"的专节介绍。两书系 1980 年代以后国内大陆最早介绍外国监狱知识的版本，其孰先孰后难分伯仲，但两者所据资料皆引自 1949 年以前的民国监狱学，并非实时译介。尽管 1983 年 6 月由黑龙江省法学研究所印发何鹏等编著的《监狱及矫正制度比较研究》以比较研究为研究目的，可视为国内比较监狱学研究的始发之作，但所谓比较监狱学之比较研究，则因知识不足或能力不逮而名不副实。随后，司法部汇编的《外国监狱资料选编》（上、下）开始选编有关外国监狱制度的一些译文，而且还编入了国内一些学者的述评文章。但直到1991 年杨世云、窦希琨著《比较监狱学》的出现，"比较监狱学"无论是作为一种研究方法，还是作为分支科目才算正式确立。此后，由何鹏、杨世光主编的《中外罪犯改造制度比较研究》一书则表现了更加明确的比较研究意识。例如，该书在进入各章具体论题后，专节设置了对"两种制度的比较与评论"专题，但存在的问题也很明显：一是以"罪犯改造制度"指代"各国监狱或矫正制度"进行比较不免牵强；二是进入具体比较事况时，在大部分情形下笼统地以"西方国家"这一抽象单数代替被比较方的具体单数或具体多数。这两个问题在比较研究中具有相当的代表性，反映了比较研究的不够深入。事实上，在劳改学体系中，"比较监狱学"和"外国监狱制度（或概论）"，从课程设置的目标和层次上看，并没有严格区别，可以说在使用上含混不分。虽然这种含混不分，在少数从事比较监狱研究者的专业认知中并不存在。客观说来，国内比较监狱学，除了少量论著在比较研究的方法上有较为自觉的追求，[②] 大多停留

---

① 由法律出版社 1987 年正式出版。

② 参见许章润：《狱制比较研究》，载邵名正主编：《中国劳改学研究综述》，第 648—819 页。吴宗宪《西方犯罪学史》和有关西方监狱学的述评研究等。

在资料的译介以及引用译介资料作粗疏分析和批评而已。不过，虽且如此，仍可看到自 1980 年代以来，伴随译介和考察的增加，中国的监狱学界对于国外监狱的了解和认识日益加深。随着中外司法交流与合作的进一步扩大，比较监狱学的研究视野渐趋开阔。无论是对于国际的、地区的或国别的监狱及监狱学状况，从资料到认识都在快速增加。主要表现在以下几个方面：一是有关国际社会监狱译介与研究的进展。例如，自 1997 年以来我国每年参加国际或亚太地区矫正会议，均向国内同行作综述报道或编译出版有关资料。由我国学者编译的《联合国囚犯待遇最低限度标准规则详解》①《联合国监狱管理规范概述》②，成为近年来了解国际社会有关监狱管理和改革的基本思想与政策的重要编译成果。二是有关各国监狱制度译介与研究的进展。有关世界各国监狱制度的介绍与研究以论译文的形式发表，其成果数量较丰。据统计，自 1994 年至 2005 年仅发表在《中国监狱学刊》《犯罪与改造研究》上的各国狱制资料已逾 100 篇。三是有关监狱学比较研究的进展。在国外监狱学资料日渐增加的基础上，一些专题性或综合性的比较研究开始出现。如武延平主编的《中外监狱法比较研究》，③对国别监狱法的比较涉及十多个国家的监狱法律法规，具有一定的规模。夏宗素等主编的《中外监狱制度比较研究文集》，④相对集中地反映了近年来比较监狱研究的成果。四是有关比较监狱学教学的进展。国内政法院校的监狱管理专业大多设置了外国监狱概论课程。《现代世界监狱》⑤《外国监狱制度概要》⑥《外

---

① 《联合国囚犯待遇最低限度标准规则详解》，于南译，郭建安校，法律出版社 1998 年版。
② 郭见安：《联合国监狱管理规范概述》，法律出版社 2001 年版。
③ 武延平主编：《中外监狱法比较研究》，中国政法大学出版社 1999 年版。
④ 夏宗素等主编：《中外监狱制度比较研究文集》，法律出版社 2001 年版。
⑤ 王泰主编：《现代世界监狱》，中国人民大学出版社 1998 年版。
⑥ 储怀植主编：《外国监狱制度概要》，法律出版社 2001 年版。

国监狱概论》①等教材，为各地政法院校陆续采用。此外，值得提及的还有我国学者应邀参加了一项国际监狱学界的大型比较研究合作项目"监狱制度比较研究"。这一项目遴选和邀请14个国家的20位著名犯罪学与刑罚学者参与，按照其提供的研究与写作计划分别独立或合作撰文，向国际社会介绍各自国家监狱制度在全球化与现代转型背景下的发展状况，因此，对于各国刑事政策制订者和研究者了解各国监狱的历史沿革、相互影响、主要问题和政策走向及最新研究进展等，具有重要参考价值。②不过，需要指出的是，尽管比较监狱学取得了上述一些学术进展，但就整体研究状况而言，限于研究机构、建设规划、研究人才、项目经费和涉外条件等的欠缺，国内比较监狱学研究已面临进一步发展的瓶颈。③

(二)主要概念或问题

1. 西方监狱发展的历史分期问题

对西方监狱的历史发展进行宏观的把握，首要的问题是如何进行历史分期。由于监狱作为纯粹自由刑的执行工具，通常认为产生于近代刑狱改良以后。因此，在近代以前漫长的历史中所出现的监禁现象，如何认识其制度特征意见并不统一。林东品在《犯罪改造学》中依据生产关系的变化及社会形态的更替，从外部历史特征着手，把西方监狱的历史发展分为奴隶制时期监狱、封建制时期监狱、资本主义时期监狱。杨显

---

① 王秉中主编：《外国监狱概论》，金城出版社2002年版。

② 《监狱制度比较研究》由英国艾塞克斯大学教授奈杰尔·绍斯和美国纽约普拉兹堡州立大学教授罗伯特·P.威尔斯共同主持，来自14个国家的20位专家、学者参与了研究计划。我国学者许章润应邀承担了其中的第十章，其项目成果已由戈登-布里奇出版社1998年出版。由于国内未有该书的中文译本，考虑其学术参考价值，笔者曾选译了该书导言《转型社会中的犯罪、惩罚与监狱的状况》等文，并收录于个人学术文集《学术转型与话语重构——走向监狱学研究的新视域》，中国方正出版社2003年版。

③ 比如中国监狱学会下设的12个专业委员会中迄今未有"比较监狱学专业委员会"或"外国监狱研究专业委员会"的事实，亦可佐证其协作研究的相对滞后。

光等认为西方监狱史可断为四个时期，即监狱形成阶段（奴隶制监狱时期）、监狱的"人身保管场"阶段（奴隶制后期和封建制前期）、"惩治监"创立阶段（西方近代监狱肇始时期）、监狱的改良阶段（18世纪以来）。关于西方监狱发展的历史分期研究，重要的是整理各个时期的监狱史料，深入分析和归纳其主要特点，由此为分期观点提供事实与理论的坚实依据。但是，西方监狱历史从史料的掌握程度而言，特别是古代监狱史研究尚处在一知半解的知识状态。其中，一部分古代监狱知识来自法制史和刑法史的相关研究，一部分古代监狱知识，由若干西方监狱学译著的零散介绍而来。总之，对于漫长的古代监狱发展状况及其特点，大部分的描述和归纳来自零碎记载，而欠缺系统考证和梳理。有鉴于此，有的学者将古代部分从技术上处理成西方监狱的"前监狱时期"，并把它定义为"正式执行自由刑以前的监禁历史"。以"三分法"观点，西方监狱史可分为18世纪末以前的"前监狱时期"、18世纪末至19世纪末旧派报应刑罚哲学统治下的惩罚悔罪型狱制时期、19世纪末以后的新派教育刑罚哲学统治下的矫正型狱制时期。[①] 总之，国内学者有关西方监狱内部史的文献资料掌握远为不够，研究方法也比较单一。因此，已有的历史分期研究结论在2005年以前，未有新的不同观点。

2. 西方监狱改良问题

西方监狱发展至近代出现了重要的历史转折。和整个西方社会的近代变革相一致，从18世纪末至19世纪初由西欧到北美掀起了一场影响波及全球的监狱改良运动。中国清末的改良监狱的运动亦滥觞于此。国内学者在介绍西方监狱文化及对我国的影响时，对于西方监狱改良给予了较多的关注。杨殿升主编的《劳动改造法学》，何鹏等编著的《监狱及矫正制度比较研究》，许章润独著的《监狱学》，杨世云、窦希琨编著

---

① 参见许章润：《监狱学》，第37—41页。

的《比较监狱学》,潘华昉等编著《外国监狱史》均给予了不同篇幅的述评。其中,许章润的述评及相关的比较狱制研究,涉及历史背景、事件经过、主要内容以及借鉴意义等,内容稍详。潘华昉等编著的《外国监狱史》有关英国监狱史的章节,对约翰·霍华德的生平事迹介绍较为具体。郭明选译的《美国民主政体中的刑罚:良好愿望的悖论》一文,对近现代美国监狱改良历程,提供了系统而完整的述评,具有西方监狱改良历史研究的独立文本价值。[①] 总的来说,西方监狱改良运动对于西方监狱制度近代转型的革命意义,已经构成了比较监狱学研究的一个重要思想,它的历史意义也得到了相当程度的传播。不过,似乎还未将它作为更深层次的东西方思想文化关系史上的重要事件加以认识。尽管,国内学者许章润在《清末对于西方狱制的接触和研究》以及《英国向海外的两次移囚》等论文中作了初步研究,但其研究意义尚未引起足够的关注。

3. 西方监狱的行刑理论问题

国内有关西方监狱行刑理论问题的研究,和国内刑事法学界对于西方刑罚理论的研究是相互共生的。对于行刑理论的研究,涉及的内容十分广泛,包括行刑的本质、根据、目的、原则、功能等,但归纳起来,主要包括行刑价值论和行刑方法论两个方面。

关于行刑价值论的研究,学者们大都联系西方近代以后的社会思想变化,尤其是结合人文精神的高涨,用以阐明行刑价值的思想基础及其来源。甘雨沛在《外国刑法学》[②] 一书中认为西方监狱行刑制度的原理性思想主要有:一是尊重人权原理;二是更生改造、复归社会原理;三是自食其力原理。何鹏等在《监狱及矫正制度比较研究》[③] 中认为受“博爱

[①]　参见郭明:《学术转型与话语重构——走向监狱学研究的新视域》,中国方正出版社2003年版,第337—368页。

[②]　甘雨沛:《外国刑法学》(上),北京大学出版社1984年版,第543页。

[③]　见其著第40—48页,黑龙江省法学研究所1984年印行。

思想""经济思想"和"公平主义"等社会主流文化思潮的影响，监狱行刑的主要理论有：一是社会连带理论；二是文化进步理论；三是教育刑论。杨世云等在《比较监狱学》中专设"行刑理论"，介绍了报应刑论、教育刑论和综合（折中）刑论。许章润在《比较狱制论稿》中认为西方矫正制度的思想理论基础有：一是自然法学说与平等、博爱观；二是社会连带思想；三是教育刑论；四是工具理性与唯科学主义。从上述行刑价值理论研究中，可以看到，关于什么是行刑理论，学者的立场和观点不尽一致。有的学者意欲说明近代以后的行刑，依据的是那些改良理论或思想，也有的学者对于行刑理论的理解是指如何行刑的原理，还有的学者将两者混在一起表述。

关于行刑方法论的研究，国内一般以"行刑原则"加以概括。同样，有关行刑方法论的研究结果也是将价值与方法相混和，并且表述难以统一。例如林东品在《犯罪改造学》中提出四项原则：一是人道主义和尊重人权原则；二是个别化原则；三是社会化原则；四是感化教育原则。而许章润在《监狱学》中提出五项原则：一是法治原则；二是人道原则；三是教育原则；四是个别化原则；五是社会化原则。

总之，西方监狱行刑理论，从思想到原则，从历史到现实，国内的研究仍停留在评价与分析以及作出某种初步归纳的阶段。中西方行刑理论的深度比较研究仍然缺乏。近年来，有学者根据西方行刑实践的困惑，试图对其行刑理论的内在矛盾性进行分析，也有学者意识到行刑理论是一个不断变迁的概念。在以贝卡利亚为代表的古典刑事主义行刑阶段，主要是报应刑论；在以李斯特为代表的超刑事主义行刑阶段，主要是教育刑论；而自20世纪以来，行刑理论除了传统教育刑的主流理论外，已经出现多元理论并存的状态。无论是报应思想、教育思想、控制思想、治疗思想和预防思想或者整合思想、恢复思想和赔偿思想等，往往随行刑的具体宏观情势而被赋予不同的地位，呈现了具有"钟摆效应"

的历史循环主义特征。[①]

4. 西方监狱的行刑制度问题

监狱行刑制度是以实践形态表现的监狱行刑方法,其核心是关于某种行刑活动的规范与方式。国内学界关于西方监狱行刑制度的各种介绍颇多,尽管大部分内容具有相互引用和发挥的特点。1990 年代中期以前,在不同版本的教科书中,对于西方监狱具有代表性的行刑制度的介绍,大致如下:何鹏等人在其著《监狱及矫正制度比较研究》中列举了八种行刑制度,即分类制、累进制、自治制、中间监狱制与开放性设施制、惩罚制度、教育与职业训练制度、犯人待遇制度、适用于青少年犯的特殊监狱制度。舒鸿康在《劳动改造法学》中提出制度的广狭二义说。所谓广义是“执行自由刑的方法,涉及监狱、戒护、教化、作业、给养、卫生、赏罚等多方面内容”,实际是指监狱法所规定的一般监狱业务制度。狭义仅指“监禁和戒护的方法”,又称为“监禁制度”,包括七种制度,即独居制、沉默制、点数制、分类制、中间监狱制、自治制、累进制。其他学者在各自编、著的著作中,大多重复上述制度。[②]在提出监狱行刑制度的种类构成之后,对各项制度的概念、特点、规则及适用等具体事项,有关著作和论文,给予详细程度不一的介绍、说明或评价。就已有的著述而言,杨世云、窦希琨编著的《比较监狱学》和王泰著《现代监狱制度》在介绍和分析西方监狱各项行刑制度时,条理性和规范性似更为清楚。

由于制度概念本身的不确定性,关于西方监狱行刑制度的研究,在分析和归类时,尚有一系列概念的识别与操作问题需要解决。例如,行刑制度与行刑模式的异同问题、行刑制度的层次与体系问题、行刑制度

---

① 参见〔美〕诺曼·卡尔森文:《犯罪与刑罚史》,郭建安译,载《犯罪与改造研究》2003 年 1 期。

② 见《中国劳改学研究综述》,第 781—782 页。国内学者有关行刑制度的早期研究主要引用民国时期赵琛、芮佳瑞等人所著监狱学著作或台湾地区丁道源等人的比较狱制研究成果。

的法律与文化功能问题等。

5. 比较监狱研究的其他问题

随着对于外国监狱了解与认识的增加，特别是 1990 年代以后，伴随学术翻译、赴外考察和国际合作等各项活动的增多，比较监狱研究的问题有所扩展，除了前述的若干问题，还有以下一些问题或题材得到不同程度的研究，比如西方监狱行刑发展趋势问题、国际通行监狱规则译介及应用问题、西方监狱罪犯权利问题、西方监狱的狱内社会问题、西方监狱体制、机构及人口统计问题、西方监狱的立法状况及动态问题、西方监狱管理最新进展问题、国际与国别监狱状况问题、西方监狱学的研究状况与进展问题等。

第六节　从劳改学到监狱学：
"后过渡监狱学"的主要理论轨迹

中国监狱学在经历了上述"过渡监狱学"的理论发展之后，自 2005 年迄今开始进入"后过渡监狱学"时期。之所以将这一时期的监狱学发展冠以"后过渡"的定语，主要是这一时期的监狱学，相比此前的"过渡监狱学"，在学科基础、理论内涵、知识来源和研究方法等诸多方面，又有了比较显著的拓展或变化，而在某些题材或方向上甚至有了研究范式或理论逻辑的突破或超越。不过，即便如此，必须看到其主导性的核心理论及其知识结构依然是将苏式"改造论"和美式"矫正论"这两个舶来的行刑核心理论机械混搭或强制联姻，据此作为理论建构、知识整合和话语表达的思想基础和逻辑结构所形成的过渡性理论与知识体系。因此，笔者认为，不妨将这一监狱学的持续发展时期称为"后过渡监狱学"时期，以便不仅有助于与此前的发展作阶段性的比较和区别，而且便于为"过渡监狱学"的发展提供终末路标。不过,在此似有必要说明,虽然任何学术史自身向前赓续发展具有必然性和不可逆性,但考虑到转型中国的复杂历史情境以及监狱学自身发展难以避免的"路径依赖",身处当下之世如果想对"后过渡监狱学"作为"过渡监狱学"的最后阶段,其转型发展的最终完成还将行进多久试图作出准确预估,则显然是不明智的。尽管,可以肯定,"过渡监狱学"及其"后过渡监狱学"迟早会在未来某时被一种包含了不同以往的监狱世界观和行刑方法论的监狱学理论体系所超越和替代。然而,立足叙述的当前,此刻的任务主要仍是以这一时期的研究成果为根据,拟从历史机缘、研究进展以及补充阐述等方面,对"后过渡监狱学"理论变迁的背景、实况及原因,给以概要述评。

一、历史机缘

如前所述,2005 年之后的中国监狱学发展进入了一个"后过渡监狱学"时期。这一时期所以呈现"后过渡监狱学"现象,首先与其赖以发生的"历史机缘"有关。追溯 2005 年前后的历史变化,可以发现所谓"历史机缘",主要是指伴随国内高等教育的加速发展,尤其在高等职业教育同步发展政策的引领和推动下,国内各省原有司法警官中专教育的办学主体,虽然反应快慢不同,但皆意识到了提升办学层次的发展机遇已经来临。正是在 2005 年前后的大约十年之间,国内大多数省份的中等司法警官院校或其主管当局互通声息,先后抓住宏观政策调整的窗口期,相继实现了从中专到高职或大专的办学升格目标。在一个依赖政策杠杆办学的国度,这个从中等教育到高等教育的办学升格,意味着办学的财政经费、人事编制、招生规模、协作层次和考核评价等由制度规定和行政保障的办学条件等获得了极大改善。从而,其直接结果是促使层次升格后的办学主体,必须围绕人才培养层次和水平的提升,在学科基础、专业规格、课程设置、师资配备和科研支撑等内涵性建设指标方面,作出与之相应的积极反应和努力。这为处于传统司法警官教育核心和主干地位的监狱学学科建设，同样提供了极其有利的历史条件。

由于上述历史机缘对于"过渡监狱学"发展所产生的提振和推动作用，可以看到缘于专业和课程的建设发展需要，特别是伴随教学与研究人才的大量引进以及迭代成长，不仅为"过渡监狱学"研究注入了崭新的活力因素，而且一定程度改变了监狱学知识话语主体之间的话语权重占比关系。提到话语权重占比关系问题，需要略作说明，与任何一个应用学科的业态一样，中国监狱学界实际也存在三种不同的知识话语生产和应用的主体及其相互协作关系。其中，司法行政决策主体主导"政策知识话语"的生产和应用、院校研究主体主导"学理知识话语"的生产和应用，行刑实务主体主导"经验知识话语"的生产和应用。从广义观点来看，中国监狱学（理论与知识）是由上述三种知识话语所构成的复合知识话语形态。由于三种监狱知识话语的主体地位及其生产和应用职能各不相同，这就决定了它们对于监狱学知识话语的协作生产及其应用，具有不同权重的影响、贡献和效能。在"更生劳改学"和"过渡监狱学"时期，综观其三分天下的权重关系，可知行政决策主体的"政策知识话语"的权重占比最大，其次为行业实务主体的"经验知识话语"，最后是院校研究主体的"学理知识话语"。[①]一般而言，这三种监狱知识话语的主体，在系统内部有着相对独立的分工和职能，虽然，从个别主体的经历或身份来看，也不乏兼职或跳槽者超越三者关系，成为跨界或流动的作业者。必须看到，自进入"后过渡监狱学"时期之后，以上三者的权重关系逐步有了显著变化，其变化特点是院校研究主体的知识话语权重占比增大，而主要原因是伴随办学升格发展，包括中央司法警官学院和地方司法警官学院、国内政法大学刑事司法院系和相关研究机构等

[①]　参见笔者所撰《中国监狱的知识话语问题》一文。收录于郭明：《契约刑论与新兴古典监狱学》，台湾元照出版公司2019年版，第146—158页。

院校研究主体的人员数量、学历层次、学科背景和研究能力等，有了显著增长或加强。其中，院校研究主体的学历层次已从原先的本科学历为主，转变为以硕士或博士研究生学历为主，而其学科背景更是包括了法学、政治学、经济学、教育学、管理学、心理学、社会学或文学、史学、哲学、数学、医学以及计算机学、财会学、统计学、建筑学、传媒学等。的确，从事实来看，学历层次的高阶化和学科背景的多样化，对监狱学发展已经产生的促进作用至少有：一是促进了监狱学研究观念、知识结构发生变化；二是促进了监狱学研究方法的交叉运用；三是促进了研究团队的新老交替与迭代成长。而其根本收益则是中国监狱学在这一时期的发展，无论是基础理论还是应用理论，皆取得了一系列具有实质进展价值的研究成果。

二、研究进展

如上所述，由于历史机缘使然，中国监狱学在"后过渡监狱学"时期产生了一系列具有实质性进展的专著、教材和论文等研究成果。据不完全统计，自 2005 年初至 2019 年底，中国大陆及台湾地区出版的监狱学专著(含译著)、教材等成果超过 300 余种(含台湾地区出版的监狱学著作 10 余种，其中不包括用以职业资格认证标准化考试而编著出版的各种应试辅导类教材)[①]。其题材内容涵盖了监狱学各分支学科研究领域，不仅体现于监狱基础理论、监狱史学、比较监狱学、监狱社会学、狱政管理学、罪犯教育学、罪犯心理学等主要基础和应用学科研究领域，还涉及学科综合或交叉研究的广泛题域，诸如学科建设、制度转型、监

---

　①　参见本书附录 3。似有必要指出，由于学科建设大幅投入的快速产出以及国内出版业竞争所伴生的出版泡沫化现象，与其他学术领域的出版情况相似，过去四十年，尤其近十多年面世的 300 余种监狱学正式出版物中，虽然不乏优秀或上乘之作，但专业质量平庸，甚至滥竽充数之作也占有相当比例。

狱法治、罪犯人权、监狱经济、警力管理、监狱文化、囚犯代际、危险评估、监狱建筑、心理治疗等。此外，这一期间在《中国监狱学刊》《犯罪与改造研究》等各级监狱类学刊或杂志所发表的论文或准论文类文章，其总数超过 12000 篇。考虑到论文数量众多、内容庞杂，仅凭一人或几人之力对论文文献的海量阅读和梳理，然后对其进行内容质性分析和语义概括表达，不仅费时耗力，不堪重任，而且作业方式过于原始，难免挂一漏万或以偏概全。故此，论文文献的整理与分析，主要运用文献计量分析方法给以专题研究，形成名为《近三十年中国监狱（论文）文献计量分析》的独立论文作为附录。[①] 以下主要从该时期的专著（译著）、教材两类研究成果中筛选其中较具研究特色的代表性成果，分别给以解读和评价：

（一）专著类成果的主要研究进展

分为八个小类，顺次述评如下：

1. 监狱基础理论的研究进展

如果说在"过渡监狱学"时期，基础理论研究进展的主要标志是引进了美式"矫正论"，从而形成了与苏式"改造论"相并存的监狱基础理论复合局面，那么，在"后过渡监狱学"时期，基础理论研究的新进展则主要表现在以下三个方面：一是"改造论"的细化研究；二是"惩罚论"的深化研究；三是对"改造论"和"矫正论"的扬弃研究。

首先是"改造论"的细化研究。这方面的研究成果首推陈士涵的《人格改造论（增补本）》。[②] 在 2001 版的基础上，该修订版继续围绕"为什么需要人格改造？什么是人格改造？如何进行人格改造？"等三项基本理论问题，给予了更加细致的分析和严密的论述，主要内容涉及罪犯的人格、人格结构、人格改造的基础构成、人格缺陷与犯罪、人格的可改

---

① 此论文系在本人指导下，由我的学术助理、图书情报学硕士邢鹏馆员独立完成。参见本书附录 2。

② 陈士涵：《人格改造论》（上、下），上海学林出版社 2001 年第 1 版，2012 年第 2 版。

造性和主观恶性、人格动力的升华、人格改造的实践等。作者借本书提出了"人格改造上升为监狱的主题""人格改造应当成为监狱的最高理想""罪犯的人格是改造客体""人的改造是人格改造"等一系列核心命题和观点。关于该书的学术价值,同为研究罪犯改造论的学者吴宗宪评价道:"新中国成立后50多年,除了毛泽东改造罪犯思想之外,长期以来并没有发展起完整的罪犯改造理论。新中国对于罪犯改造理论研究的不理想状况,直到2001年陈士涵出版两卷本的《人格改造论》后,才得到初步改变。"总之,这部著作的主要价值在于提出了以"人格改造论"为标志的罪犯改造理论体系。与"人格改造论"具有不同研究目标和向度的另一代表作是吴宗宪的《罪犯改造论——罪犯改造的犯因性差异理论初探》。[①] 该书认为"改造罪犯,把犯罪人变成守法者,是全人类面临的共同课题,是世界上绝大多数国家和地区都在进行的重要社会实践活动"。为了使"改造论"具有更加可靠的理论基础,作者以"犯罪原因的形成机理"为重点研究对象,提出了一种以"罪犯改造的犯因性差异理论"为根据的改造论。这一"改造论"主要基于个体犯因差异认知对于改造方法有效应用所具有的因果逻辑关系,如作者所言,其主要理论逻辑是"犯因性差异既是个体犯罪的重要原因,也是对罪犯改造的重要基础;改造罪犯实际上就是努力缩小和消除犯因性差异的活动。在对犯因性差异理论进行系统论述的基础上,总结、归纳了通过罪犯改造实践改变罪犯的犯因性差异的具体方法和措施,从而有利于完善我国的监狱制度和罪犯改造工作"。需要说明,上述两部具有独立理论体系的改造论专著,虽然都以"改造论"作为当代中国主流核心理论所不容置疑的"改造正确"为前提,都是旨在探讨如何解决"科学而有效地改造罪犯?"这

---

① 吴宗宪:《罪犯改造论——罪犯改造的犯因性差异理论初探》,中国人民公安大学出版社2007年版,商务印书馆2019年第2版。

一理论与实践难题。不过，由于两者对"改造根据与方法应用"的相互关系所持观察视角和逻辑假设不同，故其理论成果亦相应包含了不同的理论逻辑，比如前者以"人格差别"为根据，故提出"人格改造论"，后者以"犯因差别"为根据，故提出"犯因改造论"。仅就工具理性而言，两者虽然看似提供了各自关于"改造根据与方法应用"的合理逻辑联系，但如果结合价值理性分析，则不难发现其问题主要还在于对其赖以立论的"大前提"之是否正确无误，没有给予基于人权与法治思想理论背景的必要反思和检讨。此外，即使从其理论逻辑的真实性和可靠性来看，由于对"人格现象"或"犯因现象"进行"质性认知"的主客体互换关系、"情境评估"的不确定性、改造干预的不可控性等诸多原理困难缺乏充分体悟和足够洞察，故其主要理论观点的正当性、合理性和有效性等，或将面临价值、逻辑和实证的多重挑战。

其次是"惩罚论"的深化研究。这方面值得关注的理论研究成果主要有吴新民的《柏拉图的惩罚理论》[1]和刘崇亮的《本体与维度：监狱惩罚机能研究》[2]。前者主要就"惩罚"这一核心刑罚观念，以柏拉图有关惩罚哲学的思想史料为根据，在辨析了赔偿、阻遏、改造、报应的含义与相互关系之后，对柏拉图"惩罚哲学思想"中存在的"改造与报应的张力结构"作了概念辨析和溯源梳理，对于理解现代监狱惩罚与改造的二元关系，不乏以古鉴今的学理参考价值。后者主要立足哲学本体论的思维立场，就惩罚的概念、机能、限度等问题，给予了原理性的探究。鉴于以往国内刑罚哲学有关惩罚的研究主要集中在"惩罚目的论"（即"为什么惩罚？"）而对"惩罚本体论"（即"什么是惩罚？"）研究明显不足的基本事实，作者以监狱行刑本体构造中的"惩罚机能问题"为研究对象，

① 吴新民：《柏拉图的惩罚理论》，中国社会科学出版社 2010 年版。
② 刘崇亮：《本体与维度：监狱惩罚机能研究》，中国长安出版社 2012 年版。

通过对其理论由来、核心概念、基本原理以及惩罚与改造、惩罚与权利等关系所作的分析和阐述，提出了"惩罚机能论"为核心思想的个人惩罚理论。这一专题研究对于进一步确立"惩罚论"在监狱行刑理论中的基础理论地位，对于澄清惩罚与改造的本衍关系、厘定惩罚实现与权利保障的边界关系等，具有理论探索和指导价值。

再次是对"改造论"和"矫正论"的扬弃研究。这方面的研究可举两项代表性成果。其一是王云海的《监狱行刑的法理》。[①] 与"改造论"或"矫正论"的理论旨趣有所不同，王云海作为监狱学的跨界研究者，他的《监狱行刑的法理》如其书名所示，主要借助法律关系思维，对监狱行刑的基本理论和主要问题进行了具有法理意义的探讨，表现在既对监狱行刑的基本现象进行了抽象法理阐释，也对监狱行刑的主要制度给予了具体法理分析。书中针对监狱行刑的若干核心概念，以中国和美国、日本的监狱行刑制度的异同为依据，进行对照和比较论述。该书所提出的重要行刑法理思想是"监狱行刑必须法治主义化"。据此法理思想，作者还结合中外监狱劳动改造与人权保障的关系，提出了"法治式劳动改造论"观点。这对于奉行"政治式劳动改造论"的监狱行刑理论与实践，无疑具有理论纠偏和实践校正的重要意义。不过，作者在此书中似乎尚未意识到用"法治"规范"改造"，即将"改造"绳之以法的理论，虽然具有价值和工具的法理根据，但在"政法关系"密不可分的司法制度背景下，实则蕴含了实质政治与形式法治如何相互匹配的难题。其二是郭明的《契约刑论与新兴古典监狱学》。[②] 该书以报应刑和预防刑的理论与制度冲突为根据，认为当下中国行刑基础理论主要是由古典刑事旧派的"报应刑论"和新古典刑事新派的"预防刑论"所构成的复合理论形态。

---

① 王云海：《监狱行刑的法理》，中国人民大学出版社 2010 年版。

② 郭明：《契约刑论与新兴古典监狱学》，台湾元照出版公司 2019 年版。

由于这一由"刑事报应（惩罚）理性"和"刑事预防（改造或矫正）理性"所构成的复合理论形态，在行刑根据、行刑目的、行刑方法和行刑效果等多方面存在难以调和的内在冲突，其冲突集中表现为刑事司法的报应（惩罚）正义和超刑事司法的预防（改造或矫正）正义相生相克，以致无法使原判刑事司法正义和变更原判的超司法正义在复合之后实现"纯粹司法正义"。对此，作者通过反思造成监狱行刑复合正义冲突的"刑罚政治范式"和刑事法治范式之冲突根源，提出以"契约刑论"（刑事契约化的观念和方法）重新建构和协调报应和预防关系，借以规范和调整古典司法报应和新古典超司法预防的复合行刑正义矛盾。换言之，即主张以"契约法治正义"置换由"改造刑论"的政治正义和"矫正刑论"的医疗正义所构成的复合本体正义。由此可知，这一"契约刑论"既为妥善处理行刑复合正义冲突问题，从而扬弃"改造刑论"或"矫正刑论"，提供了基于刑事法哲学和法理学反思所建构的"行刑基础理论"，同时，它也为未来中国监狱学理论思维与知识话语的整体转型与系统重构，预备了必要的思想理论工具。

2. 监狱史学的研究进展

这一时期的监狱史学在学术史、制度史或专题史研究方面取得了一些重要进展。首先，在"监狱学术史"研究方面，具有代表性的研究成果主要是郭明的《中国监狱学史纲》。[①] 该书内容除了导论和多项附录之外，共计六章。内容包括清末前后的监狱学（两章）、民国监狱学（两章）、新中国监狱学（两章）。其研究从最初自发选题，到最终以博士论文成稿，前后断续历时十年。作者遍访国内有关图书馆、档案馆等地，在系统搜集和整理中国历代、尤其是现代中国监狱学发展的各种学史文献资料的基础上，对中国监狱学术史的核心历史内容，即其知识与理论

---

① 　郭明:《中国监狱学史纲》，中国方正出版社 2005 年版。

的发展与演变状况,不仅给以结构化的系统论述,同时,筛选不同时期具有学术贡献或研究特色的重要监狱学学者及其代表性论著,辅之以专案描述和分析,从而形成了关于中国监狱学术史的首个完整叙事文本。作为"中国监狱学术史"研究的开创与奠基之作,该书被认为"具有填补法学史中监狱学史研究空白的意义。对于中国监狱学的学科基础建设和法学史研究等具有重要的参考价值"。[①] 其次,在监狱制度史研究方面,除了陆续又有若干新编《中国监狱史》教材面世之外,[②] 一项"监狱断代史"综合研究的重要成果是由王明迪主编的《新中国监狱工作五十年(1949—2000)》[③]。该成果是在参考部分省市监狱系统所编地方监狱史志的基础上,对1949年至2000年间整个中华人民共和国监狱的历史发展情况进行史志编纂的首次尝试,其主要内容包括四编,即第一编"创建时期的监狱工作(1949—1954)"、第二编"巩固发展时期的监狱工作(1955—1965)"、第三编"'文化大革命'时期的监狱工作(1966—1976)"、第四编"改革开放时期的监狱工作(1977—2000)"。该书汇聚了对于了解共和国监狱工作发展情况极具参考价值的图文史料。不过,需要指出的是,正如该书各编标题所示,就该书核心叙事内容而言,这主要是一本侧重监狱工作而非监狱制度的编史尝试。由于主要以政治形势背景、行政领导思想、立法、政策沿革、重大历史事件、主要工作及实施成效等为叙述轴线和内容构成,因此,确切说来这本监狱工作史可称为"中国监狱司法行政工作史"。再次,还有若干利用中国监狱史研

---

① 引自法史学家张晋藩、刑法学家陈兴良等人的学术评议。参见《中国监狱学史纲》的序言、推荐语等。

② 比如王志亮主编:《中国监狱史》,广西师范大学出版社2009年版;习习梅主编:《中国监狱史》,中国民主法制出版社2009年版;万安中主编:《中国监狱史》,中国政法大学出版社2015年版等。

③ 王明迪主编:《新中国监狱工作五十年(1949—2000)》,中国监狱工作协会编,法律出版社2019年版。

究的已有史料，给以深入研究的专题成果值得关注。比如，王志亮的《清末民初：中国监狱现代转型肇始研究》①和曹强新的《清代监狱研究》②。两者皆为博士论文成果。前者以清末民初监狱新政与改良为研究背景，对中国现代监狱制度诞生之初的历史条件和实践操作情况给予了比较深入的专题研究。全书共计八章，包括早期中西文化交流、近代中西方文化触碰、外国在华设建监狱、清朝末期改良监狱、北洋政府改革监狱、民国政府改革监狱、监狱现代转型肇始等专题内容，对于了解或研究清末民初监狱改良的由来问题具有不可多得的参考价值。后者共计六章，包括清代监狱基本概况、清代监狱管理制度、清代监狱官吏制度、清代监狱官员的司法责任、监狱狱神庙设置问题、清末监狱改良运动等专题内容。如作者所言，该书主要运用史学、法学等学科研究方法，深入搜集和整理相关监狱史料，对清代这一集中汇聚古代监狱制度之大成的监狱历史现象给以研究，不仅反映了中国监狱史研究题材、内涵和方法的不断拓展和深化，也为监狱断代史研究提供了一个可资比较的参考文本。与此同时，还有马卫国的《囹圄内外：中国古代监狱文化》③和万安中的《中国监狱发展的探索与思辨》值得关注，④两者属于系统参考已有的监狱通史材料，给以系列专题整理的研究成果。前者将中国古代监狱历史发展的主要内容，分为中国古代监狱的起源、中国古代监狱名称和设置、中国古代刑罚、中国古代刑具狱具、中国古代监狱管理、中国古代严刑峻法、中国古代监狱官吏、中国古代狱神崇拜、中国古代监狱建筑、清末监狱制度改良10个专题，给以通俗化的叙述，其主要特色是不仅史料引用翔实有据，叙事表达深入浅出，而且，采取图文结合的文本

---

①　王志亮：《清末民初：中国监狱现代转型肇始研究》，中国法制出版社2011年版。

②　曹强新：《清代监狱研究》，湖北人民出版社2011年版。

③　马卫国：《囹圄内外：中国古代监狱文化》，浙江人民出版社2013年版。

④　万安中：《中国监狱发展的探索与思辨》，中国政法大学出版社2013年版。

呈现形式，全书中相关照片、画像、图表等约有百幅之多，增加了该书的阅读趣味和参考价值。后者是作者多年从事中国监狱史教学的一项整理成果，主要涉及中国监狱的起源与发展问题、种类设置与职官配备问题、狱政思想及其演进问题、监狱立法及其特征问题、监狱管理制度问题五项专题内容，分别依照年代更替，爬梳相关史料，围绕主题给以集中论述，具有专题研究的参考价值。

3. 比较监狱学的研究进展

伴随中西监狱学术交流与研究的不断增加和逐步深入，比较监狱学研究也取得了可观成果。这一方面较具代表性的研究成果，首推吴宗宪的《当代西方监狱学》。① 该书是作者三十多年广泛搜集西方国家监狱文献资料，并经十年之功所撰成的当代西方监狱学文献整理研究巨制（约计110万字）。内容共计十五章，包括绪论、监狱概述、当代西方监狱的类型、当代刑罚哲学、监狱设计与建设、监狱的日常管理、监狱危机管理、犯人及其法律地位、犯人的监狱生活、特殊类型犯人的管理、矫正人员、矫正计划、监狱工业、职业培训与犯人劳动、监狱私营化、西方监狱学研究与因特网等。该书的学术特点正如作者在后记中所言，内容翔实、资料新颖、注重制度运作的实践情况，也包含了亲自考察所得。总之，该书对于国内监狱界同行全面了解和研究国外监狱最新发展状况与成就，具有基础教材和工具书等多重学习和参考价值。如果说，吴宗宪的著作运用了非常翔实的文献资料，旨在全面、客观地介绍当代西方监狱制度的基本状况的话，那么，王志亮的《刑罚学研究》一书，则重点不在制度介绍而在理念梳理，其书以古代和近代两大时期的西方学者对于刑罚或监狱现象的根本看法为依据，对古希腊、古罗马的刑罚观、监狱观，近代大陆法系国家的刑罚观、监狱观，近代英美法系国家的刑罚观、

---

① 吴宗宪：《当代西方监狱学》，法律出版社2005年版。

监狱观等，进行了既是历史，又是法系的梳理和分析，因此，对了解刑罚与监狱的核心观念演变具有比较研究的参考价值。

4. 狱政管理学的研究进展

除了继续关注分类监管、分级处遇、考评奖惩或流程精细化、规范化，监控信息化、标准化之类的传统管理或技术主题之外，自 2005 年以后，由于构成重大社会影响的监狱事故屡有发生，基于高度重视"维稳"的现实应用需要，监狱风险防控、危机管理等狱政管理的理论、制度或技术等研究题材受到青睐。虽然，检视从中产生的一些专题研究成果，大多停留于拼凑理论或山寨技术以应时需的粗犷对策研究水平。不过，也收获了少量研究基础比较扎实、理论体系相对完整的上乘之作。比如，张建秋的《危机四伏——罪犯危机管理：从概念到实证》[1] 和郑杰的《狱内冲突澄明与管控》[2]。前者以危机管理为研究对象，其主要内容除绪论和附录，共计六章，包括危机的一般解读、罪犯危机的概念、特性与类型、罪犯危机的成因及其发生机制、罪犯危机管理的基本理念和原则、罪犯危机的预防、罪犯危机的应对等。研读该书可知，其研究动机和理论探讨，主要建立在"刑罚过程乃危机过程"的事实认知和逻辑预设之上，其研究方法的应用特点及其理论收获，正如作者在后记中自觉概括的，除了罪犯刑罚过程乃危机过程的认知和预设之外，首先是对"危机"的定义进行了界定，提出了危机是"困难而复杂"的局势，而不是一般的危险事件的观点；其次是提出了"罪犯危机管理"的学科概念，为在监狱学的学科体系中，创设"罪犯危机管理学"，提供了有益的探索；再次是从理论与实操两个层面，对如何预防和应对危机，强化罪犯危机管理，提出了具有合理性、可行性的新理念、新方法和新技术。后者以"狱

---

[1] 张建秋：《危机四伏——罪犯危机管理：从概念到实证》，南京大学出版社 2011 年版。

[2] 郑杰：《狱内冲突澄明与管控》，厦门大学出版社 2017 年版。

内冲突"为研究对象,主要包括了狱内冲突调查、狱内冲突影响因素与发生机制、警囚冲突预防与管控、囚囚冲突预防与干预、囚犯暴力行为团体干预实验等研究内容。作者利用大量一手的事实材料,参酌中外有关暴力问题的相关研究成果,重点对狱内冲突的现象、成因、机理及其治理对策等理论问题,给予了深入而系统的分析和阐述。从基本材料的占有、相关成果的借鉴、理论思维的拓展、论述体系的架构以及研究方法的自觉等来看,该研究成果处于国内同类题材研究的前沿水平。

5. 罪犯教育学的研究进展

这一时期的罪犯教育学研究除了新推出的若干部编或校编教材,对罪犯教育学基本理论与知识进行综合整理方面相比原有旧版罪犯教育学教材有所改进之外,较具代表性的专题研究成果主要有张建秋的《个别谈话——沟通心灵的艺术》(修订版)[①]和王雪峰等人的《罪犯教育理论专题研究》[②]。前者曾由江苏教育出版社初版于 2008 年 8 月,该书以"个别谈话"这一罪犯个别教育的核心内容和方法为研究对象,从认知基础、应用技能、心灵艺术、案例选编等四个部分,搜集和研究了大量与之有关的经验素材和理论资料,最终为"个别谈话"这一监狱基层行刑管教的主要个教业务,总结和建构了一个深入浅出、雅俗共赏、体系完整,兼具理论学习和实践训练功能的知识读本。比较国内已有的同类题材作品,无论是经验提炼、知识编排,还是个案分析和理论援引等,更具通俗性和规范性,也更具应用价值。与"个别谈话"这一罪犯教育实务理论研究成果不同,由王雪峰主持研究的《罪犯教育理论专题研究》,以罪犯教育学学科建设为根本目的,借助普通教育学原理和中外教育学前沿理论的研究视角,重新审视罪犯教育学基础理论所存在的主要问题,旨在为推进罪犯教育学基础理论的革新,提供必要的理论准备。该书共计九

---

① 张建秋:《个别谈话——沟通心灵的艺术》,法律出版社 2014 年版。

② 王雪峰等:《罪犯教育理论专题研究》,法律出版社 2014 年版。

章，每章为一专题，主要对罪犯教育的理念、目的、内容、功能、价值、规律、原则、方法、主客体等九项专题进行了分工研究。不过，由于该研究成果的主要问题在于部分合作者对于转型时代的监狱学基础理论和罪犯教育学基础理论缺乏必要的学理反思以及对于所承担专题的学识积累不足，因此，没有完全达到预期的研究目的。但即便如此，它对于罪犯教育学，尤其是其教学内容与体系建设仍具有可资比较的参考价值。

6. 罪犯心理学的研究进展

从价值取向和功能特点上说，1995 年之前的罪犯心理学，通常名为"罪犯改造心理学"，比如 1985 年 6 月由石起才主编的《罪犯改造心理学》[1] 和刘灿璞、何为民等人在 1987 年编著的《罪犯改造心理学》[2] 等。1988 年 3 月由曲啸、林秉贤编著的《罪犯心理学》一书，由于仍以"改造论"为宗旨，故在主要内容与基本体系上与《罪犯改造心理学》并无实质不同。但自 1995 年之后，"罪犯心理学"研究出现了一个显著变化，就是除了继续保持"罪犯改造心理学"的学名称谓之外，又产生了"罪犯矫正心理学"这一新学名。这一新学名最早见于 1998 年由阮浩主编的第一本《罪犯矫正心理学》[3]。这一变化意味着美式"矫正论"主导的罪犯心理学，开始名正言顺地与苏式"改造论"主导的罪犯心理学相提并论以及相互结合。此后，无论是黄兴瑞主编的《罪犯心理学》[4]、杨威主编的《罪犯心理学》[5]，还是章恩友编著的《罪犯心理矫治》[6]、段晓英主编

---

[1]　石起才主编：《罪犯改造心理学》，江西省心理学会法制心理专业委员会编印，1985年 6 月。

[2]　刘灿璞、何为民等编著：《罪犯改造心理学》，群众出版社 1987 年版；何为民主编：《简明罪犯改造心理学》，黑龙江人民出版社 1987 年版。

[3]　阮浩主编：《罪犯矫正心理学》，中国民主法制出版社 1998 年版。

[4]　黄兴瑞主编：《罪犯心理学》，金城出版社 2003 年版。

[5]　杨威主编：《罪犯心理学》，中国民主法制出版社 2009 年版。

[6]　章恩友编著：《罪犯心理矫治》，中国民主法制出版社 2007 年版。

的《罪犯改造心理学》①、王威宇主编的《罪犯心理矫治》②、马立骥主编的
《罪犯心理与矫正》③、邵晓顺主编的《罪犯心理咨询与矫正》④等，基本呈
现两个特点：一是所有成果皆为独自或合作编著的教材类成果，其主要
内容表现为对于欧美矫正心理学的基本知识和技术的借鉴、移植和转化
成分不断加大；二是对苏式"改造论"和美式"矫正论"的实质差别，皆
缺乏本体论和认识论的必要反思，因此，不仅有关罪犯心理的基础理论，
缺乏为"改造论"或"矫正论"提供具有逻辑合理性的学理阐释，而且其
应用心理部分也存在将"改造心理学"与"矫正心理学"互不相容的知
识内容随意拼合或机械混搭的通病。此外，需要指出的是，处于转型时
期的罪犯心理学研究，迄今为止尚未产生具备个案、统计和思辨等扎实
研究基础，并自成理论与知识体系的专著性成果。

　　7. 监狱社会学的研究进展

　　自 2005 年之后，"监狱社会学"这一在本国监狱学学科中，只闻其
名（学科名称），不见其身（课程设置和代表性研究成果）的门类，有了研
究进展的若干突破。这主要体现在以人类学田野调查方法，专题研究监
狱社会现象与问题所取得的重要进展和收获。其中较具代表性的研究
成果应推孙平的《监狱亚文化》⑤。该书原为作者的人类学博士论文。论
文共计九章，除了绪论、结语和附录，主要包括人类学的新视角：法律
人类学、监狱见闻、狱霸的冲击、狱内的自杀、狱内的暴力冲突、造作
伤与伪病、迷失的性、文身的意象等专题内容。在该书中，作者将"监
狱亚文化"定义为"监狱犯人所特有的价值观念和行为方式的总和，是

---

①　段晓英主编：《罪犯改造心理学》，广西师范大学出版社 2010 年版。
②　王威宇主编：《罪犯心理矫正》，中国政法大学出版社 2017 年版。
③　马立骥主编：《罪犯心理与矫正》，中国政法大学出版社 2018 年版。
④　邵晓顺主编：《罪犯心理咨询与矫正》，中国政法大学出版社 2019 年版。
⑤　孙平：《监狱亚文化》，社会科学文献出版社 2013 年版。

犯人自己的文化，具有极强的生命力"。对此，作者通过田野调查、文献研究、深度访谈、参与观察及视屏观察等方法的运用，具体描述了狱霸、自杀、暴力、造作伤与伪病、性和文身等监狱亚文化的典型现象，深入分析了它们的表现形式和存在的状况。从作者的研究动机来说，他试图"通过监狱亚文化的研究，找到解决中国社会的犯罪与惩罚问题的办法和途径"。这一研究的学术价值不仅在于向人们展示了人类学者眼中的一幅监狱亚文化景象，而且提供了中国大陆首个将社会人类学经典研究方法，具体应用于监狱亚文化研究的专案文本。这无论对于社会人类学，还是监狱社会人类学研究，都是一个重要收获。稍迟于此题研究，宋立军的《超越高墙的秩序——记录监狱生活的民族志》①同样是一项人类学博士学位研究成果。该成果以"监狱秩序及其运演样态"作为研究对象，采用不同于政治学或法学的强制秩序观念，而是以社会生活中各主体之间基于情境互动所建构的秩序关系为着眼点，借助社会学实地调查及民族志的记述方式，完成了预期的博士论文研究成果。该成果内容主要包括监狱简况、监狱秩序的主体、秩序的阶序性权威、秩序的空间规则、秩序的时间规则、秩序的成文规则及"分"的功能、日常交往秩序中的活规则、省思秩序八个部分，其学术价值不仅在于贡献了关于如何超越高墙限制，理解监狱秩序及其运演方式的理论观点，而且在于提供了如何应用社会人类学关于"主／客"换位思考以及"民族志"书写报告等方法的实践例证。

8.其他专题性研究进展

除了上述监狱学核心主干科目的主要研究进展之外，这一时期的监狱学专题研究，涌现了具有题材多样性和不乏研究特色的一系列成果。兹从中选取若干代表性成果给以简要分类举述，由于难以逐一述评，虽

---

① 中央民族大学社会学系人类学专业博士论文，2011年。

有补于一二，仍不免会有遗珠之憾：

（1）关于监狱学学科建设问题研究。2005 年之前关于中国监狱学学科建设的主要研究观点，已基本汇聚在《期待与时俱进的中国监狱学》[①]和《"中国监狱学科建设暨监狱制度创新学术论坛"文集》[②]这两本监狱学学科建设大型研讨会议文集。2005 年之后虽然国内地方政法与警官院校，因创建示范院校或专业课程建设需要，也曾组织多次监狱学学科建设研讨会议，出版相关文集，比如贾洛川、王志亮主编《监狱学论坛（1—6 期）》，严励、曲伶俐主编《监狱学学科转型与发展》等，但关于学科建设的研究内容已无多少新意，其观点大多以重复此前研究成果为主。[③]诚然，也有部分学者的专题研究成果，对监狱学学科建设提供了富有启发或值得进一步探讨的观点。其中较具代表性的成果如姚建龙的《矫正学导论：监狱学的发展与矫正制度的重构》《矫正学的视界：从监狱学到矫正学的理论尝试》等。[④]两书的研究主旨在于提出将监狱行刑、社区矫正和其他行政处罚及民事救济等法律关系不尽相同的对象学科纳入"大矫正"理论与制度体系，甚至直接建议从"监狱学"走向"矫正学"的学科建设观点。"大矫正"学科建设观点的优点是对于争取和提升学科地位，比如使矫正学进入国家一级学科阵营等，也许不无政策与策略意义，但其缺点在于，就学科知识体系的统一性而言，却缺乏或无法为"大矫正"学科提供具有逻辑自足性、知识合理性和应用有效性的核心基础理论。而从思想和知识的主要来源或所受影响来看，"大矫正（学）"

---

① 中央司法警官学院选编《期待与时俱进的中国监狱学》一书，源自中央司法警官学院主办的第一届全国监狱学学科建设与发展学术研讨会，法律出版社 2005 年版。

② 郭明主编，源自司法部预防犯罪研究所与浙江警官职业学院联合主办"中国监狱学科建设暨监狱制度创新学术论坛"，2004 年 10 月，内部印行。

③ 参见严励主编：《监狱学学科建设与发展》，中国法制出版社 2015 年版。

④ 姚建龙：《矫正学导论》，北京大学出版社 2016 年版；《矫正学的视界：从监狱学到矫正学的理论尝试》，中国政法大学出版社 2020 年版。

的观念和制度，也几乎难以避免其"山寨"美式"大矫正"理论与实践的质疑和批评。同时，值得关注的是，也有学者试图通过筛选和整理具有研究创新或特色的若干主要学者及其学术成果与思想，独辟蹊径地反映监狱学学科建设的现状与成就的尝试，主要成果是连春亮的《监狱学新视点》。[1]该书选择了吴宗宪、郭明、孙平、张晶、翟中东、于爱荣、王廷惠等同代学者，作为学术个案，对他们的理论创新、研究特点及学术贡献等进行了专题化的梳理与概括研究。该成果的专案化学术评鉴方法及其观点，不仅有助于展示当下中国大陆监狱学学科内涵建设和监狱学理论研究的前沿或特色成就，而且对于后人研究当代监狱学术状况，无疑具有文献价值。此外，还有贾洛川、王志亮主编的《新中国监狱学研究20年综述》一书，[2]从体系、理论和实践三个维度，对1995年以后20年间的监狱学学科研究进展给以综合介绍，虽然选材和述评不乏可商榷之处，但仍有启发和比较的参考价值。

（2）关于监狱转型问题研究。中国监狱的现代转型既是现代化研究题材，也是观念与体制改革研究题材。关于监狱现代化研究的主要代表作有于连涛的《中国监狱的现代化研究》[3]、王平的《刑罚执行现代化：观念、制度与技术》[4]。前者主要借助从传统到现代转型的现代化背景和视角，以世界现代化、中国现代化历程的回顾研究为基础，探讨了中国监狱现代化面临的问题，包括监狱体制的现代化问题、行刑体制的现代化问题、罪犯教育的现代化问题等，结合我国的城市化、信息化、职业化进程，提出中国监狱基于城市化建设基础上如何推进信息化与职业化建

---

① 连春亮编著：《监狱学新视点》，群众出版社2015年版。

② 贾洛川、王志亮主编：《新中国监狱学研究20年综述》，中国法制出版社2016年版。

③ 于连涛：《中国监狱的现代化研究》，中国政法大学出版社2017年版。

④ 王平：《刑罚执行现代化：观念、制度与技术》，北京大学出版社2018年版。

设的途径和方法。后者从观念、制度和技术的一体三维构成为研究视角和方法，对刑罚实现、刑罚变更与罪犯矫正等三项现代刑罚执行核心内容进行了深入研究和系统论述。此书对于中国刑罚执行与罪犯矫正现代化的理论与政策研究，具有重要参考价值。关于监狱观念与体制改革研究，主要成果有张晶的《正义试验》《走向启蒙——监狱矫正的视角》[①]和王传敏的《监狱体制转型时期的思考》[②] 等。两者皆为论文与随笔集。前者可以视为作者研究《中国监狱制度从传统到现代》[③]问题的继续，主要探讨了在社会文化转型背景下如何转换监狱理念，推进监狱制度变革等一系列具有时代性、启蒙性的时政主题，对于回应监狱行业改革要求以及提供决策参考等具有积极的现实意义。后者更加关注转型背景下的具体制度研究，对诸如罪犯考核奖惩制度、监狱行政处罚制度、监管安全管理体制、监狱社会的警囚关系、监狱警察职业制度等提供了相应的理论思考和政策建言。

（3）关于监狱法治问题研究。监狱法治建设问题源于国家所倡导的依法治国建设命题，属于后者治国方略的组成部分。在有关此题的监狱理论与实践中，监狱法治与监狱法制、依法治监、监狱执法等词语的实际使用含义基本相通、行文要求未作严格区分，主要是指监狱行政机关主导和推行的监狱立法与执法的规范化和完善化建设，目的是有效维护和保障监狱的刑事与行政秩序。换言之，其法治建设的首要预设不在通过规范、调整和限制刑事或行政公权以保护罪犯人权。与上述背景和含义相关的监狱法制研究论文数量不少，作者以行业专家为主，其中较具

---

①　张晶：《正义试验》，法律出版社 2005 年版；《走向启蒙——监狱矫正的视角》，法律出版社 2008 年版。

②　王传敏：《监狱体制转型时期的思考》，光明日报出版社 2013 年版。

③　张晶：《中国监狱制度从传统到现代》，海潮出版社 2001 年版。

代表性的集体成果有葛炳瑶、孟宪军主编的《中国监狱法制建设研究》^①。该书主要就监狱法制建设的内涵、法律体系的完善、监狱人民警察的执法素质、执法监督等方面进行了专题阐述。而回归法治的本源，将法治与法制的含义和用法加以区分，即从人权的法治保障角度对监狱法治给予研究的成果，可举郭明的"监狱法治"研究专题。^②该成果围绕中国监狱法治进程、中国监狱法律体系和监狱基本立法架构等核心问题，对中国现代监狱的法治历史、立法文本现状以及立法完善的内容与架构等，给予了系统而深入的专题研究。

（4）关于罪犯人权问题研究。自1995年以后，罪犯人权问题逐步受到中国监狱界的关注，第一本明确以"罪犯人权"为研究对象的专题成果是鲁加伦主编的《中国罪犯人权问题研究》。^③作者在其内容简介中言明，该书主要是以马克思主义人权观作为指导思想，并吸收和借鉴了国外人权研究成果，对中国人权观念与标准、中国罪犯人权概念和特点、中国的监狱制度与罪犯人权、罪犯享有人权和保障、现代化文明监狱建设与罪犯人权改善等一系列问题进行探讨所形成的罪犯人权理论体系。而同年由于南、郭建安译校的《〈联合国囚犯待遇最低限度标准规则〉详解》^④则引入了由联合国官方法律文件所确立的不同于马克思主义人权观的罪犯人权立法保护观念及其最低准则，可以说拓展了人们有关国际社会关于罪犯人权理论的知识视野。沿着国际社会关于罪犯人权思想和实践的发展途径，2005年之后较有影响的译作有英国埃塞克斯大学法学教授、曾任联合国酷刑问题特别报告员、兼联合国人权事务委员会

---

① 葛炳瑶、孟宪军主编：《中国监狱法制建设研究》，人民法院出版社2005年版。

② 收录于郭明著《契约刑论与新兴古典监狱学》一书，第238—291页。

③ 鲁加伦主编：《中国罪犯人权问题研究》，法律出版社1998年版。

④ 刑法改革国际编：《〈联合国囚犯待遇最低限度标准规则〉详解》，于南译、郭建安校，法律出版社1998年版。

委员的奈杰尔·S.罗德雷所著《非自由人的人身权利：国际法中的囚犯待遇》一书。[①]该书以普遍存在于世界各地的酷刑、虐待以及其他侵犯非自由人人身权利的现象为根据，对联合国以及各区域性组织所发展出的一整套保护非自由人人身权利的机制给予了内容翔实的具体介绍，进一步丰富了对国际人权法律理论与实践的认知。与此同时，与之相呼应的本地研究成果则有冯建仓、陈文彬合著的《国际人权公约与中国监狱罪犯人权保障》。[②]该书将内容分为总论、分论和专论三部分。总论和分论主要以国际人权公约中包含的基本人权为线索展开有关罪犯人权问题的各项论述，而专论则论述了《囚犯待遇最低限度标准规则》及法院对监狱管理工作进行司法审查等问题，该书的主要研究特点是将中国罪犯人权问题置于国际人权文明规范及其研究的知识视野与背景之中，因此，具有罪犯人权比较研究的参考价值。此后十多年间，还有汪勇的《理性对待罪犯权利》[③]、张晶的《囚权主义》[④]等成果，持续推进了罪犯人权问题的理论与政策研究。其中，汪勇的博士论文成果《理性对待罪犯权利》一书，比较系统地论述了罪犯权利的概念与由来、理论基础、影响因素、分类及分配、保障和救济、一般权利和特殊权利等诸多核心问题，具有理论研究以及教学应用的学理参考价值。而张晶对其率先提出的"囚权主义"进行了专题化研究，其同名文集从囚权的起源、视域、囚犯、监狱、立法草案等多个维度，论述了"囚权主义"的主要思想内容，无论对推进罪犯权利保障的理论研究，还是政策实践均有启发和参考价值。

（5）关于监狱经济问题研究。监狱经济源于罪犯劳动，但由于罪犯

---

① 〔英〕奈杰尔·S.罗德雷：《非自由人的人身权利：国际法中的囚犯待遇》，毕小青、赵宝庆等译，生活·读书·新知三联书店2006年版。

② 冯建仓、陈文彬：《国际人权公约与中国监狱罪犯人权保障》，中国检察出版社2006年版。

③ 汪勇：《理性对待罪犯权利》，中国检察出版社2010年版。

④ 张晶：《囚权主义》，江苏人民出版社2017年版。

劳动并非监狱作为社会分工组织的主要职能，而是衍生职能，这就决定了与一般社会经济相比，监狱经济具有特殊性。此外，在不同的国家和监狱制度中，监狱经济的地位和作用也不尽相同。对此，主要代表作有高寒的《行刑视野下的监狱经济》[①]、胡聪的《监狱行刑的经济分析》[②]。前者以监狱企业经济为研究对象，全面论述了监狱企业经济的主要基本理论问题，对监狱企业经济与刑罚执行活动的关系做了探讨，提出了有利于劳动改造罪犯的监狱企业经济体制改革构想，并对监狱经济有关热点和难点问题进行了分析和评论。该书对于认识和制定监狱企业经济发展和处理监狱与监狱企业关系的改革政策等，具有重要参考价值。与前者的研究对象不同，后者关注的不是监狱企业的经济效率问题，而是监狱履行其行刑这一主要分工职能的经济性问题。作者用经济学的理论和方法，对"监狱行刑"制度的经济属性与效率问题等展开分析，涉及监狱体制和所有制形式，监狱的总规模、地理分布和层次分布，探讨了如何更好地管理犯罪、民警、监狱企业和设置组织结构等专题，是国内首个对监狱行刑进行经济分析的专题研究成果，具有研究题材和方法的探索价值。

（6）关于警力资源管理问题研究。在现代管理学思想和理论不断影响监狱领域的过程中，有关监狱警察专业化、职业化、组织人事模式改革、警力资源优化配置、教育培训、绩效考评、职业生涯规划等一系列警力资源管理问题研究，日益受到监狱行业人事部门及相关院校课程设置与建设的关注，由此产生了为数不少的论文研究成果。不过，除了浙江省监狱学会编印的同名论坛文集《监狱人民警察职业化研究》和全国司法职业规划教材《监狱人民警察概论》等外，迄今为止具有相对完整

---

① 高寒：《行刑视野下的监狱经济》，中国市场出版社 2008 年版。

② 胡聪：《监狱行刑的经济分析》，群众出版社 2008 年版。

知识体系的专题研究成果，主要有严浩仁的《警力资源管理》①。该书主要以如何将现代人力资源管理的新理念和新方法应用于监狱人力资源管理实践这一核心问题作为研究重点，就监狱警力资源管理的基本要求与主要特点、工作分析与职位评价、招考与甄选、绩效考评、薪酬与福利、分类管理、任职管理与奖惩激励等问题，从理论、方法和应用的知识层次关系出发，进行了具有转化与整合交叉学科知识特点的探索研究。

（7）关于监狱文化建设问题研究。受国内国学文化、西学文化等热点主题的社会文化传播影响，自 2005 年以后，监狱行业逐渐流行和开展了监狱文化建设的各种相关主题活动，比如监狱文化建设研讨论坛和创建"全国文化监狱共建联盟"等，涌现了一批相关论文研究成果。其中，较有代表性的研究成果主要有黎赵雄主编的《文化监狱》②、刘方冰的《文化治理与监禁生态》③等。前者以佛山监狱探索"文化监狱"的实践经验为根据，内容既有对文化建设和监狱发展关系的理论思考、监狱文化建设发展的战略规划，也有开展监狱文化建设实践的经验总结和提炼，可以透见基层监狱文化建设的动机、内涵与特点。后者主要体现了对监狱文化问题的理论思考，该书对监狱文化基本范畴、监禁场域权力、监禁主体身份认同与囚犯亚文化抵抗与收编、监狱文化建构路径等核心理论问题给予了系统论述，具有知识视野和研究方法的跨文化、跨学科研究特色。

（8）关于囚犯代际问题研究。囚犯的代际现象及其问题，最早是1990 年代初，由黄兴瑞和郭明在其合著的《当代中国罪犯》作为核心主题，即罪犯代际理论，向国内同行首先提出的研究命题及其成果。④时

①　严浩仁编著：《警力资源管理》，法律高职院校刑事执行专业特色课程教程教材，浙江警官职业学院印行，2008 年 11 月。

②　黎赵雄主编：《文化监狱》，中国民主法制出版社 2007 年版。

③　刘方冰：《文化治理与监禁生态》，江苏凤凰文艺出版社 2016 年版。

④　黄兴瑞、郭明：《当代中国罪犯》，中国政法大学出版社 1991 年版。

隔近三十年，连春亮推出了同类题材的专题研究成果《第三代囚犯研究》。① 该书借助社会学的代际理论等，对第三代囚犯的代际关系定位、犯罪与服刑人口构成、特点以及矫正教育对策等问题，作了推进研究，对拓展罪犯认识和制定罪犯教育政策等具有理论及其应用参考价值。不过，从1949年以后中国社会代际变化的比较分期观点看，该书将研究对象命名为"第三代囚犯"而不是"第四代囚犯"，则提出了关于"如何合理划分代际关系"这一值得进一步探讨和商榷的问题。

（9）关于风险评估问题研究。在维护监狱安全稳定和预防重新犯罪的双需求杠杆调动下，风险评估问题研究日益受到重视，也产出了一系列相关研究成果。其中，较有代表性的成果主要有杨诚、王平主编的《罪犯风险评估与管理》②、翟中东的《罪犯危险评估与危险控制》③ 等。前者主要介绍了加拿大关于罪犯风险评估与管理的实践经验和研究成果，尤其是总结了开发四代风险评估手段的经验和教训等，对从事罪犯风险评估研究的国内同行具有学习参考价值。后者以中国监狱危机管理的突出现实问题为根据，通过对罪犯危险评估与控制的架构、危险评估方法探索、监狱危险分级管理以及监狱危险评估与管理的立法增补问题等，给予了比较系统而全面的论述。作为新近研究成果，此书对于监狱危险评估与管理的理论借鉴与实践改进，具有重要的研究参考价值。此外，监狱行业对于"再犯风险"问题，也表现了日益浓厚的研究兴趣，其中产生的若干应用理论和操作系统成果，虽在原理和技术存在不少问题，甚至硬伤，但也值得予以关注和批评。

（10）罪犯精神疾病问题研究。由于监狱制度与外部社会的隔离以及专业化的瓶颈，监狱条件下的罪犯精神疾病问题研究虽然起步于2000

---

① 连春亮：《第三代囚犯研究》，群众出版社/中国人民公安大学出版社2019年版。

② 杨诚、王平主编：《罪犯风险评估与管理》，知识产权出版社2009年版。

③ 翟中东：《罪犯危险评估与危险控制》，中国人民公安大学出版社2019年版。

年前后，但迄今仍是一个少有人涉足的研究题域。根据吕成荣等人的抽样调查研究，罪犯中各类精神障碍的患病率为 10.93%，其中人格障碍为 7.96%，神经症为 1.00%，精神发育迟滞为 0.59%，精神分裂症为 0.44%，情感性精神障碍为 0.26%。其研究结论认为，相比普通社会人群，罪犯精神障碍患病率相对较高，尤其是人格障碍比例较高，神经症、精神发育迟滞、精神分裂症患病率也居前位。[①] 为此，吕成荣与其同行合作，利用身处监狱罪犯医疗部门的得天独厚条件，进行了长达二十余年的持续临床及项目研究，在陆续发表了一系列相关专题研究成果的基础上，主编了旨在为监狱精神卫生及精神疾病防治管控提供系统学习和指导的《监狱精神病学》一书。[②] 该书除了介绍国内外监狱精神卫生的概况及精神疾病的病因学、症状学、检查诊断等基础内容之外，重点介绍监狱常见的精神疾病的表现、诊断、治疗以及监狱精神疾病的躯体治疗、心理治疗、护理、康复以及监狱精神疾病的防治管理等内容。可以说，该书填补了本国监狱罪犯精神疾病的应用研究空白，对罪犯精神健康保障的业务提升和政策制订具有参考和指导意义。

（11）关于监狱建筑问题研究。自 2005 年之后，中国监狱布局调整加快，监狱的重新规划和建筑研究日益受到重视，出现了不少相关研究论文。但真正具有专业交叉研究水准的代表性成果不多，主要有王晓山的监狱建筑研究三部曲——《图说中国监狱建筑》《当代监狱规划设计与建设》《监狱建筑学》[③]，吴家东的《当代美国监狱建筑研究》[④] 等。前者是作者凭借建筑学的专业知识背景和参与基层监狱建设经历，在广泛

---

①　吕成荣等：《服刑罪犯精神障碍患病率调查》，载《临床精神医学杂志》2003 年第 4 期。

②　吕成荣主编：《监狱精神病学》，东南大学出版社 2018 年版。

③　王晓山：《图说中国监狱建筑》，法律出版社 2008 年版；《当代监狱规划设计与建设》，法律出版社 2010 年版；《监狱建筑学》，中国建筑工业出版社 2017 年版。

④　清华大学建筑学院硕士学位论文，2012 年。

搜集和整理古今中外监狱建筑的图片、样本和图式资料等监狱建筑设计、论证与建设经验的基础上，分别就中国监狱的建筑历史、当代中国监狱建筑的规划设计与建设和监狱建筑学科及其知识体系三大主题所作刻苦、勤奋而持续研究的成果。其成果对处于转型时期面临监狱重新调整布局背景下的中国监狱建筑规划与建设，具有重要的指导和参考价值。后者系清华大学建筑学硕士吴家东具有专著分量和规模的监狱建筑学硕士学位研究论文。作者以当代美国监狱建筑作为研究对象，在全面搜集和系统整理有关美国监狱建筑极为丰富而翔实的建筑图文史料的基础上，以其扎实的专业知识和研究能力，对美国监狱建筑的发展历程、设计规律、空间模式以及发展趋势进行了深入的专题研究。其论文包括立论、本论和结论三个部分，共计七章的研究内容。该成果体现了较高的专业研究水准，不仅对于比较监狱建筑研究，而且对于比较监狱制度研究等，均有重要的专业参考价值。

（二）教材类成果的主要研究进展

依照通识，教材体系一般是学科知识体系的视听载体及其表达形态。隶属某学科教材体系中的某一教材，即是该学科中某一课程知识结构的载体与形态。从学科建设理论上讲，一本优质教材应该汲取和凝缩其所在学科理论与知识的精华。因此，某一教材体系或某一教材内容的新旧变化理应是其所在学科、专业理论与知识部分或整体有了更新的反映。而比较2005年前后监狱学学科教材构成体系的主要变化，可以发现两个显著特点：一是伴随市场化作用的放大，陆续出现了由多个主体组织编写的多种并存发行的教材体系。概括起来，现行监狱学教材体系至少有四个主体的编写现象：一是国内各政法或司法警官院校自行组织编写，并与某家出版社合作推出的整套或部分专业教材建设计划。比如，中央司法警官学院独家组织编写，并与法律出版社合作推出的"司法部部级重点学科／教育部、财政部高等学校特色专业建设点"系列教材建设计划。二是部编教材，如司法部"全国司法职业教育教学指导委员会"组织编写，并与中国政法大学出版社合作推出的"全国司法职业教育规划教材建设计划"。三是出版社自行策划与组织编写某一学科的教材体系建设计划。比如，法律出版社自行策划并组织编写的"二十一世纪法学规划教材建设计划"，或与全国司法警官院校联盟合作推出的"全国司法警官院校'十三五'规划教材建设计划"。四是由某些申报了国家、省级重点或特色的学科与专业，在其项目建设资金支持下，主动寻找某家出版社合作推出的专业特色教材系列建设计划。比如，河南司法警官职业学院的社区矫正专业与群众出版社协作推出的"社区矫正优势特色专业教材建设计划"等。主体的多样性既有利于教材建设的百花齐放，但也难以解决每套教材由于参编人员的配置不当或专业水平的高下不一所导致的教材质量良莠不齐问题。二是除了少数例外，审视和比较现行几种监狱学教材体系建设计划的教材成果，可知其中大部分教材在因袭 2005 年之前主要教材的基础上，只有理论与知识内容的部分更新。换言之，普遍存在"换汤不换药"的问题，尤其是基础理论课程的理论基础性不足，专业知识课程的知识专业性欠缺。其主要成因，除了监狱学学科自身理论和知识基础以及学术人才储备与成熟社会学科无法相提并论之外，还由于在急功近利心态的驱迫之下，相当一部分参编者或者疏于厚积薄发，或者临时抱佛脚，以致没有足够的耐心和必要的时间，对于中外监狱学理论与知识文献的最新成果进展进行及时跟踪学习和有效吸收转化。

诚然，意识到上述问题并自觉加以改进的学者不是没有而是少数。在通览和比较了上述几种建设计划的主要教材之后，以下拟从中选取二种著作性教材作为例证，借以说明"后过渡监狱学"时期的教材类成果究竟具有何种实质性的建设进展及其特点。

其一为纳入法律出版社"二十一世纪法学规划教材"建设计划的《监

狱学导论》。①这一跻身"法学规划教材体系"的监狱学教材《监狱学导论》由吴宗宪独著完成。这是一本试图对整个现代监狱学的主要理论与知识,进行综合整理与系统介绍的概论性教材。将这一概论性的监狱学教材,与以往所有名之为"监狱学概论"教材加以比较,可以发现其具有的显著特点,一是理论系统、知识全面、信息丰富;二是结构合理、面目新颖、规模宏大。作者自己在后记对这一教材成果的研究特点所作的概括有七项,即力求内容新颖、尊重他人劳动、关注具体知识、务求内容准确、注意国际比较、重视理论述评、努力反映全貌。该书内容共计十八章,除了第一章 绪论,第一编 监狱员工论,包括两章,即第二章 监狱工作者及其管理、第三章 监狱工作者的素质与发展;第二编 监狱本体论,包括四章,即第四章 监狱概述、第五章 监狱管理制度、第六章 监狱建筑概述、第七章 监狱建筑设施;第三编 监狱罪犯论,包括两章,即第八章 罪犯及其法律地位、第九章 罪犯的监狱生活;第四编 监狱行刑论,包括三章,即第十章 行刑管理、第十一章 狱政管理(上)、第十二章 狱政管理(下);第五编 罪犯改造论,包括四章,即第十三章 罪犯改造及其理论、第十四章 教育改造、第十五章 罪犯劳动及其改造作用、第十六章 心理矫治;第六编 监督帮助论,包括第十七章 监狱监督、第十八章 出狱人帮助。总之,该书以近现代,尤其是当代中外监狱学研究的丰富资料为依据,对监狱学理论与知识进行了深入而系统的整理与编撰,形成了监狱学全书般的最新概论知识体系。不过,在充分肯定该教材的所有优点之后,也有必要指出或说明,这一概论知识体系由于兼容并包了中西改造论和矫正论等的不同理论与实践内容,可以说在内容和形式两方面,几乎已经超越了"更生劳改学"和"过渡监狱学"的概论知识体系。但之所以还是说"几乎已经",是因为该书虽然在第五编罪

---

① 吴宗宪:《监狱学导论》,法律出版社 2012 年版。

犯改造论中，专节介绍了由其本人创立的作为"改造论"这一刑罚论根据的"犯因性差异理论"，但纵观全书，在其知识构成体系有了整体和全面更新的同时，却没有能够为之提供一种足以奠定和统摄全书知识体系及其内在知识结构关系的核心基础理论。换言之，该书的核心基础理论似乎依然只能说是一种"改造论"和"矫正论"的无机混搭而不是有机综合。显然，这一核心基础理论的统一理论基础不是"改造论"或"矫正论"可以独立承担的。那么，这一概论知识体系的核心基础理论又是什么呢？这一问题的存在，恰好表明《监狱学导论》虽然在知识形态上已然超越了"更生劳改学"和"过渡监狱学"，但由于缺乏统一"核心基础理论"或曰缺乏具有"监狱世界观和刑罚方法论"统一性的理论基础，因而，它虽是一本侧重于对监狱文献知识进行形式化和系统化整理的优秀成果，但由于其对赖以构成全书知识体系的内在理论基础的"理论范式"所进行的科学哲学思考不足，恰恰表明它仍是一本尚未完全超越"后过渡监狱学"的概论性教科书。

其二为纳入司法部"全国司法职业教育规划教材建设计划"的《监狱学基础理论》。① 如果说吴宗宪的《监狱学导论》是对监狱学学科的理论与知识进行总体整理和概括的"全景式"教科书。那么，由郭明主编的这本合著性教材《监狱学基础理论》，则可以作为一个探索监狱学教材分科建设成果的研究文本，借此可知"后过渡监狱学"在分科性教材建设，尤其是"核心基础理论"教材建设方面，已然具有了何种性质和程度的实质进展。顺带说明，笔者之所以毫不避嫌地选择由本人主编的这本教材作为案例，主要缘于这一教材的建设目标和内容所具有的建设探索意义。正如前述吴宗宪的《监狱学导论》具有"知识形态"整体更新的建设进展特征和价值，那么，以《监狱学基础理论》为例，则可以为监

---

① 郭明主编：《监狱学基础理论》（第三版），中国政法大学出版社 2018 年版。

狱学的"理论形态"是否实现了整体更新，提供可资进一步讨论的佐证文本。此外，就监狱学的知识结构而言，由于《监狱学基础理论》以其基础性和理论性在监狱学的分科知识构成中处于核心基础地位，其主要功能既在于阐明监狱这一现象的基本原理，也为各分支学科提供必要的思想方法和理论工具。《监狱学基础理论》（第三版），其主要内容由三篇十二章构成。上篇为监狱论，包括四章，即第一章　监狱概念论、第二章　监狱实体论、第三章　监狱类型论、第四章　监狱制度论；中篇为罪犯论，包括三章，即第五章　罪犯概念论、第六章　罪犯人格论、第七章　罪犯权利论；下篇为行刑论，包括五章，即第八章　行刑概念论、第九章　行刑目的论、第十章　行刑原则论、第十一章　行刑模式论、第十二章　行刑法治论。比较 2005 年前后所有其他名为"监狱学基础理论"的教材，该教材的上述理论内容与结构体系的显著特点或特色有二：一是具有独立建构的基础理论结构。在重新梳理以往监狱学基础理论知识关系及其存在问题的基础上，从最基本的概念与定义出发，即从"监狱是对罪犯执行自由刑（行刑）的工具"这一极简定义中，分离"监狱""罪犯""行刑"三个同位基本概念，将之作为建构整个理论知识结构的核心基础概念。以此核心基础概念为依据和要件，确立既独立又关联的三个理论组成部分，即监狱论、罪犯论和行刑论。对这三个理论部分的奠基性一级基本概念进行再拆解和筛选，确定其下位的二级基本概念（十二个），即上篇监狱论所辖的概念论、实体论、类型论和制度论，中篇罪犯论所辖的概念论、人格论和权利论和下篇行刑论所辖的概念论、目的论、原则论、模式论和法治论。然后，依照同样方法，对十二个基本概念问题的内涵进行拆解和筛选，确定三十六个以上的三级概念或理论，从而构造和形成了该教材的基础理论知识结构。据此解决了以往监狱学基础理论与监狱学概论的体系雷同或相似，以及与狱政管理学、罪犯教育学、罪犯心理学等分支科目，存在内容交叉或重复的通病。二是加强了理论基础性和基础理论性。其中，理论基础性是由上述理论知识结构在监狱观、罪犯观和行刑观的实质定义所具有的理论抽象性以及理论适用的普遍性得以奠定的，而基础理论性则是在理论基础性之上，通过增强理论论述的逻辑合理性、自洽性所得以体现的。此外，该教材在论述材料和表述形态上也有所更新和改进。比如，穿插了近四十幅插图与列表，增加了不少案例分析材料，在各章设置本章概要、关键词、思考题和拓展阅读书目等。总之，该教材的实质进展，最主要的还是其理论基础的更新，即以其立足于三个核心基本概念所构建的"监狱、罪犯与行刑本位论"的"理论基础"，基本实现了对于"更生劳改学"的"改造本位论"理论基础或"过渡监狱学"的"改造本位论"与"矫正本位论"的混合理论基础的扬弃和超越。但必须看到这一初步建构而成的新理论基础依然存在诸多需要改进之处。由于是校际合作成果，受制于参编作者理论素养和能力的参差不均，各章节的理论论述品质或风格不免良莠不齐，而某些章节还存在理论论述的展开论证不足等问题。

（三）补充阐述

以上的概要述评，提供了关于"后过渡监狱学"时期主要研究进展的基本面貌与特征。需要说明，思考"后过渡监狱学"之所以取得上述理论与知识的研究进展，可以发现除了历史机缘使然，还与该时期研究者主体要素禀赋以及研究条件所发生的积极变化紧密相关。对此，再作补充阐释如下：

1. 研究观念的嬗变

研究观念变化的主要标志是这一时期研究者的自我研究意识发生了重大变化。在何为研究、为何研究、如何研究等涉及研究方法论的基本问题上，开始从传统意识形态中逐渐摆脱出来，融入了更多主体性的独立思考，获得了相对自主的主体研究意识。与此相应，在面对研究对象时，不仅放弃了单一价值的评判标准，而且对已有的许多定论也提出了从未有过的质疑和批判。有学者开始对传统劳改学中被奉为圭臬的一些核心概念，如"改造"的正当性、合理性和有效性等提出了质疑和批评，也有学者开始重新审视清末民国监狱学的地位和价值，并予以重新评价。[①]研究观念的质性变化，也受到国外监狱前沿理论不同程度的某些刺激或启发。其中，比如法国学者米歇尔·福柯对"圆形监狱"的权力分析、囚犯"不正常人"假设的人格历史分析，[②]挪威学者托马斯·马蒂森对监狱问题的批判研究，尤其是对监狱意识形态功能与价值的批判理论，[③]挪威学者尼尔·克里斯蒂对工业化与监狱受控关系的宏观政策视野与国际比较理论[④]等。这些包含强烈反思性和批判性的刑罚理论思想，对过渡监狱学的研究观念，具有不同程度的冲击性影响。总之，由于研究者知识视野的扩大与主体意识的觉醒，导致监狱研究观念正在经历不断的变化。

2. 研究方法的嬗变

与研究观念的变化相同步，研究方法变化的主要表现是正在力图摆脱狭隘经验事实的束缚，更多地吸收相关学科知识，更多地融入历史思考，更多地借鉴国际成果，使监狱学研究跳出劳改学视野与范围，开拓了应用不同研究方法的广阔题材空间，从而使得具有不同研究方法应用特色的监狱专题研究日益增多。比如，监狱理论研究的范式反思研究、监狱行刑的契约化研究、罪犯人权的国际比较研究、监狱人力资源的优化配置研究、监狱行刑问题的经验分析研究、监狱亚文化的人类学研究、监狱社会秩序的民族志研究、现代监狱建筑的典型案例研究、监狱体制

---

① 参见司法部预防犯罪研究所组织的 2002 年 8 月北戴河会议纪要和本书第四节关于"改造"概念的介绍以及 2002 年以来《犯罪与改造研究》各期的"监狱史学"栏目。

② 参见〔法〕米歇尔·福柯：《规训与惩罚：监狱的诞生》，刘北成、杨远婴译，三联书店 2003 年版。

③ 〔挪〕托马斯·马蒂森：《受审判的监狱》，北京大学出版社 2014 年版。

④ 〔挪〕尼尔·克里斯蒂：《犯罪控制工业化》，胡菀茹译，北京大学出版社 2014 年版。

变革研究等，无不与研究方法应用的变化密切相关。

3. 研究能力的嬗变

由于研究人员的代际更替，尤其是经过硕士和博士学术训练的入职人员比例加大，故而监狱学研究人员的研究能力在整体上有了大幅提升。此外，有关现代学术思潮动向和社会人文学科的知识背景、外文资料利用能力、计算机应用能力，已经成为新一代研究人员能力的必要构成。过去十多年，中国监狱学研究人员，特别是中青年研究人员人力资源的结构优化，使得监狱学基础或应用的整体专业研究能力有了显著的增强。

4. 研究资讯的嬗变

传统劳改学之所以较少受到研究资讯多样化的影响，除了彼时研究资讯有效分享渠道的严重不足之外，还与其研究方法的自闭与单调有关。从观点的提出到论证的完成，劳改学主要依赖于领袖语录、红头文件、调查报告、工作总结等由官方权威渠道发布的文献参考资料，其方法主要是运用基于大前提正确的从观点到观点、从说理到说理的自我循环论证套路。然而，时过境迁，伴随数字技术应用所带来的资讯日益发达，尤其是高效、便捷的网络信息检索手段，为快速利用各种资讯提供了有力帮助，甚至对习惯了的传统劳改学研究方法，产生了颠覆性的影响。总之，研究资讯从来源、数量、属性和构成的巨大变化，对过渡及后过渡时期监狱学研究的生产力及生产效率提升，具有不可估量的促进作用。

本 章 小 结

本章对过去四十年间形成和发展的中国监狱学术基本状况，进行了系统整理和论述，其重点是对从"劳改学"到"监狱学"这一学术转型与话语重构过程的监狱理论轨迹，依照时序变化进行了分段描述和分析。这一描述和分析工作，主要通过筛选、解读和评议"更生劳改学"（1979—1995）、"过渡监狱学"（1995—2005）和"后过渡监狱学"（2005—2019）三个时期的不同专著、教材等学术成果而得以实现。其主要叙事方法，在"更生劳改学"时期，借助了理论、知识和话语三个维度的知识形态与特征分析；在"过渡监狱学"时期，以基础理论与分支学科理论划分为两个部分。每部分则以概述和主要理论概念或问题的形式处理其一般与个别的关系。其中，基础理论部分的主要理论概念或问题依据所含概念或问题的知识性质和理论特点等的不同，又大致分作学科建设理论问题和学科基础理论问题两个部分。分支理论部分的每门分支学科均以概述和主要理论概念或问题解决具有复杂知识构成的叙述问题；在"后过渡监狱学"时期，则以专著和教材的各自代表性成果，作为概要述评其研究进展的主要题材，而论文的研究进展则运用文献统计方法，对其外延变化的主要特征给以单独的定量描述和分析。此外，需要补充说明的是，对于1979年迄今的当代中国大陆监狱学史，由于笔者既是实践参与者，又是观察叙述者，此种双重角色可谓有利有弊，利在为洞察历史事件提供了不可多得的主体经验和体悟，而弊在因距离过于切近，诸多学术人事并未盖棺论定，故是非评价或许难达公允。有鉴于此，本章根据这一时期专著、教材和论文所呈现的事实及其特点，主要采取远人论事的策略，即仅对其理论与知识的内涵构成及其变化轨迹进行论述，而尽量不涉及研究者人物生平介绍，也不对其进行学术是非与正误的专节评价。相信这样做，对于协调共时情境之下"主／客"或"内／外"的历史叙事关系，是明智的选择和适当的方法。的确，作为一个学史现象的实时参与和观察者，笔者对于上述监狱学术的历史变化，在作品筛选、内容概括和功过评鉴上理当保持审慎态度。

最后想说，今日中国监狱学依然处于"学术转型与话语重构"的过渡时期。这不是一个主观判断，而是一个历史写实。自清末以来，在中西监狱学术交互作用的历史演变中，中国监狱学一路经历了以"教诲刑论"为标志的日式监狱学、以"改造刑论"为标志的苏式监狱学和以"矫正刑论"为标志的美式监狱学等"山寨式"交替变迁过程。也许由于路径依赖的缘故，迄今仍未真正产生既会通中西，又学术自立的中式监狱学。正如笔者在拙著《契约刑论与新兴古典监狱学》一书中所言："所谓'中式'监狱学，并非简单地回归和接续清末以前所通行的'考据、辞章、义理'三位一体及'玄学／科学'未曾分化的'中学'传统，而是植根转型中国的社会生存经验，无分古今中西的知识界别，凭借'知识哲学'的批判眼光，在检讨了有关犯罪、刑罚与监狱的中外近现代刑事学说史的基础上，以真诚的问题意识、严谨的学理思辨和综合的知识建构所铸就的有关犯罪、刑罚与监狱的理论形态及其知识体系。"[1] 而这样一种"中式"的监狱学，以笔者的研究所得，乃是指以刑事正义为价值追求，以刑罚契约化为方法特点，以契约刑论为理论基石的新兴古典监狱学。显然，借助这样一种既会通中西又返本开新的研究立场和方法，通过探索变革"后过渡监狱学"的理论方案，从而使中国监狱学完成转型与重构的学术更新愿景，只能期待于中国监狱学的未来发展，尤其是其自觉融入中国人文社会学科，并一起共同经历浴火重生。而在刻下这样一种看似"无明"亦"有明"的历史境遇中，展开对中国监狱学术史的追源溯流研究，其本身不过是为了再次践行一种历史常识和信念：如果没有传承，又何来超越呢？！

---

① 参见郭明：《契约刑论与新兴古典监狱学》，"本书要旨"。

附录1：1949年迄今中国台湾地区的
监狱学研究述评

　　台湾地区1949年以后的监狱制度对大陆民国时期的监狱制度是继承的，并在继承中有所增益。而其监狱学研究，由于有林纪东、李甲孚、丁道源等诸学界宿秀的传带，在漫长的50年间虽然研究规模因地处弹丸之地不成气候，但考察已有的学术成果，却必须承认，较之前民国时期监狱学，台湾地区监狱学在专业方向上仍有更趋深细的进展。

　　以笔者的初识，自1949年迄今，台湾地区的监狱学研究进程似可分为两段。第一段是戒严期，即1949年至1987年的38年，此一时期以"旧人"为主导，裘朝永的《监狱学》(1956)，林纪东的《监狱学》(1959)，丁道源的《监狱学》(1962)，《中外假释制度之比较研究》(1973)，周殿修的《监所建筑之研究》(1973)，李甲孚的《监狱制度之比较研究》(1983)、《中国监狱法制史》(1984)等著作于该阶段先后问世。第二段是1987年"解严"以后至今，此一时期以"新人"为主导，李清泉的《现代监狱学分析》(1993)，林茂荣、杨士隆的《监狱学——犯罪矫正原理与实务》(1993)，吴宪璋、贾孝远的《监狱建筑概论》(1994)，杨士隆、林健阳的《犯罪矫治：问题与对策》(1996)，黄徵男的《监狱学——经营与管理》(2001)，林政佑的《日治时期台湾监狱制度与实践》(2014)等陆续出版。此外，还有一大批与监狱学直接相关的犯罪学、刑罚学成果涌现，加强了监狱刑事学研究的阵容，其中影响较大的如林山田的《刑罚学》(1975)，许春金的《犯罪学》(1985)，张甘妹等的《犯罪学原论》、《再犯预测之研究》(1987)，蔡墩铭的《矫治心理学》(1988)等。

研究台湾地区监狱学的发展及其学术成就，应当注意到台湾地区政治、经济、文化形成的特殊历史现实，尤其应考虑台湾地区自 50 年代至 70 年代法律现代化的背景。在这个背景中，台湾并非一个孤岛。从事实而知，台湾地区 1949 年以后的法律现代化，走过了一条与大陆所历"大跃进"和十年"文革"的不同道路。台湾地区推行法治的社会基础有别于同时之大陆。台湾地区著名的法史学家黄静嘉先生在《百年来台湾法制之回顾与前瞻》的长篇论文中曾就台湾地区法治的历史与社会基础，有过精辟的分析。[①] 他认为日据时代的台湾虽在殖民统治之下，但其法制业经资本主义的洗礼，由此形成了现代法制的一定的本土基础，加之，国民党将在大陆三四十年代形成的"超前立法成果"带至台湾地区，"或可能切合了当时台湾现实之需要"。[②] 在学术文化事业上，戒严虽禁锢和损害了它的自由，使学术无法达至繁荣，但学术尤其是服务国计民生之学术，在学科教育和行业需求所构筑的秩序中，仍能缓慢推进。以台湾地区监狱学术发展的实际面貌看，自 20 世纪 70 年代以后，亦即自戒严的后期开始，学术气氛渐趋缓和。从中央警官学校及其他相关院校毕业的一些有学术潜能的新人，已在行刑实践中历练成才。由于其中大部分人都有实务管理经历，且兼修理论，因此，"专家型学者"和"学者型专家"构成了台湾地区监狱学家群体的重要特色之一。

为具体描述台湾地区监狱学术的基本面貌及其特点，以下拟根据掌握的部分资料，筛选若干台湾地区监狱学研究较有代表性的监狱学者及其著作给以扼要的阐述。

---

① 参见中国法律史学会《廿世纪中国法制回顾与前瞻国际研讨会》论文集，2001 年 4 月印行。

② 见其论文第 19 页。

一、林纪东的监狱学研究

林纪东为台湾地区当代资深的法学家，在行政法和刑事法领域均有较深的学术造诣，其影响波及大陆学界。林氏1915年出生，系福建省福州市人，毕业于原北平朝阳学院，获法学士学位，后赴日本明治大学研究院攻读研究生课程。1936年开始出任中央政治学校大学部讲师，后在台湾地区各高等学校先后任法学教授。1958年被选为"司法院"大法官。林纪东著述颇丰，主要有：《监狱学》《刑事政策学》《民国宪法释论》《民国宪法逐条释义》《行政法原论》《行政法新论》等，其中《监狱学》《刑事政策学》《行政法原论》等被选用为大学教科书。

林纪东的代表作《监狱学》由台湾三民书局初版于1959年，以后多次再版。全书共计十章。第一章导论，论述监狱的意义、演进、种类；第二章现代监狱行刑的基本观念，介绍行刑的基本思想；第三章现代监狱行刑的基本问题，分析了受刑人的法律地位问题；第四章行刑制度，介绍了行刑常用的11项基本制度；第五章作业，论述了罪犯作业的若干问题；第六章假释，论述了假释制度的意义和有关规定；第七章不定期刑，论述了不定期的基本理论；第八章现代监狱行刑的民主化，论述了监狱行刑民主化原因和实践等问题；第九章现代监狱行刑的社会化，论述了监狱行刑社会化的原因和有关实践等；第十章监狱行刑法，介绍了行刑法的性质、地位和内容等。

林纪东的《监狱学》与三四十年代民国监狱学的各种著作相比，其显著的特点是理论的论述性大为增强，这说明作者对于所论述对象，已经不是一般的了解，而是有了对原理的较深思考。基于同样的原因，他的行文风格可以用"深入浅出，收放自如"加以概括。可以说，《监狱学》是林氏对于近代监狱制度原理积累了比较成熟的认识之后写就的力作。

（一）对监狱学理论给予了深入思考与系统阐述

以往监狱学研究存在的一个不足是虽有对于各种问题的理论分析，但其理论分析仍不够严谨和系统。从王元增到孙雄，他们的著作虽注重编排知识体系，但对于问题的理论分析较多地属于"就事说理"，总之，尚没有形成深入系统的理论言说风格。恰在这一点上，林氏的研究相对于前人似乎更具理论性。林氏所以能以理论分析见长，显然依赖于他良好的法学修养，尤其是刑事法实务与理论研究的经历。以他的著作为根据，可以认为他是一个专业见识广博、注重理论思考并寻求系统表达的人。在其《监狱学》中所含下列 14 个方面的问题与内容，比较充分地体现了他的理论见识：

（1）监狱的概念如何理解与定义？

（2）近代和现代监狱诞生的原因是什么？

（3）监狱种类的划分方法及其结果？

（4）监狱的基本行刑观念有哪些？为什么？

（5）受刑人法律地位提出的原因？

（6）自由刑纯化论的产生原因及其比较分析？

（7）行刑制度的概念及其构成？

（8）如何理解作业在行刑上的地位？监外作业的利弊如何？

（9）假释制度的法理学根据？

（10）不定期刑制的产生原因及其比较分析？

（11）监狱行刑民主化的理论成因及其实践方法？

（12）监狱行刑社会化的理论成因及其实践方法？

（13）监狱法的性质与地位？

（14）监狱法的内容与特点？

（二）比较注重研究方法的运用

第一，注重概念的梳解。作者对每一章所涉及的基本概念，都进行了严格的界定。在界定之后,对所界定的依据及其含义的演变反复进行了分析论证。这种注重概念梳解的理论特点贯穿了始终。

第二,注重观点的比较。作者在介绍各种主要理论时,注重将各种不同或反对的观点一一加以陈述,以供比较选择。例如,作者在介绍受刑人法律地位问题时,首先推出为之提供主要理论根据的自由刑纯化说,继之,在比较自由刑纯化说的理论得失时,又列举了各种反对和陪衬的观点。在介绍不定期刑、行刑的民主化、行刑的社会化等问题时,均采用了观点比较的方法:首先陈述其主要理论观点,随后则对不同观点进行介绍比较,并在比较过程中给出作者自己的分析评语。

第三,注重实际的对照。作者在这部偏重理论的著作中,已注意到在阐述一般性理论时,如何与当时实际进行联系对照的问题。为了救助理论一般性之偏失,他在有关章节(第五、六、八、九各章)中有意讨论所涉及问题在法律规定和适用中的实际情形。这就使得这部注重理论论述的著作,在实务方面也很饱满。

第四,注重资料的引用。该书显示了作者具有广博的比较监狱学知识。作者不仅善于汲取国际范围内著名监狱学者的证词例言以增其说效,而且在多处(如第三、四、五、六、七各章)特意引用详尽的国际法例资料。此外,作者在每章末尾都提供了资料所引出处。这与少数仅在书末提供参考书目和大多数不提供参考书目的监狱学著作相比,表现了林氏治学的严谨。

第五,注重内容的编排。该书显示作者对于内容编排别有用心的主要是第十章“监狱行刑法”。在该章中,作者有意将“监狱立法”作为一个独立的内容加以处理,而在其他的监狱学著作中,通常将监狱学的具体研究对象和监狱法的研究对象相混淆。为了在体系和学科上避免这种混淆,有的监狱学学者(如芮佳瑞)索性将“监狱法论”单独成书论述。林纪东在论述了监狱学的基本理论问题之后,将监狱法从立法的角度,当作一个单独的内容加以介绍和研究，这至少表明作者对于研究对象的特殊性及其相应的研究方法已具有基本的觉知，同时表明作者对于全书各部分内容的编排，做过知识结构方面的认真考虑，而这一特点通常容易被人忽视。

二、李甲孚的监狱史学研究

如果说，林纪东的监狱学研究展示了台湾地区监狱学的基础理论成就，那么，李甲孚的《中国监狱法制史》，则表明在个体层面，台湾地区监狱史学对于古代狱制的研究所得，略胜于同一时期的大陆学者。

李甲孚系江西南城人，1914年出生，毕业于中央警官学校和陆军军官学校高等教育班，曾获东吴大学法律系法学士学位。李氏在军界和政界辗转任职，与监狱事业有关的最高职务为"司法行政部"监狱司司长，学术职务主要是警官学校教授、司法官训练所讲习、世界新闻专科学校教授、台湾东吴大学法律系教授。

李氏的研究兴趣除法学外，还遣情于一般文化史。其主要法学著作有《中国法制史》《法学绪论》《监狱制度之比较研究》《中国监狱法制史》《当代法官录》《罪与罚》等，其他著作有《中华文化谈苑》《中国古代女性》《中国文化故事》等。

李氏的监狱史学代表作为《中国监狱法制史》。此书由台湾商务印书馆初版于1984年，比群众出版社1986年出版由薛梅卿主编的《中国监狱史》早两年。《中国监狱法制史》全书计300余页。分为自序，第一、二编以及附表等。自序概述监狱制度的演进以及该书产生的缘由。第一编古代监狱制度（计十章），从远古至清末，依序介绍历代狱制之状况。第二编现代监狱制度（计十章），分别论述构成现代监狱制度的基本内容。附表提供了由作者自行编制中外古代监狱对照表三份，中国历代监狱简表一份，历代施用戒具情形简表一份以及自梁朝至清朝刑讯情形简表一份。

编写《中国监狱法制史》是颇费工夫的工作。正如作者在自序中所说："惟古代狱讼未分，有关监狱制度之材料亦甚缺乏，欲求其在研究上分析详尽，恂非易事。"但是作者不畏艰辛，在大学主授中国法制史的同时，就有关狱事之古代法制与现代狱制进行比较研究，并在研读古代法制史实之余，摘取与狱制有关者，所谓"积之既久，不觉成帙，乃为之纂编成书"。①

该书从史学角度看，最有价值的部分为第一编（占 180 页）和附表（占 40 页）。第二编现代监狱制度，平面地介绍现代监狱制度的方方面面，如若单独成书，并冠以"现代监狱制度概论"，亦未尝不可。

兹据第一编和附表的内容，扼要介绍该书的研究特点如下：

（一）文注互补，注释翔实

作者在该书古代编以 180 页的篇幅介绍了夏三代、秦汉、魏晋六朝、隋唐、五代、宋朝、辽金元、明朝、清朝等九大历史断代四千余年的监狱制度设置及其变迁情况。由于牵涉史料繁复，作者为求行文简洁采用正文与注释互补的办法，加大发挥注释的作用。据统计，该书古代编共给出注释多达 474 项，有的注释达一整页。注释与正文互补相得，超过了一般参考的价值。

（二）考证细致、梳理得当

古代狱制研究，不免涉及名实与源流考辨。作者博览古籍，就诸多狱名人事，在前人已有考证成果的基础上，不厌其烦，对其出处与含义重新进行查考，由此还补充了部分过去较少引用的材料。例如，在对"狱"字重新进行解说的同时，作者对"监"的古义也作了认真考证，认为其义有二，一为从言之"譼"，有"临下"之意；一为从"卧"之"監"，

---

① 　见其自序第 4 页。

除同"临下"意，更切实之意为"卧伏以监四方"。为此，作者给出六条注释以佐证其可信。[①] 在细致考证的同时，对所取得之印象或结论，作者力求梳理得当，使其行文条理清楚。这一点，尤见于作者将古代狱制知识有选择地整理成表的工作。

（三）比较古今、举陈出新

作者虽作古代监狱制度研究，但由于对于现代监狱制度亦有深入研究，更兼法史和文化史的广泛知识背景，因此，在论述过程中，常有古今中外的援例比较，使文理丰富，气象更新。尤为可贵的是，作者谈古而不泥古，经常于文字中为阐释事理而能举陈出新。例如，对于"狱"与"牢"的区别，作者注意到历来人们的日常意识中多予忽略。而从词意考证可知，两者在语义上并非完全一致。古人混同尚可见谅，而今人亦混用，实乃文化上一蒙昧现象。[②]

由上可知，李氏凭借其史家功底和监狱学之专业经验，通过钩玄索隐，条分缕析，将一般人囿于史料欠缺的中国监狱（法制）史研究，在他手里，连缀成帙。这是李氏对于中国监狱史研究的一大贡献。从沈家本的《狱考》到李甲孚的《中国监狱法制史》，其间包括近人涂景瑜的《中国监狱史》（1908）和今人李文彬的《中国古代监狱简史》（1982）、薛梅卿等的《中国监狱史》（1986）、王利荣的《中国监狱史》（1996）等，我们约略可知中国监狱史研究一路留下的路标及已达到的水平。

三、丁道源的比较狱制研究

丁道源是继林纪东之后，与李甲孚为同一时代而活跃于 20 世纪 60 年代初至 80 年代末的台湾地区监狱学界资深学者。丁道源系江苏省泰

---

① 详见该书第 19 页，注 29—34。
② 详见该书第 16 页，注 15。

县人，生于 1927 年 8 月，毕业于中央警官学校，曾在美国加州大学犯罪学研究所、联合国预防犯罪暨罪犯处遇研究所从事访问研究。除了担任"法务部"保护司司长，还兼任台湾政治大学和辅仁大学法律学系教授。三十年间，丁道源在从事监狱司法实践之余，勤于资料积累和整理，编著出版了一系列教学与研究成果，是台湾监狱学学者中著述数量最丰的一位。他于 1962 年 7 月编撰出版的大学教科书《监狱学》，曾增订至第 8 版。其监狱著作除《监狱学》之外，还有：《美国监所与少年感化院》（1957 年 6 月）、《各国监犯调查分类制度》（1958 年 7 月）、《日本狱政论丛》（1974 年 12 月）、《中外假释制度之比较研究》（1987 年 7 月）、《中外狱政制度之比较研究》（1989 年 7 月）。此外，相关著述还有：《保安处分法规论》（1970 年 9 月）、《犯罪学》（1971 年 11 月）、《少年法》（1980 年 9 月）、《中外观护制度之比较研究》（1983 年 3 月）等。

丁道源监狱学研究的最主要成果集中在中外监狱制度的比较研究方面，无论是其早期综合性著作《监狱学》，还是晚期著作《中外狱政制度之比较研究》，都鲜明地反映了这一特色。《监狱学》共计 864 页，其中直接论述外国监狱制度和资料的内容占了 306 页之多，而其研究中外狱制之大成作品《中外狱政制度之比较研究》，洋洋大观达 1522 页，是台湾地区比较狱制研究中涉及国别地区最多、资料最详、篇幅最长的著作。

以下拟以《中外狱政制度之比较研究》为例，对其内容及特点作一简要说明。

（一）基本内容

《中外狱政制度之比较研究》一书，共计二十六章。分别是：第一章狱政制度之意义，提供对"狱政制度"含义的说明。第二章各国狱政制度之发展，论述狱政制度与时代，刑事政策、人才、学术、国家、经济、戒严管理等现象的关系。不过把章名与其论述内容相对照，这一章似乎名实不符。第三章各国狱政制度之种类，介绍独居制、分房制、阶级制、假释制、自治制、不定期刑制六种典型的行刑制度。第四章至第二十一章分别介绍英国、美国、法国、西德、比利时、瑞典、拉丁美洲诸国、芬兰、挪威、丹麦、荷兰、以色列、奈及利亚（尼日利亚）、纽西兰（新西兰）、泰国、菲律宾、日本、韩国18个国家或地区的狱政制度基本情况。第二十二章介绍台湾地区狱政制度。第二十三章介绍联合国防止犯罪暨罪犯处遇之重要业务。第二十四章介绍联合国亚洲暨远东地区预防犯罪暨罪犯处遇研究所的基本情况。第二十五章简要介绍国际性监狱会议。第二十六章附录，包含了若干中外监狱法律法规和参考文献。

（二）主要特点

丁氏的比较狱制研究在台湾地区监狱学界独领风骚。仔细研读比较他的几种著述，可以看到其主要特点是资料来源广泛，内容丰富。对一个从事比较狱制研究的学者而言，占有各种国别和国际的监狱学资料，是展开比较研究的基础。从这一要求而言，丁氏的资料搜集和整理工作的基础比较扎实。从丁氏的全部著述构成，尤其是《中外狱政制度之比较研究》一书所汇总的资料来看，作者三十多年孜孜于各国监狱资料的搜集可谓用力甚勤，其研究成果对于全面了解世界监狱制度的历史与现状，具有重要参考价值。[①]

四、黄徵男的监狱学研究

以1987年"解严"为分水岭，林茂荣、杨士隆、黄徵男等人属于台湾地区当代监狱学研究的新生代人物。与林茂荣、杨士隆作为监狱"学界中人"的身份与地位有所不同，黄徵男则是一个地道的"狱界中人"。

[①]　由于丁氏掌握了大量的外国监狱资料，因此，在具体介绍各国监狱制度实况时能够以细致见长。但必须指出，丁道源监狱学研究的一个明显问题是尽管在其书后列有"参考书目"，但文中对于所引资料的处理缺乏对于原作者必要的尊重，如多处出现以引为著的现象。例如，其所著《监狱学》的"序言""第二章"等大段引自孙雄《监狱学》而不作任何说明。

他早年就读于警察大学警政研究所，获法学硕士学位，毕业之后即长期从事台湾监狱实务管理工作，曾辗转任职台南、花莲、云林、绿岛等多所监狱典狱长，后升任"法务部"矫正司司长，掌理台湾狱界行政管理总责。诚然，黄徵男也同时兼任警察大学、岭东技术学院讲师，是监狱实务和学理双修的专家型学者。黄徵男的监狱学著述主要有《矫正实务》《监狱行刑法论》《监狱学——经营与管理》等。

《监狱学——经营与管理》是其代表作。该书由台湾首席文化出版社 2001 年 8 月出版发行。全书共计 11 章，正文 428 页，另有置于书前的台湾监狱及其他矫正机构分布图一幅和台湾监狱（24 家）、看守所（14 家）、少年观护所（4 家）、少年辅育院（2 所）、技能训练所（4 家）、少年矫正学校（2 家）的门面建筑照片 50 幅。

《监狱学——经营与管理》是一本理论性、实务性以及资料性兼备的著作，被台湾地区出版人士誉为"坊间第一部理论与实务兼备之监狱学"。该书共计十一章，分别论述了监狱学之概念、矫正机构之涵意、组织与建筑结构形态、矫正机构之管理、监狱社会之探讨、毒品犯观察勤戒及戒治业务分析、矫正机构教化辅导业务检讨、矫正机构作业技能训练业务评析、矫正机构卫生医疗业务、戒护事故分析、囚情动态之掌握与评估、矫正机构领导与经营等内容。该书的研究范围已由传统的狭义监狱体系转向广义的监狱体系，表明台湾地区监狱学研究正由传统向现代转型。如已所知，民国监狱学研究传统上多以狭义的监狱为研究对象，尽管有个别的内容溢出狭义研究对象，跨入刑事政策学范围，比如出狱人的更生保护等。但是，黄氏的《监狱学》把研究对象扩大了，它把狭义的监狱当作了矫正机构的一种，除此还将台湾地区本土存在的矫正院所，如看守所及少年辅育院、少年观护所、技能训练所、戒治所及少年矫正学校等，列入研究范围。尽管，他在第一章仍以"监狱学之概念"为题，探讨"学科"的基本理论问题，但从第二章开始，他其实摆脱了"监狱（学）"这一传统称谓，以"矫正机构"替代。纵观全书，准确说来，他的《监狱学》可以叫作《矫正学》。"矫正"这个词进入当代台湾地区的监狱学，意味着自民初以来的由日本移植成形的监狱学时代，可谓始于王元增而终于林纪东。自林纪东之后，台湾地区监狱学开启了一个借重英美"矫正主义"与"实证科学"的时代。这表明，从监狱学的历史发展路径观察已经完成了从"教诲"到"矫正"的所谓"现代转型"。

以下拟以黄徵男《监狱学》为例，对其内容及其特点略作介绍与分析：

（一）关于监狱行刑矛盾的认识

黄氏在序言中曾针对"行刑之矫正处遇是否有效"这一国际监狱学上著名争议案，在引用美国犯罪社会学家马丁森的"无效论"之后指出："监狱本身就组织理论的观点而言，是充满矛盾的，因为既要惩罚又要矫正的双重组织目标同时运作，在本质上是相互冲突对立的。"这种有关行刑矛盾性的认识，在以往的民国时期的监狱学家著作中从未有过表述。黄氏也许不知，在同一时期的大陆监狱学界，曾就行刑活动的基本矛盾问题进行过与之内涵相似而表述方式不同的探讨。[①] 总之，黄氏能够认识到隐藏在行刑组织过程中的这种难以克服的自相矛盾性，应当是一种极有价值的理论洞见，不过多少有些可惜的是，黄氏未将这种理论认识加以深入阐发，而是在承认其矛盾性的同时，企图通过制定有效的矫正政策，完善经营与管理来予以克服。也就是说，他以一种实务的态度处理了（也是搁置了）一个具有悖论意义的原理问题。

（二）关于监狱学概念及其研究方法的认识

黄氏认为，"监狱学系一门专门研究矫正机构之组织、原理、制度、管理、设施及收容人感化、处遇的综合科学"。从这一定义可知：其一，

---

① 参见第六章第三节有关内容。

黄氏眼中的监狱学是广义监狱学，一切矫正机构皆为监狱。在这里，"监狱"和"矫正"这两个词语的概念关系似有待规定，不过，黄氏的以广义监狱为研究对象的观点仍然是超前的。尽管大陆学者提出的监狱学定义中，也注意到广义与狭义的区别，但通常以狭义监狱为研究对象。其二，黄氏眼中的监狱学是实务式的矫正监狱学。据此，他将狱政管理和矫正教育的诸问题，视为最主要的内容。对于之所以认为监狱学应具有以上概念，黄氏从研究方法的角度提供了必要的理由。他认为："所谓研究，是指利用有计划与有系统的资料收集、分析与解释的方法，以获得解决问题之历程；所谓科学，系以有系统的实证性（empirical）研究方法所获得之有组织的知识。"根据黄氏的这一理解，并联系其著作内容，可以认为，他的监狱学自诩属于"实证科学"的范畴。但鉴于"实证"一词在当下社会科学研究中已被广泛"滥用"的事实，真正符合"实证科学"规范和品质的监狱学，包括黄徵男的《监狱学》，迄今似未有所见或尚未作成。总的来说，中国的监狱学，无论是思辨的监狱学，还是实证的监狱学，其思辨性或实证性，以经典自然科学的实证概念和准则加以观照，皆不够纯正和充分。而黄氏的《监狱学》，严格说来，只是在实操的规范性和标准化方面，与同类著作相比更胜一筹。

（三）关于监狱学与其他学科的关系

黄氏论述监狱学与相关学科关系，既承前人看法，又有较大变通认识。他所提出与监狱学密切相关的学科主要是犯罪学、刑事法学、社会学、心理学、医学、建筑学、电子学。如果说犯罪学、刑事法学、社会学、心理学为一般监狱学著作所论列的话，则医学、建筑学和电子学乃是现代行刑实践和监狱学任务更新之后的产物。如果联系台湾地区监狱学的应用现实，就会发现黄氏的新概念与新知识引入是十分及时的。

（四）关于近代监狱制度演进过程的划分

如何认识近代监狱制度的演进过程——黄氏的提问是如何认识西方

狱政思潮与制度之演进。黄氏较为细致地将 1500 年至 1990 年的近 500 年监狱制度史划分为六个演进阶段：1. 1500 年至 1700 年为"习艺所时代"；2. 1700 年至 1800 年为"强制院时代"；3. 1800 年至 1870 年为"惩治监时代"；4. 1870 年至 1890 年为"感化院时代"；5. 1890 年至 1970 年为"医疗模式与矫正时代"；6. 1970 年至今为两极化矫正策略时代。黄氏以上从行刑方式和刑事政策的变迁对监狱制度演进过程所提出的分期观点，基本上抓住了近代人文启蒙与刑事改革以来西方监狱行刑历史发展的一般阶段特点，也传承了近代西方监狱发展分期的主流观点，由此也反映了台湾地区学者拥有比较监狱学的基本视野及最新认识。

（五）关于监狱行刑基本模式的认识

监狱对于罪犯行刑究竟应采取何种制度性方法？这里涉及的主要是行刑模式问题。在西方监狱（矫正）学的语境中，这个问题被表述为刑事政策的选择与犯罪矫治取向的确认。因为刑事政策对于监狱（矫正机构）采取何种方法行刑具有决定作用。黄氏借美国学者克莱门斯·巴特勒斯的观点认为，从历史上看，惩罚模式（punishment model）、矫正模式（rehabilitation model）和正义模式（justice model）为行刑（犯罪矫正）三大主流。不同模式各有其关切之焦点。值得注意的是，此种行刑（犯罪矫正）模式恰似摇摆的钟锤（The Swing of Pendulum），随着思潮之更迭而可能相互变动更换。这是对繁复的行刑模式之动态所做的极有见地的观察和甄别，说明了黄氏对以美国为代表的行刑史上层出不穷的制度与模式变迁现象已具有由表至里的基本认识。

此外，该书以台湾地区监院所的行刑矫正实践为材料源泉，通过总结整理，形成了最新实务理论与资料。从某种意义上讲，该书不妨看作台湾地区监狱学的最新实务全书。依其书名中所设副标题可知，作为一本从经营管理角度阐述监狱学的著作，黄氏用大量篇幅探讨或介绍了监狱实务理论与资料，的确是一个不可忽视的贡献。稍作归纳，可见其对实务与资料的介绍具有下述特点：

第一，注意实务理论阐析。黄氏介绍实务固然十分重视实务操作方法，但同时，他对于实务应用原理、问题或原因等层面的探讨也不遗余力。比如，他在介绍矫正机构管理模式问题时，于比较了责任模式（responsibility model）、调和模式（harmonic model）和控制模式（control model）三者各自优劣之后，特别说明自己对于诸管理模式的选择之道。他认为："事实上在监狱管理哲学上也无所谓'单一管理模式或最佳管理理论'，因为管理成效的发挥与否，系端赖管理者如何因人、事、时、地制宜加以综合弹性运用。"[①] 可以说，注重实务理论阐析是该书介绍实务知识的一个显著特点。

第二，注重实务资料整理。该书的资料性极强。其资料的完整性和真实性，是其他实务著作无可比拟的。黄氏采用一系列图表，将台湾地区监狱的组织人事、工作程序、罪犯人口、狱务事故和物品劳务等数据信息加以编制，从而使本书成为研究当今台湾监狱行刑实况的一部不可多得的参考资料。据统计，书中提供的图表达 30 幅之多。另外，黄氏还十分重视监狱社会调查。书中提供了为数不少的狱务个案和罪犯社会生活符号（如暗语等）资料。

综上所述，不难看到黄徵男的监狱学研究已经展示了与前辈监狱学家不同的面貌。从一定程度上说，黄氏的监狱学，一方面深受当代西方监狱学的影响。例如，黄氏在书中论述监狱社会问题时曾如数家珍地罗列了众多西方学者的著作：美国学者约瑟夫·费思门（Joseph Fishman）的《监狱中性的问题》（1934）、德默尔（Donald Demmer）的《监狱社会》（1940）、西克斯（Gresham Sykes）的《罪犯社会》（1958）、欧文（John Irwin）和克雷西（Cresscy）的《窃犯、待决犯和囚犯文化》等。另一方面

---

① 详见该书第 53 页。

也颇具台湾地区当代本土化的表现。因此，它可以视为台湾地区监狱学在学术转型期的一个代表作品。

这里有必要论及与黄徵男《监狱学》相得益彰，也代表了台湾地区监狱学最新研究旨趣与学术走向的作品，乃是林茂荣、杨士隆合作研究，由台湾五南出版公司出版的《监狱学——犯罪矫正原理与实务》。如果说黄徵男的监狱学大量借鉴了欧美矫正刑理念和方法，但毕竟以台湾地区本土实践为其经验基础，可以看作是一个渗透了实用转化意识并对本土制度实践进行了系统总结的产物，而林茂荣、杨士隆则对欧美矫正体系给予了更加全面的借鉴。从某种意义上说，后者的监狱学是对西方矫正实践及其研究成果的一个知识整合与理论概括，人们可以褒其更具有国际视野，也可以贬其全盘西化。尽管书中也不乏台湾地区行刑立法及司法资料的引证，但大部分注释依赖于国外文献。这本书虽然仍以"监狱学"命名，但如其副标题"犯罪矫正原理与实务"所示，是一本呈现西方监狱学的当代典型形态"矫正监狱学体系"的著作性教科书，和黄徵男的监狱学著作一样，准确的书名不妨看作"矫正学"。

该书自 1994 年 6 月初版之后，多次重印和再版，最新修订版为2016 年的第九版。它之所以深受专业市场青睐，与它资料的广泛全面，论述的精当允准，体系的完整充分等不无关系。林茂荣、杨士隆作为专业学者[1]，在知识背景和学术专攻方面，与黄徵男的著述特点虽有很大区别。不过，这种区别仅反映台湾地区理论与实务界对于欧美矫正传统在价值取向、知识应用和研究方法上的有所不同。总体来看，都传递了认同矫正理念及其实践的相似信息，即台湾地区监狱学的矫正刑主义已日益占据主导地位，并基本实现了从日式监狱学到美式监狱学的文本与话语转换。

---

[1]　作者系"法务部"矫正人员训练所和中正大学犯罪防治研究所人员。

五、吴宪璋、贾孝远的监狱建筑研究

监狱建筑学至今仍未发展为建筑学或监狱学的独立分支学科。民国初期从日本移植的监狱学中，固然有监狱建筑的图式及建筑法则等，但并非作为分支学科的专门研究对象。台湾地区自 20 世纪 70 年代其司法行政部已开始重视监狱建筑问题，如内部印行《监所建筑之研究》（周殿修著，1974 年 6 月），但正式出版物仍付阙如。从这个背景看，吴宪璋、贾孝远编著的《监狱建筑概论》具有开拓性的意义。

台湾地区自 1987 年"解严"后，监狱事业的转型进展更趋迅速，正如台湾"司法院"副院长吕有文在此书序言中所言："近年来，在'法务部'勠力推动下，监院所的硬体建设，已经突破传统的窠臼，展露出耳目一新的风貌，以人道主义为基石的建筑理念，沛然衍变成时代的主流。"也许正是受这种主流思潮影响并从这主流实践中汲取的经验和学识，促进了台湾地区监狱建筑研究的发展。

台湾地区监狱建筑学研究的进展，从学科发展的自身规律来看，也可以说是学科内部分工细化的表现，证明了监狱学学科在台湾地区的成长。尽管，就《监狱建筑概论》而言，这种成长不无偶然性。因为编写这样一本著作，需要同时具备监狱学和建筑学的研究素质。而同时具备这种素质者，无论在监狱学界，还是建筑学界，都没有预备之材。因此，跨界合作最为可行。然而，这种跨界合作的机缘却很难人为设定。从吴宪璋和贾孝远的个人情况看，两人的合作可说是珠联璧合、天成其事。

《监狱建筑概论》的第一作者吴宪璋毕业于警官学校，系日本明治大学法学硕士，曾任金门监狱、武陵监狱典狱长和东成技能训练所所长，现任台南看守所所长。第二作者贾孝远毕业于台北工业专科学校并在伊利诺伊州立大学环境研究室和师范大学教育专修班进修。职业特长为规划建筑师，曾规划建筑东成、岩湾、绿岛技能训练所等。吴贾二人一为犯罪矫正专家，一为规划开发的设计者，平时二人常就监狱建筑问题相互切磋，并逐步萌发合作意向，经过努力终于编就此书。

《监狱建筑概论》由台湾群品股份有限公司出版于 1994 年 12 月。全书计九章加一附表，共 260 页。书中附插钢笔画和摄影图片数十幅。

兹将该书的主要内容与研究特点介绍如下：

（一）主要内容（以目录为序）

第一章绪论。主要论述监狱建筑的概念、研究范围和功能。

第二章监狱建筑与处遇思想的变迁。主要论述了早期监狱建筑的历史和拘禁形态的变化以及欧美矫正思潮的新动向。

第三章监狱建筑的演进。主要介绍了中国大陆、日本、美国的监狱建筑进展以及行刑建筑的国际趋势。

第四章监狱建筑的分类与特性。主要介绍监狱建筑的分类标准和特性确认方法。

第五章监狱建筑的活动模式与设施需求。主要从区块功能的不同介绍监狱建筑活动模式和设施需求的特点。

第六章监狱建筑计划。主要介绍了基地环境、土地使用、配置、运线、通风换气和造型等计划的内容。

第七章监狱建筑细部设计。主要就监狱建筑的各组部分（如窗、出入口、围墙、岗楼、办公室、接见中心、中央台、中央走道、舍房、工场、教室、病舍、炊场、运动场、职务宿舍）等细部设计作了介绍。

第八章监狱建筑的设备计划。主要介绍了电力照明系统、给排水系统、空调系统、消防系统和弱电设备等计划内容。

第九章监狱建筑的未来。主要介绍了代表监狱建筑未来趋势的都市型、社区型、民营型、宗教型、老年型、交通型、屯田型、医疗型以及戒毒村型等九类监狱建筑的理念和建筑要求。

由上可知，《监狱建筑概论》一书内容约可概括为三大部分。第一部分（第一章至第三章）为监狱建筑的基本理念、知识与思想；第二部分（第四章至第八章）为监狱建筑的技术应用原理与设计要求；第三部分（第九章）为监狱建筑的未来形态规划。

（二）研究特点

细览《监狱建筑概论》，可以看到以下诸特点：

第一，提供了监狱建筑学的基本体系。体系性是衡量学科特点的重要指标。从该书的内容编排可知，作者注意到了探讨监狱建筑现象的知识完整性和层次性。该书的三部分内容构成，说明其完整性（理论与实务）和层次性（基础的、应用的和展望的）的有机统一。据此可认为，《监狱建筑概论》的出版，标志着台湾地区监狱建筑学研究的开始。

第二，监狱建筑原理与行刑处遇思想的紧密结合。本书作者对于监狱建筑的形式与内容关系有着清醒的把握。书中论述行刑处遇思想既溯及历史情况，更结合现代行刑思潮及其实践，作者没有脱离监狱建筑的实际而介绍行刑处遇思想演进对监狱建筑的影响和要求。在资料的运用上，该书基本上做到了两者的深度融洽。可以说，它是合作研究的一项成功范例。

第三，应用理论与技术的介绍简要明晰。该书并非监狱建筑实务全书，作者对于应用理论与技术的介绍，能够抓住重要线索与基本要点加以简洁明晰地表述与整理，读后让人感到简而不陋，具体明确，便于学习操作。

第四，图文并茂，具有很强的可读性。图文并茂是一般建筑学著作的共同特点。但作者在本书中，将图文结合的手段又作了许多创新。除了运用技术线图、数据表式、素描和摄影图片，还特意采用卡通画的手法，将抽象或陌生的行刑处遇概念变作形象的演示，由此使得本书由于体现了一定的艺术趣味性，更增强了可读性。

总之，《监狱建筑概论》在1990年代的出现，既拓展了建筑学的应用分支，更表明了监狱学的分科研究进展。撇开两岸隔阂，在资讯发达、学术沟通便捷的时代，该书不仅对于推进台湾地区的监狱建筑研究，也对大陆的监狱建筑研究提供了不可多得的比较研究范例。①

　　以上选取了林纪东的监狱原理研究，李甲孚的监狱史学研究，丁道源的监狱比较研究，黄徵男、林茂荣与杨士隆的矫正理论与实务研究以及吴宪璋、贾孝远的监狱建筑研究等，试图简要勾画台湾地区监狱学研究的基本面貌与主要成就。随着 1980 年代以后大陆法学教育的恢复，两岸监狱学学者和实务人士开始互访性接触，监狱学及相关学科资料，通过各种渠道不断进入。2005 年以后，由于官方和民间的两岸图书出版业逐步建立了合作与交流的正常化机制，比如共同策划、每年一度轮流举办的"海峡两岸图书交易促进会"、专门设立对台书店"厦门外图台湾书店有限公司"，尤其是基于互联网的数字图书网购业发展等，两岸图书出版产业，已经建立了符合海关通关审查要求的图书贸易与营销市场，由此基本保障了两岸学术研究与出版信息的畅通分享，也为大陆进一步了解台湾地区监狱学的研究动态与发展状况，提供了更加便利的条件。近年来，大陆学者在台湾出版著作和教材现象业已屡见不鲜。其中，也包括了大陆学者在台湾出版的第一本监狱学著作《契约刑论与新兴古典监狱学》。不过，进一步建立两岸监狱学学者更具实质意义的双向互访或合作研究等便捷通道，尚需要两岸共同努力，才有望逐步实现。

---

　　①　顺带补充说明，大陆出现监狱建筑学研究的专题或体系性成果，始于 2005 年。目前已经发表或出版的代表性的作品主要有吴家东的《当代美国监狱建筑研究》(清华大学建筑学院硕士学位论文，2012 年)，王晓山的《监狱建筑学》(中国建筑出版社 2013 年版)、《图说中国监狱建筑》(法律出版社 2008 年版)、《逝去的影像——清末民国监狱老照片》(法律出版社 2009 年版)、《当代监狱规划设计与建设》(法律出版社 2010 年版)等。

附录2：近三十年中国监狱学（论文）文献计量分析 [①]

本文主要采用文献计量学方法，以近三十年中国监狱学学科领域内的期刊论文、学位论文及会议论文为数据源，从监狱学学科文献的界定、文献年度及累加分布、期刊分布、作者分布、机构分布、热点分布及变迁等方面进行计量分析，总结了监狱学学科文献时间分布的波动现象、核心刊物及作者的集中特征以及热点变化的影响因素，进而揭示了监狱学研究中存在的隔离现象以及研究影响因素权重中存在的问题，从文献计量角度为研究者提供了进一步研究的参考思路。

一、引言

文献客观记录了各学科或知识领域的发展概貌，分析研究相关文献，可以作为探明学科特征的手段。文献研究方法大致可分为定性分析及定量分析，前者基于对内容的评价，后者基于文献特征数据的计量分析。[②]文献计量学属于后者，即运用数学和统计学的方法，对文献的外部特征进行描述，从而对学科现状与发展趋势作出评价及预测的研究方法。一般认为最早的文献计量研究是1917年F.J.科尔和N.B.伊尔斯对比较解

---

①　此项研究系在本人指导下，由我的学术助理、图书情报学硕士邢鹏馆员独立完成，特此鸣谢。此文已刊于《中国监狱学刊》2020年第4期。

②　刘植惠：《文献的定量分析研究》，载《情报科学》1980年第4期。

剖学进行的统计分析，我国文献计量学研究于 20 世纪 70 年末期兴起并发展。目前，文献计量分析方法在理论、实践及应用方面已较为成熟。

　　中国监狱学领域内的部分学者使用文献回顾方法，对过去三十多年间的监狱学术文献及其进展进行过研究。2006 年，郭明以《从劳改学到监狱学——过去 20 年中国监狱学理论研究述评》为题回顾了中国监狱学 20 年的发展历程，文中穿插了对该时期监狱学文献发展的定性研究及论述。[①]2015 年，王雪峰在《近十年监狱学研究的回顾与思考（2006—2015）》文中以《犯罪与改造研究》《中国监狱学刊》等学术期刊为中心对该时期内监狱学文献内容进行了定性分析研究。[②]上述类型的文献从监狱学专业研究者视角，以监狱学文献内容为引线，讨论了一段时期内监狱学学科史的发展。

　　作为上述研究的一个分支或补充，本研究引入文献计量学的方法，对多个中文论文文献数据库中近三十年来中国监狱学相关研究文献进行定量分析，以文献计量的视角对该领域的文献分布等情况进行客观描述，并尝试从这一视角对该领域发展特点及规律进行探索。

二、监狱学文献界定及来源分析

1. 文献的界定及语义特征提取

　　从监狱学学科的自然语义特征角度，根据郭明主编《监狱学基础理论》（第三版）中的论述，监狱学理论以"监狱""罪犯""行刑"三个元概念进行展开，以此为基础，监狱学文献是以监狱、罪犯、行刑为元内容的文献。据此，从自然语义上确定"监狱""罪犯""行刑"三个词语作为主要词汇。扩展三个元概念的内容，与之语义关联性较大的"囚犯""刑罚"可作为补充，另外，学科专有术语"假释""减刑""服刑"为该领域专有，并可独立作为研究主题，故也应纳入学科特征词汇当中。

---

① 分上、下两期发表在《犯罪与改造研究》2006 年第 4—5 期。
② 分上、中、下三期发表在《犯罪与改造研究》2007 年第 2—4 期。

2. 关键词的研究

从文献检索的角度，关键词与主题词是文献主题标引的一种形式，即通过分析论文的主题，找出若干个代表性名词和词组，以供手工检索或计算机检索使用。在监狱学领域目前尚未见统一的主题词词典，在各大主要文献检索引擎中也没有提供监狱学学科主题检索功能，因此通过主题检索的方案不可行。

采用关键词进行试验性检索，根据上文所述，检索策略定为：〔〔关键字＝（"监狱" or "罪犯" or "行刑" or "囚犯" or "刑罚" or "服刑" or "假释" or "减刑"）〕AND〔年份＝（2006—2015）〕〕。在 CNKI、万方等数据库中以上述策略进行检索，检索结果中的《犯罪与改造研究》《中国监狱学刊》两刊文献量与王雪峰在《近十年监狱学研究的回顾与思考（2006—2015）》文中统计的结果进行对比，发现偏差较大。查阅两刊在数据库中的具体信息，发现主要原因是著者关键词采纳的语义偏好造成的漏选，例如题为《民国时期湖北第二监狱与上海提篮桥监狱建筑及特色比较》一文，作者采用的关键词为"安全封闭""厚重牢固""便于监控""布局合理"，这种偏好使得采用关键词进行的检索中，既无学科类别特征可循，亦无监狱研究主题相关的直接语义联系，因此在检索中被漏选。

为减少上述偏差，使检索结果尽可能接近研究对象的理想状态，需要使用题录信息中的题名与摘要等进行补充。进行两个信息的试验性检索后，发现采取"关键词＋题名"的策略，检索结果的准确性更高，而采用"关键词＋摘要"的策略会使结果中的无关文献量增加。

3. 文献数据源的研究

选取几大主要文献数据库（CNKI、维普、万方等），采用上述检索策略，对题录信息进行初步筛选调查，并以《犯罪与改造研究》《中国监狱学刊》这两个被监狱学研究者公认的业内最具影响力和代表性的刊物作为参照指标，发现 CNKI 没有收录《中国监狱学刊》，而维普中收录的非学术类文献较多，最终选择万方数据库作为来源数据库。

4.数据获取结果

综上所述，本次研究采用万方数据库中的期刊论文库、学位论文库及会议论文库作为数据来源，采用"关键词＋题名"的检索策略，按照万方数据的规则制定检索式如下：

题名或关键词：（"监狱"）＋题名或关键词：（"罪犯"）＋题名或关键词：（"行刑"）＋题名或关键词：（"假释"）＋题名或关键词：（"减刑"）＋题名或关键词：（"刑罚"）＋题名或关键词：（"囚犯"）＋题名或关键词：（"服刑"）

获取1989—2018年监狱学学科相关文献题录信息筛选后总计30789条，以此作为研究对象进行研究和分析。

三、监狱学文献计量分析

1.文献年份分布情况统计

以年为横轴，分别以各年的文献量及年累计文献量为纵轴作年度文献量分布图如下：

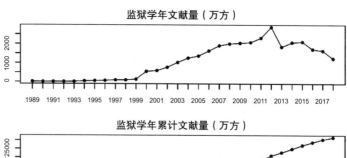

图1　1989—2017年监狱学年文献量及年累计文献量

如图 1 所示，1989—1999 年发文量较少，数量级在百篇以下；2000—2007 年发文量呈快速增长趋势，从 2000 年的 555 篇增至 2007 年的 1905 篇，年均增长 196.6 篇；2008—2018 年发文量趋于平衡状态，年均 2192 篇；值得关注的是，2012 年度文献量波动显著，年发文量 2879 篇，位居顶峰，明显异于其他年份。从文献自然增长来看，学科文献经历了起步期、快速增长期、平衡期，其中平衡期中有一个值得关注的激增期。关于此种分布现象的成因，将在下文中结合其他分布情况进行集中讨论。

2. 期刊分布情况统计

将文献按期刊名进行排序。以载文量超百篇为标准统计期刊如表 1：

表 1　收录文献量超百篇的期刊列表

排名	期刊名称	文献量	总占比（%）
1	中国监狱学刊	2028	6.59
2	犯罪与改造研究	1634	5.31
3	法制与社会	1009	3.28
4	中国司法	869	2.82
5	法制博览	401	1.30
6	河南司法警官职业学院学报	371	1.20
7	安徽警官职业学院学报	360	1.17
8	人民检察	186	0.60
9	法律与生活	143	0.46
10	检察风云	121	0.39
11	中国检察官	114	0.37
12	楚天法治	113	0.37
13	青少年犯罪问题	112	0.36
14	中国刑事法杂志	107	0.35
15	河北法学	106	0.34
16	辽宁警察学院学报	104	0.34
总计	—	7778	25.26

可以看出，表1中16种期刊的载文总量超过总文献量的1/4，是收录该领域文献的集中区域。可以此区域的文献特征为代表，从期刊角度来观察学科文献的特征。从表1中可以看出，《犯罪与改造研究》《中国监狱学刊》这两个被领域内研究者认为在业内最具影响力和代表性的刊物，也是近三十年来刊载领域内文献量最多的期刊；其余期刊集中在法律综合、专业院校学报等刊物，从这一角度说明该学科研究文献的收录特点，即在前1/4区内，业内核心（《犯罪与改造研究》《中国监狱学刊》）57%，法律综合（如《法制与社会》等）22.8%，专业院校学报（如《河南司法警官职业学院学报》等）10.7%，其他专题（如《中国司法》等）9.5%。

3. 作者及机构情况统计

将文献作者按文章数量进行排序，截取发文量前20左右的作者（30篇）制表2如下：

表2　发文量排名前20的作者统计表

作者	发文量	总占比（%）	作者单位
张　晶	86	0.28	江苏省司法警官高等职业学校
王志亮	70	0.23	上海政法学院
连春亮	64	0.21	河南司法警官职业学院
陈光明	56	0.18	浙江省长湖监狱
陶新胜	51	0.17	江苏省无锡监狱
翟中东	45	0.15	中央司法警官学院
马银伟	43	0.14	内蒙古伊金霍洛监狱
刘　强	40	0.13	上海政法学院
李豫黔	40	0.13	司法部监狱管理局
于志刚	37	0.12	中国政法大学
刘世恩	36	0.12	中央司法警官学院
贾洛川	36	0.12	上海政法学院
张国敏	35	0.11	湖北江北监狱
郭　明	35	0.11	浙江警官职业学院

续表

作者	发文量	总占比（%）	作者单位
黄勇峰	34	0.11	湖北省监狱管理局
吴宗宪	33	0.11	北京师范大学刑事法律科学研究院
杨木高	33	0.11	江苏省监狱管理局
徐家俊	32	0.10	上海监狱管理局
陈　伟	32	0.10	西南政法大学
周　勇	31	0.10	司法部预防犯罪研究所
季承志	31	0.10	江苏省南京监狱

　　如表 2 所示，发文量较多的作者主要来自司法警官类院校、监狱行政机构，体现了该领域持续性研究者的集中性趋势。

　　对机构发文量进行统计排序。以发文量排名靠前的机构文献量为统计值绘制条形图如下：

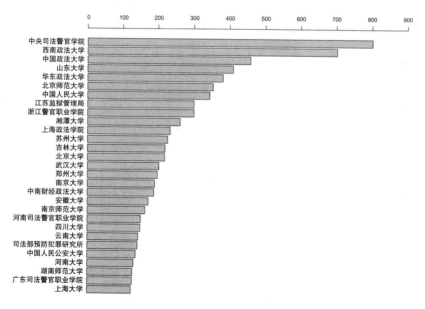

图 2　发文量较多的机构分布图

从图 2 中可以看出，发文较多的机构主要集中在高校。高校在该学科主题的发文量上具有更多优势，可能与高校相对集中的学术环境及学术资源相关。

4. 高频关键词分析

关键词是作者提供的用于提示文章主题并便于检索的词汇，尽管上文中提到部分文献关键词编制具有偏好性，但是从领域文献题录信息汇总后的关键词数量上，可以在特定范围内以整体视角探索关注点及变化情况。

按领域内文献关键词词频对关键词进行排序，以词频高低作为字体大小，制作总体关键词云图如下：

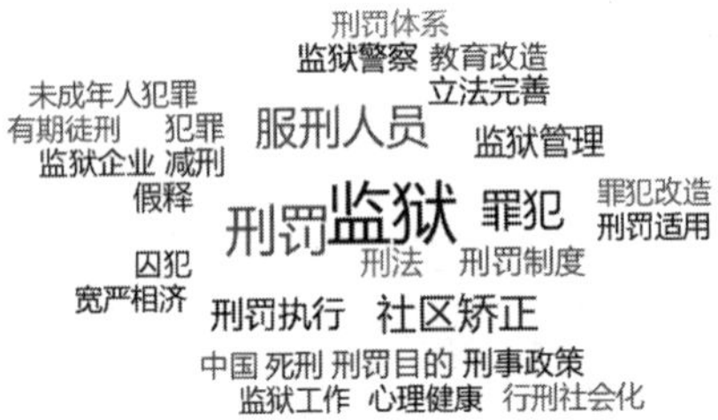

刑罚体系
监狱警察 教育改造
立法完善
未成年人犯罪
有期徒刑 犯罪 服刑人员 监狱管理
监狱企业 减刑
假释 罪犯改造
刑罚 监狱 罪犯 刑罚适用
刑法 刑罚制度
囚犯
宽严相济 刑罚执行 社区矫正
中国 死刑 刑罚目的 刑事政策
监狱工作 心理健康 行刑社会化

图 3　监狱学总体关键词云图

图 3 中所示高频词汇揭示该领域内文献的总体关注情况。按照这些词汇所指向的内容，大体可归纳成五类：一、指向监狱本体的词汇（监狱、监狱管理、监狱警察、监狱企业、监狱工作）；二、指向行刑相关内容的词汇（刑罚、刑罚执行、刑法、刑罚制度、立法完善、刑事政策、刑罚目的、死刑、刑罚体系、刑罚适用、有期徒刑、社区矫正、减刑、假释、行刑社会化）；三、指向罪犯本体的词汇（服刑人员、罪犯、犯罪、囚犯、心理健康、未成年人犯罪）；四、指向重要分支理论的词汇（教育改造、罪犯改造）；五、其他词汇（中国、宽严相济）。

单从总体分布上只能看出关注热点的总体概况，为进一步探索其动

态变化，引入时间变量。依据上文所述，以文献自然增长的变化节点为
分段标准，分时阶段提取高频关键词，以该时间段内相对词频为字体大
小依据，绘制分阶段关键词云图如下：

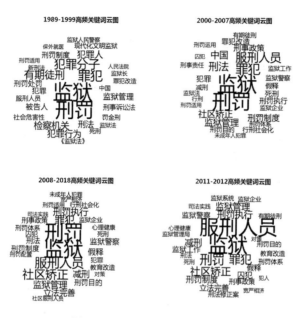

图4　监狱学分阶段关键词云图

按上文所述的时段，1989—1999年为文献起步期，该时期高频词
与总体高频词相比，突显词汇如：新刑法、监狱法、刑事诉讼法、罚金
刑等。追溯历史事件：1980年《刑法》实施至1994年《监狱法》颁行，
刑罚及行刑的内容发生变化，此时期有较多文献与这些转变有关，如
最早出现"监狱法"关键词的研究文献《略论监狱法律关系》（姜小川，
1996）、《监狱法是我国行政法律体系的组成部分》（于世忠，1996）等，
再如《试论人权与〈监狱法〉中罪犯的权利》（何杰，1997）、《论我国刑
罚的机能》（谢望原，1997）等。

借助于全面开放的历史条件，2000—2007年是文献的快速增长期，

这一时期突出的高频关键词：行刑、刑罚制度、减刑、假释、监狱企业、未成年人犯罪、社区矫正等。追溯历史事件：一、1994 年《监狱法》颁行后，监狱行刑实质内容发生改变，这一改变使得理论研究的方向发生变化，例如《正确认识罪犯的权利》(张晶，2000 年)，初见"人权"概念；再如《试论矫正社会工作》(狄小华，2000 年)，引入"矫正"概念。二、1997 年司法部出台《监狱提请减刑假释工作程序规定》，2001 年《最高人民检察院关于监所检察工作若干问题的规定》规定了提请减刑假释的主要程序，这一时间减刑假释制度逐渐成熟，[①] 2003 年《最高人民法院、最高人民检察院、公安部、司法部关于开展社区矫正试点工作的通知》及 2007 年补充通知，完善了假释监督层面的社区矫正机制，关于这些内容的研究由此萌生。三、1999 年《预防未成年人犯罪法》施行，引出关于未成年人犯罪主题的讨论热点。四、1997 年，财政部、国家国有资产管理局、司法部联合颁布《关于监狱资产划分有关规定的通知》，表明监狱企业可独立支配资产、独立财务管理和会计核算工作，标志其作为企业的重要条件的形成，关于监狱企业主题的研究在随后时期内成为热点。

2008—2018 年笔者称之为平衡期(亦与郭明教授在本书新中国学术史分期论述中所命名的"后过渡监狱学"发展时期基本一致)，与其他自然科学学科文献计量中的稳定期不同，该学科在此段时期出现趋势无固定方式可描述，命名仅取其总量衡定在 1000 篇以上的粗略特征。另外，这一时期内 2011—2012 年文献出现显著激增现象，亦在此提取作为重点分析。从这一时期的总体高频词来看，突显的显著关键词：刑罚配置、心理健康、立法完善、宽严相济等，而 2011—2012 年的突显关

---

① 孙琳：《我国减刑假释制度的历史沿革》，载《重庆师范大学学报(哲学社会科学版)》2010 年第 5 期。

键词为刑法修正案。主要文献及历史事件：一、1999 年梁建伟发表《刑罚配置论》，2011 年蔡一军出版《刑罚配置的基础理论研究》，涉及"刑罚配置"关键词的作者较为分散，同一作者的高文献量为 6 篇，机构集中于政法类大学或综合性大学政法类学院。二、1996 年沙东想等发表《罪犯心理卫生状况研究》，此后高文献量作者吕成荣发表此主题文献 6 篇，按期刊排序收录最多的为《中国健康心理学杂志》（42 篇），其次为《中国监狱学刊》（37 篇）。三、2011 年 5 月 1 日施行的《中华人民共和国刑法修正案（八）》减少了 13 个死刑罪名，并调整了死刑与无期徒刑、有期徒刑之间的结构关系，严格限制缓刑，严格限制对累犯以及故意杀人等暴力性犯罪的减刑，适当延长有期徒刑数罪并罚的刑期，这一修正案对监狱工作有较大影响。2011 年提出、2012 年通过的《中华人民共和国刑事诉讼法修正案》中关于执行程序的规定也对监狱工作有一定影响。围绕两个修正案出台的一系列刑事政策直接影响监狱工作，这两个年份的文献激增现象考虑与这些因素相关。四、2004—2005 年政法工作会议上确立宽严相济为基本刑事政策，2010 年 2 月，最高人民法院印发《关于贯彻宽严相济刑事政策的若干意见》的通知，"宽严相济"这一词汇在 2006—2014 年间文献量较多，以 2007 年 436 篇最为显著，2006—2014 以外的年份出现较少。

四、讨论

1. 监狱学文献与隔离现象

从文献研究者与文献产出机构分布的角度来看，高文献量作者主要集中在警官院校、监狱及监狱相关行政机构，而从文献数量分布上来看，高文献量机构主要位于综合性大学及警官院校。首先，综合性大学的学术资源及学术环境配置较优，对于各学科主题的涉及较为广泛；与之相比，监狱及其行政机构与该学科研究对象最为贴近，具有天然的研究优势，但由于其封闭的特点，外部研究者无法接触。因此，综合性大学研究者对这一领域的研究就易限定在法规、制度、社会现象等研究对象可及的范围内，而初接触这一领域的年轻研究者，由于社会性准入机制的限制，离开大学机构后如不能从事监狱相关工作，其研究难以延续。这种隔离，在文献领域表现为上述分布特征，即高产作者与高产机构的分离现象。其次，各警官院校介于综合性大学与监狱之间，但与两个机构相比，学术资源及学术环境不及综合性大学，与研究对象的紧密程度不及监狱，但作为整体研究环境的中间地带，仍具有重要研究优势，这一优势也体现在高产作者及机构分布特征中。

从学科发展的角度来看，隔离现象的存在使得主要学术资源与研究对象之间产生隔离，一是导致研究方法滞后，即可接触到研究对象的学者不能运用最新的理论或方法进行研究，二是导致研究维度缺失，即掌握最先进理论与方法的学者缺失第一手研究资料，使其研究在事实方面的深度难以增加。从这一角度来说，作为研究中间地带的警官类院校对打破这一隔离现象，具有难以替代的功能。从文献研究的角度，警官类院校与两机构的合作亲疏程度及关联性，在监狱学科文献研究中应当具有重要评价功能，这一部分将在进一步的研究中进行探讨。

2. 监狱学文献与影响因素权重

从文献时间分布的波动特征以及关注热点的变化规律角度来看，该学科领域文献主要随政策性变动而变化，即政策性变革引导了领域内研究方向的变化。从话语权重的角度，决策者的权重最高。而理想的学术研究状态下，一线研究者与理论研究者的话语应当对决策者具有知识层面的影响，例如在文献分布的角度，与之相关的立法在出台之前，文献波动应当出现一个高峰，即关于立法的讨论热点出现在变革之先，研究的结果直接影响决策的变化，但事实上的分布与之相反，即出现滞后式的波峰。

从内容分析的角度，结合领域内专业理论来看，该领域理论研究者对实际研究工作的话语权重较弱，例如，1994 年《监狱法》颁行后，"劳动改造"总体称谓被"监狱行刑"替代，这一变化体现了行刑理念上的变革，[①] 但是在文献热点关键词中，"改造"相关词汇一直是出现频率居高不下的核心词，追溯相关文献内容可见许多研究者未接触过除改造论之外的相关理论，即知识断层。可见，理论研究者的权重与决策者的权重相比，处于弱势。从文献增长预测的角度，该领域文献的增长情况重点关注政策动态，即对该领域有重要影响政策的出台，将引出一个文献波峰，而新理论的诞生几乎不会引发研究热点的转移。

五、结语

监狱学产生于监狱现象的问题呈现与深入探讨，其学科具有独立的学科特点，因而关于监狱学学科的研究也具有不同于其他学科的独立特征。文献计量研究作为观察学科研究现象的切入手段，借助于文献学通用方法及专有方法，以增加学科研究的视角。本次研究中，关于监狱学文献主题词汇、监狱学文献资源获取、作者及机构合作、研究热点变迁等问题仍有较大探讨空间与深入研究的必要性，这些内容将在进一步的定性与定量结合研究中深入讨论。

---

① 郭明主编：《监狱学基础理论》（第三版），中国政法大学出版社 2018 年版。

附录 3：中国监狱学（著作、教材类）主要文献要目

一、1912 年前清末传统监狱学文献要目

［清］赵舒翘：《提牢备考》，1879 年编定，1893 年东瓯官舍刊本。

［清］周馥：《恤囚编》，1891 年东瓯官舍刊本。

［清］白曾焯：《庚辛提牢笔记》，（大木干一编"中国法学古籍书目"），田涛编译，法律出版社 1991 年版。另见薛梅卿、杨育棠点注本，中国政法大学出版社 2007 年版。

［清］沈家本：《历代刑法考·狱考》，《寄簃文存》所载"释虑囚""与戴尚书论监狱书""监狱访问录序"等文，载《中国监狱史料汇编》，群众出版社 1988 年版。

［清］吴承仕：《监狱解蔽篇》，1911 年刊本。转引自李祖荫、杨清源、汪国堂编：《中国法制史参考书目简介》，国务院法制局法制史研究室，1957 年刊印。

二、1901—1912 年清末现代监狱学文献要目

〔日〕佐藤信安：《日本监狱法》，中国国民丛书社译，上海商务印书馆 1903 年版。

［清］廖维勋编译：《监狱学》，政法学社 1905 年版。

〔日〕京江廷启：《监狱要书》，1905 年版。

〔清〕刘藩编译：《监狱学》，〔日〕小河滋次郎讲授，湖北法政社印行 1905 年版。

〔清〕贺国昌编译：《监狱学》，〔日〕小河滋次郎讲授，"法政粹编"丛书，1905 年版。

〔日〕小河滋次郎《监狱学》（上、中、下册），区枢等译，日本印刷株式社 1906—1907 年版。

〔日〕谷野格：《监狱学》，1906 年版。

〔日〕小河滋次郎：《狱务揽要》，文蕚辉译，秀光社 1906 年版。

〔日〕小河滋次郎：《狱事谈摘》（出版年月不详）。

〔清〕瞿世久、刘懋昕编译：《监狱学》，〔日〕小河滋次郎讲演，清留学生会馆 1906 年版。

〔清〕董康编译：《监狱访问录》，〔日〕小河滋次郎讲演，1907 年版。

〔清〕董康等：《调查日本裁判监狱报告书》，1907 年刊印。

〔清〕柳大谧编译：《独逸监狱法》，〔日〕小河滋次郎讲演，1907 年版。

〔清〕韩兆蕃：《考察监狱记》，商务印书馆 1907 年版。

〔清〕监狱研究社编译：《监狱学》，〔日〕小河滋次郎讲演，1907 年版。

〔清〕王元增：《日本监狱实务》（第一编），江苏嘉定教育会石印，1907 年版。

〔日〕印南于菟吉：《近世各国监狱制度》，田荆华编译，监狱研究社刊印，1907 年版。

〔清〕涂景瑜：《中国监狱史》，天津官书局 1907 年版。

〔清〕清国留学生合编：《监狱学》，〔日〕小河滋次郎讲演，东京 1907 年版。

〔清〕周庆恩编译：《监狱学》，〔日〕小河滋次郎讲演，1907 年版。

〔清〕颜楷：《广西模范监狱教诲书》，广西官书局 1910 年版。

〔清〕美国纽约监狱协会编：《纽约监狱协会报告书》，美国纽约监狱协会 1910 年印行。

〔清〕熊元翰编译：《监狱学》，〔日〕小河滋次郎讲演，安徽法学社 1911 年印行。

三、1912—1928 年民国监狱学文献要目

王毓炳编：《监狱学表解》，上海科学书局 1913 年版。

王元增编：《狱务类编》，北京监狱 1913 年印行。

王元增编：《北京监狱纪实》，北京监狱 1913 年印行。

许伯华编：《太原监狱纪要》（第一辑），启明印刷公司 1913 年版。

王树荣等：《考察各国监狱制度纪要五种》，北京监狱 1914 年印行。

刘英山编：《监狱学》，北京蜀社 1914 年印行。

冯稷编：《开封监狱纪实》，开封监狱 1914 年印行。

王元增编：《京师第一监狱报告》，京师第一监狱 1915 年印行。

朱紫垣：《中国新旧监狱比较录》，北京共和印刷局 1916 年版。

王元增编：《京师第一监狱作业实务汇编》，京师第一监狱 1916 年印行。

王元增：《监狱法规讲义》，京师第一监狱印行，1917 年版。

王文豹编：《京外改良各监狱报告录要》，京师第一监狱 1919 年印行。

王用宾编：《京师第一监狱笔记》（附改良监狱意见），京师第一监狱 1919 年印行。

司法部监狱司编：《监狱出品陈列处成立始末记》，京师第一监狱 1921 年印行。

京师第一监狱编：《京师第一监狱出监人成绩考核法释》，京师第一

监狱 1921 年印行。

王树荣编：《考察各国监狱制度纪要五种》，王树荣编，京师第一监狱 1922 年重印。

金兆銮、黄庆澜编：《感化录》，上海商务印书馆 1923 年版。

王元增：《监狱学》，京师第一监狱 1924 年印行。

司法部监狱司编：《司法部第三次监狱出品展览会暨监狱会议文件汇编》，京师第一监狱 1924 年印行。

邵振编：《悔过自新说》（上、下卷），江苏第一监狱 1926 年印行。

四、1928—1949 年民国监狱学文献要目

王瑞彬、汪溶编：《京师第一监狱教育图说》，京师第一监狱 1928 年印行。

徐朗容：《监狱学纲要》，广益书局 1929 年版。

郑爱诹编：《监狱学概要》，世界书局 1929 年版。

胡逸民编：《监狱学》，1930 年。

严景耀：《中国监狱问题》，北京燕京大学社会学系《社会学界》第三卷，1929 年。

严景耀：《北平监狱教诲与教育》，北京燕京大学社会学系《社会学界》第四卷，1930 年。

邵韵笙编：《教诲浅说》，司法行政部 1931 年印行。

赵琛：《监狱学》，会文堂新记书局 1931 年初版（1932、1934、1937、1947、1948 年再版）。

朱士斌编：《监狱学》，浙江省警官学校 1932 年印行。

〔德〕薛尔文特：《苏联监狱制度》、〔日〕大村召三译、黄觉非转译，北京好望书店 1933 年版。

芮佳瑞编著：《监狱法论》，上海商务印书馆 1934 年版。

芮佳瑞编著:《监狱制度论》,上海商务印书馆 1934 年版。

芮佳瑞编著:《监狱工厂管理法》,上海商务印书馆 1934 年版。

康焕栋:《监狱学要义》,法学书局 1934 年版。

陆人骥:《感化教育》,上海商务印书馆 1934 年版。

中国监政会编:《蜕化期中之新监法》,中国监政会 1935 年印行。

汪励吾:《由监狱实验说到监狱改良》,上海新时代书局 1935 年版。

孙雄编:《狱务大全》,上海商务印书馆 1935 年版。

胡起鹏编:《监狱卫生概要》,上海商务印书馆 1935 年版。

孙雄编著:《监狱学》,上海商务印书馆 1936 年版。

李剑华:《监狱学》,上海中华书局 1936 年版。

张良修:《监狱学》,中山大学 1936 年印行。

福建军人监狱编:《福建军人监狱之现状》,福建军人监狱 1936 年印行。

杨兆龙:《司法与监狱之改良及管理》,司法部警政组 1937 年印行。

郑学稼编译:《苏联监狱》,黎明书局 1937 年版。

〔德〕柯勃:《苏联监狱》,费祖贻译,上海商务印书馆 1937 年版。

国民政府主计处统计局编:《入监人犯统计》,国民政府主计处统计局 1937 年印行。

重庆宪兵学校编:《监狱学教程》,重庆宪兵学校 1941 年印行。

〔日〕小河滋次郎:《日本监狱制度一斑》,许企谦译,赤城法政研究会 1944 年印行。

(以下为民国时期出版或印行年月不详之若干监狱学教材和论著):

王元增讲述:《监狱学》(北京朝阳大学法律讲义),康绍智整理。收入《朝阳大学法科讲义(第八卷)》(清末民国法律史料丛刊),上海人民出版社 2014 年版。

小河滋次郎讲述:《监狱学》(京师法律学堂听课笔记),熊元瀚编译。

周子益编：《监狱学》。（出版年月不详，下同）

徐正逵编：《监狱法》。

〔英〕斯宾达：《美国感化教育》，张恺译。

谢澜编译：《摘译英国监狱报告》。

陈金度编：《监狱管理法》，浙江高等警监学校印行。

浙江高等法院编：《监所法令辑要》，浙江高等法院印行。

梁锦汉、平甫编：《监狱学讲义》，北京大学法学院讲义。

持志学院编：《监狱学讲义》。

万自逸编：《河南监狱志稿》。

吴炳成编：《修正看守所暂行规则讲义》。

蒙古自治邦司法部行刑科编印：《蒙疆监狱概况》。

〔日〕斋藤：《待遇囚徒之法》。

马君硕：《英国华渥司克勒监狱考察记》。

杜灵俊编：《监狱学讲义》，上海法政学院印行。

法律函授学社讲义：《监狱学》，上海大东书局。

蒋士杰编：《监狱学精义》，绍兴法政学堂讲义。

施行泽编：《监狱学》，浙江高等警监学校印行。

五、中国台湾地区监狱学文献要目

林纪东：《监狱学》，1959 年。

丁道源：《各国监犯调查分类制度》（大学教学用书），1958 年。

丁道源：《监狱学》（大学教学用书），1962 年。

周殿修：《监所建筑之研究》，1973 年。

林山田：《刑罚学》，1976 年。

查良鉴：《犯罪及刑罚学》，1977 年。

丁道源：《中外假释制度之比较研究》，1983年。

李甲孚：《监狱制度之比较研究》，1983年。

庄耀嘉等：《窃盗累犯之研究》，1983年。

李甲孚：《中国监狱法制史》，1984年。

〔日〕山本晴雄：《内观疗法》，吴宪章译，1986年。

张甘妹等：《再犯预测之研究》，1987年。

蔡墩铭：《矫治心理学》，1988年。

丁道源：《中外狱政制度之比较研究》，1989年。

周殿修等编：《我国监所现代化之研究》，1989年。

丁景钟等：《监所戒护管理之研究》，1990年。

李清泉：《现代监狱学分析》，1993年。

法务部编：《狱政管理专刊论文集》（1—3），1989—1992年。

杨士隆、林健阳主编：《犯罪矫治——问题与对策》，1994年。

林茂荣、杨士隆：《监狱学——犯罪矫正原理与实务》，1994年。

吴宪章、贾孝远：《监狱建筑概论》，1995年。

行政院研考会编：《狱政政策与管理之评估》，1999年。

李城、林明杰：《监所作业企业化评估之研究》，2000年。

黄徵男：《监狱学——经营与管理》，2001年。

〔挪〕托马斯·马蒂森：《受审判的监狱》，胡菀如译，2005年。

〔美〕大卫·葛兰：《惩罚与现代社会》，刘宗为、黄煜文译，2006年。

台湾“监察院”编：《监狱、看守所收容人处遇、超收及教化问题之检讨项目调查研究报告（POD）》，2010年。

王健骅编著：《黑暗的角落：法律诉讼及狱政管理实务教范》，2010年。

“法务部”编：《在监老年受刑人调查报告》，2012年。

林政佑：《日治时期台湾监狱制度与实践》，2014年。

黄徵男、赖拥连编著：《21 世纪监狱学：理论、实务与对策》（第 6 版），2015 年。

林茂荣、杨士隆：《监狱学：犯罪矫正原理与实务》（第 9 版），2016 年。

王硕元、司马青编著：《监狱学表解》，2017 年。

六、1949—1979 年中国大陆监狱学文献要目

王乃堂：《关于狱政工作的报告》，最高人民检察署西南分署 1950 年印行。

王怀安：《监狱问题》（司法业务参考第七辑），北京政法学院教务处 1950 年印行。

司法部干部训练班编：《监狱工作》，司法部干部训练班 1950 年印行。

中南军政委员会司法部编：《狱政工作参考资料》，中南军政委员会司法部 1950 年印行。

中国最高人民检察院办公厅编：《监所、劳动改造机关监督工作参考资料》，中国最高人民检察院办公厅 1955 年印行。

七、1979—2019 年中国大陆监狱学文献要目

中国人民大学苏联东欧研究所编：《苏联劳动改造立法选编》，中国人民大学出版社 1979 年版。

邵文富等编著：《劳改工作》，人民警察学校公安业务教材编审委员会选编，群众出版社 1981 年版。

北京政法学院刑法教研室编：《劳动改造法学参考资料》，北京政法学院刑法教研室 1982 年印行。

西南政法学院公安教研室编：《劳动改造学》，西南政法学院公安教

研室 1982 年印行。

余叔通主编:《劳动改造法学》,北京政法学院刑法教研室 1982 年印行。

徐觉非等编著:《劳动改造学》,群众出版社 1983 年版。

何鹏主编:《监狱及矫正制度比较研究》,黑龙江省法学研究所 1983 年印行。

彭维喜主编:《劳动改造、劳动教养、狱政执行管理法规汇编》,公安部劳改局 1983 年印行。

力康泰等编:《改造教育学》,中国人民大学刑法教研室 1984 年印行。

刘兴权:《劳改学》,吉林大学出版社 1985 年版。

郭延威等:《狱政管理学》,西北政法学院劳改管理系 1985 年印行。

刘智:《中国劳改法学》,未来出版社 1985 年版。

邵文富编:《劳改工作概论》,浙江省司法警察学校 1985 年印行。

西南政法学院劳改系编:《劳动改造学论文选编》,西南政法学院出版社 1985 年版。

司法部劳改专业教材编辑组织编译:《苏联劳动改造法教程》,沈齐等译,劳改专业教材编辑部 1985 年印行。

司法部劳改专业教材编辑部组织编译:《苏联犯罪学劳改学发展史》,沈齐等译,劳改专业教材编辑部 1986 年印行。

中央劳改劳教学院专业教学部编:《罪犯教育学》,两劳学院专业教学部 1986 年印行。

中央劳改劳教学院专业教学部编:《劳改法学概论》,两劳学院专业教学部 1986 年印行。

郑群等编著:《劳改中队工作》,浙江省司法厅宣传处 1986 年印行。

西南政法学院劳改系编:《劳动改造法学概论》,西南政法学院劳改系 1986 年印行。

司法部外事交流司编译：《外国监狱管理》（教学内参），陕西师范大学出版社 1986 年版。

杨显光主编：《罪犯劳动学》，西南政法学院出版社 1986 年版。

薛梅卿主编：《中国监狱史》，群众出版社 1986 年版。

王泰、王福金主编：《外国监狱制度》，两劳学院专业教学部 1986 年印行。

郑群等编：《中队管教方法》，浙江省劳改局 1987 年印行。

司法部劳改局选编：《劳改工作手册》（1954.8—1987.2），司法部劳改局 1987 年印行。

夏宗素主编：《教育改造学》，西南师范大学出版社 1987 年版。

司法部编：《劳改立法参阅文件选编》（上、下），群众出版社 1987 年版。

高地血：《管教艺术学》，法律出版社 1987 年版。

赵建学编著：《中国劳改法学总论》，陕西人民出版社 1987 年版。

余叔通主编：《劳动改造法学》，法律出版社 1987 年版。

邓又天：《劳动改造罪犯的理论与实践》，法律出版社 1987 年版。

朱德成主编：《湖北近代监狱》，湖北劳改局劳改史志编辑室 1987 年印行。

尚春萱选编：《民国监狱资料选》（上、下），河南省劳改局 1987 年印行。

司法部编：《外国监狱法规汇编》（第一、二集），社会科学文献出版社 1988 年版。

郭建安等编译：《各国矫正制度》，中国政法大学出版社 1988 年版。

司法部编：《中国监狱史料汇编》（上、下），群众出版社 1988 年版。

司法部编：《外国监狱资料选编》（上、下），群众出版社 1988 年版。

蔡延澍编:《劳动改造工作概论》,广东高等教育出版社 1988 年版。

范晓军等编:《中队管教艺术与方法》,吉林省司法厅 1988 年印行。

郭延威等:《狱政管理学》,天津人民出版社 1988 年版。

杨殿升主编:《劳动改造法学》,北京大学出版社 1988 年版。

宛希武等编:《监狱管理行为学》,武汉大学出版社 1988 年版。

杜雨主编:《罪犯教育学》,陕西人民出版社 1989 年版。

兰洁主编:《罪犯劳动改造学》,社会科学文献出版社 1989 年版。

杨显光主编:《狱政管理学》,西南政法学院劳改系 1989 年印行。

李永主编:《狱内侦查学》,法律出版社 1989 年版。

杨世云主编:《狱内侦查学教程》,陕西人民教育出版社 1989 年版。

刘智主编:《监管改造罪犯法学基础理论》,高等教育出版社 1989 年版。

刘云耕主编:《罪犯分管分教论》,哈尔滨出版社 1989 年版。

武汉等主编:《亚非拉各国罪犯改造》,哈尔滨出版社 1989 年版。

林东品等:《罪犯改造学》,群众出版社 1989 年版。

王书葆主编:《劳改经济管理》,群众出版社 1989 年版。

司法部编:《劳改工作经验选编》(上、下),群众出版社 1989 年版。

司法部编:《外国监狱法规汇编》(一、二),社会科学文献出版社 1989 年版。

司法部编:《外国监狱法规汇编》(三、四),社会科学文献出版社 1989 年版。

万开锋主编:《犯罪改造探新》,新疆大学出版社 1989 年版。

杨春华主编:《监狱行政学》,黑龙江教育出版社 1989 年版。

钟德馨主编:《监狱控制技术》,科学技术出版社重庆分社 1989 年版。

薛敦方:《性行为越轨者矫治》,上海市犯罪改造研究所 1989 年印行。

王彩福主编：《罪犯特殊疾病诊疗学》，群众出版社 1989 年版。

邵名正等：《罪犯论》，中国政法大学出版社 1989 年版。

〔德〕京特·凯泽：《殴美日本监狱制度比较》，刘瑞祥等译，中国政法大学出版社 1989 年版。

〔苏〕B.C. 乌捷夫斯基：《苏联劳动改造教育学》，沈齐等译，社会科学文献出版社 1989 年版。

张绍彦：《刑事执行法学》，中国人民公安大学出版社 1990 年版。

王泰主编：《狱政管理学教程》，法律出版社 1990 年版。

司法部编：《外国监狱法规条文分解》（上、下），社会科学文献出版社 1990 年版。

山东劳改局编：《民国监狱法规选编》，中国书店 1990 年版。

〔加〕鲁辛·摩林主编：《论监狱教育》，李引等译，黑龙江教育出版社 1990 年版。

叶杨等：《改造质量管理学》，南海出版社 1990 年版。

〔美〕理查德·霍金斯等：《美国监狱制度》，孙晓雳、林遐译，中国人民公安大学出版社 1991 年版。

许章润：《监狱学》，中国人民公安大学出版社 1991 年版。

王书葆主编：《劳改财务管理》，群众出版社 1991 年版。

许章润、孙晓雳等：《劳改法学理论新探》，中国人民公安大学出版社 1991 年版。

张全仁、谢玉敏：《论脱逃罪》，群众出版社 1991 年版。

孙树人主编：《劳改生产经营管理》，中国政法大学出版社 1991 年版。

杜雨主编：《罪犯劳动改造学》，群众出版社 1991 年版。

〔美〕克来门斯·巴特勒斯：《矫正导论》，孙晓雳等译，中国人民公安大学出版社 1991 年版。

李均仁主编:《劳改工作管理体制研究论文集》,群众出版社 1991 年版。

杨世云、窦希琨编著:《比较监狱学》,中国人民公安大学出版社 1991 年版。

赵建学主编:《中国劳改管理系统学》,陕西人民出版社 1991 年版。

邵名正主编:《劳改法学教程》,中国政法大学出版社 1991 年版。

黄兴瑞、郭明:《当代中国罪犯》,中国政法大学出版社 1991 年版。

李均仁主编:《预防犯罪与劳改劳教优秀论文集》,中国人民公安大学出版社 1991 年版。

邵名正主编:《中国劳改法学理论研究综述》,中国政法大学出版社 1992 年版。

夏卫民等:《罪犯改造学》,重庆出版社 1992 年版。

叶杨:《犯罪与改造工程》,中山大学出版社 1992 年版。

孙晓雳:《劳动改造刑论》,中国人民公安大学出版社 1992 年版。

郑学群主编:《中华人民共和国劳改劳教大事记(1949.10—1991.12)》,吉林省新闻出版局 1992 年版。

孙晓雳编著:《美国矫正制度中的罪犯分类》,中国人民公安大学出版社 1992 年版。

劳改专业教材编辑部,《中国劳改学研究》编写组编:《中国劳改学研究》,社会科学文献出版社 1992 年版。

〔美〕大卫·杜菲:《美国矫正政策与实践》,吴宗宪等译,中国人民公安大学出版社 1992 年版。

刘寿岐:《罪犯行为管理学》,湖南人民出版社 1992 年版。

潘国和主编:《分类改造学》,华东师范大学出版社 1992 年版。

李贵方:《自由刑比较研究》,吉林人民出版社 1992 年版。

力康泰主编：《劳动改造法学研究综述》，中国人民大学出版社 1993 年版。

姚喜平主编：《劳改法学基础理论》，中国政法大学出版社 1993 年版。

司法部编：《亚太地区罪犯的矫正与管理——第十一届亚太矫正管理者会议文集》，法律出版社 1993 年版。

李明等主编：《监管医学》，山东科技出版社 1993 年版。

王明迪主编：《中国劳改工作特色理论研究获奖论文集》，中国政法大学出版社 1993 年版。

司法部劳改局编：《劳改工作手册》（1987.3—1993.3），法律出版社 1993 年版。

王福金：《中国劳改工作简史》，警官教育出版社 1993 年版。

司法部劳改局编：《毛泽东等老一辈革命家论改造罪犯工作》，法律出版社 1993 年版。

〔美〕史蒂文·拉布：《美国犯罪预防的理论与实践》，张国昭等译，中国人民公安大学出版社 1993 年版。

徐久生、田越光：《德国监狱制度：实践中的刑罚执行》，中国人民公安大学出版社 1993 年版。

何鹏等主编：《中外罪犯改造制度比较研究》，社会科学文献出版社 1993 年版。

杨显光主编：《狱内犯罪预防与矫治》，成都科技大学出版社 1993 年版。

利子平、李保民主编：《行刑学》，江西人民出版社 1993 年版。

李凤德等主编：《当代中国劳改经济问题研究》，中国劳改学会劳改经济管理专业委员会编 1994 年印行。

潘华昉主编：《外国监狱史》，社会科学文献出版社 1994 年版。

夏宗素主编:《罪犯教育学》,西南财经大学出版社 1994 年版。

杨显光主编:《狱政管理学》,西南财经大学出版社 1994 年版。

阎态明主编:《劳改企业管理学》,西南财经大学出版社 1994 年版。

张绍彦主编:《监狱法基础理论》,西南财经大学出版社 1994 年版。

张公正主编:《狱内侦查学》,西南财经大学出版社 1994 年版。

步先永等编:《监狱工作操作学》,江苏人民出版社 1994 年版。

孙晓雳:《中国劳动改造制度的理论与实践——历史与现实》,中国政法大学出版社 1994 年版。

梁民立主编:《简明中国监狱史》,群众出版社 1994 年版。

周红梅:《刑罚执行论》,辽宁人民出版社 1994 年版。

王明迪、郭成伟主编:《中国狱政法律问题研究》,中国政法大学出版社 1995 年版。

沈前贵主编:《中国监狱经济问题新探》,劳改经济专业委员会 1995 年印行。

金鉴主编:《监管改造罪犯研究文集》,社会科学文献出版社 1995 年版。

鲁加伦主编:《中国监狱法概论》,中国人民公安大学出版社 1995 年版。

王泰主编:《狱政管理学》,中央司法警官教育学院 1995 年印行。

王泰主编:《外国监狱制度》,中央司法警官教育学院 1995 年印行。

民进中央宣传部编:《严景耀论文集》,开明出版社 1995 年版。

夏宗素主编:《出狱人保护》,四川大学出版社 1995 年版。

王利荣:《中国监狱史》,四川大学出版社 1996 年版。

王春来:《监狱中队管理学》,社会科学文献出版社 1996 年版。

刘福印、薛小平主编:《监狱财务管理》,中国人民公安大学出版社 1996 年版。

杨仁忠、辛国恩主编：《监狱、劳教系统领导理论与实践》，法律出版社 1996 年版。

王泰主编：《狱政管理学》，中国政法大学出版社 1996 年版。

王明迪主编：《监狱法理论与实践》，中国监狱学会 1996 年印行。

杨子鳄编：《旧中国九大监狱秘录》，中国人事出版社 1996 年版。

邵名正主编：《监狱学》，法律出版社 1996 年版。

王泰主编：《监狱学概论》，中国政法大学出版社 1996 年版。

杜雨主编：《监狱教育学》，法律出版社 1996 年版。

吴宗宪主编：《中国现代化文明监狱研究》，警官教育出版社 1996 年版。

王书葆、郭顺祥主编：《监狱经济学》，中国人民公安大学出版社 1996 年版。

李翔、高寒主编：《监狱经济管理新模式探索》，中国人民公安大学出版社 1996 年版。

朱崇武、沈坤平：《中国监狱罪犯行刑分级处遇研究》，华东师范大学出版社 1996 年版。

戴勇才主编：《现代文明监狱新探》，云南大学出版社 1997 年版。

杜雨主编：《中国特色劳改学与监狱学》，中国人民公安大学出版社 1997 年版。

尹昶发编著：《山西监狱史话》，山西人民出版社 1997 年版。

薛梅卿等选编：《清末民初改良监狱专辑》，中国监狱学会 1997 年印行。

王明迪主编：《监管改造理论研究》，中国监狱学会 1997 年印行。

陈金鑫主编：《监狱学》，百家出版社 1997 年版。

杨殿升主编：《监狱法学》，北京大学出版社 1997 年版。

杨仁忠等编：《刑事法律与监狱实践》，中国物价出版社 1997 年版。

金鉴主编:《监狱学总论》,法律出版社 1997 年版。

李玉黔、刘复印主编:《狱政统计学》,警官教育出版社 1997 年版。

夏宗素主编:《狱政法律问题研究》,法律出版社 1997 年版。

司法部法律政策研究室、劳改局编:《劳改劳教工作的理论与实践》,法律出版社 1998 年版。

高良科等主编:《狱内侦查学》,警官教育出版社 1998 年版。

杨仁忠主编:《罪犯改造过程方法论》,中国物价出版社 1998 年版。

贾洛川:《罪犯灵魂改造工程论》,陕西人民出版社 1998 年版。

刑法改革国际编:《联合国囚犯待遇最低限度标准规则详解》,于南译,法律出版社 1998 年版。

杨殿升、张金桑主编:《中国特色监狱制度研究》,法律出版社 1998 年版。

王泰主编:《现代世界监狱》,中国人民公安大学出版社 1998 年版。

中央两劳学院图书馆资料室编:《劳改立法资料汇编》,两劳学院图书馆资料室 1998 年印行。

鲁加伦主编:《中国罪犯人权研究》,法律出版社 1998 年版。

力康泰、韩玉胜:《刑事执行法学原理》,中国人民法学出版社 1998 年版。

韩玉胜:《监狱学问题研究》,法律出版社 1998 年版。

杨仁忠主编:《中国监狱新论》,中国人民公安大学出版社 1999 年版。

兰洁主编:《监狱学》,中国政法大学出版社 1999 年版。

薛梅卿等主编:《天津监狱史》,天津人民出版社 1999 年版。

王运生、严军兴:《英国刑事司法与替刑制度》,中国法制出版社 1999 年版。

肖毅:《现代监狱控制技术研究》,西南政法大学出版社 1999 年版。

武延平主编：《中外监狱法比较研究》，中国政法大学出版社 1999 年版。

王平：《中国监狱改革及其现代化》，中国方正出版社 1999 年版。

张金桑等主编：《亚太地区当代矫正制度纵览》，南京师范大学出版社 1999 年版。

韩玉胜：《监狱学问题研究》，法律出版社 1999 年版。

张绍彦：《刑罚实现与行刑变革》，法律出版社 1999 年版。

叶杨：《犯罪与改造》，群众出版社 1999 年版。

范方平主编：《监狱劳教所机构设置研究》，法律出版社 1999 年版。

邱兴隆、许章润：《刑罚学》，中国政法大学出版社 1999 年版。

〔法〕米歇尔·福柯：《规训与惩罚：监狱的诞生》，刘北成、杨远婴译，生活·读书·新知三联书店 1999 年版。

司法部监狱局编：《当代中国监狱概览：地方卷》（上、下），中国社会科学文献出版社 2000 年版。

司法部监狱局编：《当代中国监狱概览：统计资料卷》，中国社会科学文献出版社 2000 年版。

张建智：《中国神秘的狱神庙》，上海三联书店 2000 年版。

贾洛川：《中国特色监狱研究》，陕西人民出版社 2000 年版。

张秀夫主编：《中国监狱法实施问题研究》，法律出版社 2000 年版。

冯建仓主编：《监狱法的充实与完善》，中国检察出版社 2000 年版。

刘强编著：《美国刑事执法的理论与实践》，法律出版社 2000 年版。

张苏军主编：《中国监狱发展战略研究》，法律出版社 2000 年版。

鲁加伦主编：《中国未成年罪犯改造研究》，吉林人民出版社 2000 年版。

邱兴隆：《关于惩罚的哲学》，法律出版社 2000 年版。

刘强编著：《美国刑事执法的理论与实践》，法律出版社 2000 年版。

杨显光：《中国罪犯改造机理研究》，西南师范大学出版社 2001 年版。

陈士涵：《人格改造论》（上、下），学林出版社 2001 年版。

张晶：《中国监狱制度从传统走向现代》，海潮出版社 2001 年版。

狄小华：《冲突、协调和秩序——罪犯非正式群体与监狱行刑研究》，群众出版社 2001 年版。

鲁加伦主编：《中国少数民族罪犯改造研究》，法律出版社 2001 年版。

王增铎等主编：《中加矫正制度比较研究》，法律出版社 2001 年版。

王利荣：《行刑法律机能研究》，法律出版社 2001 年版。

王戌生主编：《罪犯劳动概论》，法律出版社 2001 年版。

何为民主编：《罪犯心理矫治》，法律出版社 2001 年版。

王明迪主编：《罪犯教育概论》，法律出版社 2001 年版。

夏宗素主编：《监狱学基础理论》，法律出版社 2001 年版。

郭建安：《联合国监狱管理规范概述》，法律出版社 2001 年版。

储槐植主编：《外国监狱制度概要》，法律出版社 2001 年版。

薛梅卿主编：《中国监狱史知识》，法律出版社 2001 年版。

张金桑主编：《监狱人民警察概论》，法律出版社 2001 年版。

杜中兴主编：《现代科学技术在监狱管理中的应用》，法律出版社 2001 年版。

王泰主编：《罪犯管理概论》，法律出版社 2001 年版。

张秀夫：《中国监狱现代化建设》，法律出版社 2001 年版。

王明迪主编：《监狱改革发展纵横谈》（上、下），中国监狱学会 2001 年印行。

司法部课题组编：《中国监狱现代分类制度理论与实践研究》，金城出版社 2001 年版。

夏宗素、朱济民主编：《中外监狱制度比较研究文集》，法律出版社 2001 年版。

李成、刘居详、张安民主编：《服刑人员心理矫治专论》，中国文联出版社 2001 年版。

马林、邹积忠主编：《管教十二法》，黄河出版社 2001 年版。

翟中东：《刑罚个别化研究》，法律出版社 2002 年版。

高寒主编：《监狱生产的定位与运行研究》，中国物价出版社 2002 年版。

郭建安：《西方监狱制度概论》，法律出版社 2002 年版。

冯卫国：《行刑社会化研究——开放社会中的刑罚趋势》，北京大学出版社 2003 年版。

郭明：《学术转型与话语重构——走向监狱学研究的新视域》，中国方正出版社 2003 年版。

〔英〕凯伦·法林顿：《刑罚的历史》，陈丽红译，希望出版社 2003 年版。

辛国恩等：《二十一世纪中国监狱发展战略研究》，法律出版社 2004 年版。

郭明主编：《监狱法律法规导读》，中国方正出版社 2004 年版。

霍宪丹主编：《中国高层次司法警官培养模式研究》，法律出版社 2004 年版。

中国监狱学会、中国人权研究会编：《中国监狱人权保障》，法律出版社 2004 年版。

郭明主编：《"中国监狱学科建设暨监狱制度创新学术论坛"文集》，司法部预防犯罪研究所、浙江警官职业学院 2004 年联合印行。

于爱荣主编：《罪犯改造质量评估》，法律出版社 2004 年版。

吴宗宪：《当代西方监狱学》，法律出版社 2004 年版。

戴艳玲:《中国监狱制度的改革与发展》,中国人民公安大学出版社2004年版。

乔野生主编:《论上海监狱工作》,上海学林出版社2004年版。

吴宗宪编著:《国外罪犯心理矫治》,中国轻工业出版社2004年版。

黄兴瑞:《罪犯人身危险性的评估与控制》,群众出版社2004年版。

吴宗宪主编:《中国服刑人员心理矫治》,法律出版社2004年版。

章恩友:《罪犯心理矫治基本原理》,群众出版社2004年版。

章恩友主编:《中国监狱心理矫治规范化运作研究》,中国市场出版社2004年版。

王戍生主编:《欧洲监狱制度与进展》,中国工商出版社2004年版。

上海监狱年鉴编委会编:《上海监狱年鉴(2001—2003)》,上海社会科学院出版社2005年版。

中央司法警官学院编:《期待与时俱进的中国监狱学》,法律出版社2005年版。

鲁兰:《中日矫正理念与实务比较研究》,北京大学出版社2005年版。

葛炳瑶、孟宪军主编:《中国监狱法制建设研究》,人民法院出版社2005年版。

张凤仙编著:《中国监狱史》,群众出版社2005年版。

张晶:《正义试验:我们的阳光地带》,法律出版社2005年版。

周祖勇等编著:《新时期监管改造方法》,大元出版社2005年版。

中国监狱学会编:《纪念监狱法施行十周年文集》,法律出版社2005年版。

郭明:《中国监狱学史纲》,中国方正出版社2005年版。

王泰主编:《新编狱政管理学》,中国市场出版社2005年版。

杨锦芳等:《信息化与现代监狱职能》,知识产权出版社2005年版。

高寒：《监狱经济体制改革研究》，中国市场出版社 2005 年版。

中国监狱学会编：《中国监狱学会 20 年纪念文集》，法律出版社 2005 年版。

史殿国主编：《监狱学概论》，中国市场出版社 2005 年版。

夏宗素、魏广福主编：《监所工作的理论与实践》，法律出版社 2005 年版。

周雨臣：《罪犯劳动专论》，浙江大学出版社 2005 年版。

袁登明：《行刑社会化研究》，中国人民公安大学出版社 2005 年版。

夏宗素：《罪犯矫正与康复》，中国人民公安大学出版社 2005 年版。

冯建仓、陈文彬：《国际人权公约与中国监狱罪犯人权保障》，中国检察出版社 2006 年版。

陈奇、邵晓顺编著：《监狱人民警察心理素质与训练》，中国市场出版 2006 年版。

应朝雄：《监狱分监区工作实务》，中国政法大学出版社 2006 年版。

周雨臣：《监狱理论与实践——问题与解析》，群众出版社 2006 年版。

樊小骥编：《监所管理法律适用指南》，中国法制出版社 2006 年版。

李满、张光庭：《监所信息化典型应用及研究》，群众出版社 2006 年版。

宋行：《服刑人员个案矫正技术》，法律出版社 2006 年版。

葛炳瑶、邵晓顺编著：《监狱人民警察素质研究》，金城出版社 2006 年版。

中央司法警官学院科研处编：《监狱劳教工作改革与创新研究报告》，群众出版社 2006 年版。

于爱荣主编：《监狱评论》（第 1 卷），法律出版社 2006 年版。

连春亮、张峰：《人文关怀下的罪犯心理矫治》，群众出版社 2006

年版。

〔加〕西莉亚·布朗奇菲尔德:《刑罚的故事》,郭建安译,法律出版社 2006 年版。

马志冰:《中国监狱文化的传统与现代文明》,法律出版社 2006 年版。

黎赵雄主编:《文化监狱》,中国民主法制出版社 2007 年版。

吴宗宪:《罪犯改造论:罪犯改造的犯因性差异理论初探》,中国人民公安大学出版社 2007 年版。

孙平:《文化监狱的构建》,中国政法大学出版社 2007 年版。

于爱荣等:《矫正技术原论》,法律出版社 2007 年版。

郭建安、鲁兰主编:《中国监狱行刑实践研究》(上),北京大学出版社 2007 年版。

白焕然等:《中国古代监狱制度》,新华出版社 2007 年版。

上海监狱年鉴编委会编:《上海监狱年鉴(2003—2006)》,上海辞书出版社 2007 年版。

胡聪:《监狱行刑的经济分析》,群众出版社 2007 年版。

夏宗素主编:《矫正教育学》(修订本),法律出版社 2007 年版。

欧阳梦春:《受刑人权利保护研究》,中国人民公安大学出版社 2007 年版。

衣奋强、葛井泉主编:《现实与诉求之间:罪犯权利专论》,济南出版社 2007 年版。

柳忠卫:《监禁刑执行基本问题研究》,中国人民公安大学出版社 2008 年版。

冯健仓主编:《中国监狱服刑人员基本权利研究》,中国检察出版社 2008 年版。

张晶:《走向启蒙:基于监狱·矫正的视角》,法律出版社 2008 年版。

〔荷〕冯客：《近代中国的犯罪、惩罚与监狱》，徐有威等译，江苏人民出版社 2008 年版。

乔野生主编：《论上海监狱工作》（第四集），上海学林出版社 2008 年版。

金川：《罪犯权利缺损与救济研究》，清华大学出版社 2008 年版。

范方平主编：《中国特色社会主义监狱制度研究》，中国监狱学会 2008 年印行。

上海监狱年鉴编委会编：《上海监狱年鉴（2007 年）》，上海辞书出版社 2008 年版。

浙江省监狱管理局编：《浙江监狱工作回忆录（1949—2005）》，浙江人民出版社 2008 年版。

郑霞泽主编：《监狱整体建设问题研究》，法律出版社 2008 年版。

于爱荣主编：《监狱评论》（第 2 卷），法律出版社 2008 年版。

邵名正：《邵名正文集（七十华诞纪念）》，法律出版社 2008 年版。

王娜：《刑事赦免制度》，法律出版社 2008 年版。

刘仲玺主编：《监狱人民警察专业知识与技能》，黑龙江人民出版社 2008 年版。

严浩仁编著：《警力资源管理》，浙江警官职业学院 2008 年印行。

赵运恒：《罪犯权利保障论》，法律出版社 2008 年版。

刘津等：《监狱企业法人制度问题研究》，河北人民出版社 2009 年版。

中国监狱学会编：《中国传统文化与罪犯矫正理论研讨会文集》，中国监狱学会 2009 年印行。

冯建仓、鲁兰：《中国监狱人民警察权利研究》，北京大学出版社 2009 年版。

杨习梅主编：《中国监狱史》，民主法制出版社 2009 年版。

于爱荣等编著：《监狱信息化导论》，法律出版社 2009 年版。

王明迪：《鸿泥集》，法律出版社 2009 年版。

吕昭华主编：《现代行刑制度发展方向："首要标准"问题研究》，浙江人民出版社 2009 年版。

应朝雄：《监狱管理基础规程》，法律出版社 2009 年版。

中国监狱学会监狱法学专业委员会编：《监狱法学论丛·狱政管理篇》，法律出版社 2009 年版。

中国监狱学会监狱法学专业委员会编：《监狱法学论丛·刑罚执行篇》，法律出版社 2009 年版。

于爱荣主编：《监狱矫正论坛》（第 2 卷），江苏人民出版社 2009 年版。

贾洛川主编：《监狱学基础理论》，广西师范大学出版社 2009 年版。

〔美〕博格（Berger，R.J.）等：《犯罪学导论：犯罪、司法与社会》（第 2 版），刘仁文、颜九红、张晓艳译，清华大学出版社 2009 年版。

贾洛川：《罪犯感化新论》，广西师范大学出版社 2009 年版。

于爱荣、倪龙兴等：《监狱形态论》，江苏人民出版社 2009 年版。

范方平、董文华主编：《监狱劳教所机构设置研究》，法律出版社 2010 年版。

薛梅卿、从金鹏等编著：《天津监狱史》，天津人民出版社 2010 年版。

冯一文：《中国服刑人员权利保障研究：以联合国服刑人员待遇标准为参照》，法律出版社 2010 年版。

赵卫宽主编：《犯罪教育》，中国政法大学出版社 2010 年版。

陈连喜主编：《监狱人民警察概论》，中国政法大学出版社 2010 年版。

贾洛川：《监狱改造与罪犯解放》，中国法制出版社 2010 年版。

贾洛川：《狱苑撷言》，中国法制出版社 2010 年版。

王云海：《监狱行刑的法理》，中国人民大学出版社 2010 年版。

中央司法警官学院编：《现代矫正组织管理概论》，法律出版社 2010 年版。

刘国贺主编：《惩教的逻辑艺术》，中国法制出版社 2010 年版。

张婧：《监狱矫正机能之观察与省思》，中国人民公安大学出版社 2010 年版。

莫瑞丽：《刑释人员回归社会中的社会排斥研究》，中国社会科学出版社 2010 年版。

陈光明：《走进监狱：监狱制度转型的时代絮语》，法律出版社 2010 年版。

杨永明：《监狱简论》，化学工业出版社 2010 年版。

张国新、黄徵男主编：《矫正工作基本理念与未来发展趋势》（两岸监狱学会、矫正协会研讨论文集），山东人民出版社 2010 年版。

郭明：《监狱的隐喻》，上海学林出版社 2010 年版。

俞振华主编：《监狱危机管理研究》，浙江人民出版社 2010 年版。

沈玉忠：《未成年人犯罪特别处遇研究》，中国长安出版社 2010 年版。

于爱荣主编：《监狱评论》（第 3 卷），法律出版社 2010 年版。

司绍寒：《德国刑事执行法研究》，中国长安出版社 2010 年版。

贾洛川主编：《罪犯劳动改造学》，中国法制出版社 2010 年版。

〔南非〕斯米特、〔德〕邓克尔编著：《监禁的现状与未来：从国际视角看囚犯的权力和监狱条件》，法律出版社 2010 年版。

王晓山：《当代监狱规划设计与建设》，法律出版社 2010 年版。

刘恒志：《行刑法治与罪犯人权保障机理研究》，法律出版社 2010 年版。

汪勇：《理性对待罪犯权利》，中国检察出版社 2010 年版。

吴新民:《柏拉图的惩罚理论》,中国社会科学出版社 2010 年版。

龙学群主编:《新时期狱政管理问题研究》,中国市场出版社 2010 年版。

郭明主编:《监狱学基础理论》(第 1 版),中国政法大学出版社 2011 年版。

王金仙主编:《监狱安全防范》,中国政法大学出版社 2011 年版。

于爱荣主编:《罪犯个案矫正实务》,化学工业出版社 2011 年版。

万安中、李忠源主编:《狱政管理》(第 2 版),中国政法大学出版社, 2011 年。

王廷惠:《美国监狱私有化研究:私人部门参与提供公共服务分析》,中山大学出版社 2011 年版。

武玉红主编:《监狱管理经典案例》,中国法制出版社 2011 年版。

严励主编:《监狱学专业建设回顾与瞻望:监狱学专业应用型高级专门人才培养研究》,中国法制出版社 2011 年版。

于爱荣主编:《监狱评论 第 4 卷》(2010 年),法律出版社 2011 年版。

周雨臣主编:《罪犯劳动组织与管理》,中国政法大学出版社 2011 年版。

赵秀伟主编:《监区工作实务》,中国政法大学出版社 2011 年版。

孙雄编著:《监狱学》,商务印书馆 2011 年版。

李文彬:《中国古代监狱史》,法律出版社 2011 年版。

中国政法大学监狱史学研究中心编:《监狱文化建设与监管安全工作研究》,法律出版社 2011 年版。

马卫国主编:《监狱法制工作研究》,浙江人民出版社 2011 年版。

刘秀丽主编:《监狱体制改革理论与实践研讨文集》,法律出版社 2011 年版。

王利杰、曹化霞主编:《监狱学基础理论》,中国检察出版社 2011

年版。

贾洛川、王志亮主编：《监狱学论坛（第 1 期）》，中国法制出版社 2011 年版。

董春来：《监狱谋略学》，中国铁道出版社 2011 年版。

魏荣艳主编：《罪犯教育学》，中国检察出版社 2011 年版。

吴旭：《监禁率国际比较研究》，江苏人民出版社 2011 年版。

于爱荣主编：《监狱矫正论坛》（第 4 卷），江苏人民出版社 2011 年版。

张建秋：《罪犯危机管理：从概念到实证》，南京大学出版社 2011 年版。

乔成杰主编：《监狱执法实务》，化学工业出版社 2012 年版。

王正清：《监狱管理》，化学工业出版社 2012 年版。

张东平：《近代中国监狱的感化教育研究》，中国法制出版社 2012 年版。

乔成杰、张士意主编：《监狱安全管理实务》，化学工业出版社 2012 年版。

贾洛川：《监狱行刑伦理研究》，中国法制出版社 2012 年版。

周育平、刘美华编：《监所检察工作规范操作手册》，中国检察出版社 2012 年版。

吕昭华主编：《监狱刑罚执行实务研究》，浙江人民出版社 2012 年版。

俞振华主编：《监狱教育改造方法研究》，浙江人民出版社 2012 年版。

孙培梁、张怀仁等编著：《监狱物联网》，华中科技大学出版社 2012 年版。

陈光明：《走出监狱：监狱制度转型的文化絮语》，法律出版社 2012

年版。

吴宗宪:《监狱学导论》,法律出版社 2012 年版。

冯建军等:《监狱执法研究论文集》,浙江省监狱管理局 2012 年印行。

马德东编著:《监狱安全防范实务》,华中科技大学出版社 2012 年版。

岳平主编:《特殊类型罪犯矫治》,中国法制出版社 2012 年版。

贾洛川主编:《社会管理创新视域下出狱人社会保护创新与发展》,中国法制出版社 2012 年版。

刘瑞瑞主编:《监狱行刑法规导读》,中国法制出版社 2012 年版。

陈士涵:《人格改造论(增补本)》(上、下),上海学林出版社 2012 年版。

于荣中:《监狱安全论》,东南大学出版社 2012 年版。

贾洛川、王志亮主编:《监狱学论坛》(第 2 期),中国法制出版社 2012 年版。

邓立强主编:《监狱学概论》,中央广播电视大学出版社 2012 年版。

王飞:《民族文化背景下的犯罪与矫正:对两所监狱少数民族服刑人员的法律人类学考察》,中央民族大学出版社 2012 年版。

孙晶岩:《中国看守所调查》,北京出版社 2012 年版。

王晓山编著:《图说中国监狱建筑》,法律出版社 2012 年版。

唐新礼主编:《狱政管理》(第 2 版),法律出版社 2012 年版。

马卫国编著:《囹圄内外:中国古代监狱文化》,浙江大学出版社 2013 年版。

许晨、李延国:《再生之门:中国式监狱探秘》,山东人民出版社 2013 年版。

徐为霞等:《监狱突发事件应对与处置》,法律出版社 2013 年版。

岳平主编：《监狱人民警察职业素养概论》，中国法制出版社 2013 年版。

贾洛川：《改造罪犯化丑为美新论：改造罪犯的美学思考》，中国法制出版社 2013 年版。

宋洪兴、张庆斌：《监狱安全总论》，法律出版社 2013 年版。

〔美〕安妮·阿普尔鲍姆：《古拉格：一部历史》，戴大洪译，新星出版社 2013 年版。

翟中东：《矫正的变迁》，中国人民公安大学出版社 2013 年版。

杨帆：《我国监狱服刑人员权利保障研究》，知识产权出版社 2013 年版。

宋烈、叶刚等编译：《美国联邦监狱局工作透视》，法律出版社 2013 年版。

曹广健：《服刑人员团体心理辅导策略》，中国财政经济出版社 2013 年版。

孙平：《监狱亚文化》，社会科学文献出版社 2013 年版。

房玉国：《北京监狱狱政管理实务》，中国财政经济出版社 2013 年版。

杨锦芳主编：《监狱行刑理论与实务探索》，知识产权出版社 2013 年版。

邵晓顺：《犯罪个案研究与启示》，群众出版社 2013 年版。

中国监狱工作协会编：《中国监狱类图书总目录：1950—2012》，中国政法大学出版社 2013 年版。

刘向红：《管理视角下的监狱文化建设》，新疆科学技术出版社 2013 年版。

贾洛川主编：《多学科视角下的监狱行刑问题研究》，中国法制出版社 2013 年版。

马志冰、朱济民、姜晔主编：《中国监狱制度现代化的历史、理论与实践》，法律出版社 2013 年版。

孙宏艳主编：《监狱人民警察礼仪教程》，群众出版社 2013 年版。

万安中：《中国监狱发展的探索与思辨》，中国政法大学出版社 2013 年版。

刘向红：《罪犯改造工作的循环方法》，新疆科学技术出版社 2013 年版。

张新顺主编：《监狱危机管理研究》，光明日报出版社 2013 年版。

贾洛川、王志亮主编：《监狱学论坛》（第 3 期），中国法制出版社 2013 年版。

〔日〕小河滋次郎讲述：《监狱学》（清末民国法律史料丛刊），熊元翰编译，上海人民出版社 2013 年版。

孙斌：《监狱突发事件应急管理实务》，气象出版社 2013 年版。

司法部监狱管理局编：《心理健康教育》，东南大学出版社 2013 年版。

王忠灿：《"狱"、"狱空"和中国古代司法传统》，中国政法大学出版社 2013 年版。

张爽：《罪犯心理与矫正》，光明日报出版社 2013 年版。

夏苏平、狄小华：《循证矫正中国化研究》，江苏人民出版社 2013 年版。

周国强等：《犯罪人处遇研究》，中国检察出版社 2013 年版。

戴荣法、朱永忠主编：《社会治理与监狱基层基础建设》，浙江大学出版社 2014 年版。

伍宇星编译：《古拉格群岛第一岛》，花城出版社 2014 年版。

孙雄编著：《狱务大全》，北京大学出版社 2014 年版。

胡文华主编：《狱政管理理论与应用》，中国法制出版社 2014 年版。

廖斌、何显兵主编：《监狱行刑制度改革研究》，中国政法大学出版社 2014 年版。

朱济民、徐家俊主编：《旧监狱寻踪》，上海书店出版社 2014 年版。

周雨臣：《新时期监狱理论创新与实践运作》，浙江大学出版社 2014 年版。

张建秋：《个别谈话：沟通心灵的艺术》（修订版），法律出版社 2014 年版。

贾洛川、王志亮主编：《监狱前沿与热点问题研究》，中国法制出版社 2014 年版。

〔挪〕托马斯·马蒂森：《受审判的监狱》，胡菀茹译，北京大学出版社 2014 年版。

〔挪〕尼尔·克里斯蒂：《犯罪控制工业化》，胡菀茹译，北京大学出版社 2014 年版。

管荣赋等：《循证矫正项目》，江苏凤凰教育出版社 2014 年版。

陈光明：《走在监狱：监狱制度转型的未来絮语》，法律出版社 2014 年版。

乔成杰、宋行主编：《监狱生活卫生管理实务》，化学工业出版社 2014 年版。

王传敏主编：《民国监狱法规汇编》，光明日报出版社 2014 年版。

连春亮等：《罪犯矫正形态论》，群众出版社 2014 年版。

连春亮等：《罪犯矫正模式论》，群众出版社 2014 年版。

郭晶英编著：《再犯（在犯）高风险犯罪干预项目手册》，浙江大学出版社 2014 年版。

孙培梁：《智慧监狱》，清华大学出版社 2014 年版。

史殿国、冯昆英、任希全等：《监狱学学科发展专题研究》，法律出版社 2014 年版。

史殿国、王雪峰主编：《监狱学学科建设与专业发展研究》，法律出版社 2014 年版。

邵晓顺：《犯罪与罪犯统计研究》（第 2 版），群众出版社 2014 年版。

王辉：《职务犯矫正的社会心理学分析》，中国长安出版社 2014 年版。

马卫国编著：《中国古代监狱文化》，香港中华书局 2014 年版。

王志亮、黄新明：《中国监狱行刑政策原理》，中国法制出版社 2015 年版。

中国监狱工作协会监狱法学专业委员会编：《监狱法学论丛（2014 年度）》，法律出版社 2015 年版。

〔俄〕亚历山大·索尔仁尼琴、〔俄〕娜塔丽娅·索尔仁尼琴娜：《古拉格群岛：一九一八至一九五六文艺调查研究初探》，群众出版社 2015 年版。

严励主编：《监狱学学科建设与发展》，中国法制出版社 2015 年版。

严励、王毅主编：《矫正与康复：上海市南汇监狱的实践与探索》，中国法制出版社 2015 年版。

郭明主编：《监狱学基础理论》（第 2 版），中国政法大学出版社 2015 年版。

姜金兵主编：《监狱矫正论坛》（第 8 卷），法律出版社 2015 年版。

中国监狱工作协会监狱法学专业委员会编：《监狱法学论丛（2015 年度）》，法律出版社 2015 年版。

王光华主编：《近代浙江监狱历史研究》，浙江人民出版社 2015 年版。

徐家俊：《上海监狱的前世今生》，上海社会科学院出版社 2015 年版。

贾洛川、王志亮主编：《监狱学论坛》（第 4 期），中国法制出版社

2015 年版。

刘崇亮：《范畴与立场：监狱惩罚的限制》，中国法制出版社 2015 年版。

贾洛川、王志亮主编：《新中国监狱学研究 20 年综述》，中国法制出版社 2015 年版。

连春亮编著：《监狱学新视点》，群众出版社 2015 年版。

曹化霞编著：《监狱学基础理论》，法律出版社 2015 年版。

吉林省监狱管理局编：《教育转化案例集》，吉林人民出版社 2015 年版。

刘柳：《女性服刑者的环境适应与再社会化研究》，中国社会科学出版社 2015 年版。

龚道联：《罪犯自杀危机干预》，重庆出版社 2015 年版。

吴晓静主编：《监狱人民警察管理教程》，中国政法大学出版社 2015 年版。

杨木高：《中国老年犯矫正制度研究》，南京大学出版社 2015 年版。

金绍城等：《十八国游历日记、十五国审判监狱调查记藕庐诗草》，谭苦盦整理，凤凰出版社 2015 年版。

姜文秀：《美国囚犯战争》，北京大学出版社 2015 年版。

邵晓顺、蒋小霞：《亚隆团体咨询技术矫治顽危服刑人员实务》，群众出版社 2016 年版。

郭旨龙主编：《安置帮教工作指南》，中国法制出版社 2016 年版。

陈国华编著：《狱警话狱事》，清华大学出版社 2016 年版。

〔法〕米歇尔·福柯：《惩罚的社会：法兰西学院演讲系列（1972—1973）》，陈雪杰译，上海人民出版社 2016 年版。

贾洛川、王志亮主编：《监狱学论坛》（第 5 期），中国法制出版社 2016 年版。

严励、曲伶俐主编:《监狱学学科转型与发展》,中国法制出版社2016年版。

张苏军主编:《循证矫正在中国的实践探索》,法律出版社2016年版。

李忠源、陈振斌主编:《罪犯劳动管理》,中国政法大学出版社2016年版。

姚建龙等:《矫正学导论:监狱学的发展与矫正制度的重构》,北京大学出版社2016年版。

贾洛川主编:《守望与超越:变革时代下监狱理论与实践探析》,北京大学出版社2016年版。

冯建仓主编:《服刑人员权利保护研究》,中国检察出版社2016年版。

马国富主编:《基于云计算的监狱数据安全与大数据挖掘》,河北大学出版社2016年版。

王志亮:《欧美刑罚观、监狱观的演变》,苏州大学出版社2016年版。

吴宗宪:《吴宗宪文集》,中国法制出版社2016年版。

姜金兵主编:《教育改造科学化研究》,江苏人民出版社2016年版。

杨习梅主编:《中国监狱史》,法律出版社2016年版。

凌志:《狱警絮语》,团结出版社2016年版。

刘方冰:《文化治理与监禁生态》,江苏凤凰文艺出版社2016年版。

〔美〕贝兹·卓辛格:《把他们关起来,然后呢?》,中信出版集团2017年版。

周勇主编:《国外罪犯安全分级评估与管理制度规定及工具选编》,法律出版社2017年版。

丛文胜等主编:《服刑人员维权法律指南》,中国民主法制出版社2017年版。

施志仁、朱永忠主编：《监狱教育改造促稳机制研究》，浙江大学出版社 2017 年版。

高一飞等：《狱务公开基本原理》，中国检察出版社 2017 年版。

贾洛川、王志亮主编：《监狱学论坛》（第 6 期），中国法制出版社 2017 年版。

于连涛：《中国监狱的现代化研究》，中国政法大学出版社 2017 年版。

徐鹏：《监狱智能化安全防范关键技术研究》，武汉大学出版社 2017 年版。

贾洛川：《监狱民警改造力基因探寻：监狱民警修养的新视角》，中国法制出版社 2017 年版。

薛梅卿等辑：《清末民初监狱法制辑录》，中国政法大学出版社 2017 年版。

邵晓顺等：《服刑人员团体辅导操作实务》，群众出版社 2017 年版。

刘岭岭主编：《监狱警戒护卫学》，中国法制出版社 2017 年版。

田新民：《顽危犯教育转化与循证矫正的理论与实践》，中国法制出版社 2017 年版。

余莉琪：《智慧监狱安防应用》，中国法制出版社 2017 年版。

王晓山：《监狱建筑学》，中国建筑工业出版社 2017 年版。

王红星：《服刑人员心理障碍矫治及实例评价》，中国法制出版社 2017 年版。

欧阳俊：《刑事执行学》，中国法制出版社 2017 年版。

严励主编：《刑事政策学前沿与热点问题研究》，中国法制出版社 2017 年版。

张晶：《囚权主义》，江苏人民出版社 2017 年版。

王永飞主编：《监狱治理难题破解》，法律出版社 2017 年版。

郑杰：《狱内冲突澄明与管控》，厦门大学出版社 2017 年版。

中国监狱工作协会编：《监狱理论研究优秀课题选编》，中国长安出版社 2017 年版。

王亮主编：《狱内侦查工作实务》，中国政法大学出版社 2018 年版。

王立军主编：《安全文明现代化监狱创建研究》，法律出版社 2018 年版。

施琦：《中国特殊监所源流研究》，中国政法大学出版社 2018 年版。

何徕：《罪犯教育艺术》，厦门大学出版社 2018 年版。

高贞主编：《监狱工作科学化的实践与探讨》，法律出版社 2018 年版。

吕成荣主编：《监狱精神病学》，东南大学出版社 2018 年版。

史殿国主编：《监狱学基础理论》，法律出版社 2018 年版。

郭明主编：《监狱学基础理论》（第 3 版），中国政法大学出版社 2018 年版。

孙雄：《监狱学》（120 年纪念版），商务印书馆 2018 年版。

刘崇亮：《本体与维度：监狱惩罚机能研究》，中国长安出版社 2012 年版。

刘崇亮：《制度性需求下"监狱法"修改研究》，中国法制出版社 2018 年版。

姜金兵主编：《中国监狱矫正论坛：教育矫正效能评价研究（第 10 卷）》，东南大学出版社 2018 年版。

严励主编：《问题导向与监狱创新》，中国法制出版社 2018 年版。

李忠源、邵峰主编：《刑事执行专业实训教程》，中国政法大学出版社 2018 年版。

陈国华：《高墙之内——近距离看刑与罚》，清华大学出版社 2018 年版。

李玉娥、栗志杰、任建通：《罪犯权利实现研究》，中国政法大学出版社 2018 年版。

宋立军：《监狱社会化：中国监狱的角色转向》，知识产权出版社 2019 年版。

严励、欧渊华主编：《新时代与监狱新发展》，中国法制出版社 2019 年版。

王雪峰主编：《罪犯教育学》，法律出版社 2019 年版。

郭明：《契约刑论与新兴古典监狱学》，台湾元照出版公司 2019 年版。

司法部监狱管理局、司法部预防犯罪研究所编：《"五大改造"研究与探索》，中国法制出版社 2019 年版。

姚建龙：《矫正学的视界：从监狱学到矫正学的理论尝试》，中国政法大学出版社 2019 年版。

邵峰：《越轨与救赎：未成年犯的教育改造》，社会科学文献出版社 2019 年版。

吴旭：《监狱建筑与罪犯改造》，中国建筑工业出版社 2019 年版。

冯卫国：《刑事执行与罪犯处遇新探索》，法律出版社 2019 年版。

吴宗宪主编：《刑事执行法学》（第三版），中国人民大学出版社 2019 年版。

翟中东：《自由刑变革——行刑社会框架下的思考》，群众出版社 2005 年版。

翟中东：《刑罚问题的社会学思考——方法及运用》，法律出版社 2010 年版。

翟中东：《减刑、假释制度适用》，中国人民公安大学出版社 2012 年版。

附录 4：中国监狱学著作性教材内容目录选辑 ①

一、清末监狱学

1.《日本监狱法》

（佐藤信安著，中国国民丛书社译，商务印书馆铅印 1903 年版）

第一编　绪言

　　第一章　监狱制度之概念

　　第二章　日本监狱制度之沿革

第二编　日本监狱法

　　第一章　总论

　　第二章　监狱则

　　　第一节　监狱之种类、名称

　　　第二节　监狱权

　　　第三节　监督权

　　　第四节　巡阅及巡视

---

　　①　本附录收列的内容目录以对各个时期监狱学知识体系是否具有学术演变的时代特征或其实质进展意义为选辑根据，未必完全反映本人对其学术品质或价值的推许。

第十三章　司狱官吏服制及礼式

第十四章　惩戒

第十五章　精勤证书及休假

2.《监狱学》

（小河滋次郎著，区枢等译，日本印刷株式会社，1906—1907年版）

第一篇　总论

第一章　监狱之沿革

第一节　古代

第二节　中古

第三节　监狱改良之开始

第四节　近世及各国狱制改良之现况

第五节　日本帝国近世狱制改良之沿革

第二章　犯罪及刑罚

第一节　犯罪者

第二节　犯罪

第三节　刑罚

第四节　刑罚种类

第五节　自由刑之种类

第六节　附加刑

第七节　财产刑

第八节　名誉刑

第三章　行刑法

第一节　杂居制

第二节　分房制

第三节　阶级制

附译日本现行监狱法规

一、监狱则

二、监狱则施行细则

第一章　通则

第二章　作业

第三章　工钱

第四章　给与

第五章　卫生及死亡

第六章　书信及接见

第七章　差入品

第八章　教诲及教育

第九章　赏与

第十章　惩罚

三、在监作业规程

四、监狱作业规程

五、看守及监狱佣人之分掌例

第一章　看守之职务

第二章　教诲师之职务

第三章　医师之职务

第四章　女监取缔之职务

第五章　押丁之职务

第六章　授业手之职务

六、监狱医教诲师教师药剂师之职务规程

第一章　监狱医之职务

第二章　教诲师之职务

　　第三章　教师之职务

　　第四章　药剂师之职务

七、看守采用规则

八、看守考试规程

九、看守教习规程

十、囚人及刑事被告人押送规则

十一、囚人及刑事被告人押送细则

3.《监狱访问录》

（董康据小河滋次郎讲演编译，1906 年印行）

第一编　总论

一、狱制之历史

二、监狱之构造

三、刑罚之目的　刑罚之种类　自由刑之种类

四、监狱之定义

五、监狱官吏与监狱之监督权

六、拘禁制度

七、犯罪者之分类

第二编　各论

一、入监之方法

二、检束

三、待遇囚徒之法

四、惩罚

五、赏誉

六、通信

七、出监

八、作业

九、工钱

十、卫生

十一、监狱统计

十二、拘置监

十三、未成年监

十四、惩治场

十五、结论

二、民国监狱学

1.《监狱学》

（王元增著，京师第一监狱印行，1924 年 4 月）

第一章　监狱之沿革

　　第一节　中国监狱之沿革

　　第二节　外国监狱改良之沿革

第二章　万国监狱会议

　　第一节　第一期万国监狱会议

　　第二节　第二期万国监狱会议

第三章　犯罪

　　第一节　犯罪及犯罪之原因

　　第二节　犯罪者之类别

第四章　刑罚

　　第一节　刑罚之主义

　　第二节　刑罚之种类

第五章　执行自由刑之方法

　　第一节　杂居制

　　第二节　分房制

　　第三节　阶级制（折衷制或累进制）

　　第四节　假释

第六章　刑责无能力者

　　第一节　精神病者

　　第二节　幼年者

第七章　犯罪之预防

　　第一节　保护出监人

　　第二节　排除社会的犯罪之原因

　　第三节　使健全的法律观念之发达

第八章　监狱构造法

　　第一节　建筑地之选择

　　第二节　建筑地之布置

第九章　监狱管理法

　　第一节　监狱之种类及其名称

　　第二节　监狱官吏之位置及名称

　　第三节　官吏任用法

　　第四节　看守教练法

　　第五节　监狱官吏之俸给及薪金

　　第六节　监狱官吏之职务

　　第七节　监狱官吏之义务

第十章　监狱监督权

　　第一节　监狱监督权之所属

　　第二节　申诉之处理

2.《监狱学》

（赵琛著，上海法学编译社，1931 年版）

设表

八、一九二五年调查法权委员会报告书第二编附表

第二项　国民政府时代之狱政

附录 2

一、训政时期之司法行政工作大纲

二、陈福民监犯垦殖计划书

三、各监狱设置地点及其监房数目并容纳人数表

第三章　监狱学史

第一节　监狱学之起源

第一款　事实上的理由

第二款　学术的进步

第三款　思想的变化

第二节　监狱学发达史上的三大明星

第三节　国际监狱会议

第一款　总说

第二款　佛兰克孚尔特国际监狱会议

第三款　伯鲁塞尔国际监狱会议

第四款　佛兰克孚尔特国际救济会议

第五款　伦敦第一届国际监狱会议

第六款　斯特克孚尔姆第二届国际监狱会议

第七款　罗马第三届国际监狱会议

第八款　彼得堡第四届国际监狱会议

第九款　巴黎第五届国际监狱会议

第十款　伯鲁塞尔第六届国际监狱会议

第十一款　伯达百斯特第七届国际监狱会议

3.《监狱法论》

（芮佳瑞编著，上海商务印书馆1934年版）

一、原则不许

二、例外得许

第六节 健康诊断

第七节 体格检查

第八节 身体检查

第九节 衣类检查

第十节 换衣剃发

第十一节 衣物保管

第十二节 个人调查

第十三节 初入独居

第十四节 初入训示

第二章 监禁

第一节 分房监禁

第二节 独居监禁

第三节 阶级监禁

第四节 自治监禁

第五节 不定期监禁

第三章 戒护

第一节 戒护之必要

第二节 戒护之方法

第三节 戒护之严正

第四节 戒护之手段

第五节 工场之戒护

第六节 外役之戒护

第七节 分房之戒护

第八节 监门之戒护

二十二、监所协进委员会暂行章程

4.《监狱学》

（李剑华著，中华书局 1936 年版）

第一章　监狱与监狱学

第二章　目前中国监狱之状况

第三章　监狱之种类

第四章　监狱人才之训练及其待遇

第五章　监狱视察与监狱参观

第六章　监狱制度

第七章　监狱之构造位置、地基及其他

第八章　监狱组织

第九章　监狱管理

第十章　收监

第十一章　监狱戒护

第十二章　劳役

第十三章　教诲及教育

第十四章　给养

第十五章　卫生

第十六章　接见与通信

第十七章　赏罚

第十八章　申诉

第十九章　赦免假释释放死亡

第二十章　犯人的性欲问题

第二十一章　出狱人保护问题

附录

和监狱学有关之各种文件

5.《监狱学》

（孙雄编著，上海商务印书馆 1936 年版）

第一编　监狱学与监狱

　第一章　总论

　　第一节　监狱学之概念

　　第二节　研究监狱学之目的

　　第三节　监狱之性质

　　第四节　监狱在刑事制度所居之地位

　　第五节　近世监狱之意义

　　第六节　监狱学与各种科学之关系

　第二章　监狱之沿革

　　第一节　古代

　　第二节　中古

　　第三节　近古

　第三章　各国狱制改良经过及其现状

　　第一节　美国

　　第二节　英国

　　第三节　法国

　　第四节　苏联

　　第五节　德国

　　第六节　比利时

　　第七节　丹麦

　　第八节　捷克斯拉夫

　　第九节　荷兰

第十节　日本

第四章　我国狱制沿革及改良情形

第一节　狱制沿革

第一款　夏商周时代

第二款　秦汉至六朝时代

第三款　唐宋至清末时代

第二节　改良情形

第一款　清末时代

第二款　民国成立北京政府时期

第三款　国民政府期

第二编　行刑制度

第一章　通论

第一节　行刑制度之意义

第二节　行刑制度之种类

第二章　杂居制

第一节　混同杂居制

第二节　分类杂居制

第三章　分房制

第一节　分房制之意义

第二节　分房制之派别及其利弊

第三节　采用分房制之各国

第四章　阶级制

第一节　通论

第二节　爱尔兰制

第三节　丰多摩采点制

第四节　瑞士

第五节　挪威

第六节　我国

第四编　出狱人保护事业

第一章　概论

第一节　出狱人保护事业之性质

第二节　出狱人保护事业之起源

第三节　出狱人保护事业与刑罚

第四节　出狱人保护事业之设施方法

第五节　出狱人保护事业之先决条件

第二章　日本及我国之出狱人保护事业

第一节　日本之出狱人保护事业

第二节　出狱人保护事业之于我国

第五编　监狱构造

第一章　通论

第一节　概则

第二节　建筑物之种类

第三节　规模

第四节　位置

第五节　地势

第六节　地质

第七节　地形

第八节　地域

第九节　围墙

第六节　伯鲁塞尔会议

第七节　伯达拍斯特会议

第八节　华盛顿会议

第九节　伦敦会议

第十节　勃拉克会议

第十一节　柏林会议

三、新中国监狱学——"劳改学"

1.《中华人民共和国劳动改造法讲义》

（北京政法学院刑法教研室编，1959 年 9 月，初稿）

第一章　中华人民共和国劳动改造机关的性质、任务和设置

第一节　我国劳改机关的性质和任务

第二节　劳动改造机关的设置

第二章　我国劳动改造政策、方针和效果

第一节　劳动改造政策和方针

第二节　对罪犯劳动改造的效果

第三章　党的领导和群众路线是劳改工作取得伟大成就的根本
保证

第一节　劳改工作必须置于党的绝对领导之下

第二节　劳改工作如何正确贯彻党的绝对领导

第三节　党的群众路线是劳改工作的根本路线

第四节　劳改工作贯彻群众路线的新发展以及基本经验

第四章　劳改工作中对敌斗争规律与基本经验

第一节　劳改工作中对敌斗争规律与改造罪犯的规律

第二节　贯彻执行党的劳动改造罪犯政策的基本经验

2.《劳动改造学》

（杨显光主编，西南政法学院公安教研室编印，1982年10月）

第十二章　劳改工作干部

　第一节　干部问题的重要性

　第二节　干部队伍的建设

　第三节　各级干部的职责范围

　第四节　劳改干部的思想政治工作

3.《中国劳改法学》

（刘智著，未来出版社 1985 年版）

第一编　概　论

　第一章　中国劳改法学的概念、研究对象及其指导思想

　　第一节　劳改法学的概念

　　第二节　劳改法学研究的对象

　　第三节　劳改法学的指导思想

　　第四节　劳改法学的基本观点

　第二章　中国劳改法学的地位和作用

　　第一节　劳改法学的属性

　　第二节　劳改工作的作用力

　　第三节　劳改法学是科学社会主义在解决社会的犯罪问题上
的新发展

　第三章　劳改法学的产生

　　第一节　我国监狱的沿革

　　第二节　外国狱制的概况

　　第三节　劳改工作和劳改法学的产生

　　第四节　劳改法学与其它科学的关系

　第二编　我国劳动改造的构成

　　第四章　劳动改造的构成

结束语

附图表（25 种）

4.《劳动改造学基础理论》

（杨世光主编，劳改专业教材编辑部组织编写，社会科学文献出版社 1990 年版）

第一章　劳动改造学导论

第一节　劳动改造与劳动改造学

第二节　劳动改造学的学科范围

第三节　劳动改造学与相关学科的关系

第四节　劳动改造学基础理论的研究对象和体系

第五节　劳动改造学基础理论的研究方法

第二章　马克思主义关于监狱问题的基本观点

第一节　对监狱的本质认识

第二节　人类历史上不同类型监狱的本质与特征

第三节　社会主义国家监狱的本质和特征

第三章　社会主义社会的犯罪与改造

第一节　犯罪的产生发展和消亡

第二节　我国社会主义时期的犯罪

第三节　社会主义社会对罪犯的改造

第四章　中国社会主义劳改制度的产生与发展

第一节　新民主主义革命时期劳改制度的产生与发展

第二节　中国社会主义劳改制度的建立与发展

第三节　新中国劳动改造罪犯的历史功绩和伟大成就

第五章　中国社会主义劳动改造机关

第一节　劳改机关的性质

第十二章　劳动改造的实施

第一节　劳动改造的基本组织建设

第二节　劳动改造基本制度的建设

第三节　劳动改造工作干警队伍建设

第四节　劳动改造实施的原则

第十三章　监狱制度比较研究

第一节　监狱制度比较研究的意义

第二节　资本主义国家的刑罚目的、行刑思想和狱制

第三节　苏联和东欧各国的刑罚目的、行刑思想和狱制

第四节　社会主义中国的刑罚目的、行刑思想和劳动改造制度

第五节　当代世界各国狱制发展的新趋势

四、新中国监狱学——"过渡监狱学"

1.《监狱学》

（许章润著，中国人民公安大学出版社 1991 年版）

导论

　　　　一、监狱学的研究对象

　　　　二、监狱学的性格和地位

　　　　三、监狱学的历史

　　　　四、监狱学的研究方法

狱理篇

　引言

　第一章　监狱（上）

　　第一节　概说

　　第二节　监狱的种类

2.《监狱学》

（邵名正主编，法律出版社 1996 年版）

五、中国台湾地区监狱学

1.《监狱学》

（林纪东著，台湾三民书局 1959 年版）

第三章　现代监狱行刑的基本问题

第四章　行刑制度

第五章　作业

第六章　假释

第七章　不定期刑

第八章　现代监狱行刑的民主化

第九章　现代监狱行刑之社会化

第十章　监狱行刑法

2.《监狱学——犯罪矫正原理与实务》

（林茂荣、杨士隆著，五南图书出版股份有限公司 2002 年版）

第一章　犯罪矫正之历史渊源与发展

第二章　犯罪矫正与刑事司法

第三章　犯罪矫正模式

第四章　犯罪矫正行政与处遇

第五章　犯罪矫正机构生活之社会学透视

第六章　矫正机构戒护安全管理

第七章　犯罪矫正辅导与心理治疗技术

第八章　社区性犯罪矫正

第九章　特殊类型犯罪人之矫正对策

第十章　组织管理原理与犯罪矫正行政

第十一章　国际间犯罪矫正概况

第十二章　未来犯罪矫正之发展趋势

3.《监狱学——经营与管理》

（黄徵男著，台湾首席文化出版社 2001 年版）

绪论

附录 5：其他参考文献

蔡枢衡：《中国刑法史》，广西人民出版社 1983 年版。

曹聚仁：《中国学术思想史随笔》，生活·读书·新知三联书店 1986 年版。

陈顾远：《中国法制史》，商务印书馆 1935 年版。

冯友兰：《中国哲学史》，中华书局 1984 年版。

郭小凌编著：《西方史学史》，北京师范大学出版社 1995 年版。

金耀基：《从传统到现代》，中国人民大学出版社 1999 年版。

梁启超：《中国历史研究法》，华东师范大学出版社 1995 年版。

梁漱溟：《梁漱溟集》，群言出版社 1993 年版。

梁治平：《寻求自然秩序中的和谐——中国传统法律文化研究》，中国政法大学 1997 年版。

梁治平：《在边缘处思考》，法律出版社 2003 年版。

刘俊文、池田温主编：《中日文化交流史大系·法制卷》，浙江人民出版社 1996 年版。

钱穆：《现代中国学术论衡》，生活·读书·新知三联书店 2001 年版。

钱穆：《中国历史研究法》，生活·读书·新知三联书店 2001 年版。

苏力：《也许正在发生——转型中国的法学》，法律出版社 2004 年版。

孙晓楼：《法律教育》，中国政法大学出版社 1997 年版。

王健：《中国近代的法律教育》，中国政法大学出版社 2001 年版。

王健编:《西法东渐——外国人与中国法的近代变革》,中国政法大学出版社 2001 年版。

吴国盛编:《科学思想史指南》,四川教育出版社 1994 年版。

吴宗宪:《西方犯罪学史》,警官教育出版社 1997 年版。

杨鸿烈:《中国法律发达史》,商务印书馆 1930 年版。

杨仁寿:《法学方法论》,中国政法大学出版社 1999 年版。

叶秀山、王树人:《西方哲学史》(总论),江苏人民出版社 2004 年 7 月。

张晋藩:《求索集》,南京大学出版社 1996 年版。

张晋藩:《中国法律的传统与近代转型》,法律出版社 1997 年版。

张晋藩:《中国法制史》,群众出版社 1994 年版。

张晋藩:《中国近代社会与法制文明》,中国政法大学出版社 2003 年版。

郑金洲、瞿葆奎:《中国教育学百年》,教育科学出版社 2002 年版。

〔德〕格奥尔格·伽达默尔:《哲学解释学》,夏镇平、宋建平译,上海译文出版社 1994 年版。

〔德〕马克斯·韦伯:《社会科学方法论》,韩水法、莫茜译,中央编译出版社 1999 年版。

〔德〕马克斯·韦伯:《新教伦理与资本主义精神》,于晓、陈维纲等译,生活·读书·新知三联书店 1987 年版。

〔德〕马克斯·韦伯:《学术与政治》,冯克利译,生活·读书·新知三联书店 1998 年版。

〔法〕高概:《话语符号学》,王东亮编译,北京大学出版社 1997 年版。

〔法〕米歇尔·福柯:《知识考古学》,谢强、马月译,生活·读书·新知三联书店 1998 年版。

〔美〕伯纳德·科恩：《科学中的革命》，鲁旭东等译，商务印书馆1998年版。

〔美〕费正清、刘广京编：《剑桥中国晚清史》（上、下卷），郭沂纹译，中国社会科学出版社1985年版。

〔美〕加德纳·墨菲等：《近代心理学历史导引》，林方、王景和译，商务印书馆1980年版。

〔美〕麦克洛斯基等：《社会科学的措辞》，许宝强编译，生活·读书·新知三联书店2000年版。

〔美〕齐硕姆：《知识论》，邹惟远等译，生活·读书·新知三联书店1988年版。

〔美〕托马斯·库恩：《科学革命的结构》，金吾伦、胡新和译，北京大学出版社2003年版。

〔日〕大谷实：《刑事政策学》，黎宏译，法律出版社2000年版。

〔日〕实藤惠秀：《中国人留学日本史》，谭汝谦、林启彦译，生活·读书·新知三联书店1983年版。

〔日〕西田太一郎：《中国刑法史研究》，段秋关译，北京大学出版社1985年版。

〔日〕滋贺秀三等：《明清时期的民事审判与民间契约》，王亚新、梁治平等编译，法律出版社1998年版。

〔瑞士〕皮亚杰：《人文科学认识论》，郑文彬译，中央编译出版社1999年版。

〔英〕埃里克·霍布斯鲍姆：《史学家——历史神话的终结者》，马俊亚等译，上海人民出版社2002年版。

〔英〕伯特兰·罗素：《论历史》，何兆武等译，广西师范大学出版社2001年版。

〔英〕伯特兰·罗素：《人类的知识》，张金言译，商务印书馆1983

年版。

Norval Morris and David J.Rothman eds., *The Oxford History of the Prison*, New York Oxford University Press(1998).

Robert J.Wicks and H.H.A.Cooper, *International Corrections*, Lexington Books(1979).

Robert P.Weiss and Nigel South, *Comparing Prison Systems*, Gordon and Breach Publishers(1998).

初 版 后 记

　　本书系由我的博士论文《中国监狱学史研究——清末以来的中国监狱学术述论》修订而成。我决意研究中国监狱学史算来已逾十年，但真正着手始于2000年。那年早春，我在京城办理公务之余，拜会了我的硕士导师邵名正先生。其时他问我在做什么，我回答正准备有关中国监狱学术史的研究课题，并说资料方面困难不少，不知何时能够完成。他肯定这是一个极有价值的选题，并建议我不妨做成博士论文，还当即向张晋藩先生作了推荐。

　　我并非科班学习历史出身。之所以勉为其难，叩问史门，主要还是跟自己的一段学术心路有关。1992年底，我随邵名正师攻读刑法学-监狱学方向的硕士学位。由于我在监狱沉潜多年，又对知识哲学抱有浓厚兴趣，因此，入学以后对比较缺乏思想含量和知识品质的劳改学课程深感不满，但因认识到监狱学学科的薄弱现状其来有自，故既无可奈何又无以抱怨。于是，将用心主要转移至课余相关阅读与思考，尤其关注对于监狱现象的整体思考，试图根据源自个人监狱职业生涯的经验与认识基础，构思有别于劳改意识形态的理论监狱学体系，即"监狱学论稿"。这是一个满怀思辨审美情绪，旨在向经验世界开放的过程中，通过概念思辨所建构的基础理论体系。对于这个基础理论体系的营造热忱，曾经充填了我北上求学的寂寞心灵。但是，伴随学业结束，虽然"监狱学论稿"已陆续草成三章，然而，我的思想却开始犹豫起来：虽然我的"监狱学论稿"的写作实践，力求将经验与思辨相结合，但似乎缺乏监狱学术史维度的必要支撑。作为应用学科的基础理论，这样的"理论监狱学体系"横空出世，尽管可以力求使之看似具有知识抽象的合理性和自足性，但却是否能够与监狱学的历史存在，建立起内在而深刻的知识联系？

从人类知识发展的一般历史可知，任何一个成熟的知识部门，都有关于自身知识的连续记忆，都是在对已有知识的积累和检讨过程中实现其知识更新的局部或整体目标，监狱学自然亦不能例外。但是，正如所知，作为独立的知识部门，中国监狱学迄今仍无连贯一体的学术史叙事。而今日监狱学之所以呈现比较病态的知识状况及其性格，其原因之一便是它的目光与趣味相当闭锁，完全为现实利益所支配，极其缺乏从学术史视角的自觉检讨和批判中获得其知识传承的正当性和有效性，以致严重忽视了从中汲取知识来源和理论素养的可能途径。

鉴于上述，我认为对其学术史的系统回顾与综合整理，无疑是实现该学科知理论与知识革新的重要前提之一。于是，研究中国监狱学术史的任务被贸然置于了完成"监狱学（论稿）"之前。

呜呼，岁月如梭，一晃五年过去了。

现在，作为博士论文提交的《中国监狱学史研究》诚然已经通过答辩，而为出版所做的改定也已完成。但在交送出版之前，我望着摆放案前的软盘和打印稿，一种忐忑之感不期而至。我并非没有意识到，以一己绵薄之力所做的有关中国监狱学术史的研究成果，虽是一项填补空白之作，但恐怕至多仍是一个研究纲要而已；并且，我肯定自己在做学术史研究的同时，却深知所做并非成熟学科的学术史，而这样的学术叙事，其根本的意义何在呢？为中国监狱学留下一份诊断病历抑或为其重建提供一种催生条件？这是堂吉诃德的大战风车，还是浮士德的意志之旅？何况，回首百年中国的监狱学术与人生，其间令人讪笑或失语的问题何其多哉！所谓真伪杂糅谁识君？有道是"众里寻他千百度，蓦然回首，那人却在灯火阑珊处"。此一己之心像，果能自鉴鉴人？

罢了，罢了，面对这些提问，与其在这里给出多余的解释，且不如保持会心的缄默吧。

必须说明，这项研究成果的完成并得以出版，与众多师友的支持与援助不可分割。我首先应感谢业师张晋藩先生的提携之恩，其次当感谢业师邵名正先生的媒介之忱，再次还要感谢王宏治师在我在京学习期间给予的多方面帮助以及朱勇师、郭成伟师、中秋学兄等给予的推荐与鼓励。

这一论文在有关清末民初监狱学资料的搜集过程中，曾得到上海监狱局夏艺凯先生的特别惠助；台湾东吴大学法律系李甲孚教授、台湾联合律师事务所黄静嘉教授、上海大学法学院舒鸿康教授、中国政法大学法学院薛梅卿教授、清华大学法学院田涛教授、江苏监狱局张晶先生等亦给予了资料方面的不吝支持。此外，浙大网新创业科技公司总裁祝毅先生、北京大学法学院陈兴良教授、中国社会科学院法学所刘作翔教授、司法部预防犯罪研究所高文研究员、中国政法大学王平教授、黄道秀教授、叶晓川博士、浙江警官职业学院黄兴瑞教授以及其他诸多同事和友人也予以了各种形式的帮助，由于无法一一提及事由，特此一并申谢！

本书系浙江省哲学社会科学规划项目，并纳入了浙江警官职业学院的专著资助计划。在筹划出版的过程中，还得到了中国方正出版社王相国先生的大力支持和谢文华女士的编辑之助，故此予以鸣谢。

最后，对于我的家人，尤其是爱妻冬青女士的理解和援助，虽无以言谢，亦应录此以志纪念。

郭　明

2005 年 5 月 16 日

修订版后记

拙著《中国监狱学史纲》由中国方正出版社初版于 2005 年 8 月，一晃十五年过去了。考虑到此书早已售罄，且过去十五年除了监狱学自身又有阶段性的些许学术进展之外，手边也辑集了若干可资增补的学史文献资料，故于去年底咨请商务印书馆给以修订再版。承蒙商务印书馆慨允不弃，又趁居家避疫之暇，俾使对于旧作得一修订的机会。

此番修订除了再次对整书的内容、观点和文字给以斟酌通改之外，主要作了如下事项的增补：一是新撰了第四章"民国监狱学（1928—1949）"的第五节"严景耀的监狱学研究"，以弥补先前对于严景耀学术成就未作专题介绍的缺憾。二是新撰了第六章"新中国监狱学（1979—2019）"的第六节"从劳改学到监狱学：'后过渡监狱学'的主要理论轨迹"，主要是对 2005 年至今被本人命名为"后过渡监狱学"时期的监狱理论与知识最新进展情况，给予了比较完整而简明的梳理与叙述。三是新增了附录 2："近三十年中国监狱学（论文）文献计量分析"，旨在引入"大样本"的论文文献定量统计分析，以丰富或佐证对于过去三十年"过渡监狱学"的定性描述和分析。四是增订了原附录 1："中国监狱学研究文献要目"，将之列为附录 3："中国监狱学（著作、教材类）主要文献要目"。该目录经过大幅增订，新增了著作、教材、文集等专业文献资料三百余种。

值此修订作业完毕，不免心生若干学思余绪。拙以为，任何一部成文的部门学术史都是对部门学科所作的传记，其学术意义在于为部门学科发展提供赓续不断的历史记忆以及是非得失的鉴别参考。然而，诚如本书导论中所言，由于中国现代监狱学发展历史的短暂、曲折、薄弱以及断裂或隔阂等诸多原因，在拙著《中国监狱学史纲》初版之前，国内尚无人为这一部门学科修史立传。此番修订之后，自忖有生之年不会再作修订，其主要理由是倘若未来试图再行实质修订，则不仅有赖学科向前伸展的新史呈现，而且需要经受"盖棺论定"的时间校验。此举没有二三十年的学术变迁与积累，恐难如愿成事。而彼时之本人，想必不是垂垂老矣，也已作别人寰。故此，只能诉诸三生有缘的后世学者再续前传了。

最后想说，一部书稿的完成如同一个孩子的分娩，除了一己的尽力而为，亦离不开一切有缘之人的催产之助。此番修订作业的达成，首先要感谢商务印书馆资深编审王兰萍先生的慧眼举荐；其次要感谢严浩仁教授、宋立军教授、邢鹏馆员等诸位同业友人的协心支持。自然，还要感谢吾妻冬青、吾儿见楠等家人一直以来的亲情鼓励。的确，包括初版后记中已曾或未及提到的所有师尊与道友，如果没有你们的因缘襄助，则不会有这个修订版的再度问世！

郭明（檀香舍人）

2020 年 6 月 18 日

记于杭州多蓝水岸寓所